JN312832

やわらかアカデミズム・〈わかる〉シリーズ

よくわかる
考古学

松藤和人・門田誠一 編著

ミネルヴァ書房

はじめに

■よくわかる考古学

　考古学をとりまく社会的状況は，高度経済成長期・バブル期からさまがわりした。いまや低成長期にはいり，日常的な思考や価値観と同様，考古学やそれを牽引してきた埋蔵文化財行政をとりまく環境にも大きな転換が深く静かに進行している。いわば，時代の転換期によくある沈滞ムードが蔓延しつつあるように感じられる。

　埋蔵文化財行政が開発の露払いをつとめ，巨額の資金を投入し膨大な面積の発掘調査を謳歌した時代は，これから二度とおとずれることはないであろう。2000年に発覚した「旧石器遺跡発掘捏造事件」は，1980年代にはじまるバブル期に端を発した全盛期考古学の負の側面として，永く日本考古学史に銘記されるにちがいない。しかし，明治期にはじまる近代考古学の導入以降，日本考古学が蓄積してきた膨大な資料の蓄積と研究成果に照らすとき，その負の側面は相対化されねばならない。

　過ぎ去った栄光を郷愁するのは，ひとや世のならいとはいえ，ノスタルジアだけでは学問の世界は探究できないのも自明である。遺跡破壊の代償として，高度経済成長期に全国的規模で蓄積された膨大な考古資料に対して，真の学術的価値を引き出す地道な研究がなによりもいま求められている。考古学の世界はまさに日進月歩であり，マスメディアの報道からもうかがえるように，古い解釈は新しい発見によってたえず塗り替えられている。これは歴史学の他の分野にはみられない特殊な現象であるといってよく，考古学という学問の宿命でもあり，また醍醐味でもある。

　その一方で，地球環境保護，文化遺産保護・活用という人類の生存に深くかかわる普遍的な問題が眼前に横たわり，過去を研究対象とする考古学の果たす社会的役割は未来永劫問いつづけられていくことであろう。考古学上の発見や成果は，もはや考古学界だけの専有物ではなくなっている。国民にとって真に魅力的な学問として眼に映るか，自問自答しなければならない。それはまた考古学研究者一人ひとりに課された責務といえるものである。

　本書は，大学のいわゆる一般教養科目「考古学」の補助教材として，最新の研究成果を踏まえながら，時代を追ってわかりやすく紹介・解説したもので，考古学の現時点での一定の到達点を反映した内容となっている。

　かつて考古学の普及を意図した類書として『考古学ゼミナール』（江上波夫監修，山川出版社，1976年）が刊行されたことがある。しかしながら，監修・編者の意図に反して，一般教養課程で用いる補助教材としては難解で専門的すぎるという声も仄聞された。本書は，こうした反省のうえにたって，編者が時代ごとのテーマやコラムを選定したうえで，考古学に関心を寄せる一般市民，大学

での考古学入門者を対象に平易な文章による執筆をお願いした。しかし，考古学のなかでも専門分野が細分化されていくにつれ，全体を俯瞰しながら限られた紙幅のなかで簡潔にまとめる作業は，研究者の個人的な能力ともあいまって言葉で表現するほどには容易でない。

　本書の編集方針の一つとして，考古資料から日本列島の歴史を照射するうえで，東アジア的視点からの記述に配慮した。それは研究の国際化，ボーダーレス化という現今の時勢に沿い，日本列島の各地に展開した多様かつ重層的な文化を東アジアの歴史的潮流の中で理解し評価するのに寄与するばかりでなく，日本列島に展開した文化をグローバルな視点から相対化するという視座につながると考えたからである。これはまた，日本という地域，さらにはより細分された地域が現代はもとより過去においても，じつにさまざまなレベルで東アジア各地域との接触・交流を通じて強い結びつきをもちつつ，そうした枠組みの中で歴史的個性を醸成しつづけてきたという歴史認識に由来するものであり，地域に根ざした人々の営みや文化を再評価する姿勢にもつながると考えたからにほかならない。

　本書が編者の意図にかなったものかどうかは，ひとえに読者の判断にゆだねなければならない。

　2010年3月

　　　　　　　　　　　　　　　　　　　　　　　編者　松藤和人・門田誠一

もくじ

■よくわかる考古学

はじめに

I 考古学とはどういう学問か

1 考古学の目的——地域学としての考古学 2
2 考古学の資料と方法 …………… 6
ミニ考古学者列伝 1　木内石亭 ……… 10
ミニ考古学者列伝 2　酒詰仲男 ……… 12

II 旧石器時代の道具と生活

1 旧石器時代とはどんな時代か …… 14
2 旧石器時代の道具と技術 ………… 18
3 旧石器人の生活 ………………… 22
4 旧石器時代の地域間交流 ………… 26
5 世界の中の日本の旧石器文化 …… 30
コラム 1　旧石器遺跡の学際調査：
　　　　　韓国全谷里遺跡 ………… 34

III 縄文時代の生活と文化

1 縄文時代とはどんな時代か
　　——社会と文化 ………………… 36
2 縄文人の使った道具 …………… 40
3 縄文人は何を食べたか ………… 44
コラム 2　粟津湖底遺跡の動物 …… 48
4 縄文のムラと住まい …………… 52
5 縄文人の心 ……………………… 56
6 東アジアの中の縄文文化 ……… 60

IV 弥生時代の社会と文化

1 弥生時代とはどんな時代か …… 64
2 弥生人の使った道具
　　——近畿地域を中心に ………… 68
3 弥生人の食生活 ………………… 72
4 弥生の村と住まい ……………… 76
コラム 3　弥生時代の村：
　　　　　観音寺山遺跡 …………… 80
5 東アジアの中の弥生文化 ……… 82

V 古墳時代の社会と文化

1 古墳とは何か …………………… 86
2 古墳時代の道具 ………………… 90
3 古墳時代の衣・食 ……………… 94
コラム 4　埴輪にみる古墳時代の人物
　　　　　……………………………… 98
コラム 5　古墳時代の装身具：玉 … 100
4 古墳時代の居館・集落と建物 … 102
5 古墳時代の技術
　　——金工の技法を中心に ……… 106
6 東アジアの中の古墳文化 ……… 110

VI 古代の考古学と成果

1 古代史料と考古学
　　——飛鳥〜平安時代の考古学の方法 …… 114

2　都の誕生と展開 …………… 118

コラム6　平安京 …………… 124

3　仏教と寺院のひろがり …………… 128

4　火葬と墓の変化 …………… 132

5　遣唐使の考古学
　　——井真成墓誌の発見 …………… 136

6　渡来した習俗・技術 …………… 140

コラム7　古代の巨大水利施設：
　　　　　狭山池 …………… 146

コラム8　大仏を造る …………… 148

VII　中世・近世の考古学と成果

1　中世・近世考古学の方法と意義 …… 150

2　中世の村と都市 …………… 154

コラム9　中世の山岳寺院：平泉寺 …… 158

コラム10　姿を現した元寇 …………… 160

3　中世の商人と職人 …………… 162

4　戦国城郭の考古学 …………… 166

5　江戸時代の京都
　　——摂家二条家と尾形乾山を題材に …… 170

6　江戸時代の城と町 …………… 174

コラム11　岐阜城・織田信長居館跡の
　　　　　　発掘 …………… 178

コラム12　城下町の発掘：明石 …… 180

VIII　北と南の考古学

1　北海道の考古学と時代区分 …… 182

2　発掘されたアイヌ文化 …………… 186

コラム13　最北端の島の考古学
　　　　　：利尻島・礼文島の古代 …… 192

3　南西諸島の貝文化と海人
　　——種子島広田遺跡を中心に …… 194

コラム14　近世八重山諸島で生産され
　　　　　た焼物：パナリ焼 …… 198

IX　周辺地域の考古学

1　国境をこえる考古学の意味 …… 200

コラム15　シルクロードを渡り来た
　　　　　人たちの墓 …………… 204

2　「海東盛国」渤海の考古学 …… 210

3　中国における野外調査
　　——周辺部での文化の道 …… 214

4　シルクロードを渡り来た
　　新羅古墳の文物 …………… 218

5　東アジアの中の百済王陵 …… 222

6　高句麗壁画古墳の国際性 …… 226

7　イタリア・ポンペイ遺跡 …… 230

8　メソアメリカの考古学成果 …… 234

X　考古学と社会

1　地域社会と考古学 …………… 240

2　遺跡の保存と活用 …………… 244

コラム16　大学における
　　　　　遺跡の保存と活用 …… 248

3　考古学と博物館 …………… 250

人名索引 …………… 255

事項索引 …………… 256

地名・遺跡・建造物索引 …………… 260

SERIES
ya
やわらかアカデミズム・〈わかる〉シリーズ

よくわかる
考　古　学

Ⅰ 考古学とはどういう学問か

1 考古学の目的
地域学としての考古学

1　考古学からみた地域像

　考古学は，遺跡や遺物といった土のなかから発見される資料によって歴史を組み立てていく学問です。そのため，特に文字のない時代や記録をのこせなかった階層の人々の暮らしや文化を知るために有効な方法といえます。文字が用いられ，記録がなされるようになっても，それらをのこすことのできたのは，物理的にも社会的にも政治や権力に近い人々が主体であって，それ以外の社会の大多数を構成する人々の暮らしが記録の対象とされることは，ほとんどありません。文書行政がおこなわれる時代に入ってさえ，人々の日常そのものを伝える文字記録は多いとはいえません。

　これに対して，考古学資料はそれらをのこそうという意識のない行為の痕跡ですから，人が暮らした場所であればどこでも地中にのこります。このような特性によって，離島や山間部などをふくめて，大げさではなく，日本列島の隅々まで，遺跡や遺物などの考古学資料がのこっています。そのような知見の中から，いくつか例をあげて，かつてこの列島に暮らしていた人々の姿をみていきましょう。

2　交流の痕跡からみる地域の姿

　日本列島の最北と最南にある島々にも遺跡はあります。北の島として礼文島（れぶんとう）をとりあげると，島の北部にある縄文時代後期の船泊（ふなどまり）遺跡（北海道礼文町）では，奄美大島より南の暖かい海でないと生息できないタカラガイやイモガイで作られた装飾品が出土しています。日本列島の最も南の地域から，この北の島に運ばれたことは明らかです。船泊遺跡からは，長さが10cmほどもある大きな**ヒスイ（硬玉）**製の装飾品も出土しています。縄文時代から古墳時代まで用いられるヒスイは新潟県西部を流れる姫川（ひめがわ）・青海川（おうみがわ）流域に産出します。船泊遺跡で出土したヒスイ製の装飾品も，直線距離で1700km離れた糸魚川（いといがわ）周辺から，礼文島の北岸まで運ばれたことになります。これらの品々は，縄文時代の人の手から手を経て，日本列島の北の果てまで，はるかな距離を越えてもたらされたのです。

　利尻島では，サハリンをふくめたユーラシア北方地域との交流を示す遺物が出土しています。それは亦稚（またわっか）遺跡（北海道利尻町）で出土したトナカイの角を用いた装飾品です。当然ながら，トナカイは利尻島や礼文島をふくめた日本列島

▷1　**ヒスイ（硬玉）**
玉の一種で，鮮やかな翠緑色を呈し，緻密で光沢がある。成分によって硬玉と軟玉に分けられることが多い。日本では縄文時代から古墳時代を中心として，硬玉が装身具・装飾品として用いられる。原石は新潟県糸魚川周辺に産出地がある。

には生息しておらず，サハリンからもたらされたと考えられています。角の表面には，クジラ，アシカのような海獣，ヒグマと思しきクマの姿が彫刻されており，この遺物をのこした人々がそれらの動物と密接な暮らしを送っていたことがわかります。彼らの生活は，オホーツク文化とよばれ，その遺跡（5～13世紀頃）は北海道のオホーツク海沿岸地域にのこされています。このように考古学の資料を通じて地域を考えるときに，遠く離れた地域どうしが，物を通じてつながっていることに驚かされます。そこには現代的な地理感覚とは異なる地域どうしのつながりがあることに気づかされます。

　南の島に目を向けてみると，南西諸島では弥生時代から古墳時代にかけての遺跡で，奄美諸島より南の暖かい海にしか生息しないイモガイやヤコウガイ（夜光貝）などの貝類の集積遺構が発見されています。たとえば，奄美大島では7世紀頃を中心としたフワガネク遺跡（奄美市）を典型としたヤコウガイの集積遺構が知られています。また沖縄諸島では，伊江島の具志原貝塚（伊江村）に代表されるように，**ゴホウラ貝**の半製品や製品が多数出土しています。このような貝は九州以北の地域で出土することから，南西諸島から運ばれた交易品であることがわかってきました。

　奄美諸島の徳之島では，近年の調査によって，独特の焼物を焼いていたことがわかってきました。カムィ焼（亀焼）とよばれる焼物で，九州以北で生産される須恵器に似ているところもありますが，独特の器形と文様をもつ焼物です。カムィ焼は伊仙町（鹿児島県）に窯跡があり，11～14世紀にかけて，大量に日用食器が生産されたと推定されています（図1）。この焼物は広く南西諸島に分布し，主に**グスク跡**やそれに類する遺跡から，**滑石製石鍋**，**貿易陶磁器**などと一緒に発見されることから，南西諸島で作られ，かつ流通した交易品であったことがわかりました。これらの事例によって，南西諸島には独自の生産品や交易路があったことが知られてきました。

　離島の例を典型として，物資の交易や人の交流の面から知られた地域の姿について述べてきました。このような闊達な地域どうしの交流は，各地で明らかになっています。たとえば近年の調査で古代～中世の日本海側の遺跡が注目されています。その一つである青谷上寺地遺跡（鳥取市）は弥生時代の大きな集落遺跡で，出土した弥生人の頭蓋骨のなかに「脳」が残存していたことで喧伝されました。遺跡の立地は現在，水田となっていますが，弥生時代当時は砂堆によって日本海と隔てられた潟湖のほとりにあったことがわかっています。ここからは，中国・朝鮮半島・北部九州からもたらされたと考えられる鉄斧，朝鮮半島の土器などが出土しました。つまり，日本列島の内外との直接，間接の交渉が想定され

▷2　ゴホウラ貝
沖縄や奄美諸島に生息する巻き貝の一種で，弥生～古墳時代にかけて，同じく南海産の巻貝であるイモガイなどとともに加工され，腕輪として使用された。

▷3　グスク跡
沖縄本島南部を中心として南西諸島に分布する城跡をさす。13世紀頃から造られ，14世紀末～15世紀初めに完成期を迎える。

▷4　滑石製石鍋
平安時代末から中世の西日本に広く流通した厨房具で，大規模な生産地としては長崎県西彼杵半島が知られ，20ヵ所以上の製作所跡が把握されている。

▷5　貿易陶磁器
中国・朝鮮半島その他で生産し，他国や他地域に貿易品として輸出した陶磁器。

図1　カムィ焼窯址群（鹿児島県伊仙町）

▷6 水村直人「環日本海地域における交易拠点──鳥取県青谷上寺地遺跡の様相」『考古学雑誌』93-2, 2009年。

▷7 野島永『初期国家形成過程の鉄器文化』雄山閣, 2009年。

る当時の交易の結節点であったことがわかったのです。それが端的に現れているのは，鉄器の出土数で，青谷上寺地遺跡で出土した鉄器の数は奈良県下で出土した弥生時代の鉄器の総数をうわまわる360点以上の鉄器が出土しました。それどころか山陰地域の弥生時代遺跡から出土した鉄器の数が，近畿地方よりも多いことが知られてきています。

一方，同じく日本海側でも，本州の最北端である津軽半島の付け根に位置する十三湊遺跡（青森県五所川原市）は，慣習法となっていた中世の海商法規をまとめた『廻船式目』に，当時の代表的な湊である「三津七湊」の１つとして現れます。発掘調査の結果，中世の町並みや有力者の居館などが次々と姿を現しました。これによって，この地と北の世界を支配していたとされる安藤（安東）氏の館跡と付近では，鎌倉時代の13世紀後半に計画的な都市建設がおこなわれたことが判明しています。十三湊の発掘調査では，常滑や瀬戸・美濃系をはじめとした中世の焼物とともに，中国や朝鮮半島から将来された焼物などが多数出土しており，国際貿易をも担った中世の港湾貿易都市としての実態が明らかになりました。これらの遺跡から知られるように，近代以前の交通の結節点であった日本海地域の姿が明らかになってきました。

３ 山と海に暮らした人々

弥生時代の集落は稲作をおこなうのに適した平野などの低地に集落を営むことが多いのですが，これらを見下ろすような丘陵上から建物の跡などが発見されることもあります。これらは高地性集落とよばれ，集落の周りに溝をめぐらす場合もあり，防御的な役割や狼煙などによる伝達の機能があったと考えられています。このような集落とは異なり，深い谷に面した急峻な山間にあり，三方が山に囲まれ，見通しがきかない場所に営まれている集落も発見されています。たとえば中世の山岳寺院として知られる百済寺（滋賀県東近江市）に連なる山中の標高約360ｍの傾斜地の谷底付近で発見された百済寺遺跡は，弥生時代から古墳時代はじめにかけての集落遺跡ですが，この時代の集落がこれほど高所で確認されることはきわめてまれです。このように立地の点では高地性集落とはまったく異なる遺跡の存在が知られてきました。ここには山間地やそこに通じた峠道を利用した人々が暮らしていたと考えられます（図２）。

海と関連する遺跡は数多くありますが，ここでは沖縄の離島の遺跡を紹介しましょう。仲原遺跡（うるま市）は沖縄本島東部の伊計島にある縄文時代晩期〜弥生時代前期（沖縄貝塚時代中期）にかけての集落遺跡で，沖縄県内で最大規模の竪穴住居跡が発見されました。住居はサンゴ礁（琉球

図２　山中の弥生時代集落遺跡（百済寺遺跡）

石灰岩）の塊を積み上げて造ってあります。伊計島南西の与勝半島北側にある藪地島のジャネーガマ（藪地洞窟遺跡・うるま市）では，沖縄本島でも最も古い6000年余り前の縄文時代早期ごろに相当するとみられる土器が出土しています（図3）。

これらの例から，山や島には早くから人々が住みつき，それぞれの風土と環境に根ざして暮らしていたことがわかります。

4 遺跡と地域を守った人々

図3　ジャネーガマ（藪地洞窟遺跡）

さきにふれたオホーツク文化の存在を明らかにしたモヨロ貝塚（北海道網走市）を発見した，米村喜男衛（1892-1981）は，理髪業を営みながら，その調査と保存に生涯をかけた研究を続けました。米村氏の努力によって，昭和11年（1936），モヨロ貝塚はオホーツク文化の典型的な遺跡として国の史跡に指定されました。ところが，あろうことか太平洋戦争中に軍事施設建設にともなって遺跡の一部が破壊されはじめました。このとき軍の施設建設を「妨害」した彼を「非国民」よばわりした軍関係者に対して米村が，「国の史跡はいわば天皇のご意思で定めたのであるから，それを壊そうとするほうに非がある」と堂々と切り返し，破壊を押しとどめたという有名な話があります。

同じくオホーツク海側にある常呂遺跡群（北海道北見市）は，縄文時代から700〜800年前までの竪穴住居の跡が埋まりきらずに累々と残っています。この常呂遺跡を守った大西信武（1899-1980）は大正末年に常呂に移住し，その地で土木工事などに従事しながら，常呂の遺跡の重要性を考えるようになりました。そして，私財を投じて常呂遺跡群の調査と保存に没頭した結果，現在，常呂遺跡は国の史跡となっています。

積石塚から構成される古墳群として名高い大室古墳群（長野市）の分布調査を戦後の混乱期に手伝ったのは，当時の小・中学生でした。彼らが，古墳の構築に用いられた石材のために草鞋ばきの小さな足を痛めながら，確認した古墳が，国の史跡となっています。

ここでは考古学の知見によって，地域の歴史や特質が明らかになった代表的な事例をあげました。それとともに地域に根づいて，遺跡を守り伝えた人々にもふれました。これらを通じて，考古学は地域を学ぶというよりは，地域に学び，教えられる学問であることを伝えたかったのです。

（門田誠一）

参考文献

森浩一『地域学のすすめ——考古学からの提言』岩波書店，2002年。
門田誠一『旅する考古学——遺跡で考えた地域文化』昭和堂，2004年。

I　考古学とはどういう学問か

2　考古学の資料と方法

1　先史考古学と歴史考古学

　考古学は，人類がのこした遺跡・遺構・遺物（考古資料）を手がかりに過去の社会・文化・経済・宗教などを究明する，広義の歴史学の1分野です。その対象とする時代は，最古の道具の出現から近・現代の産業遺跡・戦跡まで多岐にわたります。その対象とする時間はゆうに200万年をこえ，文字史料の出現をさかいに先史考古学（prehistoric archaeology）と歴史考古学（historic archaeology）に分けられることもあります。

　過去の自然現象を対象とする地質学であれ，また過去の人類行為を対象とする考古学であれ，過去に生起した事象を研究する学問分野では精確な時系列に沿った事象の再構成が不可欠です。これは編年研究とよばれ，考古学研究の重要な出発点となります。

　先史考古学と歴史考古学の大きな相違点は，遺構・遺物の年代を時系列のもとに再構成するときに依拠する資料の性質の違いにあります。すなわち，先史考古学では，文字がまだ発明されてない人類の遠い過去の時代を対象とし，遺構・遺物の相対的な年代の前後関係を明らかにする層位学，型式学的方法に拠りながら，放射年代をはじめとする各種の理化学的年代測定法などの手助けをえて編年が再構成されます。一方，歴史考古学にあっては，層位学・型式学的方法はもとより，文字によって年号が記された紀年銘資料を年代基準に用いて遺構・遺物の編年が組み立てられます。

2　考古学の資料

○考古学における資料批判

　考古学であつかう資料は，その由来や出土した脈絡にもとづいて区別され，研究上の価値もおのずから異なります。これは，文献史学の「史料批判」に相当するものです。偽書かどうかを鑑別する史料批判では，古文書の紙質，書式，署名，花押，印などが当時のものであるかどうかが厳密に検討されます。[1]

　かつて濱田耕作は古典的名著とされる『通論考古学』（初版，1922年）において，考古学の研究であつかう資料を次の4つのランクに分けました。すなわち，①一等資料は考古学者みずから発掘し，発掘地点，共存遺物の明らかなるもの，②二等資料は発見地明確なるも，その他の状態不明なるもの，③三等資料は発

▷1　井上光貞編『日本史入門』有斐閣，1966年。

見地不明なるも真物たること疑いないもの，④等外資料で真偽不明なるもの，の4つです。発掘調査によってえられた一等資料にもとづいた考古学研究は，資料批判に要する手間と時間を節約し，確かな議論を組み立てるうえでの出発点となります。現在の考古学研究では，資料数の著しい増加もあって一等資料を中心にあつかわれ，二等・三等資料は参考資料の域にとどまります。

しかし，2000年11月に発覚した旧石器遺跡発掘捏造事件では，調査経験を積んだ研究者が中心となって調査したにもかかわらず，主に縄文時代の遺跡で拾った石器を旧石器時代の地層のなかに埋め込んだ遺跡捏造行為を看破することはできませんでした。したがって，地層中から出土した資料といえども，慎重かつ多角的な検討が必要なことはいうまでもありません。考古学における資料批判の重要性があらためて強調されなければならない所以です。

○ 考古資料の特質と限界

次に考古学，考古資料の特質と限界について検討しましょう。

第1に，文字が出現する以前の人類の過去，あるいは文字が出現した以降の時代であっても文献史料に記録されていない歴史を明らかにできます。考古資料は，かつて人が活動していたところであればどこにでものこされており，地域や場所を選ばず過去の歴史を究明するための研究材料を提供します。

第2に，文献記述の誤りや曖昧な部分を検証し明らかにすることができます。また文献・絵画資料に記録されている事柄を考古資料から裏づけることもできます。そして考古資料と文献史料とを相互に比較検討することによって，より厚みのある歴史叙述をおこなうことが可能となります。

第3に，地中に埋まって遺存した考古資料の物質的な性格に照らして，破壊／非破壊分析を経て各種の理化学的分析を適用することができ，文献史料にくらべて高い証拠能力をもっています。

考古資料は，遺跡固有の限られた自然条件のもとで現在まで遺存した物質からなります。高い地下水位いわゆる水漬かりの状態で遺物が遺存した低湿地遺跡を例外として，陸上にのこされた遺跡では種々の食料残滓，植物繊維から作られた編物，木製品をはじめとする有機質の遺物は腐朽してしまい，その痕跡をとどめないのが普通です。したがって，考古学の宿命として，遺物が廃棄された後，地中での腐朽をまぬがれ，発掘者によって掘り出される時点まで遺存した物質資料が考古学の主な研究材料となります。

多くが生活残滓からなる考古資料の性格から，たいていの場合，遺跡・遺構・遺物を残した個人もしくはその所有者を特定するのは困難です。ただし，史書に記された特殊な埋葬習俗をもつ民族，墨書や墓誌などの銘文から墓の被葬者を特定可能な場合もまれにあります。20世紀を代表する考古学者G. チャイルドが指摘したように，考古学で表象される行為の主体は，多くの場合，固有名詞で示される特定個人ではなく，特定の場所と時期に活動した人間集団という

▷2　その後の検証作業で明らかにされたように，出土時における石器跡形（imprint）の検討，二重風化（double patination）の有無，石器表面に付着した土壌や酸化鉄の検討，遺物の型式学的な検討など，さまざまな観点からのチェックが不可欠となる。堆積学的な観点からすれば，菊池強一が指摘したように，石器といえども堆積物（地層）の一部としてあつかわれねばならない。石器の埋没後の変化（続成作用）は他の地層構成物と同じ経過をたどるので，石器のみがそうした自然の法則をまぬがれることはありえない。また遺物が出土する堆積環境の見きわめも重要で，これには地質学方面の専門的知識を必要とする。

▷3 V. G.チャイルド著, 近藤義郎訳『考古学の方法』河出書房, 1964年。

ことになります。こうした資料の性格上，考古学は世代を経て伝承された技術，社会的習俗，社会組織——これらは一般に文化とよばれます——を解明するのに大きな成果を期待できます。

3 考古学の方法

○研究の出発点としての発掘調査

学術研究に用いられる考古資料は，通常，遺跡の発掘調査からえられます。遺跡の調査は，発掘という作業から必然的に生じる遺物包含層や遺構の破壊・消滅をともない，一度発掘したら掘り直しが効かないという側面をもちます。そのため，第三者が調査プロセスを検証するのは至難なことで，それだけに慎重な発掘と正確な記録が要求されることはいうまでもありません。とりわけ，地中での遺構・遺物の遺存（出土）状況の克明な観察と記録がなにより重要であることは強調するまでもありません。あらゆる分析・解釈はこの点に端を発することを研究者は肝に銘じておくべきでしょう。

○層位学的方法

型式学的方法とともに考古学の両輪の1つである層位学的方法は，地質学で編みだされた「地層累重の法則」を考古学に援用したものです。上下に積み重なって堆積した地層は年代が古い地層ほど下位にあり，年代が新しい地層ほど上位にあるという原理を地層中に包含される遺物や遺構の相対的な年代の先後関係の判別に応用したものです。しかし，この法則も地層が堆積したあと2次的な移動や攪乱をうけていないことを前提に成り立っています。

地層とは，層厚に関係なく時間的な限定をもった堆積単位を示し，あたかも1枚の紙のように面的なひろがりをもつ同質の堆積物からなります。地層は堆積環境の違いを如実に反映し，水の営力で運搬・堆積した水成層と陸上で風によって運ばれて堆積した黄砂・火山灰などの風成層，流水などの営力で運搬・堆積した斜面崩積物とでは，おのずから堆積様式を異にします。これらは自然作用で形成された地層（自然層ともよばれる）です。しかし1200年余の歴史をもつ都市遺跡京都では，平安宮造営時に搬入された客土（聚楽土）や，火災によって生じた瓦礫・焼土を整地した人為的な地層も知られています。とくに広い範囲に分布する焼土層は年代基準として重視されます。また鴨川の氾濫で運ばれてきた砂礫層（洪水層）もあります。特に火災層は文献記録と照合され，年代が判明する「鍵層」としてあつかわれることもあります。

○型式学的方法

時間的な経過に沿った遺物の形態変化に着目して型式組列（seriation）を組み立てる型式学的方法は，まさにC. ダーウィンの進化論からの応用です。この法則が自然界の生物にとどまらず人間が作りだしたモノにも適用されることを証明し，理論づけたのはスウェーデンの考古学者O. モンテリウスです。モン

テリウスは、この方法を北欧出土の青銅製遺物（斧、短剣、ブローチ、容器）の編年に応用しましたが[4]、いまでは遺構に対しても拡大適用されています。

型式（type）は、形態のうえで認識される最下位の分類単位です。研究者の分析によって再構成された抽象的な分類概念で、原理的にはあらゆる遺物に設定することができます。それは時間的な限定をもち、特定の地理的範囲のなかで反復して現われる特性をもつことから、考古学では編年を構築するうえで重視されます。弥生式土器を例にとれば、壺・鉢・甕・高坏のような器種にもとづく分類単位は形式（form）とよばれ、型式の上位概念とされ、特定の時期の器種（形式）組成は様式（style）とよばれるさらに上位の分類単位にくくられます。過去の特定の地域・時期に流布した普遍的な遺物型式は標準型式（standard type）とよばれ、考古学では時期決定の基準資料として、とりわけ重視されます[5]。

○相関年代決定法

層位学的方法、型式学的方法は遺物や遺構の相対的な時間上の先後関係（相対年代）を把握することはできても、いまから何年前に起こったのかを知ることはできません。ただし、別の地域で作られ年代や所属時期が判明している遺物の製作年代に依拠して知る手だてもありますが、これは文字が発明される以前の先史時代にさかのぼって適用することはできません。

たとえば、中国で製作され、製作年代が判明している銅鏡が日本列島の弥生時代の墓に副葬されている場合、それと共伴した遺物や遺構の年代を推定することができます。しかし、日本列島に輸入されて伝世したのち墓に副葬されたとき、輸入時点と副葬時点との間にタイムラグ（時間差）が生じることになります。この場合、墓の年代上限が輸入鏡の製作年代をさかのぼらないということを示唆するにすぎません。

○理化学的年代測定法

理化学的年代測定法は、定められた特定の時点を起点に時間の経過を数値で明示できる点で画期的な方法です。第2次世界大戦後の年代測定技術の開発と進歩は、それまでどれくらい古いのかを知る術をもたなかった旧石器時代や新石器時代の研究を強力に推進しました。放射性同位元素の半減期を利用した放射年代は、かつて「絶対年代」とよばれたこともありましたが、その言葉にふくまれる「絶対」という言葉からうけるイメージを避け、近年では「数値年代」または「計数年代」と称されるようになりました。氷縞粘土、年縞、年輪、考古地磁気、古地磁気、^{14}C、^{14}C-AMS、K/Ar、Ar/Ar、FT、TL、ESR、OSLなどさまざまな年代測定法が考案されていますが、測定に供される試料の種類と測定可能な年代範囲に応じて使い分けられます。これらの測定値であっても[6]、原理を異にする測定法でクロスチェックする必要があることはいうまでもありません。

（松藤和人）

[4] モンテリウス著、浜田耕作訳『考古学研究法』雄山閣、1984年（復刻）。

[5] 特に粘土で作られた容器としての土器・陶磁器は、普遍的な遺物であり、しかも比較的短い時間の経過のなかで形態変化を起こすので、世界中どこでも年代を把握するための時間尺度として重宝される。平城京では木簡に記された和年号を手がかりに10年単位での土器型式編年が確立されているが、縄文土器、弥生土器、古墳時代の須恵器の1型式の存続期間については確定するまでにはいたっていない。

[6] 理化学的年代測定法については、旧石器文化談話会編『旧石器考古学辞典（三訂版）』（学生社、2007年）を参照。

ミニ考古学者列伝 1

木内石亭（きのうち・せきてい，1724-1808）

1724年　近江国志賀郡に生まれる。
1772年　『雲根志』前編成立（翌年刊行）。
1779年　『雲根志』後編刊行。
1783年　『曲玉問答』成立。
1794年　『鏃石考（鏃石伝記）』成立。
1801年　『雲根志』三編刊行。
1808年　85歳で死去。

1　「石」への目覚め

　木内石亭は，近江国志賀郡下坂本村（現・滋賀県大津市）に生まれました。父は拾井平左衛門，母は見せで，名は重暁。石亭は号です。幼くして母の実家の木内家の養子となりますが，同家は栗太郡山田村（現・草津市）にあって膳所藩郷代官を務める家柄でした。

　ところが20歳のころに，石亭自身は黙して語るところがありませんが，貪吏罪に連座して禁固の身となります。しかし，その禁固3年の間，石亭は毎日「石を手すさみ楽しみければ」，歳月が過ぎるのも忘れるほどであったと伝えられています（畑維龍『四方の硯』）。

　もともと，石亭の出身地近江南部地方は，名石や奇石の産出で知られ，折しも「弄石」趣味も勃興しつつありました。そんな環境と時代のなかで，「十一歳にして初めて奇石を愛し」た石亭は，この事件を機に「石に生かされている自分」を自覚するとともに，分家の身となって木内家の惣領という重責から解放され，「奇石」への途を本格的に歩みはじめるのでした。

2　「石の長者」への途

　石亭の活躍する時代は，幕府や諸藩の殖産興業政策を背景に，本草学を拡大した「物産学」が登場する時代です。物産学は実学性を重んじたため，江戸・京都・大坂などでさかんに物産会が開かれるようになりました。石亭も，宝暦元年（1751）に津島恒之進（1701-54）開催の物産会に参加したことを機に，翌年に入門。まもなく恒之進他界のため，江戸の本草家田村濫水（1718-76）門下となりました。同じく濫水門下の一人が，あの有名な平賀源内（1728-79）です。

　石亭も，江戸の東都薬品会，大坂の戸田旭山物産会，京都東山の物産会などにたびたび参加し，1760年代後半には品評執事を務めるほどになりました。また同じころ，奇石愛好者が集まってもち寄った品を互いに品評しあい，石への理解を深めようとした「奇石会」をたびたび催すようにもなりました。

　こうして安永2年（1773），主著『雲根志』前編が刊行されますが，そのなかで石亭みずから「予十一歳にして初めて奇石を愛し，今に三十年来夜昼是を翫び て他事なし。此ために諸国へ通行する事凡三十余，今求め集むる処の石，凡二千余品」と述べています。

3　「弄石」ネットワーク

　石亭の「奇石」の収集は，30余国行脚の採集旅行だけではなく，奇石商からの購入もあり，また同時代の「弄石家」との親交を通じて入手・交換したものも多くありました。全国で数百人ともいわれた「弄石家」ネットワークから幾人かをあげてみましょう。

　田村濫水と，同門の平賀源内のことは先にふれましたが，大坂で酒造業を本職としていた木村蒹葭堂（1736-1802）も津島恒之進の兄弟弟子にあたり，『雲根志』前編にも序文を寄せています。すでに『勾玉考』の著作があった伊勢の国学者谷川士清（1709-76）も，石亭は「弄石の友」と称しています。

　飛騨高山では，「神代石」の収集で著名な酒造業者二木長嘯（1755-1814），石亭が「予が弄石の親友」と呼んだ糸問屋津野滄洲（1718-90），両替商森桃林（1765-

1830)が注目されます。特に長嘯とは天明8年(1788)から頻繁に書状をやりとりしており,ときに石亭が彼に奇石を「無心」することもあったようです。

さらに石亭出身地の近江湖南にも,石亭よりも年長ながら「未石亭」と号した服部善七(1712-80),石亭が後継者と目した西遊寺の鳳嶺上人正蹁(1763-1819),石山寺第46代座主を務めた尊賢(1748-?),願行寺15世住持了観(?-?)など,石亭から影響をうけた弄石家たちが多数いました。1797年,石山寺近辺秋月館にて長らく途絶えていた奇石会がひさびさに再興され,石亭喜寿の寛政12年(1800)に「石亭翁登遊碑」が建立されたのは,彼らの努力によるものです。

4 主著『雲根志』の世界

石亭の主著『雲根志』は,約30年の期間を要して前編・後編・三編と順次刊行されました。初版は18巻18冊で,のちに版を重ねて15冊本が普及したようです。なお「雲根」は石の異名で,雲が岩根より生ずるとされたために,この名があります。

その内訳は,前編…霊異類・采用類・変化類・奇怪類・愛玩類に分類(計225種),後編…光彩類・生動類・像形類・鐫刻類に分類(計330種),三編…寵愛類・采用類・奇怪類・変化類・光彩類・鐫刻類・像形類に分類(計201種)のとおりで,鉱物・岩石・化石のほか,人工の石器類などにもおよんでおり,しばしば図示をまじえて,産地・形状・来歴・成因などを書き添えています。

前編は,どちらかといえば入門書的性格が強く,末尾に,特に愛蔵する品を「二十一種珍蔵品」として特筆・紹介していますが,この「二十一種」の選定は,これ以後,何度か変遷を重ねたことが知られています。

後編では,新たに設けられた鐫刻類において鏃石(石鏃)・曲玉(勾玉)・天狗飯匕(石匙),神代石などが登場し,いわゆる考古学的資料まで含むひろがりをみせましたが,三編ではさらに,現代までその名辞が通用している「車輪石」をはじめ,石剣頭(子持勾玉)・神代石(鍬形石・琴柱形石製品・石棒)など各種の石器類が挿図とともに紹介され,その傾向はいよいよ著しくなりました。

なお石亭は,勾玉と石鏃については別途『曲玉問答』と『鏃石考(鏃石伝記)』を著して,文献史料ともつきあわせて詳しく論究し,勾玉は往古の装身具,また石鏃は「上古異邦戦ニ用タル」武器との見解を示しておりますし,『諸州石品産所記』と題した,『雲根志』各編や他の自著をもとに国別に産出物と産地をまとめたものまで著しました。

以上の著作類を通じて,

・考古遺物の出土地・出土状況への注意深い配慮。
・実物の相互比較研究。
・関連文献史料の併用による論断。

のように,現代にも通じるような学問的態度がうかがえますし,「七八千年も前の事故,名の知らぬ物夥しき筈也,急には知れ申間敷,是も七八千年の後には,一々知れ可申,時節を待給へ」(二木長嘯宛書状)のように,軽々しい断案を避けたことも特筆されます。石亭が「近世奇石家の祖」(『以文会筆記』),また「考古学の先覚者」のひとりにかぞえられる所以です。

5 『東海道名所図会』で紹介

こうして手元に集まった多数の「奇石」類は,単なる収集・研究の対象であっただけではありません。石亭存命中に刊行された旅行案内書『東海道名所図会』には「名所」のひとつとして「石亭」が特筆されており,「石亭」が奇石展示館にして「奇石サロン」でもあったことをよく示しています。なお石亭の墓と墓碑は,滋賀県守山市の本像寺にあります。　(竹居明男)

参考文献
中川泉三編『石之長者木内石亭全集』下郷共済会,1936年。
斎藤忠『木内石亭』吉川弘文館,1962年。
森浩一編『考古学の先覚者たち』中央公論社,1985年。
栗東歴史民俗博物館編『石の長者・木内石亭』1995年。

ミニ考古学者列伝 2

酒詰仲男（さかづめなかお，1902-1965）

1902年　東京市に生まれる。
1934年　大山史前学研究所研究員となる。
1939年　東京帝国大学理学部人類学教室嘱託となる。
1947年　東京大学理学部助手となる。
1953年　同志社大学文学部専任講師，日本人類学会評議員となる。
1954年　同志社大学文学部教授となる。
1960年　同志社大学より文学博士の学位を受ける。
1965年　京都・大徳寺塔頭大仙院にて急逝。

1　日本考古学史上の主流と科学精神

　日本の科学的考古学は，米国人モース（E.S.Morse, 1838-1925）による明治10年（1877）の大森貝塚の発掘調査からスタートしました。

　モースは，ダーウィンの進化論を日本にはじめて紹介した動物学者であり，東京湾の現世貝類と先史時代の貝塚出土の貝類との比較に関心を示し，科学の眼で縄文時代の貝塚を観察しました。その後，日本考古学は近代化の進む中で明治から大正時代に学問としての基礎が作られました。しかし，第2次世界大戦が終結するまで，大日本帝国のもとでの皇国史観に支配され，科学的な日本考古学は不遇の時代でした。科学的精神を尊重する酒詰仲男が，官憲によって逮捕され不当な拷問を受けたことも，考古学史上忘れることができません。

　戦前の日本考古学界には，3つの主流がありました。1つ目は，東京帝国大学の理学部人類学教室。2つ目は，京都帝国大学文学部の考古学教室。3つ目は東京帝室博物館でした。酒詰は，モースの流れをうけた主流の1つ，人類学教室の長谷部言人の支援をえて，主として関東地方を中心に全国の貝塚を対象とした研究に取り組み，貝塚研究の基礎を創りました。そのことは，現在の貝塚研究データベースの構成を見ても明らかです。

2　実証主義と日本最初の考古学辞典

　酒詰の研究は，貝塚を対象とした彼自身の実地踏査と発掘調査の積み重ねを基礎としていました。考古学の発展に寄与した彼の業績を，学史的に考古学の方法論からみると，遺物学から遺跡学への発展過程を示す，多くの優れた論文や報告があります。

　まず重視されるのは，古人骨収集に主眼が置かれた明治・大正期の貝塚調査から脱皮して，貝塚の貝類と土器形式の相関関係を詳細に検討したことです。その結果，縄文海進海退論の基礎的データを提示したうえ，「南関東石器時代貝塚の貝類相と土器形式との関係に就いて」（1942），「地形上より見たる貝塚——殊に関東地方の貝塚について」（1951），「編年上より見たる貝塚」（1952）などにくわえ，学位論文「日本縄文石器時代食糧総説」副論文「日本貝塚地名表」を発表して，貝塚を大局的に検討しています。

　その間，初期の論考にも優れた業績があります。『神奈川県下貝塚間の交通について』（昭和13年4月—東京人類学会・民俗学会連合大会）もそのひとつです。ここでは，貝塚の分布を検討した結果，縄文時代前期前半の繊維土器の時期は，距離的に近い貝塚間では水路や渚道を使い，遠い貝塚間では舟による航海がおこなわれ，陸路は考えられないとしました。中期になると貝塚分布の様相が一変し，水路だけでなく陸路の横断的交通がおこなわれるようになり，さらに後期になると水陸両用の臨機応変の交通に展開し，一定の陸路や，渡しをもつにいたったのではあるまいかと解釈しました。また執念とも思えるほどの忍耐強さを発揮して，日本ではじめて縄文時代前期の竪穴住居址を完掘し，

先史時代の集落構成の究明に向けた基礎的研究に大きく寄与しています。これも優れた観察力を生かした実証主義がもたらした成果でした。

日本最初の『考古学辞典』(改造社，1950年)の刊行も酒詰の業績の一つでした。篠遠喜彦・平井尚志らとの共編で刊行されたこの辞典は，酒詰本人がその序文のなかで述べているように，当初「先史学辞典」として刊行される予定でしたが，刊行時の社会的状況から「考古学辞典」の名が使われました。この辞典の刊行を契機として，多くの考古学辞典が次々に刊行されるようになりました。

3　学際的研究と『日本貝塚地名表』

遺跡の究明にあたっては，多くの学問との連携，協力が必要です。自然科学・人文科学・社会科学など領域をこえた学際的研究が，多くの成果をもたらします。

酒詰がペンネームで発表した著作をふくめて，彼の業績全体を評価するとき，最初に発表した論文が，『日本国家成立過程小論』(岩波書店，1931年)であったことは，酒詰の人と学問を理解するうえで重要です。また，すでにふれた代表的な著作以外でも「関東地方に於けるハイガイ放射筋数と貝塚貝層新旧の関係について」(『史前学雑誌』1934年，8-2)「石器時代の東京湾のハイガイ」(『人類学雑誌』1948年，60-2)，「縄文石器時代に於ける環境の変遷」(『人類科学』1950年，NO2)，「石器時代の寒暖」(『あんとろぽろす』1947年，2-2)，「人と環境——人類生態学と文化史殊に先史考古学覚え書1，2」(『文化史学』1961年，16；1963年，17)などにみられるように，多くの学際的研究の成果をのこしています。

代表的な著作で，学位論文になった『日本縄文石器時代食糧総説』(土曜会，1961年)副論文『日本貝塚地名表』(日本科学社，1959年)をはじめ，縄文時代の農業としての栗栽培を指摘した「日本原始農業試論」(『考古学雑誌』1956年，42-2)などの多くの石器時代研究の業績や，「教育施設としての近代博物館」(『同志社時報』1962年，80号)，「埋蔵文化財と博物館」(『同志社大学博物館研究』1958年，2号)，「博物館法の改正について」(『博物館研究』1963年，37-1)など，博物館学に関する先駆的な業績も，学際的研究の成果と言えます。

酒詰仲男

4　初期の文化財保護運動への寄与

酒詰は，遺跡の保護でも先駆的役割を担いました。開発行為に起因する遺跡の破壊が，いまなお日本各地で進んでいますが，1960年代の日本列島改造論と対峙した，遺跡を守るための運動の展開の中で，酒詰の果たした役割も忘れることができません。当時，「誰のための考古学か？」と真剣に語っています。

いま，国際的にも遺跡の調査・保存・活用・整備が議論され，東アジアでも中国・韓国などでさかんです。世界各地の遺跡保存問題をみますと，人為的破壊の典型としてイラク，アフガニスタンなどの戦争による人為的破壊の復興支援が課題となっています。戦争に反対していた酒詰は軍部による遺跡破壊を指摘しただけでなく，戦後の米軍による遺跡破壊に対しても，内灘砂丘(石川県)遺跡のように，米軍に調査と保存を要求しています。

京都で遺跡保存運動を指導した彼は「西山古墳の保存運動について」(『同志社考古』1962年，2)など，市民や学生の先頭に立って研究者の真摯な主張をおこなったことで，多くの共感をえました。

(鈴木重治)

II　旧石器時代の道具と生活

1　旧石器時代とはどんな時代か

　旧石器時代とは，地質時代区分の第四紀更新世とほぼ同義に用いられ，打製石器を主要な道具とし，主に植物採集や動物の狩猟で生計をたてながら移動生活を送っていた人類史の最古の時代とされます。しかし石器をつくり始めた当初から狩りをおこなっていたわけではなく，火の利用もふくめて人類の悠遠な歴史の中で段階的に獲得していったものです。

1　年代的枠組み

　人類史の最古の時代を占めるのが旧石器時代です。東アフリカの地でヒトの祖先が樹上生活から地上に降り，直立二足歩行を始めてから数百万年が経過したのち，文化的な産物である石の道具(石器)◁1をつくり始めますが，そのときから旧石器考古学の出番となります。

　旧石器時代の終末年代は地域によって異なりますが，ヨーロッパでは，1万年前頃，北ヨーロッパでの氷床の後退をもって旧石器時代の終焉をむかえます。西アジアでは1.1万年前頃に初期農耕が出現します。東アジアでは1～1.3万年前頃の土器の出現をもって旧石器時代と**新石器時代**◁2とを区別しています。

　じつに240万年間という気の遠くなるような期間が，旧石器時代考古学の研究対象となります。ヨーロッパの伝統的な時期区分では，旧石器時代を前期(下部)・中期(中部)・後期(上部)に3区分します。石器製作技術の面では，前期旧石器時代はハンドアックス，中期旧石器時代はルヴァロワ技法，後期旧石器時代は石刃技法を指標とします。この3時期区分◁3は，ヨーロッパではそれぞれ原人(前期旧石器時代)，旧人；ネアンデルタール人(中期旧石器時代)，新人；クロマニヨン人(後期旧石器時代)という人類進化段階に対応しています。

2　周辺大陸の旧石器文化

　東アジア諸国では，研究の後発性という事情もあって，ヨーロッパの伝統的な3時期区分を踏襲して研究が開始されました。しかしながら，中国・韓国・日本での調査研究が進んでくると，人類進化と文化発展段階の両面で西ユーラシア大陸との齟齬が生じてきました。大きな問題は，ヨーロッパのネアンデルタール人と同じ形質の人類が東アジアには存在せず，また中期旧石器時代を特徴づけるルヴァロワ技法もこの地域にはみられないことです。近年の中国の研究成果によれば，華北では160万年前頃に剥片石器文化伝統が，長江以南では遅

◁1　世界最古の石器は，東アフリカのエチオピアにあるゴナ遺跡やオモ川流域の約240万年前の地層から出土した剥片や石核である。またエチオピアのマカーミタル遺跡では溶岩やチャートで作られた剥片がヒト(ホモ属)の下顎骨や切傷痕をもつ動物骨と一緒に見つかっているので，ヒトが石器を用いて動物(屍肉)の解体をおこなったと考えられる。

◁2　**新石器時代**
新石器時代は，西アジアでは農耕の開始とともに始まるが，日本列島の場合は縄文時代晩期頃にならないと農耕(稲作)の証拠がはっきりしない。それ以前は，動植物資源に生計を大きく依存し，北ヨーロッパの中石器文化に類似した性格をみせる。

◁3　旧石器時代の専門用語については，旧石器文化談話会編『旧石器考古学辞典(三訂版)』(学生社，2007年)を参照。

くとも80万年前頃にはハンドアックスをともなう礫石器文化伝統が現われ，長期間にわたって2つの文化伝統が分布圏を異にして並存し，3万年前頃になって華南の礫石器文化伝統が剝片石器文化に取って代わられます。

朝鮮半島では，韓国における近年の目覚ましい調査・研究の進展にともない，約7万年前以前にあっては華南の礫石器文化伝統に類似した文化が支配的で，その後，小形剝片石器文化の段階を経たのち，3.5万年前頃になって北方から伝播した石刃技法を基調とした文化に置換されていく様子がわかってきました。

日本列島でも，台形様石器群に代表される小形剝片石器文化伝統に続いて，3.5万年前頃に石刃技法が突如出現し，これ以降，石刃技法を基調とした文化が支配的となります。それと連動するかのように，鋭い割れ口をもつ珪質の石材（ガラス質安山岩，流紋岩，頁岩，黒曜岩など）への転換，装身具（垂飾・ビーズ），赤色顔料，埋葬などのホモ・サピエンスの特性とされるシンボリックな表象が東北アジア各地に前後して出現します。これは，考古学的に認識できるホモ・サピエンス（新人）の東アジアへの拡散と連動した現象ととらえられます。

3　自然環境

旧石器人の活躍した第四紀更新世は，地球的規模で氷期と間氷期が繰り返しおとずれ，中期更新世初頭（78万年前）以降にかぎっても氷期と間氷期が9回繰り返したことが知られています。こうした気候変動は，太平洋や大西洋の海底に堆積した有孔虫殻の$^{18}O/^{16}O$の変動にもとづいた海洋酸素同位体比編年（MIS）として精しく年代づけられています。陸上に降り積もった黄土-古土壌にも，こうした地球的規模で生じた気候変動が記録されています。

更新世には氷期・間氷期に応じて地球的規模で海水面が降下・上昇を繰り返し，海岸線が大きく前進・後退したことがわかっています。MISステージ2（2.4万～1.1万年前）には，現在よりも年平均気温にして7～8℃低かったと推定され，海水面が120～125mも下がったことが世界各地の海底地形の解析で判明しています。その結果，大陸棚として知られる浅海域の大部分は陸化し，陸地面積が拡大するなかで人類の活動領域もひろがったと考えられます。しかし，東アジアの旧石器時代には魚介類などの水産資源を積極的に利用した証拠は知られていません。これは，往時の海岸線近くに営まれた遺跡が海面下もしくは沖積地の下に埋没し，調査がおよんでいないせいかもしれません。

ステージ2の海水面降下を除いて，中期・後期更新世に限っても8回生じた氷期に，どれくらい海水面が降下したのかわかっていませんが，ステージ2以前にも日本列島と大陸が陸続きになった時期が何度かあったと考えられます。

4　変動する地域性

日本列島で見つかっている旧石器時代遺跡のほとんどが後期旧石器時代に属

▷4　中国の黄土高原（洛川）では過去260万年間（更新世の全期間）に降り積もった地層が170mにも達し，氷期に黄土層，間氷期に古土壌層が形成され，世界に比類のない黄土-古土壌連続を提供している。この黄土-古土壌編年による年代推定法は数万年という短い年代尺度で黄土-古土壌中に包含される旧石器の年代を把握できる画期的な方法である。

▷5　台湾海峡，渤海湾，瀬戸内海，島根県沖の海底から哺乳動物化石が底引き網にかかって引き揚げられているのは，かつて陸地化していた証拠である。黄海のように70mの深度しかない浅海域は更新世の間に何度となく干上がったと考えられる。韓国の前期旧石器が長江下流域の石器と類似するのは，干上がった黄海平原がヒトの移動ルート（陸橋）として利用されていたことを示唆する。

▷6　日本列島で見つかっているトウヨウゾウやナウマンゾウなどの絶滅動物も中期更新世に中国大陸から移動してきたものと推定されている。11～12万年前の砂原遺跡や8万年前頃の金取Ⅳ文化（岩手県）を残した旧石器人たちは，それ以前の氷期ないしは亜氷期に形成された陸橋を渡って日本列島へやってきたのだろう。

Ⅱ　旧石器時代の道具と生活

し，北は北海道から南は種子島や奄美大島の島嶼までおよんでいます。しかし，沖縄本島では人骨や動物化石は発見されていますが，不思議なことに旧石器が長い間みつかっていませんでしたが，最近南城市サキタリ洞遺跡で石英製石器や貝製装身具が出土しました。

日本列島に展開した旧石器文化については，南北に長い列島の生態環境の違いや石器材料の不均等な分布などに起因すると考えられる地域的なまとまり（地域性）が研究の初期から指摘されてきました。

石刃技法が出現する以前の段階には，東北地方から九州まで刃部磨製石斧をともなう台形様石器群が広がり，珪質頁岩，黒曜岩，サヌカイト，チャートなどのローカルな石材を使用しながらも，石器形態，石器組成，石器製作技術の面で大きな地域的な差異は認められません。北海道でもこれと同じ系統の剝片石器群がみつかっていますが，本州よりも新しい年代を示します。

台形様石器群に後続するナイフ形石器文化期には，始良Tn火山灰（2.7～2.9万年前）の降灰に前後して，東北地方に東山型，東北日本海側から中部地方北部にかけて杉久保型，関東から東海・伊勢湾沿岸にかけて茂呂型，大阪湾沿岸から瀬戸内にかけて国府型，九州地方にいわゆる九州型とよばれるナイフ形石器が地域的な石材と結びついてつくられました。この時期，北海道でもナイフ形石器（広郷型）の報告例がありますが，本州や九州ほどナイフ形石器文化が発達しなかったようです。大陸に近い北海道の地理的位置からみて，本州とは別の発展過程をたどったものと思われます。ナイフ形石器の形態の違いに反映される地域的なまとまりは，石材の流通を基調とした地縁的紐帯・情報・婚姻などの社会的なネットワークが成立していたことを示唆します。

ナイフ形石器文化期に続く細石刃文化期には，細石刃剝離技術の面から巨視的にとらえれば，日本列島は南北2つの文化圏に区分されます。すなわち，関東・中部以北の削片系細石刃核の一群，そして中部・東海以西の非削片系細石刃核として包括される半円錐形・船底形細石刃核の一群です。前者は北海道を介して大陸の細石刃文化に連なる北方系の技術的な特徴をみせます。後者にあっても，西北九州に分布する福井技法のように削片系細石刃核の系統に属するものもあり，朝鮮半島を経て南下した北方系の技術と考えられています。また岡山県恩原遺跡では東北・北陸に連なる削片系細石刃核がまとまって出土し，日本海沿岸ルートによる植民と考える説も提示されています。

⑤　社会集団

旧石器時代の社会集団，集団関係についての議論も試みられています。前者については，個々の遺跡における遺物の分析にもとづいて推察されます。

台形様石器文化期には，径50mの規模で遺物集中部がいくつも連なって環状に布置する「環状ブロック」が関東を中心にみつかっています。こうした大規

▷7　旧石器時代の遺跡を発掘すると，普遍的な遺物である石製遺物（石器，剝片，砕片，石核）が視覚的に径数メートルの範囲にまとまって検出されるのが普通である。こうした遺物集中部がいくつか集まって，同時期の居住地（遺跡）が構成されている。三次元記録によって採りあげられたすべての石製遺物に対する母岩（個体）識別，接合関係，それらの空間分析を経て個々の資料の消費過程（ライフ・サイクル）や集中部間の関係が復元される。こうした一連の整理・分析はじつに根気のいる作業となる。日本列島の旧石器時代遺跡では，住居跡や炉跡のような居住単位を示す遺構が検出されることはきわめてまれで，視覚的に認識された遺物集中部をそれに准じる「世帯」と仮定して単位集団の再構成が試みられている。

模な遺跡と数ヵ所の遺物集中部だけからなる小規模遺跡が同時期に存在することから，通常は小規模な集団として分散居住し，特定の作業たとえば季節的な集団狩猟などを契機として小規模集団が結集する社会組織を想定する考えが春成秀爾から提出されています。集団狩猟の具体的な対象動物としてナウマンゾウを想定し，大形哺乳動物の絶滅時期と大規模遺跡の形成時期を重ね合わせて理解するもので，大規模・小規模遺跡の並存現象を整合的に解釈するうえで興味深い説といえます。

　個々の遺跡の構造については，広範な面積の調査から，かなり明らかになってきました。しかし，個々の遺跡に示される単位集団が他の集団とどのような社会的関係を有していたのか，ナイフ形石器文化期の地域的なまとまりとどのようにかかわるのかという問題については，ほとんど想像の域を出ないのが実情です。こうした方面の研究を前進させるうえで，地理的分布が局限されたり，特定の場所に点として産出する石器石材（黒曜岩，ガラス質安山岩，サヌカイト，珪質頁岩，蛇紋岩など）の移動のあり方を科学的産地推定法とからめて分析する事例研究が各地で蓄積されています。とはいえ，石材原産地と消費地が明らかとなっているにもかかわらず，石材の獲得システムや社会集団の解明にはいたっていません。

6　象徴的表現

　日常生活の維持に直接関係しないシンボリックな表象は，ホモ・サピエンスに固有の属性とされます。東北アジアにこうした表象が出現するのは約3.5万年前以降のことです。動物の歯牙，石，ダチョウの卵殻，貝殻などに孔を穿った垂飾やビーズがシベリア，華北，中国東北地方，韓国，カムチャッカ半島，北海道，本州から知られています。また赤色顔料を埋葬時に死者に散布した例（周口店山頂洞），装身具に塗布した例（遼寧省小狐山洞穴）もあります。日本列島では，北海道の川西Ｃ遺跡（帯広市），柏台1遺跡（千歳市），新潟県荒沢遺跡から赤色顔料が出土しています。血の色を想起させる赤い色に再生や呪術的意図が込められていたのでしょう。

　北海道湯の里4遺跡（細石刃文化期）では人骨は残っていませんでしたが，壙内から石核のほか石製垂飾・ビーズが，また岩手県峠山牧場遺跡や静岡県富士下遺跡（ナイフ形石器文化期）からは周縁に刻み目をつけた石製垂飾が出土しています。周縁に刻み目をもつ例はシベリア，中国の遼寧省・河北省の後期旧石器時代遺跡から報告されています。このような装身具は，共同体成員の誰もが身につけたものではなさそうで，集団の中でもリーダー的存在あるいは呪術師のような特定個人向けにつくられたのでしょう。

（松藤和人）

Ⅱ 旧石器時代の道具と生活

2 旧石器時代の道具と技術

旧石器時代の人々の生活には，各種の道具が製作され，使用されていました。道具には，直接自然物に働きかける「衣・食・住」にかかわる道具と象徴的行動（抽象的思考）を示す道具（芸術作品や装身具など）の2種類があります。その材質には石（岩石），骨，角，歯，牙，植物などが考えられ，世界各地からこれらを素材とした道具が出土しています。しかし，日本列島は高温多湿で酸性土壌の地域が多いため，岩石以外の有機物は腐朽しやすく，石器しか出土しない遺跡が大半です。

1 石器

石器とは岩石を素材とした利器や武器のことです。石器には，石塊を打ち欠いて鋭い刃部（機能部）を作りだす打製石器と，磨いて刃部をつくる磨製石器があります。また，石核石器（石塊の芯の部分を石器とする）と剝片石器（石塊から剝ぎ取られた剝片を細部加工した石器）という区分もあります。

石器の製作は，まず材料の石塊の端に丸い岩石を打ちつけることから始まり，この打ち欠きの行為をくり返すことです。そのとき，ハンマーとして使用した岩石が敲石です。そして，足元には大小さまざまな大きさのカケラが散らばります。そのカケラを総称して石製遺物といいますが，石器，剝片，石核，砕片などに分類されます。剝片とは石器の素材となったり石核形状を整えるため剝離されたりしたカケラ，石核とは剝片が剝がされた残りの石塊，砕片とは剝片剝離や石器の細部加工時にで飛び散った微細なカケラのことです。

また，敲石をハードハンマー，鹿角や堅い木の棒をソフトハンマーとよびます。一般に後者は前者より薄い剝片が剝離され，割れ（剝離）の始まる付近にみられるコーン（円錐体）あるいはバルブ（打瘤）は発達しない（図1）といわれますが，実験考古学の成果からは，対象石材の違いや打撃力，打撃の角度によってはソフトハンマーでもハードハンマーのような剝離痕跡を示すこともあることがわかりました。

石器製作の打撃・剝離法には直接打法と間接打法，押圧剝離が知られています。直接打法とは敲石や鹿角などの加撃具を材料の石材に直接打ちつけて剝片を剝離する方法で，間接打法とは材料の石材と加撃具の間に鹿角な

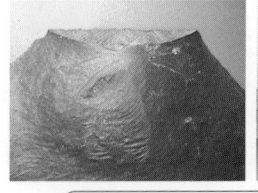

図1 ハンマーによる剝離形状の違い
左は敲石（ハードハンマー），右は鹿角（ソフトハンマー）で試みた剝離実験の剝片。石材はいずれもサヌカイト。
出所：佐藤良二編『二上山・関屋盆地における石器製作遺跡の調査』香芝市教育委員会，2002年。

どのパンチ（タガネ）をあてがう方法（図2），そして押圧剝離は鹿角などを加圧具として瞬時の圧力で剝片を剝離する方法です。直接打法の1例として剝離対象の岩石を石塊の上に置き，敲石を垂直に振りおろす両極打法もあって，薄く平坦な剝片が剝離できます。押圧剝離は，有舌尖頭器の調整剝離や細石刃剝離に利用されます。どのように石器がつくられたのか，実験考古学としての石器製作実験が繰り返されています。▷1

　2万年前頃には日本各地域に特徴的な定形石器が増加し，地域性のあったことがうかがえます。定形石器の増加は木製などのシャフト（着柄）の普及が想定されます。旧石器時代末期の細石刃の植え込み用シャフトはシベリア～欧州の出土例から類推可能ですが，3万年前頃日本各地で製作された極小形石器についてもシャフトの存在を考える必要があるでしょう。マリタ遺跡（ロシア）では搔器のシャフト（軸柄）が出土しています。

　石器製作技術については，200万年をこえる人類の石割り（道具作り）の中で進化してきました。古い時代ほど石割りの技術は稚拙で，中期旧石器時代のネアンデルタール人の出現とともにより精巧となり，ホモ・サピエンス（現代型新人）が登場すると多様な技術の急速な発展が認められるようになります。なお，かつて中期旧石器時代の指標とされたルヴァロワ技法は「**ルヴァロワ概念**」▷2として再定義され，その剝離工程などが見直されました。

　近畿・瀬戸内地方でさかんに用いられた瀬戸内技法は，概念，手法，技術をからめて設定された剝離技法です。原礫を分割剝離して部厚い剝片（盤状剝片）を複数枚生産する第1工程，盤状剝片の一端（往々にして打面部）を山形に整形し，その頂部を打撃して翼状剝片と命名された横長剝片を複数枚剝離する第2工程，翼状剝片の打面部を細部加工で除去して完成品の国府型ナイフ形石器を製作する第3工程，という剝離工程（手法）が復元されました。そして，敲石による直接打法で盤状剝片に広く平滑な面を確保するため第1工程で石理走向に沿う剝離を試みました（技術）。翼状剝片は盤状剝片の平滑な面を刃部に取り込んで，盤状剝片（翼状剝片石核）の幅いっぱいの横長剝片を剝離するために山形の打面調整（石核整形）を施す，というコンセプト（概念）があったのです。その目的は，大形で同形・同大の翼状剝片や国府型ナイフ形石器を生産しつづけることにあって，それは石材容積の非有効利用や翼状剝片剝離時に剝片や石核が真っ二つに割れてしまう縦割れの危険性を超克していたのでしょう。

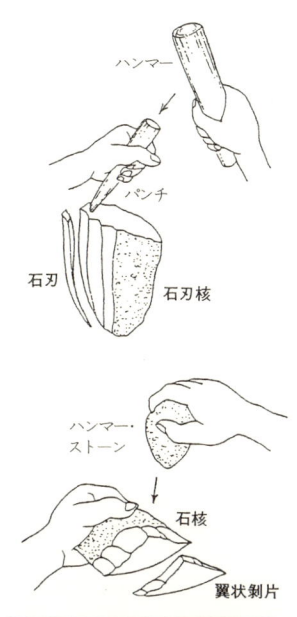

❷ 石製品

　石製品とは，上記の石器に対して，利器や武器でない石皿，磨石，砥石，台石，敲石などの総称です。石皿，磨石は植物粉砕用，砥石は石器や骨角器などの刃部研磨用とみなされています。日本列島では，石皿，磨石は狸谷遺跡（熊本県）や立

図2　間接打法と直接打法

上は間接打法による石刃技法，下は直接打法による瀬戸内技法。
出所：松沢亜生「古代人の石器」『別冊歴史読本』再現！古代人の知恵と生活　目で見る時代考証シリーズ第5号，新人物往来社，1984年。

▷1　石器製作に関する諸用語については，イニザン，M.-L. ほか／大沼克彦ほか訳『石器研究入門』（クバプロ，1998年），大沼克彦『文化としての石器づくり』（学生社，2002年）などを参照。

▷2　**ルヴァロワ概念**
これまでのルヴァロワ技法は，求心的な石核調整剝離や入念な打面調整を必須条件とする，限定した剝離手法とされていたが，ルヴァロワ概念では剝片を剝離する石核面の膨らみを作りだすことに意義を見いだし，その剝離手法は多様である。

切遺跡（鹿児島県）など暖温帯の地域に多く出土し，砥石は七日市遺跡（兵庫県）や日向林B遺跡（長野県）など刃部磨製石斧に伴って出土することが多いのです。いずれも**AT**降灰層準より下位の遺跡からその存在が知られています。台石と敲石はおおむね石器製作用でしょうが，堅果（栗など堅い殻をもつ果実）などの食料の粉砕用とも考えられます。石器製作用と堅果粉砕用を判別するには，敲打痕や破砕痕の両者の差異を明瞭に示す必要があります。

③ 骨角器・木器

　骨角器・木器は，石器に比較して腐植しやすい素材で，日本列島での出土例は限られています。諸外国では最古例の1つがシューニンゲン遺跡（ドイツ）で，木槍が複数例出土しています。投槍は径3cm，長さ78cmで両端を尖らせていて，約40万年前と推定されています。骨角器は**中期石器時代**のカタンダ遺跡（コンゴ民主共和国）で逆刺つきの銛（9万年前頃）をはじめ，後期旧石器時代の植刃器（ロシア・ココレヴォⅠ遺跡など）はよく知られた例です。周口店山頂洞（中国）では骨製針が出土しています。日本列島では野尻湖立ヶ鼻遺跡（長野県）出土の骨製尖頭器やスクレイパーが著名ですが，剝離痕の識別が著しく困難でしかも水磨を受けていて不鮮明です。木器も大渡Ⅱ遺跡（岩手県）など少数例が知られますが，加工痕が不鮮明です。そのなかで，明確な加工痕跡は花泉遺跡（岩手県）のハナイズミモリウシの肋骨製槍にあり，**¹⁴C年代測定**で約2万年前と推定されています。

④ 象徴的表象にかかる道具

　象徴的表象は，それまでにはない現代型新人の特長とされています。これには装身具，土製品，石製品の一部，赤色顔料などが考えられます。
　装身具には骨・角・牙・歯・貝殻・卵殻製などがあり，欧州〜シベリアの後期旧石器時代には多数の出土例が知られています。特に著名なものはマンモスの象牙製"ヴィーナス像"です。また，中期石器時代のブロンボス洞窟（南アフリカ）では多数の貝殻製ビースが出土（約7.5万年前）し，周口店山頂洞（中国）には石製玉，穿孔牙歯などがあります。日本列島では美利河1遺跡（北海道）から橄欖岩製小玉が出土しています。その他，岩戸遺跡（大分県）では結晶片岩製の石偶が出土し，尾上イラウネ遺跡（静岡県）の線刻礫は安山岩に一見具象的とも思われる線刻が刻まれています。さらに，上引切遺跡（千葉県）には直線的な線刻が刻まれた凝灰岩質泥岩片が，出口鐘塚遺跡（千葉県）では垂飾様石製品が出土しています。
　なお，直接的な「道具」とはいえませんが，墓の遺体を赤く染上げたりする赤色顔料は柏台1遺跡（北海道）や荒沢遺跡（新潟県）などに小塊の出土例があります。湯の里4遺跡（北海道）では橄欖岩製の小玉の副葬（？）とともに実際

▷ 3　AT
始良Tn（丹沢）火山灰の略称。鹿児島県の始良カルデラから約2.7〜2.9万年前（未補正値）に噴出した広域火山灰。後期旧石器時代編年の最重要の鍵層である。

▷ 4　中期石器時代
略称MSA。アフリカ大陸特有の時代区分で，欧州の中期旧石器時代にほぼ相当するが，厳密には一致しない。近年，後期旧石器時代的な文化要素が確認され，現代人的行動の出現経緯についての議論がさかんになっている。

▷ 5　¹⁴C年代測定
理化学的年代測定法の1つ。死後生物体内の放射性炭素¹⁴Cの濃度が一定の割合で減少することを利用する。近年は，実際の暦年に近づける（補正または較正）方法も開発されている。

に赤色顔料が撒かれていたらしいのです。

　土製品は日本列島には知られていませんが，ドルニ・ヴェストニッツェ遺跡（チェコ）からは人物をかたどった小像が多数出土していてしかも焼成されています。年代測定では約2万6000年前とされ，現在世界最古の焼成土製品です。粘土の化学的変化を応用した一大変革である土器の出現にさかのぼること1万年以上前の発明です。

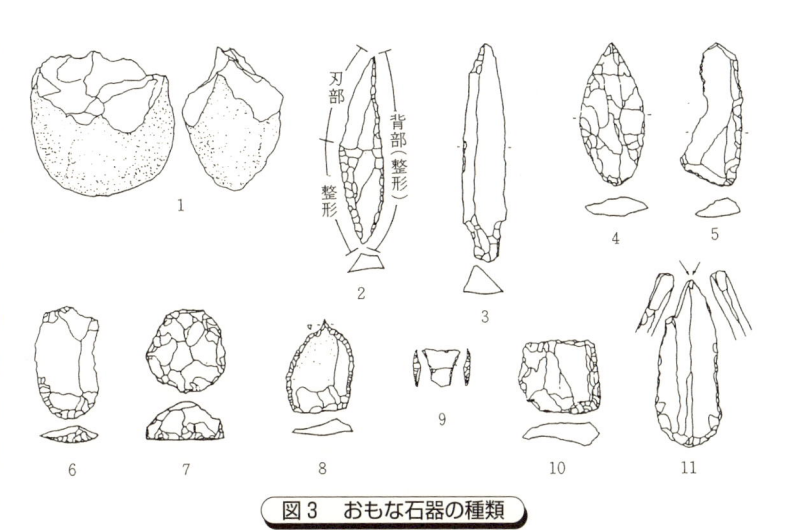

図3　おもな石器の種類

1 礫器　2 ナイフ形石器　3 剝片尖頭器　4 槍先尖頭器　5 削器　6 搔器
7 円形搔器　8 錐　9 台形石器　10 楔形石器　11 彫器
出所：松藤和人「日本の旧石器文化」森浩一編『考古学　その見方と解釈（上）』筑摩書房，1991年。

5　最近の研究動向

　石器の研究法には技術形態学と機能形態学の2つがあります。技術形態学とは石器製作での剝離技術が石器の形態を決定しているという見かたで，機能形態学とは石器の使用機能がその石器の形態を規定しているというのです。かつては，技術形態学から機能形態学へ止揚しなければならないとも説かれましたが，双方に問題点があります。技術形態学ではリダクション（刃部再生による石器の変形）を考慮しなければならないこと，機能形態学では高倍率の石器使用痕研究の成果から1つの石器の機能が1つとはかぎらないこと，が明らかとなったのです。

　そこで，近年の研究として旧石器集団のもちえた"石器道具箱"の中味を究明するのに，**石器の階層分類**が試みられています。そこでは，道具としての石器分類の下位に形態分類をおきます。いわば，機能形態学と技術形態学が統合されたかのようです。しかし，それぞれの石器形態の機能はそれほど明確になっているのでしょうか。機能の追究をさらに進めるべきでしょう。これに関連して「管理的石器」と「便宜的石器」に区分されることもあります。前者は入念に製作された形態の石器（ナイフ形石器，尖頭器，搔器，彫器など，図3参照）で，ときには上述したリダクションも施されます。後者はその場かぎりの使用目的で製作された加工が簡素な石器（粗雑な2次加工の不定形石器）です。

　また，フランスのアンドレ・ルロワ゠グーランが先史学へ適用したシェーン・オペラトワール（動作連鎖）の分析視点が注目されます。石器の場合，石材の選択入手から製作・使用・廃棄にいたる時系列に沿った人間の動作が連続するなかでの諸相を明らかにし，遺跡にのこされた石器群の文化的・社会的背景などを解明しようとする意図があります。

（佐藤良二）

▷6　**石器の階層分類**
佐藤宏之「分類と型式」『ゼミナール旧石器考古学』同成社，2007年。

▷7　本稿の内容の個別事項については，旧石器文化談話会編『旧石器考古学辞典〈三訂版〉』（学生社，2007年）を参照。

Ⅱ　旧石器時代の道具と生活

3　旧石器人の生活

1　人類活動の復元

　日本列島では，酸性土壌が支配的であるため，石灰岩地帯や低湿地といった特殊な堆積環境をのぞいては，木や骨といった有機物が長期間を経て残存することはまれです。そのため石器，礫，炭化物などの出土状態や，土を掘りくぼめた遺構（土坑）などが，旧石器時代人の生活痕跡を示す主要な資料となっています。発掘調査においては，石器が集中して出土することが一般的であり，集中部（ブロック・ユニットなど）と名づけ，人類活動を分析する単位として利用されています。遺跡では複数の集中部が検出されることもめずらしくなく，石器の**母岩別資料**や接合関係を用いて，集中部間の石器の移動や器種の所有関係をもとに，人類行動の復元案が提示されています。こうした研究は砂川遺跡（埼玉県）やパンスヴァン遺跡（フランス）の研究例がよく知られています。

　後期旧石器時代前半には，「環状ブロック」とよばれるリング状に遺物集中部が配列された遺構がみられます（図1）。環状ブロックには直径が50mをこすものもあり，大型獣捕獲のためいくつかの小集団が集合してのこした遺跡，石器・石材の交換の場など様々な解釈があります。

　遺跡では石器のみならず人為的にもち込まれた礫もあり，礫群・配石・石囲炉などに分類されています。

　礫群は人為的にもち込まれた礫が集中して出土する遺構です。焼け土や炭化物をともなったり，火を受けた礫や，破砕された礫などがあります。こうした礫群は蒸し焼き料理などに用いられたと考えられます。礫群は調理行為を直接示すものと，用いた礫を廃棄したものとに細分されることもあります。

　配石は大型の礫が1個から数個，人為的に配置されたもので，礫群と異なり，火を受けていないことが特徴ですが，その用途についてはよくわかっていません。

　石囲炉は，石によって半円形，円形に火床を囲った遺構です。ナイフ形石器文化期には恩原遺跡（岡山県），野台遺跡（静岡県），細石刃文化期には休場遺跡（静岡県）で発見されています。検出事例の少ない遺構であり，

▷1　**母岩別資料**
同一の原礫（母岩）から作られたと考えられる資料群。石質の特徴で分類するため，他種のものを見誤る可能性も考えられる。

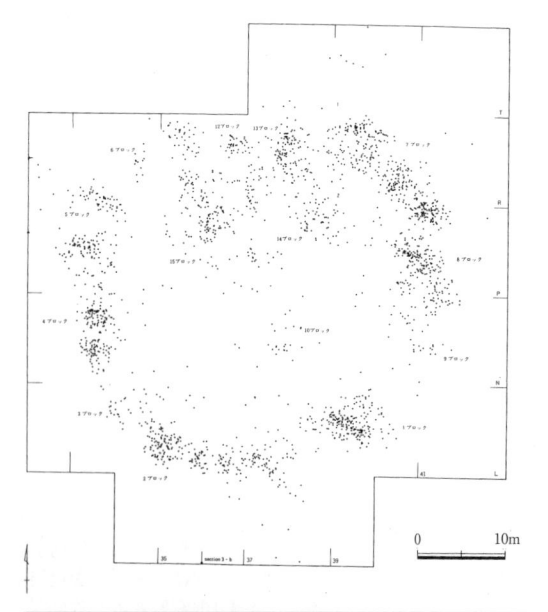

図1　下触牛伏遺跡（群馬県）第Ⅱ文化層の環状ブロック
出所：群馬県埋蔵文化財調査事業団編『下触牛伏遺跡』1986年。

遊動生活をする旧石器人が炉跡を継続的に使用することが少なかった結果と考えられます。火の使用を示すものには，石器自身が火をうけたものもあります。石器に用いられる石材には，熱膨張によって割れる性格をもつものがあります。こうして割れた破片には**ポッドリッド破砕**とよばれる特徴的な剝離が認められることもあります。サヌカイトの原産地遺跡である冠(かんむり)遺跡（広島県）では，熱破砕の特徴と接合資料の検討から，火を用いて大型礫の分割がおこなわれたものと考えられています。

土を掘りくぼめた遺構としては，デポとよばれる石器や石材を埋納した穴，墓壙，石材の採掘坑などがあります。デポは縄文時代草創期に多くみられ，旧石器時代にも黒曜石などの石材がまとまって出土する場合があります。採掘坑は，良好な石材が包含されている地層まで掘り下げて石器に用いる原石を採取した場所で，石材原産地にみられます。代表的な遺跡にはサヌカイトの採掘をおこなった鶴峯荘(つるみねそう)第1地点遺跡（奈良県）があります。

❷ 居住と移動

旧石器時代を思い描くとき，洞窟に住んでいるイメージをもつ人が多いと思います。日本列島においては，洞窟や岩陰を利用した遺跡の数が総じて少なく，細石刃文化期や縄文時代草創期に洞穴，岩陰利用が頻繁であったことがわかりますが，ナイフ形石器文化期以前に人類活動が確認できる遺跡は泉福寺洞穴(せんぷくじ)（長崎県），福井洞穴（同）ときわめて少ないのが現状です。

遺跡の多くは，開地遺跡（オープンサイト）とよばれる，段丘面や丘陵上にのこされた遺跡です。旧石器時代人は，獲物を求め季節的に遊動していたと考えられ，地表にほとんど痕跡が残らない簡易テントを設けて過ごしたと考えられています。住居跡と考えられるものには，はさみ山遺跡（大阪府），向原4遺跡(むかいはら)（神奈川県）の住居跡などがありますが，検出例は多くありません。

旧石器時代人は狩りや居住地の移動は主に徒歩に頼っていたと考えられます。関東地域では，後期旧石器時代初めから伊豆七島の1つである神津島(こうづしま)産の黒曜岩が用いられていますが，神津島は最終氷期最寒冷期にも本州と陸続きになったことがなく，海を渡る何らかの手段がなければ重い石材を運ぶことができなかったと考えられます。九州地域で後期旧石器時代後半に出現する剝片尖頭器は，朝鮮半島と共通する石器で同じような文化をもった人々の往来が想定されます。対馬海峡は最終氷期最寒冷期に陸化していないことから，渡海技術があったものと考えられています。

❸ 旧石器時代の狩猟採集

旧石器時代人が何を食べていたかは，彼らの食物残滓がのこされていない現状では推測の域を出ませんが，後期旧石器時代には，オオツノジカ・ヘラジカ・

▷2 **ポッドリッド破砕**（pot lid fracture）
熱膨脹に起因する破砕の一種で，破砕面の中央部から割れが始まる。破砕片の形状が壺蓋状を呈することから名づけられた。

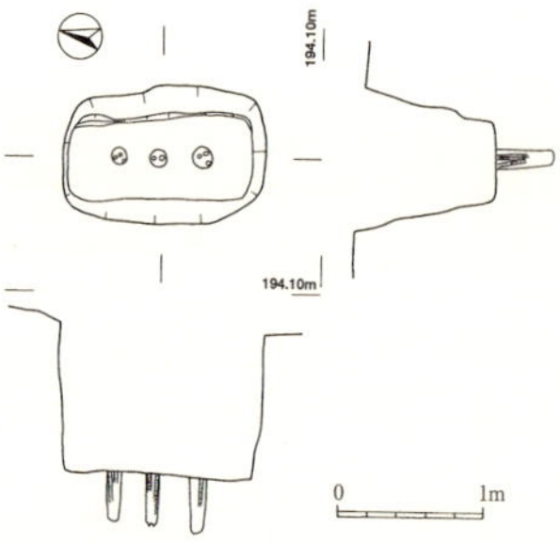

Ⅱ　旧石器時代の道具と生活

図2　仁田尾遺跡（鹿児島県）第Ⅲ文化層の落とし穴
出所：鹿児島県立埋蔵文化財センター『仁田尾遺跡』
2008年。

ナウマンゾウ・オーロックス（原牛）・バイソン（野牛）といった大型哺乳動物が生息していました。こうした草食動物を旧石器人が狩猟したことは，ヨーロッパなどの調査事例から明らかになっており，日本列島の後期旧石器人たちもこうした大型獣の狩りをおこなっていたと考えられます。大型獣は，食用のみならず，毛皮を衣服などに加工していたことが，革なめしに使われた掻器の存在から推測されます。

旧石器時代の狩猟のイメージを具体化させるものに，落し穴があります。後期旧石器時代前半の初音ヶ原遺跡群（静岡県）では，尾根の稜線を断ち切るように56基の落し穴が設けられていました。丘陵上を移動する大型獣を捕獲したと考えられています。落し穴には円形・楕円形・長方形のものが存在し，後期旧石器時代末の細石刃文化期に属する仁田尾遺跡（鹿児島県）では，落ちてきた獲物を突き刺すための逆茂木を据えた小さな穴が見つかりました（図2）。

現存する多くの狩猟民の例をみると，大型獣の捕獲にのみ栄養源を求めるのではなく，モグラやネズミといった小動物や昆虫を捕獲し，キノコや木の実，果実，根などを採取して食しています。

後期旧石器時代後半は，おおむね寒冷で乾燥した気候であり，日本列島の多くが針葉樹や落葉広葉樹に覆われていました。こうした環境下で加熱なしで食用できるものに，チョウセンゴヨウ，ハシバミ・クルミなどの木の実があります。

九州南部地域では，植物を粉砕したと考えられる磨石・敲石・石皿などが多く発見される遺跡があります。古い例では3万年前頃の横峯C遺跡（第1・2文化層）（鹿児島県）や狸谷遺跡（第Ⅰ文化層）（熊本県）があります。地域による道具の違いは，南北に長い日本列島の植生の違いを反映しているものと考えられます。

④　精神生活

断片的な資料から，後期旧石器時代人の精神生活に迫ることは困難ですが，遺跡にのこされた資料からうかがうことにします。

後期旧石器時代にはいると，大陸では芸術的な遺物や遺構が多く発見されるようになります。ヨーロッパでは，ラスコー洞窟（フランス）やアルタミラ洞窟（スペイン）の壁画に代表される絵画の発達が認められます。モチーフは，動物やヒト，幾何学文様など多岐に富み，線刻のほかオーカー（赤色顔料）や木炭などによって彩色されたものもあります。また，**ヴィーナス像**とよばれる，牙や角，石などを用いた女性の彫像が西ヨーロッパからシベリアまで広く分布しています。

こうした具体的なものを模した造形物の出土例は，日本列島ではほとんどあ

▶3　ヴィーナス像
女性の胸部や臀部を強調したものが多いが，シベリア地域のものは細身で，衣服を表現したものもある。

りませんが，岩戸遺跡（大分県）の姶良Tn火山灰直上の第Ⅰ文化層からは，コケシ形石偶とよばれる結晶片岩製の遺物が出土しています。頭部と思われる部分には，敲打によって目，鼻，口と考えられるくぼみが表現されています（図3）。細身な人物像という共通性から東シベリア地域のヴィーナス像との関連が指摘されています。

石に彫られたものとしては，尾上イラウネ遺跡（静岡県）・広合遺跡（同）・上引切遺跡（千葉県），耳取遺跡（鹿児島県）などで発見されていますが，図化対象物を復元できるものはありません。

彩色された図像は，日本列島では発見されていませんが，柏台Ⅰ遺跡（北海道），川西C遺跡（同）や荒沢遺跡（新潟県）などにおいて顔料が出土しています。顔料には赤色と黒色のものがあり，鉄石英や赤鉄鉱，黒鉱といった鉄やマンガンを含む岩石を材料としています。岩石を加熱し赤色を発色させ，台石などにすりつけ顔料の粉末を作る過程が柏台Ⅰ遺跡（北海道）の調査例から復元されています。こうした顔料は道具や衣服，身体の着色に用いられていたと考えられます。

人類に特徴的な行為として埋葬があります。日本列島では，旧石器時代の埋葬人骨が出土した事例がないため墓と判断することが困難ですが，湯の里4遺跡（北海道）では，墓壙から台形石器，細石刃核とともにカンラン岩製の玉4点，コハク製の玉1点が出土しています。墓壙内は赤く，赤色顔料が撒かれていたと考えられています。赤色顔料の塗布や装身具の副葬は，シベリア地域でもみられ，墓の可能性が高いと考えられます。

日本で出土した装身具は，いずれも石で作られたものです。中国やシベリア地域では，骨や牙，貝殻，卵の殻といった有機質の高度に加工された装身具が多く出土しています（図4）。こうした精緻な加工品を，日本列島で暮らした旧石器人も製作していた可能性は否定できません。

（中川和哉）

図3　岩戸遺跡（大分県）のコケシ形石偶

出所：芹澤長介編『岩戸』東北大学文学部考古学研究会，1978年。

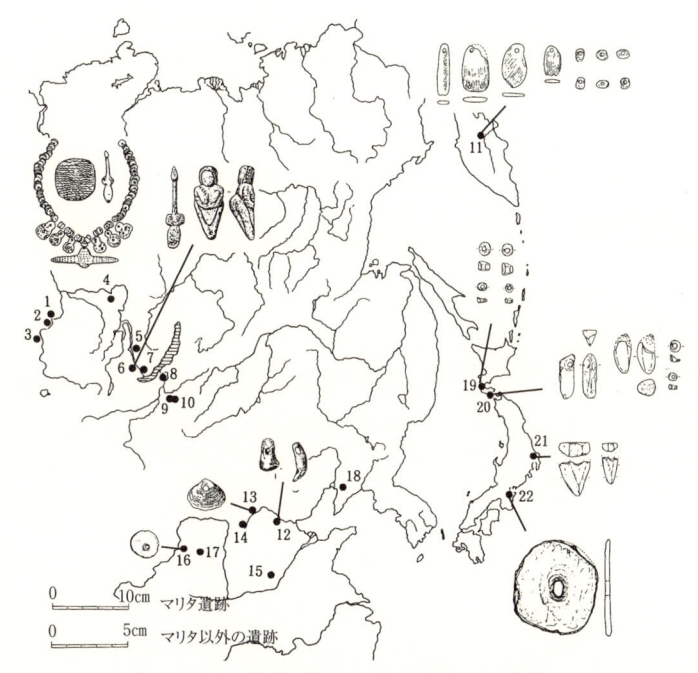

図4　シベリア・東アジアの装身具出土遺跡

1 アフォントヴァ山　2 ビリューサ　3 ココレヴォ　4 ウスチ・コヴァー　5 クラスヌイ・ヤル　6 マリタ　7 イルクーツク陸軍病院　8 オシュルコヴォ　9 サヴァ　10 ウスチ・キャフタ　11 ウシュキⅠ　12 山頂洞　13 虎頭梁　14 峙峪　15 小南海　16 水洞溝　17 シャラオソゴル　18 小孤山　19 美利河1　20 湯の里4　21 出口・鐘塚　22 出張

出所：松藤和人「旧石器時代の装身具」『同志社大学考古学シリーズⅣ』より著者作成。

Ⅱ　旧石器時代の道具と生活

4　旧石器時代の地域間交流

1　モノと人の動き

　日本列島における旧石器時代の地域間の交流については，他地域において特徴的な遺物が出土することで確認することができます。特定の石材の流通や特徴的な形態の石器型式・石器製作技術の分布が指標となり，具体的には黒曜岩やサヌカイトといった石材が産出地から遠く離れて出土する場合などは，こうした石材が人の手で運ばれたとみなされます。また，国府型ナイフ形石器や瀬戸内技法などの近畿・瀬戸内地方に特有の石器型式や石器製作技術が，九州や東北地方などで発見された場合，人間の移動や技術の伝播にともなうものと考えられます。ただし，こうしたモノの動きが集団の移動によるものなのか，それとも集団間の接触によるものかの判断は難しく，個々の遺跡における遺物の出土状況の吟味が必要となります。北陸地方を中心に日本海沿岸地域でのモノと人の動きをみてみましょう。

2　黒曜岩の使用

　立野ヶ原遺跡群（富山県南砺市）の中に位置する立美遺跡は後期旧石器時代後葉の遺跡ですが，この地域では珍しく石器のほとんどが黒曜岩を使っています。立野ヶ原台地は鉄石英，メノウの産出地であり，立野ヶ原旧石器遺跡群の使用石材は鉄石英とメノウの割合が最も高いですが，立美遺跡では1524点出土した石器の85％以上が黒曜岩からなり，在地の石材は流紋岩，鉄石英，珪岩など10数％にすぎません。2次加工が施された石器は47点で，主な器種は槍先形尖頭器11，掻器8，削器12点などですが，槍先形尖頭器のすべてと，両面加工，周辺加工が施された定形的な掻器には黒曜岩が用いられています。槍先形尖頭器と掻器を特徴とする石器群は，富山平野では黒曜岩を素材としている点もふくめてきわめて異質で，類例をほかにみません。立美遺跡出土石器の最大の特徴である槍先形尖頭器は11点出土していますが，完形品は存在せず，一部が欠損した尖頭器2点，および尖端部もしくは基部の部分破片のみです。

　ところで，この黒曜岩は藁科哲男氏の蛍光X線分析でサンプル6点すべてが青森県深浦産と判定されています。青森県深浦から立美遺跡までは直線距離でも540km，JR線での距離換算では700kmをこえます。北海道産黒曜岩のロシア沿海州での微量の出土例を除き，日本列島内では旧石器時代の黒曜岩の移動距離

▷1　国府型ナイフ形石器
主に瀬戸内技法によって製作されるナイフ形石器で，底面を有する横長剝片の打面部を整形加工してナイフ形石器に仕上げたもの。

▷2　瀬戸内技法
本書Ⅱ-2①を参照。

▷3　西井龍儀「立美遺跡」『日本の旧石器文化第2巻』雄山閣，1975年。

▷4　藁科哲男・東村武信「富山県下遺跡出土の黒曜石遺物の石材産地分析」『大境』第9号，1985年10月。

の最長例といえるでしょう。この黒曜岩は斑晶のない漆黒の良質な石材で，肉眼的にも石器素材としての価値の高さがうかがえます。

　立美遺跡出土の石器の大半を占める黒曜岩の剝片・砕片は小形のものが主体で3㎝をこえるものはほとんどありません。両面加工の槍先形尖頭器（図1）の製作に特有な小形薄形剝片が多数ふくまれていることから，遺跡において槍先形尖頭器の製作がおこなわれていたことがわかります。しかし，礫面をもった剝片がまったく存在せず，黒曜岩原石が遺跡に搬入された痕跡はなく，さらに黒曜岩をふくめ石核はまったく出土しておらず，黒曜岩製の槍先形尖頭器原形とみられる両面加工石器が3点出土（報告では一部が搔器に分類）出土していることから，槍先形尖頭器原形を携えた集団が，破損した狩猟具（黒曜岩製槍先形尖頭器）を取り替えるために，両面加工石器を槍先形尖頭器に加工した場所が立美遺跡であったといえます。このほかに珪質頁岩製石刃を素材とした彫器と削片がそれぞれ1点ずつ出土していますが，この珪質頁岩も付近では産出しません。富山県内に未確認の産出地が存在する可能性は否定できないものの，新潟県から山形県にかけての東北南部産の可能性が高いと考えられます。

　以上の点から立美遺跡をのこした集団の軌跡を推定すれば，青森県深浦で黒曜岩原石を採取し，黒曜岩原産地もしくは原産地付近で槍先形尖頭器とその原形を製作し，槍先形尖頭器とその原形を携帯した集団が，破損した槍先形尖頭器の廃棄と原形からの槍先形尖頭器製作を繰り返し，さらに東北地方南部で珪質頁岩製石刃を入手し富山平野にたどり着いたと考えられます。なお，この間石器石材の補充は珪質頁岩製石刃を除きおこなわれておらず，一方的な消費のみでした。鉄石英・メノウの原産地である立野ヶ原台地においてもこうした在地石材はほとんど使用されていません。おそらくこの集団にとって深浦産黒曜岩製石器は黒曜岩のもつ機能面以上に重要な石器であったにちがいなく，経由地での在地石材の補充はほとんどおこなわれていません。

　この集団がこの後，さらに南下し黒曜岩を使い切って在地石材使用集団のなかにとけ込んだのか，それとも青森県深浦へ石器石材補給のために回帰したか，あるいは他の黒曜岩原産地へ向かったのかは不明ですが，後期旧石器時代後葉における広範な移動を立美遺跡は物語っています。

　中部地方の黒曜岩産地としては和田峠などの信州系や柏峠などの箱根系が知られており，旧石器時代における中部地方から関東地方にかけての流通経路も明らかにされていますが，1遺跡に複数の産地の黒曜岩が存在することから，黒曜岩原産地を核とした旧石器人の複雑な動きも想定されています。黒曜岩の入手と流通は時代によって異なっているが原産地から離れた遺跡で出土する黒曜岩はその時期における集団の行動パターンを示すものとして貴重な情報を提供してくれます。

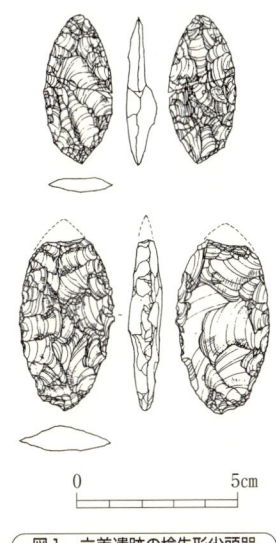

図1　立美遺跡の槍先形尖頭器

Ⅱ 旧石器時代の道具と生活

3 国府石器群の拡散

　近畿・瀬戸内地方では，後期旧石器時代の中頃に国府型ナイフ形石器とその製作技術である瀬戸内技法を特徴とする国府石器群が，二上山（奈良県）や国分台（香川県）といったサヌカイト原産地を中心に分布しますが，九州地方や東日本でも国府石器群やその影響を受けて成立した瀬戸内系石器群が存在します。

　東日本では中部地方から東北地方の日本海側に点々と国府石器群や国府石器群の影響をうけて成立したと考えられる瀬戸内系石器群が分布します。この地域の国府石器群としては，越中山遺跡K地点（山形県），御淵上遺跡（新潟県）が知られています。珪質頁岩地帯の山形県に所在する越中山遺跡は国府型ナイフ形石器や翼状剥片，翼状剥片石核などの瀬戸内技法関係資料が出土しており，石材はこの地域で一般的に石器の材料として用いられる珪質頁岩のほかに，凝灰質砂岩や凝灰質泥岩など，東北地方でほとんど石器には使われることがない石材も利用されています。凝灰質砂岩と凝灰質泥岩の石器は国府型ナイフ形石器，翼状剥片，翼状剥片石核，盤状剥片，盤状剥片石核がそろっており，原礫から国府型ナイフ形石器までの製作工程が近畿地方の瀬戸内技法の模式的工程に合致します。この石材は表面の風化が著しく，国府型ナイフ形石器の刃部は風化で丸みを帯び，利器としては使うことができないような材質ですが，新しい割れ口を観察すると色調は黒色でサヌカイトの色に似ています。

　御淵上遺跡出土の石器群にも国府型ナイフ形石器や翼状剥片，翼状剥片石核などの瀬戸内技法関係資料がふくまれます。御淵上遺跡では黄緑凝灰岩などの在地石材のほかにサヌカイトによく似た輝石安山岩（無斑晶質安山岩）が用いられています。御淵上遺跡では輝石安山岩は国府型ナイフ形石器や瀬戸内技法関係資料にかぎって使われており，瀬戸内技法による石器製作のためにこの石材が選択されていることがわかります。

　越中山遺跡K地点では石器製作に十分適しているとは思えない石材をあえて使用し，御淵上遺跡でも国府石器群の製作に非在地の石材である輝石安山岩を選んでいます。このように東日本の日本海側の国府石器群は石器型式や石器製作技術が近畿・瀬戸内と一致するだけでなく，石材の選択も共通することから，この石器群を残した集団は二上山のサヌカイトという石材を知っており，安山岩を石器製作に多用する伝統のない地域でもサヌカイトに似た石材をもとめたと考えられます。つまり，越中山遺跡K地点や御淵上遺跡をのこした人々は近畿地方からの移動してきた集団の可能性が高いといえます。

　なお，福井県から新潟県までの北陸地方と長野県北部には，瀬戸内技法に類似した横長剥片剥離技術で直坂Ⅱ型とよばれる特殊なナイフ形石器を特徴とする石器群が存在します。瀬戸内技法のような型にはまった剥離技術ではありませんが，大形剥片を石核として用いるなど共通点は多いです。従来から近畿地

▷5　加藤稔「越中山遺跡」『日本の旧石器文化』第2巻，雄山閣，1975年。

▷6　麻柄一志『日本海沿岸地域における旧石器時代の研究』雄山閣，2006年。

方でもこうした剝離技術は国府石器群より新しいと考えられていましたが，野尻湖遺跡群での層位的出土例などからも国府石器群に後続するとみなされます。この地域は点々と輝石安山岩の産地が分布しており，国府石器群が安山岩を入手できる地域で在地化した石器群と想定されています。珪質頁岩地帯の東北地方日本海側では直坂Ⅱ型ナイフ形石器を主体とする石器群は検出されておらず，珪質頁岩地帯に進出した近畿地方を出自とする集団が瀬戸内技法をあきらめ，別の石器製作技術を採用して珪質頁岩地帯に定着したのか，それとも珪質頁岩地帯を回避し安山岩地帯に戻ったのでしょうか。

　こうした西から東への動きとは逆の石器群の移動も認められます。珪質頁岩製の石刃石器群は珪質頁岩地帯の東北地方一帯に広く分布していますが，富山県・石川県の北陸地方からも発見されています。北陸地方の石刃石器群がどこの珪質頁岩を使っているのかは明らかではありません。北陸地方でも珪質頁岩の原産地は報告されていますが，肉眼観察では節理が認められるなど石器石材に適していないものもあります。しかし判明している北陸の原産地の石材にくらべ，遺跡から出土する石刃石器群の石材は良質で珪化が進んでいます。さらに，遺跡から出土する石器はこの良質な石材を使った石器は石刃と石刃を加工したナイフ形石器や搔器が主体で，石核や石核調整の剝片や石器製作の一連の工程で剝離される剝片・砕片がほとんど存在しません。遺跡へは石刃やそれを加工したナイフ形石器や搔器の状態でもち込まれている場合が多いです。北陸地方の珪質頁岩原産地の実態が明らかでないので断定的なことはいえませんが，新潟県以北の珪質頁岩地帯で生産された石器がもち込まれた可能性があります。

　猪野口南幅遺跡（福井県）では輝石安山岩製の国府型に類似するナイフ形石器や横長剝片と珪質頁岩製の石刃を素材とした搔器，削器，彫器などが出土している[7]。福井平野には輝石安山岩の原産地が存在しており，輝石安山岩を使った瀬戸内系石器群が数例認められますが，珪質頁岩は原産地も石器群も類例が知られておらず，北方からの搬入品であると推定できます。

　さらに，西方では郡家今城遺跡（大阪府）の国府石器群に1点ですが，珪質頁岩製の石刃素材の搔器が組成されています[8]。近畿地方ではこれだけ良質の珪質頁岩が知られておらず，最も近い地域として北陸地方の石刃石器群に類似品が存在します。北陸地方もしくは東北地方で作られた石器の可能性が高いです。この石器の来歴に関しては，北上した集団の回帰の際に珪質頁岩製の石刃素材の搔器をもち帰ったのか，北陸・東北地方を領域とする石刃石器群を保持する集団の一部が近畿地方に進出したのか，それとも石器自体が交易品として動いたのか解釈が分かれています。このように日本海沿岸地域では瀬戸内系石器群と珪質頁岩製石刃石器群はダイナミックな移動が認められます。この地域の国府石器群は近畿地方を母体とする集団の北上と理解されるが，珪質頁岩製石刃石器群についてはさまざまな解釈が成立しそうです。

（麻柄一志）

▷7　宝珍伸一郎『猪野口南幅遺跡』勝山市教育委員会，2000年。

▷8　大船孝弘『郡家今城遺跡発掘調査報告書』高槻市教育委員会，1978年。

Ⅱ 旧石器時代の道具と生活

5 世界の中の日本の旧石器文化

1 旧石器時代の遺跡数

　ユーラシア大陸の東端にあって西北太平洋に弧状に張り出した日本列島は，その地理的位置はもとより，気候・生態環境からみてもアジア大陸とは異質な存在をみせます。こうした自然環境を背景に展開した日本の旧石器文化は，ときに大陸の文化との接点をもちながらも，独自性の高い文化を生み出し，東アジアのなかでもユニークな発展を遂げたことが明らかになってきました。

　いまだ農耕や牧畜を知らず，生存のための食料資源を自然界に大きく依存せざるをえなかった旧石器時代にあっては，季節的にかぎられた種類の動・植物資源をいかに効果的に利用するかは，まさに死活的問題であったと考えられます。こうしたノウハウについては，日本列島の旧石器人はかなり習熟していたと思われます。その証拠は，日本列島にのこされた旧石器時代の遺跡数にうかがわれます。最近の信頼できる集計によれば，北海道から九州にいたる地域で見つかっている遺跡数は，約3.5万年前〜1.2万年前の期間にかぎってみても1万4000ヵ所をくだりません。◀1

2 日本列島最古の遺跡とその系譜

　2000年11月に発覚した旧石器遺跡発掘捏造と，その後の日本考古学協会特別委員会ほかによる検証調査の結果，1983年の宮城県座散乱木遺跡に始まる藤村新一関与の前・中期旧石器遺跡は学術的な価値を否定されることになりました。発覚後，日本列島には後期旧石器時代をさかのぼる人類遺跡は存在しないとまで公言する研究者も現われました。

　しかし，藤村が調査に全く関与していない金取遺跡の第Ⅲ・Ⅳ文化層は，石器群の出土層位に対する火山灰編年学的検討から6〜8万年前までさかのぼることが明らかになりました。金取遺跡のようにホルンフェルスを盛用する石器群は朝鮮半島では知られず，その系譜を朝鮮半島にたどれません。

　日本列島周辺で金取遺跡の第Ⅲ・Ⅳ文化層石器群に最も近似する文化は，近年，中国東北地方で知られるようになってきたホルンフェルスもしくは安山岩を盛用する剥片石器文化です。この文化は不定形剥片・削器・粗雑な大形両面調整石器をともないます。この比定が正しいとすれば，金取遺跡の石器群を残した旧石器人の故郷は中国東北地方にもとめられるかもしれません。

▶1　日本列島で見つかっている旧石器時代の遺跡総数は，これまで中国や韓国で見つかっている遺跡の合計数をはるかに凌駕する。遺跡の発見数は研究者の人口に比例する傾向も無視できないが，この数字は日本列島の旧石器人が生態環境に成功裡に適応したことを物語る。

▶2　金取遺跡
岩手県遠野市に所在する旧石器・縄文時代の複合遺跡。1985年に菊池強一・武田良夫氏らによって緊急調査がおこなわれ，旧石器時代の文化層が3枚（上から金取Ⅱ・Ⅲ・Ⅳ文化）層位的に検出された。石器型式学，火山灰編年学・段丘地形編年などにもとづき，金取Ⅱは後期旧石器時代，金取Ⅲは6〜7万年前，金取Ⅳは8万年前頃と推定される。金取Ⅲ・Ⅳはホルンフェルスを盛用した重厚な石器と小形剥片石器が共存し，中国東北部の旧石器文化との関連がうかがえる。

Ⅱ-5　世界の中の日本の旧石器文化

2009年8月，島根県出雲市砂原の海成段丘（関東の下末吉面相当）上で3枚の古土壌・2枚の三瓶系火山灰が互層になった露頭の地表下約2mの古土壌層から1点の玉髄製剝片が採取されました。それが契機となり，筆者らが予備調査をおこなったところ，泥砂質シルト層からさらに5点の流紋岩・石英斑岩・石英製の剝片，石核，砕片が検出されました。

9月，砂原遺跡の本格的な学術調査がおこなわれ，三瓶木次火山灰（11万年前）泥砂質シルト層とその直下の古土壌層中から，玉髄・流紋岩・石英製の尖頭削器，削器，ノッチ，剝片，石核，砕片，断塊など計20点が出土しました。これらの石器は層序の検討から最終間氷期の約11～12万年前と推定され，金取第Ⅳ文化層よりも年代がさかのぼることが確実となりました。石器の石材や形態，剝離法の面でホモ・サピエンスが作った後期旧石器とは一見して異なり，中国や韓国の同時期に作られた石器と共通します。

③　技術の独創性——刃部磨製石斧と瀬戸内技法

遅くとも3.6万年頃までに本州～九州に出現した台形様石器群は，金取Ⅲ文化の系譜を引くものと考えられ，刃部磨製石斧を特徴的にともないます。刃部を中心に研磨した石斧は1つの遺跡で1～数本発見されるのが普通ですが，長野県日向林B遺跡のように60本の石斧を出土した遺跡もあります。

2.5万年前にさかのぼる刃部磨製石斧は，オーストラリア大陸の数例を除いて，アジアでは知られていません。近年，韓国の龍湖洞遺跡（大田広域市）から部分的に表面を研磨した石器（敲石）も出土していますが，刃部を磨いて研ぎ出した石斧はみあたりません。こうした石斧は木材の伐採・加工，皮革のなめしに使われたと推定されています。刃部磨製石斧は先行する金取Ⅲ文化のような斧形石器に由来し，日本列島の旧石器人が独自に考案した石器とみられます。

2～2.5万年前頃，近畿・瀬戸内地方のサヌカイト石材圏で生まれた「瀬戸内技法」も日本列島の旧石器人の独創的な考案とみなされます。サヌカイト（讃岐岩）というローカルな石材の特性を十分に理解したうえで，2段階の製作工程を経て剝ぎ取られた規格的な横長剝片（翼状剝片）からつくられた国府型ナイフ形石器は，切削用の利器もしくは木柄に装着し槍の穂先として使用されたと考えられます。

④　海を渡った旧石器人

姶良Tn火山灰（約2.7～2.9万年前）の降灰後，九州に突然出現する剝片尖頭器は朝鮮半島南部から伝来した石器で，瞬く間に九州一円に拡散しました。この石器は，佐賀県平沢良遺跡で初めて注目され，現在全九州で100ヵ所以上の出土地が知られています。韓国では垂楊介遺跡（忠清北道）や龍山洞遺跡（大田広域市）でまとまって出土し，いまでは朝鮮半島の後期旧石器時代を代表する石器と

▷3　松藤和人・上峯篤史編『砂原旧石器遺跡の研究』砂原遺跡学術発掘調査団，2013年。

▷4　当時の日本列島を取り巻く海況は現在の海水面よりも高く，砂原旧石器人の祖先はMISステージ6（18万年～13万年前）以前の氷期に形成された陸橋を渡って列島にやって来たのであろう。砂原，金取遺跡ともそれぞれローカルな石材を用いている点から，渡来時の故地の石器群の性格を変質——日本化——していることも十分考えられる。これはまた，砂原遺跡よりも古い遺跡がどこかに眠っているのではないかという推測に導く。

▷5　研究の初期には，岩宿遺跡から出土した石斧に研磨技術が観察されることから，日本列島の旧石器文化を新石器時代の所産とする考えもあったが，その後の地質学研究の進展とともに全国的に類例が増加するにしたがい，こうした考えは払拭された。

▷6　詳しくは本書Ⅱ-2①を参照。

▷7　剝片尖頭器
長さ5～10cmで，先細りの石刃を素材として用い，先端を尖らせるように整形し，打面に接する両側縁に装着用の抉りをいれた石器。

▷8 東西を水深1000mに達するトカラ・慶良間両海峡で隔てられた沖縄本島の港川(八重瀬町)では絶滅動物化石とともに旧石器時代の保存のよい人骨(1.6〜1.8万年前)が発見されている。
考古学・人類学的証拠によれば、日本列島とそれをとりまく地域の旧石器人たちは3万年前頃から、視野にとらえられる島であれば海を渡った可能性が高い。

▷9 最近の^{14}C-AMS年代測定によれば、北海道における細石刃文化の出現時期は2万年前頃に年代づけられる。この年代は新潟県荒屋遺跡の細石刃文化の年代(1.3〜1.4万年前；^{14}C-AMS年代測定)、韓国京畿道好坪洞遺跡の細石刃文化の年代(1.6〜1.7万年前；^{14}C-AMS年代測定)、中国山西省柿子灘遺跡の細石刃文化の年代(1.0〜1.4万年前；^{14}C-AMS年代測定)と比較しても格段に古く、東シベリアの細石刃文化の出現年代に接近している。これは、細石刃技術の北海道への伝播が早くになされたことを示唆するものといえよう。

なっています。韓国と九州の剝片尖頭器は、形態や製作技術の類似はもとより年代も並行することから、対馬(朝鮮)海峡を挟んだ両地域でヒトの移動や情報の交換があった具体的な証拠を提供します。

近年の日本海の研究によれば、最終氷期最寒冷期(2.1〜1.8万年前)においてさえ対馬海峡は陸地化しなかったといわれていますので、旧石器人が半島から九州へ移動するにはなんらかの渡海手段が必要となります。

最終氷期最寒冷期の最大海面降下(−120〜−125m)を考慮してもなお陸続きにならない狭い海峡を人類が渡った間接的な証拠は、伊豆七島の神津島産の黒曜岩が関東平野にもたらされていることや、水深200mの佐渡海峡を挟んだ佐渡島でナイフ形石器が出土した事例からも傍証されます。

5 東北アジアを席捲した技術革新——細石刃文化

2万年前頃、それまでの石器づくりの常識を破るような技術革新が東北アジアの地で起こります。それは細石刃とよばれる長さ2〜3cm、幅0.3〜0.5cmの両側縁が平行する薄い剝片を量産する技術です。細石刃は、木や骨角の軸に埋め込み、槍やナイフとして使用したものです。装着した細石刃が使用で損傷したときは、その部位だけを交換すればもとの機能を回復できるという利点があります。それを剝がし取る細石刃核も手のひらにおさまるほど小型軽量のためもち運びが容易で、それまでの重たい石器や石核を携えて移動する不便さから解放されました。重量の面からみれば、前期旧石器時代以来、人類は石器の小型化と軽量化をめざしてきたのが、旧石器時代終末の細石刃技術の出現でそのクライマックスをむかえたのです。

細石刃の形はどの遺跡でも似かよっているため、細石刃を剝離した技術とそれを反映する細石刃核の形態の違いをもとに、地域的な変異を明らかにする研究が主流となっています。こうして識別された細石刃核の類型は多数にのぼり、日本列島内だけでも10以上の技法が抽出されています。なかでも両面調整の母型(ブランク)をあらかじめ用意し、それを縦方向にいくつか分割して削片(スポール)を剝ぎ取ったあと、細石刃核の一端から連続して細石刃を剝ぎ取る技術は東シベリアから中国北部、朝鮮半島、日本列島、アラスカにおよぶ広範な地域で認められます。「湧別技法」と名づけられた細石刃剝離技術はその典型的なものです。削片を剝がして打面を形成した細石刃核は削片系細石刃核と称され、東北アジアに特徴的なものです。

東北アジアで考案された細石刃技術は、西シベリアを経てヨーロッパや西アジアまで伝播し、ユーラシア大陸の中・高緯度地帯を席捲します。フランスのパンスヴァン遺跡(1.1万年前)でも骨の軸に埋め込んだ細石刃が出土しています。

6　世界の中の日本の旧石器文化

　日本列島の旧石器文化の変遷を大胆に素描することにします。

　日本列島に渡来した旧石器人の原郷は，前期旧石器遺跡が豊富に見つかっている朝鮮半島が最も有力視されます。渡来当初の人口規模はわかりませんが，その後の遺跡数を考えれば，移住してきた人数は多くなかったように思われます。金取Ⅲ文化（6.7万年前；FT年代）の系譜に連なる，数百ヵ所にものぼる台形様石器群の遺跡数を考慮すれば，渡来後に何度かボトルネックを経験したかもしれませんが，それでもその子孫たちは絶滅することなく列島内で生き延びたものと考えられます。

　東アジアで他の地域に先行して刃部磨製石斧を考案したのも彼らの子孫であったと考えられます。最近，宮崎県延岡市山田遺跡の黒色帯直下（AMS^{14}C年代は3万年前；未較正）からホルンフェルス製のチョッパー，チョッピング・トゥールを主体とする礫石器群が初源的な刃部磨製石斧をともなって出土していますが，この刃部磨製石斧の祖源は金取Ⅲ文化（約6.7万年前）の斧形石器にもとめられそうです。砂原遺跡や金取遺跡をのこしたのは，中期更新世末に年代づけられる遼寧省の金牛山人のような古代型新人であったのかもしれませんが，人骨が遺存していませんので確かなことはわかりません。

　3.5万年前頃，ホモ・サピエンスが世界各地に広めた石刃技法という革新的な石器製作技術が日本列島にも出現します。石刃技術は地域的な変容をみせながらも，その系譜は朝鮮半島を経て南シベリア，モンゴルに連なります。したがって，東アジアではホモ・サピエンスの出現・拡散をこの技術に仮託して理解するのが最も説得力があります。日本列島に伝播した初期の石刃技術は先行する台形様石器群とは独立して存在し，やがて台形様石器群の伝統は消滅していくという経過をたどります。

　日本列島に渡来したホモ・サピエンスは，石刃技術を携え急速に列島各地に拡散し，台形様石器と刃部磨製石斧を衰滅に追いやります。彼らは日本列島に特有のナイフ形石器を生みだし，北海道，西南諸島を除く各地に地域色豊かな文化を開花させます。この頃，装身具や赤色顔料に示されるホモ・サピエンスに固有のシンボリックな表象も出現します。その一方で，瀬戸内沿岸地域ではサヌカイト（讃岐岩）というローカルな石材に適応した，世界的にもユニークな瀬戸内技法を生みだしました。

　また，始良Tn火山灰の降灰（AT；約2.7〜2.9万年前）直後，剝片尖頭器を携えた旧石器人が朝鮮半島から九州へ渡来した考古学的証拠も知られています。

　ナイフ形石器文化が狩猟具として2万年間ほど存続したあと，細石刃を装着した狩猟具が大陸から伝播し，急速に北海道〜種子島の広範な地域に拡散しました。「細石刃革命」ともいえる技術革新です。

　　　　　　　　　　　　　　　　　　　　　　　　（松藤和人）

コラム1

旧石器遺跡の学際調査：韓国全谷里遺跡

1　全谷里遺跡の沿革

　韓国全谷里(チョンゴクリ)遺跡は，1978年に東アジアで初めてハンドアックスが発見された遺跡として有名です。それまで，東アジアにはハンドアックスが存在しないというのが学界の常識でした。翌年春，ソウル大学の故金元龍(キムウォルリョン)教授の指導のもと，4大学合同による第1次発掘調査以来，これまで14次におよぶ調査がおこなわれ，韓国では調査密度の最も高い遺跡となっています。

　遺跡はDMZ（非武装地帯）の南方約30km，京畿道漣川(ヨンチョン)郡全谷邑に所在し，漢灘江(ハンタンガン)（臨津江支流）沿いの玄武岩台地上（海抜約61m）にあります。漢灘江右岸に第1～3区，同左岸に第4区が位置し，いずれも「国家史跡」に指定されています。近年，指定区域東方の全谷里市街地南端に近い台地上でも旧石器が出土しています。

　全谷里遺跡の年代については，これまで30万年前から4万年前までの異なった測定値（K-Ar法，熱ルミネッセンス法）が提示され，韓国内で長い間論争が繰り広げられてきました。この論争に終止符を打つべく，2001～07年，日韓の自然科学・考古学者たちによる共同学際調査が実施されました。

2　全谷里遺跡の学際的調査

　2001年春，漢陽(ハニャン)大学校文化財研究所によって第3地区東南部のE55S20-IVpitが調査されたのを契機に，日韓共同による「全谷里遺跡の年代研究」（韓国側代表；裵基同(ペギドン)漢陽大学校教授，日本側代表；松藤和人同志社大学教授）がスタートしました。

　E55S20-IVpitでは，厚さ10m以上の玄武岩溶岩の上に砂・シルト（水成層）が約3m，その上に厚さ約4mのシルト（風成層）が堆積します。最上部のシルト層はレス（黄土）と古土壌の見事な互層をみせます。旧地表は削平されていますが，現在の地表より1m以上高かったと推定されます。これまでの調査では，最上部の風成層中のいくつかの層準で旧石器が見つかっています。E55S20-IVpitでは，水成層と風成層の境界付近（現地表下4m）から小形石英製石器58点がまとまって出土しました。

　2001年の共同調査では，遺跡の年代上限を把握するため，基盤岩の玄武岩に対するK-Ar年代測定（板谷(いたや)徹丸岡山理科大学教授）と玄武岩溶岩の流出時の熱で焼かれたシルト層のFT年代測定（京都フィッション・トラック）によるクロスチェックをおこないました。さらにレス-古土壌堆積物に年代的定点をあたえるため，日本列島から飛来した広域火山灰を検出する目的で高精度火山灰分析を実施しました。

　2003年の調査では，林田明同志社大学教授がレス-古土壌層に対して初期磁化率の測定をおこない，黄土高原のレス-古土壌と共通する特性をもつものかどうかを検討しました。ほかに4つの層準でOSL年代測定もおこないました（兪剛民(ユカンミン)延世大学校教授）。成瀬敏郎兵庫教育大学教授は，韓国・中国のレス堆積物との比較研究にもとづき，全谷里遺跡のレス-古土壌層序編年を提示しました。また2003，2005，2006年には全谷里遺跡上とその北方の隠岱里(ウンデリ)一帯で，伏在する玄武

岩・堆積物の地下構造を把握する目的で広範な電気比抵抗調査を実施しています（井上直人）。

2005年には，北朝鮮領の鴨山（アブサン）から漢灘江に沿って全谷盆地に流入した玄武岩の層序と分布を把握するための地質調査（長岡信治長崎大学教授）と玄武岩試料の系統的な採取とK-Ar年代測定（板谷徹丸岡山理科大学教授），玄武岩の化学分析（柵山徹也）を実施しました。

以上の地質調査と各種分析の結果を総合し，以下のような事実が判明しました。
①遺跡の基盤岩を構成する全谷玄武岩は，K-Ar年代測定とFT年代測定で50万年前と判明。②初期磁化率測定は古土壌層で高くレス層で低いという結果を示し，中国黄土高原での測定結果と一致。また磁気層序によれば，全谷玄武岩および水成・風成堆積物はブリュンヌ正磁極期（78万年前以降）に属する事実も判明。③火山灰分析の結果，日本列島から飛来した姶良Tn火山灰（AT；26〜29ka）と鬼界葛原火山灰（K-Tz；95ka）を異なる層準で検出（前者はステージ2，後者はステージ5bの層準）。④全谷盆地には流出年代を異にする2つの玄武岩溶岩流ユニット（50万年前の全谷玄武岩と15万年前の車灘（チャタン）玄武岩）があるが，車灘玄武岩は全谷里遺跡を被覆することなく，遺跡の西北方を流下した。レス-古土壌層序編年によれば，車灘玄武岩の上にはステージ6のレス-古土壌が堆積する（隠岱里西方地点）。

また2007年の全谷里市街地南方の調査区（E89N65 pit）では，上下をステージ6（186〜127ka）のレスに挟まれるかたちで車灘玄武岩流出時に溢流（いつりゅう）したとみられる水成層を確認しました。車灘玄武岩の年代はK-ArとFT年代測定，レス-古土壌層序編年という原理を異にする3つの方法でクロスチェックされました。

3　全谷里旧石器の年代と今後の展望

日韓共同学際調査の結果，それまで長い間論争下にあった全谷里遺跡の旧石器の年代に関して，レス-古土壌編年層序を海洋酸素同位体編年（MIS）に同期して把握することが可能となりました。E55S20-Ⅳpitの地表下4mに埋没する旧石器は，ステージ9の古土壌層中に包含されることから約30万年前に年代づけることができ，これが全谷里遺跡で出土した旧石器の年代上限となります。E55S20-Ⅳpitではステージ5a，同5c-e，同7の各層準からも少量の石英製石器が出土しています。ほかのいくつかのトレンチからも，これらと同じ古土壌層準から旧石器の出土が確認されていますので，旧石器人は温暖期にたびたびこの地を訪れたようです。本遺跡を世界的に著名にしたハンドアックスは，ステージ7（240〜190ka）と同5a（71ka）の層準から出土していますので，長期にわたってつくり続けられたことがわかります。

7年間におよぶ全谷里における日韓共同調査は，高精度の自然科学的分析を通じて韓国のレス-古土壌編年層序のスタンダードを提供するとともに，それにもとづく高精度の旧石器編年を構築する途を切り拓きました。こうした方法を朝鮮半島全域に積極的に適用することによって，将来，東アジアで最も信頼できる旧石器編年を樹立する展望が拓けてきました。それはまた，更新世の地域的な気候変動にリンクして旧石器文化の変遷をより精しく解明できる貴重なデータをも提供します。全谷里における学際調査は，国際プロジェクトとしても東アジアで最も成功した例といえるでしょう。

（松藤和人）

III 縄文時代の生活と文化

1 縄文時代とはどんな時代か
社会と文化

1 縄文時代・縄文文化とは

「縄文」の語源は，E.S.モースが1879年に大森貝塚の発掘調査報告書のなかで，土器の縄目文様を「cord marked pottery」と表現したのを，1886年に白井光太郎が「縄紋土器」と翻訳したことに始まるとされています。しかし，「縄文時代」「縄文文化」という用語がいつごろに作られ，使われ始めたのかは，実のところ正確にはわかっていません。縄文土器の編年研究がさかんになった昭和10年頃（1930年代後半）には使われ始めたようですが，誰かが明確に定義づけたわけではなく，佐原真が「日本列島における食料採集段階の，岩宿時代（＝旧石器時代：筆者註）につづく2番目の文化・時代が縄紋文化・縄紋時代，（中略）そして，縄紋文化の土器が縄紋土器」としたことで，この定義づけの問題は一応の解決をみたともいえます。

縄文時代は，約1万3000年前から約2500年前までのおよそ1万年の長きにわたる時代です。世界史的には新石器時代に相当しますが，農耕や牧畜ではなく狩猟・漁撈・採集を食料獲得の主要な手段とした独特な文化です。何をもって縄文時代の始まりとするかは意見の分かれるところです。通常，旧石器時代とは，寒冷な環境のなかでナウマンゾウやオオツノシカなどの大型動物を旧石器人が槍をもって追いかけ，1ヵ所にとどまることなく遊動生活を送っていた時代とされています。しかし，縄文時代になると，温暖化とともに大型動物が絶滅し，代わってイノシシやシカといった小型で素早い動物が現れます。そこで縄文人は，これらを弓矢という飛び道具を使って効率的に射とめ，煮炊きができる土器を発明することで木の実のアク抜きを可能にして食用植物の幅を広げ，豊富になった魚介類への依存度を高めるなど，多種多量の食物を安定的に捕獲・加工・貯蔵・保存することで，定住生活を確かなものにしたのです。

縄文時代の温暖化は約6000年前にピークを迎えます。現在よりも年平均気温は2℃程度高く，海水面は現在よりも2〜3m高く（縄文海進），西日本には照葉樹林が，東日本には落葉広葉樹林がひろがりました。特に東日本では，食用となる動植物の生態系が安定していたことから，人口増加にともない社会組織や文化力が発展していったことを，遺跡数の多さ，遺跡規模の大きさ，造形的に優れた縄文土器や多様性に富んだ石器はもちろん，土偶や石棒といった呪術具，身を着飾る装身具などの豊富さからうかがうことができるのです。

▷1　E.S.Morse　『Shell Mounds of Omori』（矢田部良吉訳『大森貝墟古物編』）東京大学法理文学部，1879年。

▷2　本来，縄文土器を使った文化や時代を「縄文文化」「縄文時代」というべきだが，研究の進展に伴い縄文土器自体の定義づけ，特にその出現と終焉の設定が難しくなってきたため，佐原は逆説的な定義づけをした（佐原真「縄紋土器の発見」『大系日本の歴史1　日本人の誕生』小学館，1987年）。

2 縄文時代研究の歴史

　日本最初の発掘調査と報告書の刊行を果たしたのは、明治11年（1877）に東京都大森貝塚（図1）を発掘したE.S.モースであり、日本人（佐々木忠二郎・飯島魁）による最初の発掘調査は明治13年（1879）の茨城県陸平貝塚でした。考古学的発掘調査の原則ともいえる層位的な分層発掘は、宮城県里浜貝塚において松本彦七郎が大正7年（1918）に初めておこない、また同時に松本は、縄文土器の文様の違いは人種や民族の違いではなく年代差にあるとして、その後の土器編年研究の基礎を確立しました。

　縄文時代研究を発展させるきっかけも戦前にいくつかありました。1つは、縄文時代の終焉は日本列島全体でほぼ同時かどうかという議論を闘わした、山内清男と喜田貞吉によって雑誌『ミネルヴァ』誌上でおこなわれた「ミネルヴァ論争」（1936）。もう1つは、考古学研究の目的は遺物の用途や社会組織の究明なのか、それとも年代的・地域的な枠組みとなる編年的研究が優先されるのかという議論を闘わした、赤木清と甲野勇・八幡一郎によって雑誌『ひだびと』誌上でおこなわれた「ひだびと論争」（1937〜38）です。前者は土器編年研究の有効性と重要性を示し、後者は偏重しがちな土器編年研究の目的を再認識させる学史的論争として現在にうけつがれています。

　このような経緯を踏まえ、昭和12年（1937）に始まった山内清男の全国縄文土器編年研究は、世界に例をみない精緻な考古学的物差しとして現在も継承され発展を続けています。一方、戦後の発掘調査は、すでに知られていた貝塚や集落遺跡を対象に、大学や地域の研究者によって進められました。貝塚に遺存する人骨や骨角製品（装身具・漁撈具など）は、当時の習俗や精神文化を追究するうえでとても多くの情報を提供してくれました。また、日本考古学協会洞穴遺跡調査特別委員会が1960年代に実施した全国各地の洞穴調査では、草創期・早期土器の編年研究に飛躍的な進展をもたらしました。

▶3　山内清男「縄紋土器型式の細別と大別」『先史考古学』1-1、1937年。

▶4　日本考古学協会洞穴遺跡調査特別委員会『日本の洞穴遺跡』平凡社、1967年。

　1970年代の高度経済成長期以降、地方公共団体が発掘調査をおこなうようになり、その件数増加と面積の大規模化は、縄文時代研究にも大きな影響をあたえました。それまでなかなか全容把握ができなかった集落遺跡や、平野部に限らず山間部にも所在する遺跡の実態解明、出土遺物の量的な分析、貝塚の全面発掘と微細な動植物遺存体の同定・分析などは、遺跡構造の解明や生活復元に関する総合的な研究を可能にしたのです。

図1　史跡大森貝塚（左：品川区　右：大田区）

3　土器からみた縄文社会

　ここでは，縄文土器研究から明らかになったことをいくつか紹介しましょう。
　前項でも取り上げたように，縄文時代研究の多くは縄文土器研究に費やされてきました。それは，精緻な年代的物差しだけでなく，土器の文様や形に地域間の系統性（地域的物差し）が存在し，これら年代と地域の物差しにより，縄文時代の生活・文化・社会の変化を日本列島全体のなかでとらえることが可能になると考えられてきたからです。
　縄文時代は通常，草創期・早期・前期・中期・後期・晩期の6期に区分されます。これは山内清男が昭和12年（1937）に，全国を9地域に，年代的には5時期（早期〜晩期）に分けたことに始まり[5]，その後，より古い縄文土器を追究する過程で草創期が追加されました[6]。このように，縄文時代の時期区分は当初，土器型式のある程度のまとまりとして便宜的・機械的におこなわれましたが，やがてそれぞれの時期を文化的なまとまりとしてもとらえるようになりました。
　縄文土器研究において「型式は益々細分され，究極まで推し進むべき」[7]と言われるように，より細かく精緻に分類・編年することで，より細かく文化や社会の変化を年代的・地域的に追究することが可能になるのです。その結果，全国的にみてもだいたい縄文時代全般で60前後の土器型式が設定されており[8]，なかには関東の中期のように31型式に分類され，細かく社会の動態をとらえようとする研究成果もあります[9]。近年，放射性炭素年代測定技術の進展（AMS法）により，多くの較正年代値（cal.B.P）が報告され，縄文時代の変化を較正年代で説明する気運も高まってきました。しかし，いくら報告例が増えても，遺物の一括性や先後関係や系統性が確認できる精緻な土器編年がなければ，考古学研究において較正年代の効力はなかなか発揮されないでしょう。
　では次に，縄文土器の空間的なひろがりについて考えてみましょう。草創期の隆起線文土器や早期の押型文土器は東北から九州まで広く分布します。前期の北白川下層式は東海・近畿・中国・四国地域に，諸磯式は関東・中部地域に，そして東北中南部地域では大木式がそれぞれに分布しますが，それらの境界地域ではあたかも両者が共存するかのような状況がみられます。このように，時期によって特定型式の縄文土器の分布範囲は大きく異なり，そのことは当時の情報を交換・共有しあう範囲であり，それを文化圏としてとらえることもできます。これら「○○式土器文化圏」という枠組みの中で，文化や社会（たとえば縄文人の行動範囲，部族の領域，婚姻関係など）を究明していくことは縄文時代研究にとって有効な手段です。しかし，石材の種類によっては製作・成形技法が異なることもある利器（狩猟具など），ヒスイなど特定の原産地の石材が重宝される装身具，あるいは土偶や石棒といった呪術具は，土器文化圏を越えて広く分布する場合が多く，ここに縄文時代の複雑な社会をみることもできるのです。

▷5　註3に同じ。

▷6　山内清男「縄紋草創期の諸問題」『MUSEUM』224，東京国立博物館，1969年。

▷7　註3に同じ。

▷8　縄文時代文化研究会「縄文土器全国編年表」『縄文時代』10，1999年。

▷9　縄文中期研究グループ『シンポジウム縄文中期集落研究の新地平［発表要旨・資料集］』縄文中期集落研究グループ・宇津木台地区考古学研究会，1995年。

4　縄文時代を生きぬいた人々

　墓は生前の人々の立場や人間関係，あるいは社会性を考える上でとても重要です。近接して埋葬されたり，合葬される事例は親族関係を想定させますが，歯冠計測やDNAといった分析方法を利用することで，その可能性は科学的に実証されることもあります。形だけでは用途の推定が難しい装身具が副葬品として出土する場合，身体のどの部位から出土したかを正確に把握することで，その装身具の用途を知ることができます。山鹿貝塚（福岡県）のように，成人女性2体と乳幼児1体の合葬例は，多様な装身具の圧倒的な多さや埋葬後の骨の部分的な除去などから，彼女たちがシャーマンなどの特別な性格をもった人物であったと想像されます（図2）。◀10

　人骨にみる病気の痕跡は，縄文人の生きざまそのものです。縄文人には骨折の事例が比較的多くみられますが，中でも変形治癒が多く，骨折後は不自由な生活を送っていたようです。骨が全体的にかなり細くて華奢な成人骨の事例からは，幼少期の疾患により寝たきりの状態が続いていた人が，家族などの献身的な介護により成人まで生き延びたことを示しています。歯の著しい摩耗からは，それを皮なめしなどの道具として日常的に使っていたことがわかります。また，虫歯も10％程度認められ，なかには大きく根元がえぐれた事例もあり，激痛に顔を歪めた縄文人の姿も想像されます。

　さて，最後に，縄文文化の範囲を考えてみたいと思います。九州島から沖縄本島にいたるには，目視できる13〜15の島々を伝い，それぞれに16〜54kmの海を渡らなければなりません。丸木舟しかない当時にとってはかなり厳しい航海です。しかし，亜熱帯という自然環境下で育まれた独特な南島の文化の中には，断続的とはいえ，縄文時代全般を通じて九州島との交流を密におこなっていたことがわかっています。これに対し，九州対馬と朝鮮半島南海岸の間は48km。天候のよい日はお互いに相手の陸地が目視できます。しかし，交流の痕跡は，搬入されたわずかな土器片や類似する釣針にみられる程度で，それも目でみて真似る範囲の類似性です。多くの人々が往来した痕跡や，それにともなうであろう細かい技術や情報の伝達・伝来などはほとんど認められません。北海道宗谷岬と樺太（サハリン）南端部の間は42km。やはり人の往来はほんのわずかです。

　遠い南島へは伝わり，比較的近い朝鮮半島や樺太には縄文文化が伝わらない背景には，言葉の問題があったと考えられます。つまり，積極的に交流して技術や情報を共有することのできる範囲には共通の言葉が存在していたと考えられ，縄文時代ではそれが縄文文化の範囲に相当するのです。◀11

（水ノ江和同）

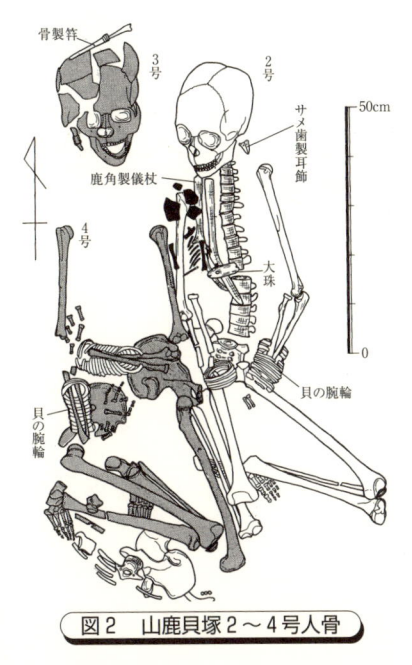

図2　山鹿貝塚2〜4号人骨

▷10　山鹿貝塚調査団『山鹿貝塚』1972年。

▷11　佐原真・小林達雄『世界史のなかの縄文』新書館，2001年。水ノ江和同「ふたたび，対馬海峡西水道を越えた縄文時代の交流の意義──縄文文化と異文化との接触，言葉と文化圏」『考古学に学ぶⅢ』同志社大学考古学シリーズⅨ，2007年。

Ⅲ　縄文時代の生活と文化

2　縄文人の使った道具

1　道具を観る視点

　人間は身の周りのさまざまな物質を道具に変え，生活の中で役立ててきました。道具は，人間を他の動物から明確に区別する存在であるとともに，物質文化を彩る重要な要素です。私たちは遺物としてのこされた縄文時代の道具から，彼らの生活や文化について，多くの情報をえることができます。
　道具にかかわる人間の活動は，①材料の獲得，②製作，③使用（＋再加工），④遺棄・廃棄，の4段階に大別することができます。道具から縄文時代の人々について知るためには，遺物にのこされた痕跡に注目し，各段階にかかわる彼らの動作を復原しなくてはなりません。そして各段階の動作がどのような相互関係をもち，その相互関係がいかなる社会的・文化的な要因によって成り立っているのかを考えることが，道具研究の重要な視点となります。しかしながら，遺物となった道具には各段階の痕跡が次々と上書きされているだけでなく，縄文人の手を離れた後に受けた，人為・自然による改変の痕跡が刻まれています。遺物から情報を的確に把握するためには，遺物それぞれの特質に則した適切な研究方法を選択・開発するとともに，とぎすまされた観察眼と，痕跡を丹念に読みとる忍耐力が求められるのです。

▶1　西秋良宏「動作連鎖」『現代考古学事典』2004年。

2　土　器

　縄文時代の人々が利用した道具は，材質にもとづくと，①土器，②石器，③植物質製品（木器・繊維製品），④骨角器・貝器に分類することができます。なかでも土器は，縄文時代の指標となる道具です。縄文土器の造形は時期や地域によって千差万別で，土器の変遷を識別・整理することによって，精緻な型式編年が構築されています。編年は，縄文時代研究に明確な年代尺度を与えるものであり，中心的な研究分野となっています。
　土器づくりは材料である粘土の獲得から始まります。東京都多摩ニュータウンNo.248遺跡では，総面積2405㎡におよぶ大規模な粘土採掘坑群が検出されており，粘土調達の様子をうかがい知ることができます。採掘された粘土は他の遺跡にもちだされたようです。
　こうして採掘された粘土を製作・使用に適した状態にするため，混和材が使われます。草創期の土器の胎土には動物性繊維（獣毛）が含まれるものがあり，

▶2　土器編年研究の成果と課題は，次の文献に総括されている。小林達雄『総覧　縄文土器』アム・プロモーション，2008年。

▶3　山本孝司「土器製作のムラ──多摩ニュータウンNo.245・248遺跡を中心として」『縄文時代の考古学』6，2007年。

早期後半には植物性繊維（イネ科植物など）が加えられた繊維土器がみられます。ほかにも黒鉛や雲母，岩石片など，時期や地域によってさまざまな混和材が用いられています。

縄文土器の多くは粘土紐を積み重ねてつくられ，製作の過程で多種多様な文様が施されます。焼成は600度前後の低温による場合が多く，水が浸みこみにくいように工夫されていると考えられています。焼成方法については野焼き方式が想定できますが，詳しいことはわかっていません。

縄文土器には地域や時期によってさまざまな器形が認められますが，主要な器種は深鉢です。内外面に付着する煤や炭化物，器厚に着目することで機能が推定できますが，縄文時代に利用が拡大する植物質食料（堅果類など）を加工・調理するためには，土器による煮沸が不可欠だったでしょう。また，土器に交易品を貯蔵した例もあり，運搬のための容器として使われることもあったようです。一方，縄文時代では土器を利用した埋葬施設（土器棺）も一般的で，生活のさまざまな場面で土器が利用されていた様子がうかがえます。

3　石　器

石器の材料には，用途に適した性質をもつ石材が選択されています。利器として用いられた打製石器には，鋭く割れる性質の石材が多用されています。石器石材の種類は地域によってさまざまで，たとえば関東〜中部地方や九州地方では黒曜岩（黒曜石），近畿〜中国・四国地方ではサヌカイトが多用されています。特定地域で産出するものが多く，黒曜岩では星糞峠（長野県）や姫島（大分県），腰岳（佐賀県）など，サヌカイトでは金山（香川県）や二上山（奈良県・大阪府の県境）のものが代表的です。なかでも長野県鷹山遺跡群では，縄文時代の黒曜岩採掘坑が特定されており，石材採掘の様子が解明されています。こうして採掘された石材は各地に流通しており，流通範囲は数kmから数百kmにおよびます。利用された石器石材の産地は時期によって変化するため，石材流通から，当時の地域間の関係や社会構造をうかがい知ることもできます。

縄文時代の石器づくりの方法は，旧石器時代とは大きく異なっています。旧石器時代に発達した，規格的な石器素材剝片を連続生産する技術はほとんど認められず，遅くとも早期には，不定形で，さまざまな大きさの剝片を多量に生産する技術へと変化しています。こうした剝片剝離技術が採用された理由としては，①縄文時代の打製石器が多種類に分化しており，大きさもさまざまであるため，素材剝片の大きさにも多様性が求められたこと，②押圧剝離の発達によって2次加工による改変度が飛躍的に高まり，素材剝片に対する規格性の要求が低下したこと，が考えられます。このような柔軟な剝片剝離技術に裏打ちされた石器づくりの技術は，弥生時代にも継承される重要な要素です。

縄文時代を特徴づける石器に，石鏃（図1，2〜6）があります。中小形動物

▷4　縄文土器に文様を施す工具（施文具）には，縄のほかに，絡条体，彫刻棒，竹管状や棒状，ヘラ状の工具，貝殻などがある。

▷5　阿部芳郎「土器焼きの火・料理の火──縄文土器にみられる使用痕跡と器体の劣化構造」『考古学研究』第42巻第3号，1995年。

▷6　石器の材料となる黒曜岩や，貝製の腕輪，アスファルトなどの貯蔵例がある。

▷7　大竹幸恵『黒耀石の原産地を探る 鷹山遺跡群』新泉社，2004年。

▷8　池谷信之「黒曜石の供給」『縄文時代の考古学』6，2007年。

▷9　山田昌久「縄文時代における石器研究序説──剝片剝離技術と剝片石器をめぐって」『論集日本原史』1985年。

▷10　**押圧剝離**
木や角，骨などで作った軟質の工具の先端を被加工物の縁辺にあて，加圧することで，剝片を剝離する方法。

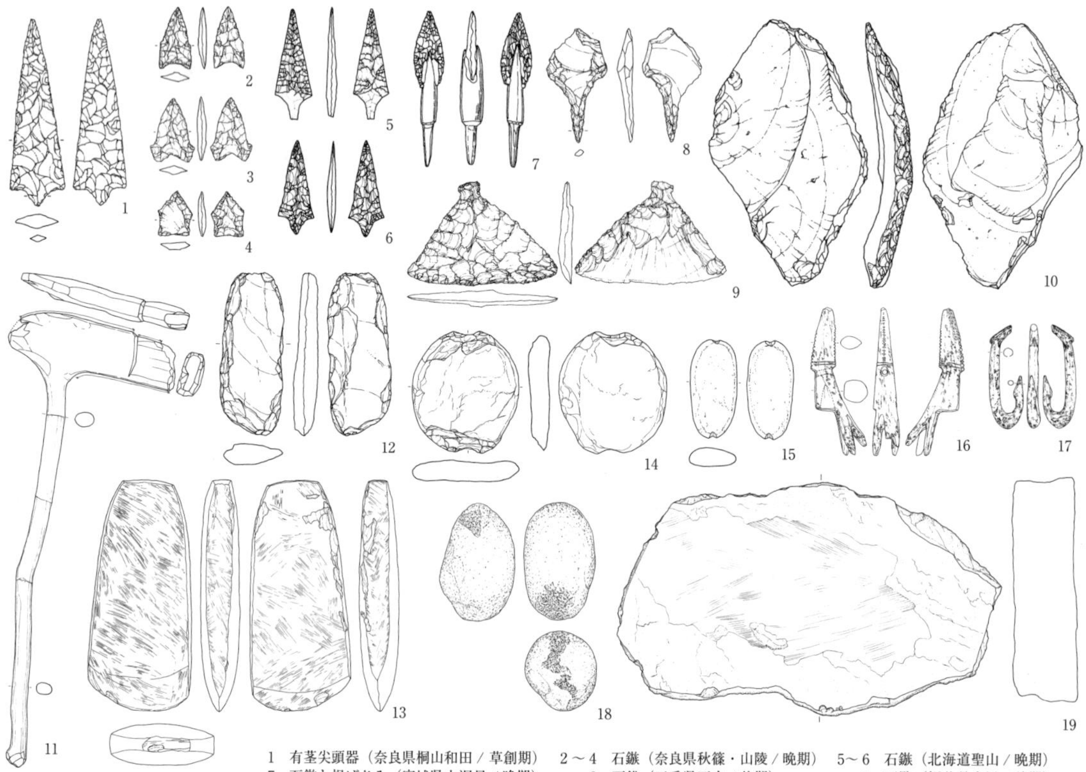

Ⅲ　縄文時代の生活と文化

1～10	S=1/3
11	S=1/10
12～19	S=1/5

1　有茎尖頭器（奈良県桐山和田／草創期）　　2～4　石鏃（奈良県秋篠・山陵／晩期）　　5～6　石鏃（北海道聖山／晩期）
7　石鏃と根ばさみ（宮城県中沢目／晩期）　　8　石錐（三重県天白／後期）　　9　石匙（福井県鳥浜／前期）
10　削器（長崎県伊木力／後期）　　11　石斧柄（福井県鳥浜／前期）　　12　打製石斧（三重県天白／後期）
13　磨製石斧（大阪府野畑／中期）　　14～15　石錘（三重県天白／後期）　　16　銛頭（宮城県里浜／晩期）
17　釣針（宮城県里浜／晩期）　　18　敲石（奈良県秋篠・山陵／晩期）　　19　石皿（北海道聖山／晩期）

図1　縄文時代の主な石器・骨角器

出所：福井県教育委員会『鳥浜貝塚』1，1979年。小井川和夫ほか『里浜貝塚Ⅳ』東北歴史資料館，1985年。松藤和人『伊木力遺跡』多良見町教育委員会，1990年。松田真一『桐山和田遺跡』奈良県立橿原考古学研究所，2002年。森川幸雄『天白遺跡』三重県埋蔵文化財センター，1995年。芹沢長介『聖山』東北大学文学部考古学研究会，1979年。角南聡一郎ほか『秋篠・山陵遺跡』奈良大学文学部考古学研究室，1998年。須藤隆『中沢目貝塚』東北大学文学部考古学研究会，1984年。豊中市史編さん委員会『豊中市史』豊中市，2005年。

を対象にした弓矢猟の道具と考えられ，形や大きさには時期差や地域差があります。矢柄の出土例は少なく，矢の実態について不明な点も多いのですが，アスファルトや骨角製根ばさみを利用した装着例（5，7）が知られています。石錐（8）は穿孔具で，皮革製品や土器の補修に使われたと考えられています。刃物として用いられた石器には削器（10）や石匙（9）があります。石匙については，山王遺跡（宮城県）で紐が付着した例が知られており，携行性が重視された刃器と考えられています。

打製石斧（12）は，より大形の石器で，川原石から作られています。掘削具と考えられ，根茎類の利用など，生業とのかかわりで議論されることの多い石器です。名称のとおり「斧」と考えられるのは磨製石斧（13）で，縄文時代に発達する**敲打**◁11や研磨の技術が駆使されています。樹木の伐採や**丸木舟**◁12などの加工に用いられたと考えられています。

石錘は漁網錘と考えられ，川原石の両端を打ち欠いて抉りがつけられた打欠石錘（14）と，研磨によってスリットが作出された切目石錘（15）があります。

▷11　**敲打**
敲石（18）で被加工物をコツコツとたたいて整形する技術。

▷12　**丸木舟**
1本の丸太を半裁し，内部をくり貫くことで製作される船。

一方，磨石・石皿（19）には川原石が無加工で利用されることが多く，植物質食料の加工に使われています。石皿のように重量のある石器は持ち運びに不便なため，定住生活の有効な指標とも考えられています。

　石器は，他の遺物に比べて形から機能を判断しやすく，石器器種の構成から生業活動を復原する研究が盛んです。しかしながら，機能の推定が経験的な判断や民俗例からの類推によっている場合も多く，**実験使用痕分析**など，実証的なデータに基づいた検証作業が必要となっています。

4　植物質製品（木器・繊維製品）

　低湿地遺跡では，地下水の影響で土中が酸欠状態となるため，通常の遺跡ではのこりにくい有機質の遺物が豊富に出土します。鳥浜貝塚（福井県）からは，土器や石器を凌駕する量の植物質製品が出土しました。石斧を装着する柄（11）や木製容器の製作方法，道具と樹種の対応関係，時期ごとの形態変遷などが明らかにされ，研究の転換点となりました。一方，三内丸山遺跡（青森県）や寿能遺跡（埼玉県）で出土した多量の木製椀や漆器からは，有機質の容器が縄文時代の食器の主流であったとも予想されています。こうした木製容器には土器と共通する文様が描かれていることもあり，両者の関係の深さがうかがえます。また有機質の容器としては籠の出土も多く，近年では東名遺跡（佐賀県）で多量に出土して注目を集めています。

5　骨角器・貝器

　動物の骨や角，貝殻なども，道具の材料としてさかんに利用されました。骨角器や貝器においては，食料資源の獲得が道具の材料の獲得を兼ねており，土器や石器とは異なる経済活動がうかがえます。製作方法については里浜貝塚（宮城県）の研究が好例で，鹿角を用いた角器製作の工程や製作工具が解明されています。鹿角の分割は計画的に進められ，角器の種類と利用部位にはある程度の対応関係があるようです。

　銛頭（16）は，柄に装着し，魚や海獣を捕獲するために使われたと考えられます。銛頭と柄の固定の有無から固定銛と離頭銛に分けられ，銛頭が獲物の体内で回転する仕組みになっているものを，とくに回転式離頭銛とよんでいます。釣針（17）には，1つの素材からつくられた単式釣針と，軸と針を別々につくって組み合わせる結合式釣針があります。結合式釣針には5cmを超える大形のものも多く，マグロなどの大形魚が対象であったと考えられています。一方，佐賀貝塚（長崎県）では後期の鹿笛と考えられる鹿角製品が出土しています。出土例こそ少ないものの，縄文人が動物の生態に精通し，高度な狩猟方法を開発していた証拠として注目されています。

（上峯篤史）

▷13　**実験使用痕分析**
石器の表面にのこされた使用痕の観察と，復元石器の使用実験にもとづいて試行錯誤を繰り返すことで，石器の機能を推定する方法（阿子島香『石器の使用痕』ニュー・サイエンス社，1989年）。

▷14　福井県教育委員会『鳥浜貝塚』1～6，1979～1987年。網谷克彦「木器製作のムラ――鳥浜貝塚」『縄文時代の考古学』6，2007年。

▷15　会田容弘「角器の技術論――里浜貝塚HSO地点出土資料を例として」『古代文化』vol.58，2007年。

▷16　渡辺誠『縄文時代の漁業』雄山閣，1973年。

▷17　正林護「『鹿笛考』――縄文時代狩猟の一側面を考える」『九州上代文化論集』1990年。

Ⅲ　縄文時代の生活と文化

3　縄文人は何を食べたか

1　縄文人は何を食べたかを知るために

　縄文人が多種多様なものを食用としていたことがわかってきています。さらに，さまざまな方法を駆使して，考古学な方法論にもとづく総合的な分析をおこない，縄文人がどのような食物を利用することに長けていたかを解明することが，縄文人が何を食べていたかという問題のひとつの課題であり，縄文文化の研究にも寄与すると考えられます。

○食物残滓

　遺跡からどのような食用の動植物類が出土しているかを調べることは基本です。貝殻や骨などの食物残滓，あるいは食物に加工する際に不要な部分を多量に廃棄したものが残りやすい遺跡として，貝塚，洞穴（岩陰），低湿地などがあります。これらを調べることによって縄文人が食べたものを推測することは，日本の考古学史上古くからおこなわれてきました。[1]

　貝塚はかつて，巨大な「台所ゴミの捨て場」のようなものと理解されることもありましたが，現在では，特定の種類の貝を保存食などにするために大量に加工したために捨てられたものも多く含まれると考えられるようになってきました。縄文時代に食料生産のための専業集団の存在は確認されてはいません。しかし，季節的に多くの人間が集まって，自分たちが消費する以上のものを生産・加工し，流通させていた可能性は考えるべきでしょう。縄文人は自給自足的にのみ食物を得ていたと決めつけてはいけません。

　縄文人がいつも飢えていて，食べるためだけに生物を利用していたとするのも問題です。人間の多量な採取，廃棄，さらには仮に人為的な解体，加工や加熱の痕跡の存在も，これらを人為的に利用したのは証拠ではありますが，本当に食用としていたかについては，十分に検討しなくてはいけません。さらに，ある生物が食用か否かには，私たち現代人の判断が入りがちであることに留意しなくてはいけないのです。

　かつて荒神山遺跡や大石遺跡（長野県）で縄文時代中期に属する植物種子のかたまりが検出され，これについてアワであるかエノコログサであるかといった議論がありました。前者であれば食用すなわち農耕の証拠であり，後者であれば非食用（雑草）で農耕の証拠にはならないというような解釈もなされましたが，アワは食用，エノコログサは非食用というのはあくまで現代人の判断です。エ[2]

▷1　酒詰仲男『日本縄文石器時代食料総説』土曜会，1951年。

▷2　森浩一『日本文化の深層』筑摩書房，2009年。

ノコログサはかつて，救荒作物でした。一方，現代では食用植物とされるものが，食用以外に利用された可能性もあります。

実はこの植物種子のかたまりは，シソ属種子で，エゴマである可能性が高いとされます。エゴマもたしかに食べられますが，漆製品をつくる際に，漆を溶かす油の原料にもなります。縄文時代の漆製品の出土例の多さを考えると，むしろ食用でない利用法も十分に考えられるべきです。

▷3 松谷暁子「エゴマ・シソ」『縄文文化の研究2 生業』雄山閣，1983年。

遺跡で発掘されるいわゆる食物残滓と見なせるような生物の遺体やその痕跡は，過去の人間が食用に利用した可能性が高いものです。しかし，本当に食べたかどうかは違う方法で検証する必要があります。

○糞　石

当時の人間が食べていたものかどうかを裏づける方法の1つに，糞石（coprolite）の研究があります。糞石は人間を含む動物の排出物が化石化したもので，糞石のなかには動物骨，種子の破片，プラント・オパール（植物珪酸体），花粉などの微化石が残っています。これらは間違いなく食べたもののカスそのものなので，縄文人が本当に何を食べていたのかを知る，かなり確度の高い情報となります。日本では鳥浜遺跡（福井県）から出土した糞石に注目した千浦美智子によって分析がすすめられました。

▷4 千浦美智子「糞石──コプロライト」『縄文文化の研究2 生業』雄山閣，1983年。

しかし，糞石の分析にも問題点があります。そもそも糞は咀嚼されたり消化されたりしたものの残りであるので，そうしたなかで特に残りやすいものだけを抽出している傾向があります。種類はともかく，量的なものは反映していない可能性もあります。また千浦は，形状から人間とそれ以外の動物の糞石を区別できるとしていますが，その形状だけから，はたして人間のものか動物のものかを峻別できるのかという問題があるようです。ただ，縄文時代の例ではありませんが，人間特有の寄生虫卵が検出されたことからその糞石自体が人間のものであることが推定されたという例もあります。

○加工食品炭化物

パン状炭化物，クッキー状炭化物などが縄文時代の遺跡から出土しています。中村耕作によれば，1961年に曽利遺跡（長野県）から出土した例をはじめとして，東日本を中心に，現在30以上の遺跡で類例が知られています。これらがはたして本当に「食品」であったかについては，当然検証が必要ですが，糞石と並んで食物残滓の研究を裏づける意味があります。

▷5 パン状炭化物，クッキー状炭化物
縄文時代にみられる加工食品が炭化したとされるもの。

▷6 中村耕作「クッキー状・パン状食品」『縄文時代の考古学5 なりわい──食料生産の技術』同成社，2007年。

○同位体食性分析

糞石自体の分析から得られる結果は，本当に食べていたかということは明らかにしますが，縄文遺跡においてはトイレのような人工的に排出物を貯める地点が把握できていないので，前述のように，遺跡出土の糞石といっても本当に人間の排出物であるのかという問題が残ります（常に寄生虫卵で解決できるとも限らないでしょう）。その点，もし過去の人間の身体そのものを調査して，そこから

▷7 かつて残留脂肪酸分析によって，興味深いさまざまなデータが得られたが，現在信憑性が疑問視されている（難波紘二・岡安光彦・角張淳一「考古学的脂肪酸分析の問題点」『日本考古学協会第67回総会研究発表要旨』2001年）。

人間が食べたものを推定することができれば，本当に「人間が」食べていたかということについてはクリアすることができます。

その方法の1つとして，人間の骨に残っているコラーゲン（骨，軟骨，皮膚を形成するたんぱく質の1つ）に含まれる炭素・窒素の安定同位体から食性を調べる方法があります。安定同位体とは，同じ元素で質量が異なり，かつ時間経過によって壊変しない原子のことです。化学的には同じ性質ですが，質量の差から光合成などの反応速度が異なるため，生物の種類によって炭素や窒素の同位体比が微妙に変動するとされます。▷8

この方法によって，北黄金貝塚（北海道），北村遺跡（長野県）などの縄文人骨を調査し，当時の人びとがどのようなものを食べていたかが明らかになりました。まだ具体的な植物や動物の種類を限定することまでは難しいようですが，たとえば山間部に住んでいた北村人は，植物，とくにC_3植物（光合成で二酸化炭素から3-ホスホグリセリン酸〈$C_3H_7O_7P$〉を合成するイネ・ムギ・クリ・クルミ・ヤマノイモ・ソバなど）を多く摂取し，C_4植物（オキザロ酢酸〈$C_4H_4O_5$〉を合成するアワ・ヒエ・キビ・トウモロコシ・サトウキビなど）はあまり摂取していません。一方，海に面して住んでいた北黄金貝塚人は，海産魚類や海獣・大型魚類を多く摂取していたことが推測されています。時代による差だけではなく，遺跡の立地や環境によっても食べていたものが違うことがわかります。

▷8 赤澤威・米田穣・吉田邦夫「北村縄文人骨の同位体食性分析」『北村遺跡』長野県埋蔵文化財センター，1993年。

2 縄文農耕論

こうした理科学的分析による成果は著しく，研究の進展に大きな役割を果たしています。しかし，考古学研究者にはこれらの情報を総合的に判断することが求められます。

考古学による総合的な研究の例として，「縄文農耕論」をここで紹介したいと思います。縄文人は何を食べていたかというテーマは，彼らがどういった生業をおこなっていたか，より具体的にいえば狩猟採集だけだったのか，あるいは農耕が存在したか，というような問題もかかわっているからです。

縄文時代は，一般的には狩猟採集が中心で，弥生時代のような農耕はなかったとされています。しかし，縄文時代は，打製石器が主体でありながら，世界的には新石器時代の特徴とされる磨製石器も多く存在します。ヨーロッパでは磨製石器が多く使用される新石器時代にすでに農耕が存在していたことから，日本においても縄文時代に農耕が存在したと主張する人もいます。

とくに藤森栄一は，石器の用途論や遺跡における栽培作物の有無ということだけでなく，土器などのさまざまな要素から縄文時代の農耕を論じました。縄文時代中期以前の煮沸形態中心の土器組成が，中期になると，弥生土器にみられる貯蔵や供献形態の土器が組成にくわわると指摘します。さらに，縄文時代中期に弥生時代のような農耕（ただしイネではなく中央高地に向いたアワやヒエを中

心とする雑穀の陸耕, 畑作)が存在したためにこうした変化が発生した, としました。ただし現在では既述のように遺跡出土の種子などの研究や人骨の同位体元素による食性分析から藤森の縄文中期農耕論に対して否定的な見解も多くなっています。

こうしたなか, 藤森の縄文中期農耕論に代わって, 賀川光夫, 山崎純男らが, 土器の形態, 石器の種類や組成, モミ痕土器などを根拠に, 九州を中心に縄文時代晩期に農耕が存在したという説(縄文晩期農耕論)を唱えました。実際にイネや雑穀の種子やその痕跡, プラント・オパールが縄文時代の遺跡から検出されることもあり, 弥生時代以前にもなんらかの食用植物が栽培されていた可能性も指摘されています。しかし, 弥生時代の農耕のように遺構レベルで縄文農耕の存在を示すものは, まだはっきりとは見いだせていません。

③ 考古学による総合的研究

考古学による総合的研究の必要性について縄文農耕論を例にとりましたが, 遺跡や遺構レベルで証明しなければならない課題が多いようです。しかし, 縄文農耕論ではありませんが, 渡辺誠は縄文時代の遺跡にアク抜きのための道具や施設が存在することから, 当時すでにアク抜きに関する高度な技術体系があったことを明らかにしました。アク抜きを必要とする植物を加工・食用とする文化は, 縄文文化の一大特徴ないし規定要素と思われます。

他にも, 炭素・窒素の同位体による食性分析で, 北村縄文人は主にC_3植物(おそらく堅果類などのC_3植物)を多く食べ, 藤森栄一の縄文農耕論で栽培・食用とされていたアワ・ヒエ・キビなどのC_4植物は食べていなかったと推定されています。このことは藤森論を否定する材料となりました。ただし, C_3植物には堅果類以外にコメ・ムギもふくまれます。したがってこの分析だけでは北村縄文人は, いわゆる雑穀は食べていないがコメやムギは食べていたとも推測可能です。にもかかわらず, 北村縄文人がコメやムギを食べていたと積極的に主張する人がいないのは, 縄文時代中期にコメやムギを栽培していた考古学的な証拠がないからです。

ここでは, 植物の食物利用について多くふれましたが, 狩猟, 漁撈などにおいても, 縄文時代にすでに高度なシステムがあったと思われます。これらの問題も「何を食べたか」ということとからめて研究する必要があります。

いずれにせよ, 食物残滓(骨, 貝殻をはじめ花粉, プラントオパールなどの微化石も含む), 糞石, 加工食品炭化物, 人骨の同位体分析などの研究と遺跡や遺物の研究を対比し, 考古学的なモデルを構築することが重要です。

(川崎　保)

▷9　藤森栄一『縄文農耕』学生社, 1970年。藤森は雑穀以外にも, クリやイモなどの栽培の可能性を考えていた。

▷10　賀川光夫「縄文晩期農耕の一問題」『考古学研究』13-4, 1966年。山崎純男「西日本後・晩期の農耕」『縄文文化の研究2　生業』雄山閣, 1983年。

▷11　藤尾慎一郎「生業からみた縄文から弥生」『国立歴史民族博物館研究報告』48, 1993年。

▷12　渡辺誠『増補　縄文時代の植物食』雄山閣, 1984年。川崎保『文化としての縄文土器型式』雄山閣, 2009年。

コラム2

粟津湖底遺跡の動物

1　粟津湖底遺跡の調査

　粟津湖底遺跡は琵琶湖の最南端，滋賀県大津市晴嵐一丁目地先の水深2〜3mの湖底の東西370m，南北400mにひろがる，縄文時代早期初頭から中期にかけての貝塚を中心とした大規模な遺跡です。この遺跡から3km下流には縄文早期後半の石山貝塚があります。粟津湖底遺跡は1952年に藤岡謙二郎が最初に紹介し，1975年から田辺正三らが調査をおこない，それがわが国の水中考古学の先駆けとなりました。1982年からは滋賀県が調査を引き継ぎ，この遺跡が第1，第2貝塚に分かれていることがわかりました。その後，本体の西側に新しい航路が計画され，1990年から91年にかけて，南北2ヵ所の発掘区を設け，鋼矢板を二重に打って土砂を入れ，内部を排水陸化させてから発掘をおこないました。その結果，北区の南側では約9700年前に降下した火山灰に覆われた縄文時代早期初頭の川の跡が検出され，その岸辺の一角には黒いクリの皮が集中して堆積し，そこにはリョクトウに似たマメ類，ヒョウタン，エゴマ，シロザなど食用や容器になる植物種がふくまれていました。

　北区の北西部では約4500年前，縄文中期前半の第3貝塚が姿をあらわし，そこでも植物層が良好な保存状態で残っていました。第3貝塚は南北35m，東西の最大幅15mの三日月形をしています。貝層は厚いところで約50cmほどでしたが，貝層の傾斜を観察すると，湖底に沈んでから，盛り上がった上面が削平をうけたことがわかります。貝塚が形成されていたころ，琵琶湖の水位は今よりもっと低く，この貝塚の西側には，川が大きく湾曲しながら流れていました。第3貝塚の貝層の下やその間には，トチノキの実やイチイガシを主体とする照葉樹林系のドングリ類，ヒシの実などからなる植物層が堆積し，最初は植物層と砂層とが重なりあい，その後貝層が形成されてからは貝層と植物層（と砂層）が互層をなし，貝と堅果類の処理とが，毎年，繰り返されていたようにみえました。

　加藤芳郎（土壌学）によると，純貝層ではセタシジミの貝殻がさまざまな方向を向いているのに対し，混砂貝層ではその殻が層の傾斜に平行に重なることと，貝層中に西から東に向かう水流の痕跡などから，集中豪雨などで貝層の上を激しい勢いで水が流れ，そのために貝殻が揺すられて上向きになり，貝層自体も浸蝕をうけたということです。私はさらに貝塚の南北端の貝殻やその他の遺物が，風化や水流により痩せていることから，季節や年によって頻繁に琵琶湖の水位が上下動し，貝塚全体が冠水したり露出したりしたのではないかと考えています。

2　第3貝塚から出土した動植物遺体

◯貝　類

　貝塚の発掘でいくら注意深く遺物を採集しようとしても，貝殻にかくれて多くの遺物を見逃してしまうことが知られています。見逃しを防ぐため貝層をもち帰ってフルイを使って水洗して，小さな遺物を採集しなければなりません。その結果，第3貝塚の貝類は，セタシジミが78.3%，カワニナ科が10.6%，比較的浅

い湖底に生息するタテボシガイなどのイシガイ科が4.8％，タニシ科が4.3％，微小巻貝が2.0％という構成比となりました。層ごとの集計も大差が無く，非常に単純な構成だったことがわかりました。貝類の報告を担当した稲葉正子によれば，現生の食用となるセタシジミの殻高が17～18mmであるのに対し，第3貝塚の個体は28.1～30.0mmの個体が多く，第3貝塚の方が1cm以上も大きくなるということです。

また，現生のセタシジミの稚貝を大量に放流して，成長線を刻みながら成長していく様子を記録して，セタシジミの殻には1日1本ずつの成長線が刻まれることを確かめ，さらに貝塚産の貝殻の成長線を丹念に数え，その幅をはかった結果，出土したセタシジミは現生種より成長が速く，その原因として当時の湖水温が現代よりも高く，栄養状態もよかったということがわかりました。セタシジミは冬に水温が低下すると成長線が形成されなくなりますが，春を迎えて水温が上昇すると再び成長線が再開されます。最終の春先に成長が再開して，貝が死ぬまでの日数を数えた結果，出土したセタシジミは春期後半から秋期後半に大半が採集され（88.3％），特に夏期前半から秋期前半（7月から9月）に集中（62％）することがわかりました（稲葉1997）。琵琶湖のシジミ漁は，今は冬期（12～3月）に船上から鋤簾を曳いておこなわれますが，縄文時代は水温が高い季節にシジミ漁をしたことがわかったのです。

○ 魚　類

琵琶湖という漁業に適した立地と第3貝塚の規模からすると，魚骨の出土量は多くはありませんでした。魚骨の中で比較的多いのは，フナをふくむコイ科で，破片数の60.1％，ギギ属が10％，ナマズ属が6.6％，アユが1.9％です。アユの骨は脆弱で，貝塚から出土するのは珍しいです。ごく少数ですがクセノキプリス亜科のディステーコドン属と，クセノキプリス属という絶滅種の存在が中島経夫（魚類分類学）によって明らかになりました。

○ 両生類・爬虫類・鳥類

スッポンが688点（哺乳類を含めた出土破片数の17.0％）を占めます。やはり琵琶湖という立地を反映し，この貝塚の出土動物の特徴といえるでしょう。鳥類はきわめて数が少なく13点にとどまり，種類が同定できたのはキジ科，サギ科，ハクチョウ類だけでした。琵琶湖には，今も多くの渡り鳥が飛来し，そうした鳥類は秋から冬にかけて脂がのって美味で，その羽毛も防寒用に有用であったはずなのに，この少なさは意外なことです。

○ 哺乳類

第3貝塚から出土した動物骨の中で，種類が同定できそうな骨は，魚類を除くと4049点でした。その中には発掘時に肉眼で見つけて取り上げた骨と，整理室で貝塚土壌を水洗選別してみつけた骨をふくみます。破片数4049点のうち最多を占めるのはイノシシで，1275点（31.5％），次いでニホンジカが304点（7.5％），そのどちらかの大きさだが判定のつかなかった骨が688点（9％）となり，イノシシ，ニホンジカの破片だけで47.5％と，全体のほぼ5割を占めます。その他の哺乳類にはタヌキ19点，イヌ7点，ニホンザル6点，カモシカ5点，ノウサギ，オオカミ各4点，ツキノワグマ3点，カワウソ1点などがあり，いずれも西日本の遺跡で一般的にみられる種類です。イヌは飼われていたはずですが，埋葬はされていませんでした。

3　植物食と動物食

第3貝塚の特徴は，長い間，湖底に沈んでいたおか

げで動物食と植物食とを同じ遺跡で比較することができることです。第3貝塚における主要な動植物の種類ごとにカロリーを計算した結果，堅果類が52.4％，なかでもトチが38.9％を占め，動物性食料は全体で47.6％を占めるという結果でした。縄文早期の植物層と中期の第3貝塚の植物層を比較すると，縄文早期の人々は，冷涼な気候を好むクリをさかんに利用することができたのですが，温暖化が進んだ縄文中期には，クリ林はもっと標高の高い山地や東日本に移って，粟津の人々はイチイガシやアクの強いトチを手間暇かけて食用としなければならなかったのでしょう。

　動物骨の特徴は，なんといってもイノシシとスッポンの多さと，魚類や鳥類の少なさでしょう。この傾向はすぐ近くの石山貝塚でもうかがうことができます。これは石山貝塚や第3貝塚が日常生活の場でなく，大量の貝類や堅果類の処理を集中しておこなった場であったからでしょう。第3貝塚を残した人々は，おそらく第1，第2貝塚付近で生活をし，必要なときに水辺で作業をしたので，日常生活のゴミが少なかったのでしょう。

　　　　　　　　　　　　　　　　（松井　章）

図1　貝層と植物層

中央のトレンチ（発掘坑）断面に，白い貝層と黒い植物層（トチノミ・ドングリ層）がサンドイッチ状に斜めに堆積しているのがよくわかります。

▷1　隠岐・鬱稜火山灰と呼ばれる火山灰で，広域にみられる。
▷2　殻高
貝殻の蝶番を起点にし，反対側の殻の縁までの最小値。殻の最大値は殻長。
▷3　以下，ここで紹介する数字はすべて骨の破片数。
▷4　渡辺誠氏によると，イチイガシはアク抜き不要だが，トチは木灰を合わせた熱湯で煮沸する手の込んだアク抜きが必要だという（渡辺誠『縄文時代の植物食』雄山閣，1975年）。

参考文献
稲葉正子「粟津湖底遺跡のセタシジミの貝殻成長線分析」『動物考古学』8，1997年。
伊庭功ほか編『粟津湖底遺跡第3貝塚』滋賀県教育委員会・文化財保護協会，1977年。特に出典を示さないかぎり，本文献をもとに記述する。
加藤芳郎「粟津湖底遺跡第3貝塚の貝層・砂層の堆積に関する一考察」『粟津湖底遺跡——大津市晴嵐町地先』滋賀県教育委員会・文化財保護協会，1992年。

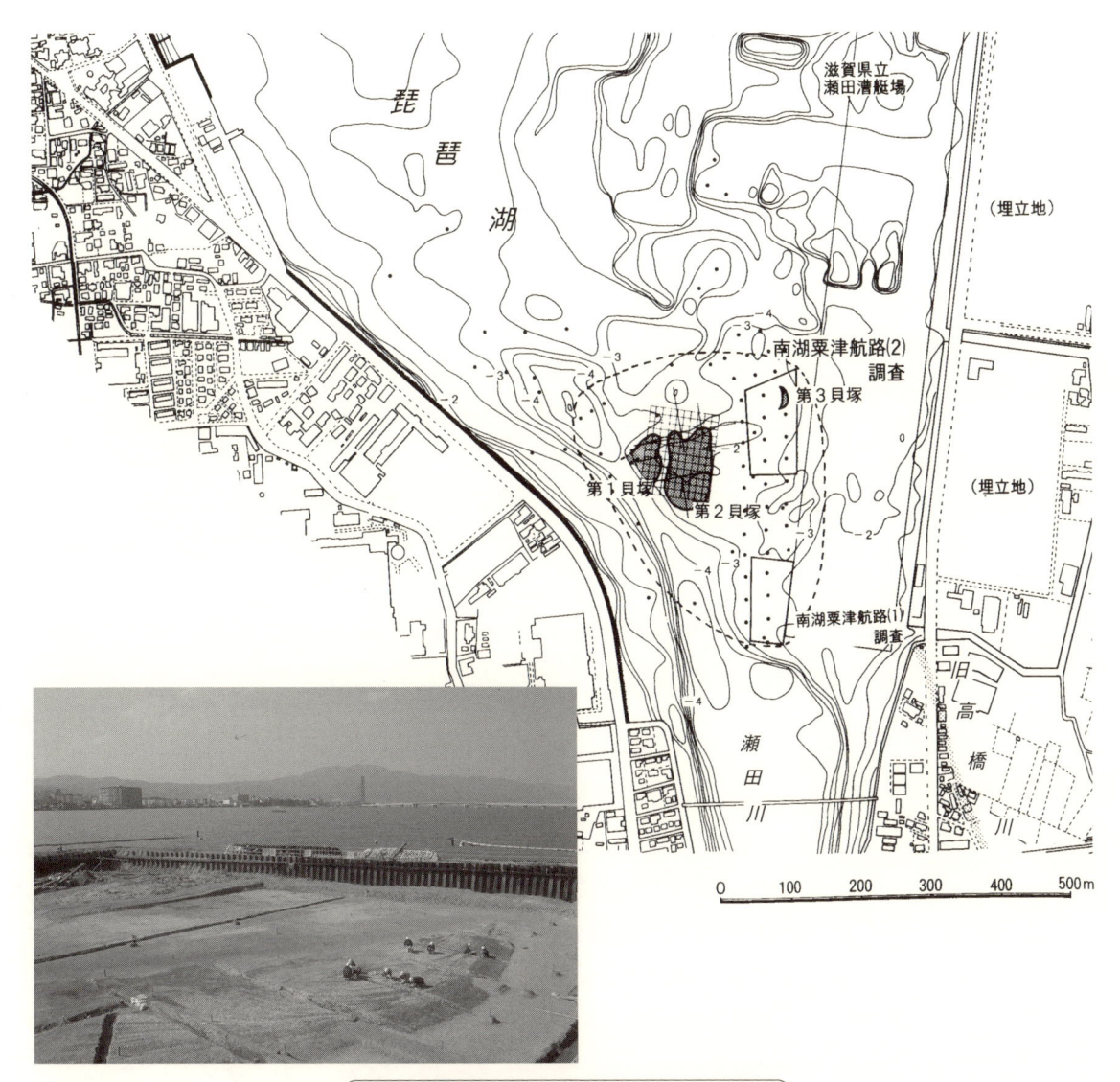

図2　調査区位置図と粟津湖底遺跡の発掘風景

対岸遠方にみえる比叡山から吹きすさぶ寒風の中，震えながら発掘をしました。

III　縄文時代の生活と文化

4　縄文のムラと住まい

1　縄文時代の「ムラ」とは

　考古学では，縄文時代の「ムラ」というと集落の跡をさしています。古代の「村」，近世の「惣村」や近現代の行政区分としての「村」と区別するために，ムラとカタカナ書きすることが多いのです。ここでは縄文時代の集落（跡）を縄文「ムラ」とします。少し細かく言うと，住まい（住居）の跡がまとまってみつかった場所を中心に，付属する集落の要素をふくめて，縄文ムラ（集落跡）なのです。縄文時代の集落跡は，時期や地域でさまざまですが，本書の別項で紹介される縄文時代以外の集落や都市を念頭に置いて比較してみると，日本列島各地域や時期の特徴だけではなく，縄文時代全体を通しての特徴がみえてきます。

　大まかには，住まいの跡のまとまり（住居跡群）がみつかると集落跡だとわかります。その住まいがさらに恒久的なもの，一時的なキャンプの集合（ただ群れて暮らしていることを村＝集落と定義すればまた別ですが）をここでは集落とはしません。◁1

　さらに住居跡群は集落跡に欠かせませんが，あくまで1つの要素です。集落（跡）は，墓跡群（墓域），貯蔵穴やゴミ穴などを含む土坑（竪穴）群や住居跡以外の建物跡などの要素からも構成されているのです。考古学的な遺構として認識するのが難しいのですが，縄文時代の生産活動にかかわる空間が住居跡群のまわりを取りまいていると思われます。

　クリやドングリなどの堅果類は，切り拓かれた土地で生える木（陽樹）なので，森が切り拓かれた場所である縄文ムラ周辺はこうした木が生育するのにふさわしい場所でした。縄文時代の食料やさらに材木としてこうした堅果類が多量に利用されているので，集落のごく近くにクリ林のようなものがあったと考えられます。しかし，こうしたクリ林のような生産域を発掘調査でとらえることは難しいのです。

　貝塚やそれにともなう集落は，はたして縄文時代の普遍的なものを示しているのか，一時的なものか，永住的なものかは，つまり貝塚がその集落だけの消費のものなのか，交易を目的としたものなのか（私は後者の可能性がきわめて高いとは考えていますが）などさまざまな問題をはらんでいそうです。しかし，生産域そのものではないにしろ，生産域を集落と絡めて，具体的にイメージとしてとらえられるのが集落跡にともなう貝塚です（貝塚にともなう集落といったほうが

▷1　川崎保「縄文ムラをみる視点」『縄文「ムラ」の考古学』雄山閣，2006年。

よいかもしれません)。前期以降に発達した大型の貝塚には，集落のすぐ近くに貝殻を大量に捨てている例があります。貝塚（付き集落跡）だけは廃棄された貝殻などの遺物がのこっているので（貝殻など遺物の分布範囲＝生産域とまでは言い切れませんが），その範囲を住居群がめぐる生産域という形で面的に認識できます。

　生産域と居住域の関係は，住居から離れておこなう必要がある生産活動（狩猟など）以外は住居群に隣接した場所でおこなっていたのでしょう。しかし，住居群に隣接するこうした生産活動にかかわる空間は，どこからどこまでと明確に遺跡のうえで区切るのが難しいのが実状です。縄文ムラは弥生時代以降の集落跡と異なり，どこまでが集落の範囲であるかをはっきり示しにくいのです。縄文時代に稲があったかどうかは別にして，弥生時代以降のような区画された水田の水路や環濠のような集落自体を区切るものは縄文時代には基本的にありません。

▷2　北海道の縄文時代の環状土籬，環状列石や東日本に散在する環状盛土遺構といった明確に区画する遺構が存在する。これらは集落を構成する一要素（墓域や祭祀域など）であって，これ自体が集落の範囲を示しているわけではない。

❷　何をもって住まいとするか

　そもそもムラ（集落）が構成されるということは，人間が定住している必要があります。つまり，集落の最重要要素である住まい（住居）が定住に適していなければなりません。

　縄文時代にはどのような住居があったのでしょうか。どんな遺構を住居跡とすべきなのでしょうか。雨露をしのぐ屋根を支えるような構築物（が設置されたと考えられる痕跡）あるいは天然の遮蔽物が存在し，人間が生活した痕跡である火が焚かれた跡（炉，火処など）が備わっていることが必要でしょう。さらに火処の周りに一定の平坦な面（床面と便宜的によばれています）が存在していること（あるいは存在していたことをうかがわせる十分な考古学的所見，土層の堆積や堅くしまった面のひろがりなど）も，こうした遺構は，たまたま火が焚かれた場ではなく，連続した生活の場であったことを示す大事なポイントです。

❸　はじめのころの縄文の住まい

　縄文時代草創期には，天然の岩陰や洞穴を利用した住居跡以外に，開地（青天井の土地）に前述の住まいの条件を満たしたものがいくつかみつかっています。しかし，これらが連続したある一定期間（複数年）そこに継続して定住したものだという確証はみつけにくいのです。つまり，草創期には，定住して集落を営んでいたとは考えられません。では，いつからなのでしょうか。

　住居の構造から定住か否かを考えてみましょう。より強固な構造をしていれば，より定住に向いていると考えることができます。こうした視点に立てば早期の住居跡の柱穴は貧弱で，火処もはっきりしないことが多い。ところが前期になると柱穴はしっかりしてきて，石囲炉という恒久的な火処が出現します。また当初東日本に限定されますが，埋甕が出現するのもこの時期です。縄文時代の住まいの多くを占める竪穴住居の半地下の深さも早期に30cmをこえるよう

なものは少ないのですが，前期以降は珍しくありません（竪穴の深さは，寒暖乾湿などの地域の気候と関連している可能性も高く，また遺跡の遺構検出面の遺存状況にも左右されるので，いちがいに定住化の目安とはいえません。しかし，深く掘るということはそれだけの手間がかかり，浅いからといって非定住的とはいえませんが，深い竪穴は定住的特徴とはいえないでしょうか）。つまり，非常に大まかにいえば，前期の住居は定住的になっています。逆にそれ以前の住居跡群は，定住した集落であったとは考えにくいのです。

4 プレ「縄文ムラ」

住まいの痕跡（住居跡）から想定される構造や仕事量をもとに定住化さらには集落が形成されていたかだけで判断するのではなく，集落跡を遺跡としてみることからも同様に定住化や集落の問題を考えることもできます。

縄文時代早期の遺跡からは，数十あるいは百をこえる数の竪穴住居跡が集中して検出されることがあります。これらは住まいの構造という観点からみると，柱穴や炉はそれほど明確ではありません。しかし，だからといって，まだまったくの非定住的集落だったとしてよいでしょうか。

結論からいうと，縄文時代早期は定住化が始まっている段階，プレ縄文ムラとでもいうべき段階であったと私は考えています。なぜならば，石囲炉や炉穴のようなしっかりした火処が前期以前にも多少存在し，早期後半の山の神遺跡（長野県）や瀬田裏遺跡（熊本県）などで一辺10mを超えるような大形の配石遺構もみつかっているからです。これらの配石遺構は人頭大の礫を主体とし，特に山の神遺跡の配石遺構やこれに隣接する住居群の出土土器，切り合い関係などから，1時期ではなく，複数時期（3時期以上）にわたって継続して形成されたことがわかってきました。[3]

▷3　長野県埋蔵文化財センター『山の神遺跡』2003年。

一方で，竪穴住居跡の柱穴ははっきりしません。火処は焼土の集中がみられる程度で，竪穴の掘り込みも浅く皿状を呈しているだけです。

つまり縄文時代早期の集落跡からは，複数の時期の土器が検出され，竪穴住居跡が切り合っているからといって，これだけでは定住の証拠とはいえないのです。むしろ，定期的に特定の場所に戻ってきて集落を営みはじめたと解釈したほうがよさそうです。これは，定期的に戻ってきて生活をした痕跡の集積が，結果として長い間集落として利用されたのではないでしょうか。前述した配石遺構を見ても人頭大の礫を川原から多量に運ぶということは，小人数，短期間でできることではありません。とくに山の神遺跡の場合，配石の中に石列の単位や切り合いがあり，石列を継続して構築した結果，10mを超す配石遺構になったものとしますと，定住ではないが，特定の場所を長期間にわたって利用したことがうかがえます。おそらく，特定の場所を定期的に利用することが，こうした祭祀だけでなく生業などでも必要となったのかもしれません。

また，早期にははっきりした墓域（土坑群はあるが，明確に墓穴が占める区画）がわかっていません。このことも，早期の集落跡というものが明確な定住集落とは一線を画するものであったことを示しているように思えます。

5 縄文ムラの成立

やはり住居跡や集落の構造がはっきりしてくるのは，縄文時代前期でしょう。前期の集落跡として有名な阿久遺跡（長野県）をみてみれば，環状に竪穴住居跡がめぐり（これが当初から意図されたものか，結果として環状になるのかはひとまずおいておきますが），竪穴住居跡以外に方形柱穴列などの構造物，墓穴群や貯蔵穴群をふくむ土坑群が存在します（これらを峻別することは実は難しいのですが，装身具をともなう，ある一定規模の土坑の多くは墓穴だと考えられています）。中期になれば，こうした構造はよりはっきりしてきます。三内丸山遺跡（青森県）などの巨木建築や「集会所」ともいわれる巨大な竪穴住居跡，土屋根，壁の存在などは，定住といった側面からは，弥生時代の建築物に匹敵するものがあることがわかります。

6 縄文ムラのいろいろ

ただ，気をつけなくてはいけないのは，こうした前期以降，特に中期の集落跡というと竪穴住居跡が非常に目立つので，竪穴住居跡群を中心に集落跡を考えがちです。これは発掘調査の土量計算から集落遺跡調査を考える視点としては必ずしも間違っていませんが，考古学的に竪穴住居跡を当時の住居のすべてと考えてよいわけではありません。

定住といっても弥生時代以降のようなほぼ通年で従事しなければならない生業は，縄文時代にはないと考えられています。「縄文カレンダー」▶4のように，季節的に従事する生業は変化していたものと推定されています。つまり，成員すべてが，一時に定住あるいは狩猟していなければならない理由はあまりないと私は考えます▶5。祭祀や一部の土木工事を除いて，大勢の人々が同じ作業を長時間強いられるようなことは，のちの時代ほどはなかったでしょう。竪穴住居は冬用の住居で，掘立柱建物が夏用であるというような，季節や用途の使い分けの視点は集落研究上，重要です▶6。集団としての共同作業をおこなうような大きな拠点的な村，狩猟採集に特化したような小さなムラ，同時に存在した住居跡が4～5基程度のものも存在します。さらには人間の住居としてきわめて初期から存在したと思われる岩陰・洞穴遺跡も決して草創期や早期ばかりでなく，前期以降にも利用されていたことは，非定住から定住へと単系統の進化のようにとらえるのではなく，拠点の集落は定住的に，特殊な目的に特化する非定住的集落というふうに機能が分化するというモデルも考えるべきでしょう。

（川崎　保）

▶4　「縄文カレンダー」
小林達雄が提唱した縄文人の季節ごとの獲物や生業に従事している様子を示した年間サイクルの概念図（小林達雄「縄文人の生活」『日本歴史』図解学研エリア教科事典，学習研究社，1975年）。

▶5　植物食料のためにアクを抜く技術の発達によって，老人，妊婦，病人，幼児といった長距離移動が難しい家族を養うことが可能になり，定住化が促進した（渡辺誠『縄文時代の植物食』雄山閣，1984年）。

▶6　麻柄一志「夏の家と冬の家――縄文時代の季節的住み替えの可能性」『考古学と生活文化』同志社大学考古学シリーズⅤ，1992年。

Ⅲ　縄文時代の生活と文化

5　縄文人の心

1　縄文人の心を知ることは難しい

　人の心を知ることは，とても難しい作業です。時間や空間を共有できるなら，膝を突き合わせてじっくり話せば，より深くその人の心を知ることができるでしょう。しかし，そうできない過去の人々については，のこされた資料から推測するしかありません。遺跡・遺構・遺物というさまざまな資料から過去の人々の心を知るのは，考古学の目的の1つといえます。

　現在にのこされた過去のさまざまな資料は，新しいほど数や量が多く，のこされる情報量も多くなります。逆に，縄文時代のように古ければ，燃えたり腐ったりして資料の数や量は少なくなり，残される情報量も少なくなります。

2　縄文人の心とは

　標題にある「心」とは，「集団としての人々の気持ちや考え方」という意味もありますが，人々の心を規定する概念や規律，さらには習慣や風習などもここではふくんでいます。これまでの研究では，「信仰」や「宗教」・「祭祀」・「呪術」・「精神文化」などといいあらわされ，冠婚葬祭のような儀式や社会秩序・生活様式・集団構造などにも表出すると考えられます。これらは，縄文人の日常の生業，すなわち，食料の獲得や生活道具の製作といった，生きるために必要な活動の基本部分には，具体的にかかわらない概念として，ひとまずとらえられます。

　一方，それと矛盾するようですが，縄文社会は現代に比べて精神的に規定されていた，すなわち呪術的なものによるところが大きく，縄文人の「心」が生業にも間接的にかかわっていたとも考えられています。たとえば住まいについても，東日本によくみられる環状集落（住居や墓などを同心円状に配置）にはいくつかの群に分かれる「分節構造」が認められますが，これは親族組織（血縁集団）をあらわすと考えられています（図1）。「心」と生業活動は相対的な関係ではなく，逆に不可分な関係と考えるべきでしょう。

　縄文人の心は，人間の内面的な部分のため，のこされているさまざまな資料から読み取った情報を分析・解釈することで研究が重ねられてきました。次に，遺跡からみつかる遺構や遺物のうち，

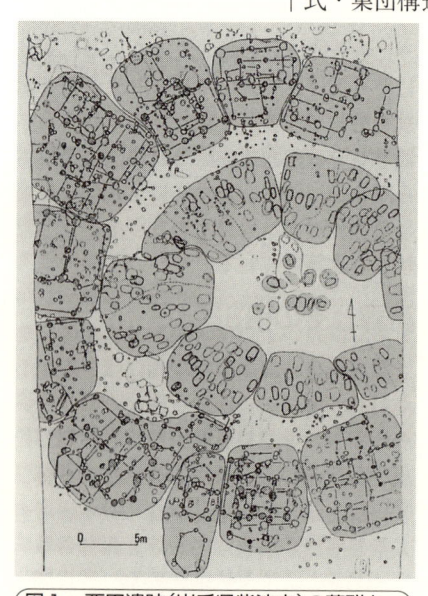

図1　西田遺跡（岩手県紫波市）の墓群と掘立柱建物群の分節構造（縄文時代中期）

どのような資料がその対象となるのか，代表的なものをみていきましょう。ただし，対象資料の具体的な分析・解釈は，研究者それぞれの考え方もありますので，ここではそのごく一部にだけふれたいと思います。

③ 縄文人の心を遺構から読み取る──遺構にみる葬制と祭り

　情報伝達が発達した現代社会でも，冠婚葬祭といった儀式は，その人々が属する集団（地域社会など）ごとに独特であり，それは風習ともいえます。これらを検討することは，その人々の心を知る方法のひとつです。縄文時代の遺跡からみつかる遺構のうち，こういった儀式を比較的認識しやすいのは「葬」制，すなわち墓（墓地）です。死者を葬る行為である埋葬は，基本的に時期・地域を問わずみられ，死者を通じて祖先を崇拝することにもつながります。

　縄文時代の葬制はそれだけで本書の1項目を費やせるほどの特徴や問題をもっていますので，ここでは詳しく踏み込みませんが，屈葬・伸展葬といった体勢だけでなく，合葬や再葬といった形態も様々であり，土器を小児棺や再葬棺に用いることもあります。さらに，副葬品を埋納する場合などもあり，葬制は縄文人の死生観を強く示していると思われます。ただし，日本の土壌は基本的に酸性のため，葬られた人骨が溶けてしまい，墓と認識できないものも多いと思われます。したがって，日本列島のどこででも墓が見つかるわけではありません。さらに，人骨と風習についていえば，抜歯や叉状研歯に婚姻関係や通過儀礼などを見いだす研究もあります。

　そのほか，石や木柱を同心円状に並べるなどした，大規模な記念物（モニュメント）を作ることもあります。これらは，墓地や，祭の舞台装置などと考えられています。環状列石（ストーンサークル）は秋田県大湯など東北地方を中心にみられますし，環状にならない配石遺構は西日本の遺跡でもみられます（図2）。環状木柱列では，チカモリ遺跡（石川県金沢市）や真脇遺跡（同能都町）などに，クリの大木を半割して建て並べたものなどがあります。

④ 縄文人の心を遺物から読み取る──実用的な道具と非実用的な道具

　縄文人の心を，遺物から読み取る方法もあります。「非実用的な道具」と思われる遺物に，それが色濃く反映されていると考えられています。

　縄文時代の遺物を，実用性という観点で2つに分けてみましょう。1つはみつかった状況や機能・使用痕などから用途が推定される，実用的な道具です。土器でいえば食物の煮炊き用の深鉢や

▷1　縄文時代の葬制については，以下の文献に詳しい。小杉康・谷口康浩・西田泰民・水ノ江和同・矢野健一編『縄文時代の考古学9　死と弔い──葬制』同成社，2007年。

▷2　環状列石については，近年，山岳景観や天体観測に関連づけて検討する「ランドスケープアーケオロジー」がある。小林達雄編『縄文ランドスケープ』アム・プロモーション，2005年。

図2　大湯環状列石（秋田県鹿角市）（縄文時代後期）

盛り付け用の浅鉢などがあり，石器でいえば木を伐採する磨製石斧や矢の先端に付ける石鏃などがあります。このほか，木などの植物質のものを用いた磨製石斧の柄や網籠など，動物の骨や角・貝殻などを用いた骨角器などもあります。

もう1つは用途を推定しにくい，非実用的な道具です。たとえば，土製のものでは土偶・土面・動物型土製品などがあり，縄文土器も過度な装飾や文様はふくめられそうです。石製のものでは，石棒・岩偶・独鈷石などがあり，木製や骨角製のものもまれにみられます。耳栓や貝輪・竪櫛などの装身具をふくめることもあります。▶3

これら非実用的な道具は，日常生活で用いる場面を想定できないことから，「祭祀行為」などの非日常的な場面で使われていた「祭祀遺物」とされています。祭祀遺物は，地域や時期によってその種類や形態・数などに大きな違いがあります。また，その地域のその時期にしかみられない祭祀遺物も多く，それらを用いた祭祀行為は時期的・地域的に限定されるでしょう。

これら祭祀遺物を用いておこなわれていた祭祀行為の，具体的な様子はわかりません。しかし，民族事例なども援用すると，祭祀行為には2つの祈りが込められていたと推定できます。1つは過去の祖先を崇拝する祈りで，現状を祖先に感謝する行為です。死者を弔う儀式もここにふくめられるでしょう。もう1つは未来の繁栄への祈りであり，現在の幸がこの後も長く続くことを願う行為です。子孫達の繁栄や，食料をたえずえられる，広い意味での大地豊穣などがふくまれます。ただし，これら2つは時間の方向性が反対なだけで，その根本は同じといえます。

次に，祭祀遺物の代表例として，土偶を取り上げてみたいと思います。

5 土 偶

土偶とは，「土製の人形（ひとがた）」を意味し，一般的には縄文時代のものをさします。土偶といえば，大きな目にふくよかな体の黒光りする「遮光器土偶」や，顔の形から名づけられた「ハート形土偶」を思い浮かべる人が多いかもしれませんが，これらは多様な土偶の一部です。土偶はこれまでに日本列島で2万点以上が出土していますが，そのほとんどは縄文時代中期以降の東日本でみつかっています。▶4

縄文時代早期以前のものは，少数が日本列島に点在します。身体の各部位の表現が簡略的で，およそ人形とは思えませんが，乳房があることから土偶（女性）と認識されます。その後，前期には板状のものが東北地方を中心に分布します。中期になると，中部地方以東で，立体的で脚部によって自立する土偶が多数作られます。「縄文のヴィーナス」（図3）とよばれる棚畑遺跡（長野県茅野市）出土土偶に代表されるように，女性表現の頂点にいたりますが，次第に簡略化・小型化が進んで数も減少し，後期初頭には東北地方を除いて土偶がなく

▶3 小林達雄は，「実用的な道具」を生産用具・調理用具・工具と規定して「第一の道具」，「非実用的な道具」を「縄文人に意識された機能を生産活動や対象物と連絡する第二の道具」と位置づけた。小林達雄「祈りの形象 土偶」『日本陶磁全集3 土偶・埴輪』中央公論社，1977年。

▶4 近年，「土偶とその情報」研究会により6回のシンポジウムがおこなわれ，型式・編年研究が進んだ。その成果は各集成資料集のほか，4冊の論集にまとめられている。「土偶とその情報研究会」編『土偶研究の地平1～4』勉誠出版（勉誠社），1997～2002年。

なります。その後、東北地方南部や関東地方を中心に顔を突き出して仮面を装着したような「ハート形土偶」や頭部が三角あるいは丸い「山形土偶」が盛行します。広く九州までひろがりますが、自立しないものが増えます。晩期になると東北地方を中心に、中空の「遮光器土偶」などがみられます。このように、土偶は時期や地域によって形態も数もまったく異なりますから、「土偶」とひとくくりにされる遺物が日本列島のいつでもどこでも同じ役割を果たしていたとは考えにくいでしょう。

土偶の形態は、人をモデルに形づくったとは思えないほど、デフォルメされています。頭部形状が結った髪型をあらわし、体に描かれた文様を刺青や服の模様とする考えもありますが、どこまで写実的なのか判断は難しいようです。さらに、しばしば土偶は女性を表現したものとされます。ほとんどの土偶には乳房がありますし、妊婦を思わせる腹部の膨らみなどはそうも考えられます。しかし、体の凹凸の少ない、しいていえば中性的なものも少なくありません。

図3　棚畑遺跡の「縄文のヴィーナス」（棚畑遺跡）（縄文時代中期）

「母なる大地」といわれるように、子供を産み育てる女性は繁栄の象徴であり、土偶を用いた祭祀行為は大地の豊穣を願ったものだという意見は多くあります。実際、縄文時代前期・中期の土偶の分布域は、ほぼ東日本に限定されますが、落葉広葉樹林（ブナ林）の分布とほぼ同じです。当時の食料事情は植生が大きく影響するため、食料獲得への祈りが込められていたのではないでしょうか。

また、土偶は壊れて出土したり、離れていたものが接合したりすることから、土偶を壊したのちにばらまいたという考えもあります。しかし、ほとんどの遺物は壊れて見つかりますから、同じ土製品である土器と比べて土偶の破損率がとりわけ高いわけでもありません。また、破損部に打ち欠いたり、もいだりした痕跡が明確に認められる土偶もあまりありません。そのため、**土偶非破壊説**をとる研究者も少なくありません。このほか、埋納とみられる出土状況に意義を見いだす研究もあります。

▷5　金子昭彦「土偶はどれだけ壊れているか――岩手県における晩期土偶の基礎的分析」『日本考古学』第15号、日本考古学協会、2003年

▷6　**土偶非破壊説**
藤沼邦彦編『歴史発掘3　縄文の土偶』（講談社、1996年）などに詳しい。

⑥ 多様な祭祀遺物と東日本での偏在

紙幅の都合で土偶だけを取り上げましたが、祭祀遺物はもっと多様です。特に、縄文時代後・晩期の東日本では、岩偶や独鈷石など、地域・時期が限定される祭祀遺物も多くあります。さきほど、土偶の役割に食料獲得への祈りがある可能性を指摘しましたが、東日本では広い意味での大地豊穣や子孫繁栄などを祈らざるをえなかったのではないでしょうか。それに対して西日本で祭祀遺物が少ないのは、祈りを必要としなかった、すなわち、比較的苦労をしないで食料をえられたからと考えることもできます。縄文時代の遺跡数からは、東日本に圧倒的に集落や人口がかたよっていたといえますが、それは逆に西日本の「ゆとり」をあらわしているのかもしれません。

（小島孝修）

▷7　「縄文人の心」の最新の研究成果については、小杉康・谷口康浩・西田泰民・水ノ江和同・矢野健一編『縄文時代の考古学11　心と信仰――宗教的観念と社会秩序』（同成社、2007年）を参照されたい。

Ⅲ 縄文時代の生活と文化

6 東アジアの中の縄文文化

1 「縄文文化」論と周辺地域

「縄紋土器は日本内地に長く存続していて、その間大陸とは孤立して独自の文物を発達せしめた」とする山内清男氏の言葉は、東アジアの中で縄文文化の位置づけを考えるうえで、大きな障壁となってきました。山内氏も縄文時代の始まりに大陸の影響を想定していましたが、稲作や金属器が流入した弥生時代にくらべると、閉鎖的な縄文時代像が流布した観は否めません。

近年、縄文時代の見直しが進む中、東アジア世界のなかでその位置づけが試みられていますが、ここでは海を越えた交流や、中国を中心とした周辺地域の社会変動に注目して、縄文時代をめぐる諸問題を考えます。

2 縄文時代の始まり

縄文文化成立期の問題として、土器の出現が注目されます。

かつて縄文土器の年代は世界最古級とされ、東アジア世界においても孤立した存在でした。しかし中国南部や沿海州でも、1万5000年前を前後する土器があいついで発見され、縄文土器が突出して古い状況ではなくなりました。また黄河流域の南庄頭遺跡でも、約1万年前の土器片がみられますが、土器の形態や文様には地域差が認められ、東アジアでは多元的に土器が出現したと考えられます。

日本列島における出現期の縄文土器は、局部磨製石斧・槍先形尖頭器がともなうことから、沿海州との関連が注目されています。沿海州では、魚類の調理用として土器が出現したとされていますが、日本では、隆起線文土器の段階から土器の量が増大し、ドングリ類のアク抜きを目的として独自の展開をみせました。

3 植物資源の利用と社会

縄文時代早期から前期には、東日本を中心に、環状を呈する集落や貝塚が出現します。定住的な集落の成立期とされ、その背後には、植物資源の開発が注目されます。

中国大陸ではキビ・アワの畑作を主体とする黄河流域と、水稲稲作を主体とする長江流域という地域差が認められ、長江中流域では仙人洞・吊桶環遺跡（江

▷1　山内清男『日本遠古の文化』先史考古学会、1939年。

▷2　山田昌久「『縄文文化』の構図」『古代文化』42巻9・12号、1990年。佐川正敏「アジアの中の縄文文化」『文明学原論』山川出版社、1995年。大貫静夫『東北アジアの考古学』同成社、1998年。

▷3　小野昭・鈴木俊成編『環日本海地域の土器出現期の様相』雄山閣、1994年。中国社会科学院『華南及東南亜地区史前考古』文物出版社、2006年。

▷4　堤隆「遊動から定住への変革」『ここまでわかった日本の先史時代』角川書店、1997年。

西省) などで稲のプラント・オパールが，黄河流域では磁山遺跡 (河北省) で炭化したキビ・アワが検出されています。ただし，これらが栽培種であるかは議論があり，採集された野生種の可能性ものこります。キビ・アワについては不明ですが，目下，稲の確実な栽培種は，河姆渡文化以降に出現したとされ，その栽培化に長いプロセスを想定する意見もあります。

新石器時代前半の長江流域では，稲のほかヒシ・エゴマ・ヒョウタン・リョクトウ・モモ・ウメなどが出土する遺跡も多く，植物資源を多角的に利用した状況がうかがえます。

縄文時代にはドングリなどの堅果類を主食とし，前期以降，エゴマ・ヒョウタン・リョクトウといった渡来系植物も増加します。堅果類の採集のほか，多様な植物質食料を管理栽培した可能性が指摘されています。

これまで中国では，キビ・アワや稲の出現を農耕の起源と結びつけ，これを新石器時代とよんできました。しかし，新石器時代前半期においては，栽培化の過程に位置づけられる可能性をのこす点や，さまざまな植物利用が認められる点を考えますと，両地域の植物質食料をめぐる技術レベルは類似するかもしれません。

こうした中，新石器時代後半には，長江流域に位置する城頭山遺跡 (湖南省) や，草鞋山遺跡 (江蘇省) で水田が検出され，稲を人為的に栽培したことは確実です。特に長江下流域では，遺跡が平野中央に進出することや，石犂とよばれる農具が出現することから，稲作に特化した生業形態が指摘され，本格的な農耕社会が成立したものとされています。また，新石器時代後半には，墳墓の副葬品にも多寡がみられ，本格的な農耕社会の出現にともなって，社会の階層化が認められます。

一方，縄文時代においては穀物に特化して農耕を始めたという痕跡はなく，新石器時代後半に農耕社会を形成した中国とは異なる道を歩んだと考えられます。

④ 縄文時代の文化交流

ところで植物質食料の問題は，縄文時代の文化交流を考えるうえで，大きな転換をもたらしました。特に，鳥浜貝塚 (福井県) の発掘では，エゴマ・ヒョウタン・リョクトウなどの渡来系植物が検出され，周辺地域との関連がにわかに注目を集めました。

また西北九州では，前期の轟式土器・曽畑式土器が，朝鮮半島に展開する隆起文土器・櫛目文土器に類似し，両地域の交流が想定されています。一方，北海道・東北でも，早期にシベリアから沿海州に分布する石刃鏃が，前期に中国東北部と共通する円筒形の土器文化が展開し，日本列島の両端で海峡を挟んだ交流がみられます。特に西北九州では，中・後期にも断続的な交流が認めら

▷5 中村慎一『稲作の考古学』同成社，2002年。

▷6 西田正規「縄文時代の人間－植物関係」『国立民族学博物館研究報告』6-2，1981年。辻誠一郎「縄文文化をはぐくんだ生態系」『アサヒグラフ』3928，1997年。

▷7 中村慎一「長江下流域新石器文化の研究」『東京大学考古学研究室紀要』5，1986年。宮本一夫「縄文農耕と縄文社会」『古代史の論点1　環境と食料生産』小学館，2000年。

▷8 木村幾多郎「交易のはじまり」『考古学による日本歴史10　対外交渉』雄山閣，1997年。

▷9 木村英明「石刃鏃文化について」『江上波夫教授古稀記念論集』山川出版社，1976年。

れ，朝鮮半島と共通する漁労具が出土することから，外洋性漁業に従事する漁民が文化交流を担ったとされています。

さらに東日本を中心に分布する玦状耳飾（けつじょうみみかざり）は，長江下流域に位置する河姆渡遺跡（浙江省）に類例がみられ，両地域の文化交流を示す資料として注目を集めました。しかし，中国東北部の査海遺跡（興隆窪文化）でも古い形態を示す玦状耳飾が検出され，近年，北回りでの交流が有力となっています。中国東北部から日本列島には，玦状耳飾にともなって篦状垂飾（へらじょうすいしょく）が分布し，こうした考えを裏づけています。

現在，長江下流域との関連を想定することはむずかしく，縄文時代における海を越えた交流は，海峡を挟んだ往来を主体としたものであると考えられます。ただし，エゴマ・ヒョウタン・リョクトウといった渡来系植物の分布は，中国南部に集中する傾向がみられ，その流入経路については検討課題をのこしています。

5 弥生時代への序章

縄文時代後期には気候の寒冷化が指摘され，東アジアの諸地域で転換期を迎えました。特に，農耕社会が成立した中国では，黄河流域に二里頭文化（にりとうぶんか）が出現し本格的な青銅器時代に突入します。また商後期の殷代には，いち早く国家機構を整備して，文字の使用が始まりました。

こうした中国の影響は東北アジアにも波及し，遼西地区を中心に青銅器文化が花開きました。また沿海州ではアワ・キビが，朝鮮半島では炭化稲が検出され，農耕文化の拡散が認められます。

日本列島ではトチなどの堅果類を主食とし，従来の生業形態を基本的に継承します。ただし，西北九州では焼畑にともなう稲作の存在が指摘され，弥生時代への序章として注目を集めています。また東日本でも，三崎山遺跡（山形県）で採集された青銅製刀子や石棺墓の波及から，沿海州との関連が緊密になったとされています。

縄文時代後・晩期における文化交流の活発化は，弥生時代への胎動を考えるうえで重要ですが，その社会的な変動を東アジア世界の中であとづけることで，弥生時代開始の歴史的な背景にも迫れるものと期待されます。

（河森一浩）

▷10 藤田富士夫「玦状耳飾の起源について」『富山史談』68，1978年。安志敏「長江下流史前文化対海東的影響」『考古』1984年5期，1984年。

▷11 川崎保「日本海をめぐる二つの遺跡から見た玦状耳飾りと装飾品」『考古学に学ぶ』同志社大学考古学シリーズⅦ，1999年。

▷12 河森一浩「中日文化交流的黎明期」『考古与文物』増刊号先秦考古，2002年。大貫静夫「日本と大陸の交流」『東アジアと日本の考古学3 交流と交易』同成社，2003年。

▷13 宮本一夫「朝鮮半島新石器時代の農耕化と縄文農耕」『古代文化』55-7，2003年。

▷14 浅川利一・安孫子昭二『縄文時代の渡来文化 刻文付有孔石斧とその周辺』雄山閣，2002年。

表1　東アジアの併行関係

	中国					沿海州	朝鮮半島	日本
	長江中流	長江下流	黄河下流	黄河中流	遼西			
新石器前半	仙人洞吊桶環			南庄頭		ガーシャ	高山里	草創期
	皀市下層城背渓	河姆渡	後李北辛	裴李崗磁山	査海興隆窪	ボイスマン	鰲山里朝島・牧島	早期
	大渓	馬家浜	大汶口	仰韶	紅山		釜山	前期
新石器後半	屈家嶺	松沢		廟底溝II	小河沿富河	ザイサノフカ鶯歌嶺下層		
	石家河	良渚	龍山				水佳里I	中期
青銅器時代	荊南寺	馬橋湖熟	岳石	二里頭	夏家店下層	虎谷I	水佳里II	後期
			大辛荘	二里崗				
			殷			興城	水佳里III	
	(+)	(+)	西周		魏営子	虎谷II	列孔文	晩期

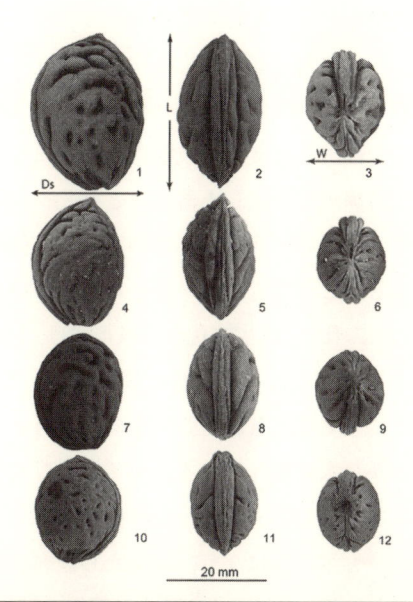

図1　中国長江下流域出土の新石器時代のモモ核 (Yunfei Zheng et al. 2014)

1～3　銭山漾遺跡（8000～7000年前），4～6　茅山遺跡（6300～4000年前），7～12　跨湖橋遺跡（8000～7000年前）

出所：Yunfei Zheng , Gary W. Crawford, Xugao Chen, 2014 Archaeological Evidence for Peach (Prunus persica) Cultivation and Domestication in China. PLOS/ONE.

Ⅳ 弥生時代の社会と文化

1 弥生時代とはどんな時代か

1 弥生時代の認識と年代

　弥生時代は、食料獲得の手段を食糧生産という方法にもとめ、それを基礎とする社会生活が始まった時代です。それまでは食料獲得を自然に依存し、共生する時代でしたが、弥生時代はその大地を開拓・水田化することによって食料を得ることを始めた時代でした。これ以降、人間と自然との関係は大きく変化するわけで、これは日本歴史上の最大の画期をなす出来事であったといえます。

　また、弥生時代は狩猟採集経済の縄文時代と王権誕生にかかわる前方後円墳が出現する古墳時代の間をつなぐ時代として存在しています。これは日本列島に中国大陸および朝鮮半島から伝播した水田稲作にかかわる新しい技術や文化の体系が定着し、さらに社会の階層分化や格差が進行することによって、最終的に政治的なまとまりをもつにいたる過程であることを示しています。それは首長層と農民層という階級社会の始まりでもあり、また、大陸との交渉により東アジア世界の一員として登場することになった時代でもあります。

　このように規定できる弥生時代ですが、その前後にあたる縄文時代と古墳時代との境界については、近年の発掘調査の成果によって複雑な様相を呈しています。1つは主たる文化構成要素が複雑になってきたこと、2つ目は時間軸としての土器編年が深化し土器区分と文化構成要素が合致しなくなってきたことです。このようなことから、どの段階から弥生時代が始まり、終わったのかは議論のあるところで意見の一致をみていないのが現状です。

　学史的にみれば、弥生時代の認識形成は、1900年前後にあって「**弥生式土器（弥生土器）**」を縄文土器・土師器から分別するというところから始まっています。このようにして認識された弥生土器に伴う石器や木製品等も少しずつ判明し、その内容から水田稲作を基本とする農耕社会であるという総合的な認識ができるようになりました。また、これにともないこの農耕文化を生んだ主体者についての論議もさかんになり、縄文から連続あるいは渡来人説の2つの見解がみられました。さらには、この時代に銅鐸や銅矛・銅剣などの青銅器がともなっていること、大陸（漢帝国）の文物が流入していることもしだいに明らかになりました。このような大枠での弥生時代の認識を経て、その後、具体的な内容がわかるようになってきたのは1970年代からの発掘調査成果です。その1つが弥生時代の始まりについてです。これまで稲作開始期の土器は、西日本を中心に広く分

▷1　弥生文化がおよんだ範囲は南西諸島、北海道を除く、九州・四国・本州である。

▷2　弥生式土器（弥生土器）
1884年東京都弥生町向ヶ岡貝塚で発見された壺形土器を、石器時代（縄文時代）の土器と異なるとして「弥生式土器」、そして「弥生式時代」・「弥生式文化」とよぶようになったが、佐原真は「式」の使用をそれぞれの土器の細別時のみに限って使用することを提唱し、現在では「弥生土器」・「弥生時代」・「弥生文化」という呼称が一般化した。
佐原真「農業の開始と階級社会の形成」『岩波講座　日本歴史1』岩波書店、1975年。

布している弥生時代前期の「遠賀川式土器」であるというのが定説でしたが，福岡県板付遺跡で縄文時代晩期の「突帯文土器」期の水田遺構や木製農具類が発見されたのです。それ以降西日本の各所で同期の稲作農耕を示すような状況がみられるようになり，同期を前期よりさかのぼる弥生時代早期（先Ⅰ期）とする説が示されるようになりました。これは，これまでの土器による時代認識を改め生業要素から判断しようとするもので，佐原真による弥生時代の定義「日本で食料生産を基礎する生活が開始された時代」に拠ります。ただし，稲作開始期とする突帯文土器期の内容は，北部九州を除く西日本では水田稲作を示す材料が乏しく，一様でないことも判明しています。このことは農具や生産，社会体制が整うのが遠賀川式土器の段階であるという意見もあり，時代の指標とする弥生土器（遠賀川式土器）の成立と水田稲作の開始に時期差が生じていることが見解の分かれる原因になっており，決着をみていないのが現状です。

一方，弥生時代の終わりについては，古墳時代を前方後円墳の出現からみるのが一般的ですから，その直前までになります。しかし，古墳時代の指標となる古墳の認識も研究者によって異なり，地域的にもその出現にバラつきがあります。また，土器からみれば古墳時代に使われた土器を「土師器」としていますが，その土師器の編年や各地との併行関係は複雑であり，弥生時代の始まりと同様な研究現状になっています。いずれも弥生時代の認識が土器の認識から始まったことにあり，今日，土器研究が深化すればするほど各時代を規定する要素と合致しない状況になり，時代の境界は不確定になっているのが現状です。

弥生時代の年代については，これまで西暦紀元元年を中心とした500〜600年間という年代幅で，その始まりは紀元前300〜400年頃と推定されていました。その核となったのは，中国からもたらされ北部九州の甕棺に副葬された前漢鏡や後漢鏡等の文物の年代で，交差年代法でもとめられたものです。しかし，近年，科学的な方法により弥生時代の年代を割り出すことがおこなわれ，大きく年代観が変わりつつあります。1つ目は，建物の柱等の年輪幅から年代を割り出す年輪年代法で，池上曽根遺跡（大阪府）の弥生時代中期後半の大型建物跡の柱の伐採年が紀元前52年という年代があたえられ，従来の年代より100年さかのぼることになりました。2つ目は土器に付着した煤等を分析する**AMS炭素年代法**で，弥生時代の開始期が紀元前800年頃と推定され，500年もさかのぼることになりました。しかし，この科学的に出された年代はこれまでの弥生時代年代観と大きく異なるもので，分析方法や分析した考古資料のとらえ方，その資料と他の遺物との関連等さまざまな課題もあり，その年代については決着がついていません。どちらの説にしても弥生時代の開始期の評価は重要な問題になります。

2 弥生時代の文化要素と農業技術

弥生時代の文化は，大陸・朝鮮半島からもたらされた水田稲作を受け入れ，

▷3　佐原真「農業の開始と階級社会の形成」『岩波講座日本歴史1』岩波書店，1975年。

▷4　現在から過去の暦年の確定した標準パターンから試料の年輪幅を計測し，照合することによって年代を確定する方法。

▷5　**AMS炭素年代法**
加速器質量分析法（AMS）。炭素14の濃度が5730年ごとに半減することから求める方法。微量の試料で測定が可能で測定誤差も従来の方法より小さくおさえられる。

Ⅳ　弥生時代の社会と文化

食糧生産体系に移行することによって育まれたものです。この弥生文化をどのように理解するかという視点において，弥生時代の構成要素である住居や墓などの遺構，生産にかかわる技術と知識，生産されたさまざまな文物，さらには生活に関わる思想や習俗などを「縄文文化からの伝統として受けついだ要素」・「大陸から伝来した要素」・「弥生文化で固有の発達をとげたもの」という3つに分ける方法が提示されています。このような分類のしかたは，この弥生文化を生み出した主体者が誰だったのか，そして，弥生文化の特質とは何かを浮かびあがらせてくれます。この弥生文化の主体者については，考古学・人類学の分野からの視点があります。考古学的には大陸から伝来した壺形土器や磨製石斧・穂摘具・磨製石鏃・卜骨などが朝鮮半島南部に共通するものであり，それらの伝来が人々の渡来によるものか，伝播なのかという問題になります。人類学においては縄文人骨・弥生人骨・朝鮮半島や中国の人骨との比較から，大量の渡来を想定する立場と少数の渡来を想定する立場があります。これらの評価は弥生時代の成立過程を考えるうえで重要で，相互の関連が今後の課題になります。

▷6　佐原真「農業の開始と階級社会の形成」『岩波講座日本歴史1』岩波書店，1975年。

　弥生時代は土地との関係も密接になりました。これは稲作に伴う水田を1年間にわたって維持管理する必要があり，その近くでの定住生活が求められました。また，水田は原始的なものでなく当初から完成した形で導入されたようで，平野部での大区画水田と緩傾斜地での小区画水田があり，立地状況に応じた水田が造成されています。方形に区画された畦や取水・排水を備えた本格的な灌漑設備もともなっており，高度な土木技術が見られます。

　農耕具は，木製の鍬（広鍬・狭鍬・諸手鍬・又鍬）や鋤（一木鋤・又鋤など），「えぶり」など各地で適応したさまざまな種類のものがあり，また，収穫具には木製や石製の穂摘具，脱穀には大臼と竪杵，箕などがみられます。このように農作業にかかわる道具類の多さは，完成度の高い農業体系を示しており，当初から水稲技術を受け入れるだけの素地がすでにあったことが想定されます。

　このような完成度の高い稲作技術をもっていましたが，弥生時代になって全面的にコメに依存したとは想定されていません。コメを補完する形でさまざまな食物が出土しています。オオムギやアワ，ヒエ，マメ，ウリ，ヒョウタン・モモなどの栽培植物，また，イノシシ（ブタ？）・シカ・イヌ・スッポンなどの動物・魚類貝類など動物性たんぱく質も摂取していたことがわかっています。ただし，このような食物がどの程度の割合であったのかは，議論の分かれるところですが，基本となるコメ生産の向上拡大と余剰生産物の増加・蓄積が首長層を生み，集団間の格差が生じさせていったとことは間違いありません。

３　環濠集落と手工業生産・物資流通

　弥生時代の特質の1つに環濠をめぐらす集落の出現があげられます。ただし，

弥生集落のすべてに環濠があるわけでなく、多くは環濠をもたない小規模な集落です。これら集落は継続期間が数十年の短期間で数棟の竪穴住居で構成され、出土する道具類もきわめて少なく質素なイメージのあるものです。これに対し、全く様相の異なる大規模な環濠集落があります。ムラの周りに多重の濠を廻らし、大規模なものは10～40万㎡ほどの規模があり、生産物も多く地域の拠点となる集落です。特に弥生時代中期以降は顕著で、奈良盆地や河内平野では5～10kmほどの間隔で1ヵ所程度存在し、他の地域でも旧国単位に数ヵ所みられるようになります。このような地域の拠点集落においては、さまざまな道具類の材料を調達・生産・流通させており、弥生社会の重要な位置を占めています。拠点集落の内部は、高床倉庫、高床建物、竪穴住居、井戸、区画溝などで構成され、さらには大型建物や青銅器工房など特別な空間を有するような構造が推定されます。このことは、弥生時代の社会が均一な構造でなく、地域の拠点集落を中心に物資や情報が伝達される社会であったことを示しています。

　もう1つの特質として金属器生産とその使用があります。弥生時代には鉄器と青銅器の両者が存在しています。鉄器は農耕具・武器として発達し、後期には石器に替わり普及することになります。青銅器は武器・農工具の実用品から武器形・銅鐸の祭器となり、中期初頭以降鋳造され大型化し終焉することになります。特に銅鐸や銅矛、銅剣の青銅祭器は地域共同体の祭器としての機能しており、その終焉が古墳時代の始まりになると考えられています。また、青銅器の生産は、農業に携わらない専門的な工人の存在を推定でき社会的分業の萌芽が読み取れます。他の農耕具類の木器生産や石庖丁生産なども小規模な集落での生産はなく、拠点集落内部でおこなわれていたことが原材や各工程の未成品の出土からわかります。しかし、これらの生産が農閑期の仕事であったのか専門的におこなわれていたのか意見のわかれるところです。ただし、原材の入手から工程管理、製品の配布など組織的に生産・流通させていたと想定でき、古墳時代に向かって分業的体制は整いつつあったことがわかります。

　このような大規模拠点集落における生産体制や物資の広域交易、青銅祭器による祭祀などの要素から、これを巨大な農村とみるのか都市的機能を備えているとみるのか評価が分かれます。ただし、このような大規模かつ生産能力の高い集落は、地域を統合支配していく過程の産物であり、その内部において中心となる支配者が存在し階級社会が始まっていることを示しています。また、このような環濠集落は弥生時代後期に維持してきた環濠を埋没・解体させます。この現象については、環濠内部の区画された場所を占有していた支配者層が環濠集落から飛び出して居館を造営し、農民層だけで構成される環濠集落を解体させたと考えられています。これは新たな時代への展開を示していますが、これにいたるには鉄素材などの物資流通や祭祀、地域統合、大陸との関係などさまざまな要因を考える必要があります。

（藤田三郎）

▷7　酒井龍一「拠点集落と弥生社会」『歴史発掘6　弥生の世界』講談社、1997年。

▷8　秋山浩三『弥生大形農耕集落の研究』青木書店、2007年。

▷9　広瀬和雄「弥生都市の成立」『考古学研究』第45巻第3号、1998年。

▷10　都出比呂志『日本農耕社会の成立過程』岩波書店、1989年。

Ⅳ　弥生時代の社会と文化

2　弥生人の使った道具
近畿地域を中心に

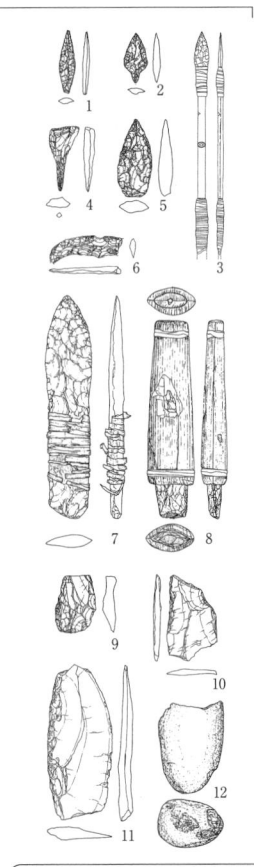

1　弥生人はどのような道具を使ったか

　弥生時代は，稲作農耕という新たな生産手段とそれを支える灌漑技術が朝鮮半島から北部九州に伝播し，日本列島に広く普及することによって社会構造や文化要素に大変革をもたらした時代です。弥生人が使った道具にも，縄文時代から使用された道具が引き続き存在する一方，稲作農耕や灌漑技術とともに朝鮮半島から新たに伝播したものやそれらが縄文時代以来の既存の道具に影響を与えて成立したものなどがあります。しかし，それらの様相は，各地域の自然環境や人々の生活様式の違いによって当然異なり，道具の種類や材質も各地域によってさまざまな様相をみせることになります。

　弥生人が使った道具は，その形態や製作技術あるいは用途によって多くの種類に分類することができ，その材質も石，木，鉄，青銅，骨，角などさまざまです。また，それらが単体で使用されたものもあれば複数の個体を組み合わせて1つの道具として使用されたものもあり，実に変化に富みます。本章ではそれらすべてを細かく紹介することはできませんので，近畿地域の石の道具を中心に解説していきます。

2　弥生時代の石の道具（石器）

　弥生時代の石器は，仕上げに近い段階の整形方法により打製石器と磨製石器に大きく分けることができます。打製石器は叩石や鹿角などのハンマーによる打撃または**押圧剝離**◁1によって整形される石器で，磨製石器は砥石で研磨することによって整形される石器です。その他，自然の礫を若干加工した礫石器も石の道具として多く使われました。

　弥生時代の打製石器には，研究者によって定義や用語が多少異なりますが，主なものとして石鏃，石錐，石剣，石小刀，削器をあげることができます。これらのうち，石鏃，石錐，削器などは縄文時代から存在します（図1）。石鏃は矢柄に装着された状態での出土例もあり，近畿地域では弥生前期末から中期前葉にかけて大形化するという現象がみられます。これは，集団間の緊張状態に起因する武器化によるものであると指摘されてきましたが，矢柄への装着方法の変化や鉄鏃などの影響も考える必要があり，狩猟具としての用途が失われた

図1　弥生時代の打製石器

1～3　石鏃　4　石錐　5　尖頭器　6　石小刀　7・8　石剣　9～11　削器　12　叩石　S=1/6　1・2　大阪・久宝寺北　3　大阪・鬼虎川　4・6・12　大阪・久宝寺南　5・9　大阪・亀井　7・10・11　兵庫・玉津田中　8　奈良・唐古・鍵

▷1　押圧剝離
鹿角などの軟質の工具の先端を石器の縁辺に加圧することで細かい剝離を施す方法。

わけではなさそうです。石剣は握りの部分に樹皮を巻いたものや鞘入りの出土例から短剣であることがわかっており、弥生前期後葉に出現し、弥生中期後半に盛行する一方で中期末をもって突然消滅する特徴的な石器です。武器として使われた可能性がある一方、それを保有することで地域社会への帰属が保証される財の一種であった可能性もあり、まさに弥生時代を象徴する石器として位置づけることができます。以上の石器については用途がわかっていますが、弥生時代の石器にはその名称とは裏腹に用途がよくわかっていないものも存在します。石錐はその形から錐として使われた可能性があるものの磨耗痕が認められるものが少ないので、他の用途に使われていたのかもしれません。石小刀は何に使われたのかよくわかっていません。削器も、ものを切ったり削ったりする機能を想定できますが、特定の用途がわかっているわけではありません。

磨製石器には、主な器種として大陸系磨製石器とされる太形蛤刃石斧、柱状片刃石斧、扁平片刃石斧、石庖丁などのほか、打製石器と同じ石鏃や石剣などがあります（図2）。太形蛤刃石斧は伐採用の縦斧として、柱状および扁平片刃石斧は加工用の横斧として、石庖丁は稲の収穫具として使用されました。大陸系磨製石器は、縄文晩期後半に稲作農耕にともなって朝鮮半島から北部九州に伝わった磨製石器の一群で、弥生前期前半には稲作農耕の伝播とともに近畿地域へも伝わりました。これらはさらに弥生中期には関東・東北地域まで拡がりますが、地域によっては大陸系磨製石器のセット関係や受容の状況にかなりの差があります。また伐採用の縦斧や加工用の横斧は、既存の縄文時代以来の磨製石器の影響により変容していったことがわかっています。

③ 石の道具を観る視点

石器を考える場合、その石器の出現・消滅の時期や形態変化の要因あるいは用途について検討する必要がありますが、まだわかっていないことも多くあります。したがって、石の道具を実際に観察し、それらの特徴あるいは普遍性などの情報を読み取り、その意味を考察することから始めなければなりません。

弥生時代の石器の製作技術や工程の復元は、その石器がどういう目的で製作され使用されるかを考えるうえで非常に重要な要素となります。しかし、打製石器では旧石器と比べて製作技術についてそれほど進んでいる状況とはいえません。磨製石器でもたとえば石庖丁では**未成品**の観察から素材獲得→粗割→打撃（敲打）による整形→研磨→穿孔という一連の石器製作工程が実際の資料の分析から復元されていますが、その他の石器では打製石器とほぼ同じような状況にあります。石器の製作技術や用途に深くかかわっているのが、石器素材の選択です。石器の素材には基本的にその石器の力学的な作用や石器の製作に適

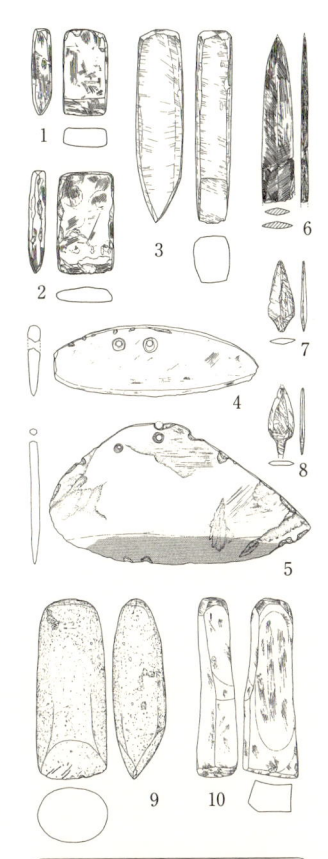

図2 弥生時代の磨製石器

1・2 扁平片刃石斧 3 柱状片刃石斧
4 石包丁 5 大形石包丁 6 石剣
7・8 石鏃 9 太形蛤刃石斧 10 砥石 S=1/6 1～3・7・8 兵庫・有鼻
4 大阪・久宝寺北 5・9 大阪・城山
6 京都・市田斉当坊 10 兵庫・奈カリ与

▷2 新たな文化の成立という側面を重視する立場から、「弥生早期」という時期区分が用いられることもある。

▷3 打製石器・磨製石器全般に関する参考文献
平井勝『弥生時代の石器』考古学ライブラリー64、ニューサイエンス社、1991年。
金関恕・佐原真編『弥生文化の研究5 道具と技術Ⅰ』雄山閣出版、1985年。

▷4 未成品
製作過程において完成にいたる途中の状態のもの、または完成にいたる過程で意に沿わない破損などにより放棄された状態のもの。

IV 弥生時代の社会と文化

▷5 三波川帯
中央構造線の南側に分布する広域変成帯。低温高圧型の変成作用により変成岩の一種である片岩を多く産出する。近畿地域周辺では紀ノ川流域と四国島の吉野川流域などに産出地が分布する。

▷6 組成
複数のものの組み合わせ。石器などではそれぞれの種類とその数量の比率を求めて分析の材料とすることが多い。

▷7 石器の使用痕研究に関する参考文献
御堂島正『石器使用痕の研究』同成社，2005年。
阿子島香『石器の使用痕』考古学ライブラリー56，ニューサイエンス社，1989年。

した石材が選択されました。打製石器では，割るとシャープな刃部が形成される黒耀石，安山岩，硬質頁岩などがよく用いられましたが，近畿地域では安山岩の一種であるサヌカイトが多く利用されました。磨製石器では，弥生前期には加工斧や石庖丁に各地で入手可能な流紋岩，泥岩，砂岩などが利用され，弥生中期になると丹波地域で産出する粘板岩と三波川帯で産出する片岩が主に利用されるようになりました。これらの岩石は適度な強度をもちながらも変成作用により薄く剥がれやすい性質をもっていますので，加工斧や石庖丁の製作に適していました。一方で，産出地が限定されていることから交易の証拠としても重要な意味をもっていますので，社会構造の分析にしばしば利用されます。

その他，遺跡における石器の組成を検討してその遺跡の性格やそこに住んでいた弥生人の生業を復元する分析方法もよく用いられます。ただし，発掘調査は遺跡の一部しか明らかにならないことが多いので，その点に留意して遺跡の立地など他の要素を加味して分析をすれば有効な方法といえます。また，石器の製作跡を石器製作の際に出た石の屑や製作道具である叩石・砥石などの状況から検討することは，石器の生産と流通を考えるうえでは重要な分析方法ですし，石器の使用痕分析も石器の用途を復元するうえで有効です。石器の使用痕研究では，石庖丁表面の光沢（コーングロス）を金属顕微鏡などで観察することにより，イネ科植物の収穫具であることを検証する方法が普及しつつあります。

4 木の道具（木器）とのかかわり

木器は既に縄文時代以前から使われていましたが，弥生時代にもさまざまな種類の木器が多く使われていました（図3）。木器は石器とは異なり，よほど埋まっていた条件がよくなければ遺存することはありませんが，弥生人の生活や技術について実に多くの情報をもたらしてくれます。

弥生時代を代表する木器としては，稲作農耕と灌漑技術の伝播・普及にともなって発達・普及した鍬，鋤などの耕作具に，竪杵，臼などの脱穀具をくわえた農具があります。また，農具のほかにも矢柄，弓，楯といった武器・狩猟具や容器類などさまざまな種類の日用品の多くが木で作られました。これらの製作には弥生中期までは主に磨製石斧が使われ，弥生後期以降は後述する鉄斧へと徐々に置き換わっていったと考えられます。磨製石斧・鉄斧とも柄はすべて木製で，伐採斧では縦斧用の直柄が，加工斧では横斧用の膝柄が使用されました。

木器の製作技術や工程の復元は，木器から読み取れる木取りや未成品の状況を分析することによりおこなわれています。木器の未成品は，素材となる木材を柔らかくして加工しやすいようにするために水漬けされた状態で，木器貯蔵施設であったと考えられる土坑や溝からよくみつか

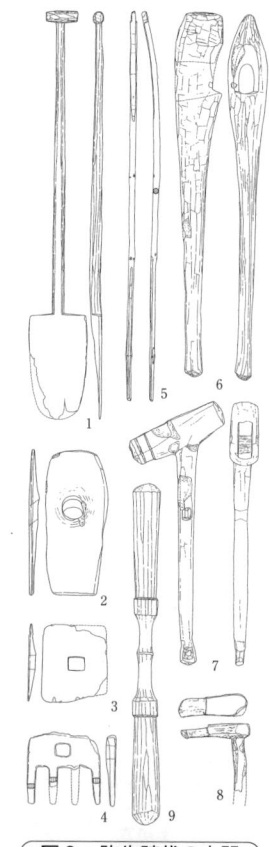

図3 弥生時代の木器
1 鋤 2・3 平鍬 4 又鍬 5 弓 6 直柄（伐採斧用） 7・8 膝柄（加工斧用） 9 竪杵 S=1/12（9のみ1/18） 1〜9 大阪・鬼虎川

ります。

　木器の素材も石器と同じように、鍬、鋤、竪杵や直柄などは堅くて耐久性に富むアカガシ亜属、膝柄は柔軟性のあるサカキ、臼は大きな材が獲得できるクスノキ、弓は弾力性に富むカヤ・イヌガヤ、楯はモミというように、木器の用途に適した樹種が選択されました。◁9

5　金属の道具（鉄器及び青銅器）とのかかわり

　弥生時代には、それまでなかった金属製の道具が使われるようになります。まず青銅器が弥生前期後葉、鉄器が弥生中期初頭には朝鮮半島から北部九州に伝わり、さらに弥生中期中葉頃には瀬戸内地域を経由して近畿地域に伝わったと考えられています。近畿地域では主に板状鉄斧、鉄鏃、鉇（やりがんな）が作られましたが、その絶対量は決して多くはなく、石器も依然として併用されていました。鉄の融解には1500℃以上の高温を必要とし、鍛冶技術の発達は古墳時代まで待たなければならず、それまでは低温による鍛造または鏨（たがね）切りによる鉄素材の成形・加工により鉄器生産がおこなわれました（図4）。

　鉄器生産にともなう鍛冶炉は弥生後期に瀬戸内地域東部まではいくつか確認されていますが、近畿地域ではほとんどみつかっていません。鉄素材は、その多くが中国または朝鮮半島からの**舶載品**◁10である板状の鉄素材に依存していたようです。鉄器を作る道具としては鏨として使用された板状鉄斧のほかに鍛造用の石槌や研磨用の砥石も使われましたが、鉄器生産の痕跡として微細鉄片や**鉄滓**（てっさい）◁11の存在にも留意する必要があります。

　既述の磨製石器のうち伐採斧と加工斧については、地域によって多少の時期の前後はありますが、ほぼ弥生中期末から後期初頭には消滅します。その要因を従来は道具の鉄器化に求める考え方が主流でしたが、鉄器のあり方や鍛冶炉の普及の様相を丹念に調べていくと、弥生後期になって鉄器が顕著に普及した形跡が認められないことがわかってきました。弥生中期後半以降、石器が鉄器へ徐々に置き換わっていくという流れは確かにあるのですが、急激な変化ではなかったようです。しかし、石器の消滅と鉄器の普及との関係についてはいまだ論争中で、今後も継続して検討していく必要のある問題です。◁12

　一方、鉄器とは異なり900℃前後で融解する青銅は弥生中期から弥生後期にかけて鋳造技術が大きく発展しました。銅鐸や銅戈といった祭祀具や銅釧（どうくしろ）などの装身具に用いられましたが、加工具や武器に用いられることはほとんどありませんでした。これは青銅の使い方自体を祭祀に特化するという社会的規範が存在していたからだと考えられます。しかし弥生後期になると近畿地域でも銅鏃や銅剣などが作られるようになり、そのような規範が崩れていったことがうかがえます。

（菅　榮太郎）

▷8　**直柄と膝柄**
図3の6・7・8参照

▷9　**木器全般に関する参考文献**
奈良国立文化財研究所編『木器集成図録　近畿原始編』奈良国立文化財研究所史料36冊、1993年。

▷10　**舶載品**
海外から日本列島に運ばれてきたもの。この場合は中国や朝鮮半島からもたらされた鉄器や鉄素材など。

▷11　**鉄滓**
砂鉄や鉄鉱石を溶錬して鉄を生産する際に生じる非金属性のかす（スラグ）。

▷12　**鉄器全般に関する参考文献**
村上恭通『古代国家成立過程と鉄器生産』青木書店、2007年。

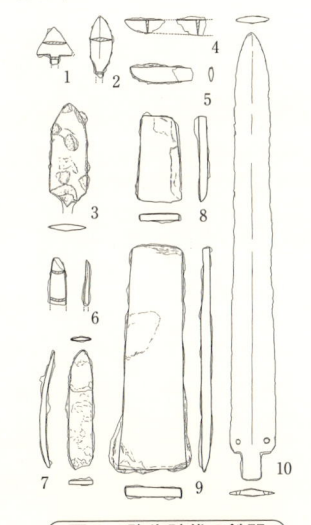

図4　弥生時代の鉄器
1～3　鉄鏃　4・5　刀子　6・7　鉇
8～9　板状鉄斧　10　鉄剣　S＝1/6
1・2・4・6　兵庫・奈カリ与　3・5・7～9　大阪・古曽部　10　大阪・大竹西

Ⅳ 弥生時代の社会と文化

3 弥生人の食生活

1 日本人の食生活史観

日本人の食生活史を次のように信じている読者が多いと思います。

旧石器時代人や縄文人は狩りと漁労を生業とし、日常的に肉食をしていたが、弥生時代に稲作農耕が入ってくると、ご飯を主食、肉や魚を副食にするという食文化が生まれた。さらに古代に仏教が伝来すると日本人は殺生肉食を忌避するようになり、幕末・明治に西洋料理が受け入れられるまで動物性タンパクをもっぱら魚介類に頼るようになった、と。

ところが、このような食生活史観は、中近世の考古学が盛んになり、さまざまな時代、社会階層の遺跡が発掘されるようになると、徐々に再検討が迫られるようになりました。古代の平城京（奈良県）や平安京（京都府）でも、中世の草戸千軒町（広島県）でも、江戸時代の岡山城（岡山県）や明石城（兵庫県）の城内や家老屋敷でも、解体され食料となった動物の骨が大量に出土し、いつの時代もさまざまな社会階層の人々が肉食をしていたことがわかりました。「日本人は肉食をしなかった」というのは、肉食や動物を穢とみなす日本独特の思想によって、肉食の事実を知られたくなかったためと、私は考えています。

2 水田稲作以前

中国の長江下流域の7500～7000B.P.頃の新石器時代前期、浙江省河姆渡文化の河姆渡遺跡や付近の田螺山遺跡では、コメが出土しながら、それをはるかにしのぐ量のドングリ貯蔵穴が掘られ、狩猟・漁労もおこない、ブタも飼っていました。水田稲作農耕があったようですが、まだまだ天候不順や台風などの自然の猛威の前に、コメだけに頼れず、ドングリも貯蔵していたのでしょう。

規模は異なりますが、縄文時代の集落でも、中国と同様の人間と環境との関係ができていたようです。縄文農耕とよばれているエゴマ、シソ、ヒョウタンなども野生状態では他の草本（雑草）類に負けて、人間が利用できるような量を収穫するのは困難だといわれていますが、ゴミ捨て場や排泄の場（トイレ）では富栄養化した土壌が形成され、そこに食用植物が発芽し、生育の妨げとなる周囲の無益な植物を除き続けると、有用植物だけの一種の畑といってよい耕作地ができたのでしょう。すでに日本海に面した砂丘の後背湿地の縄文前期の松ヶ崎遺跡（京都府）から、ヤマノイモ科の零余子が出土していますが、イモ類も人々

▶1 B.P.
Before Physicsの略。放射性炭素年代測定法がW. F.リビーによって考案された1950年を起点に過去にさかのぼった年代。

に広く食べられていたものでしょう。

　植物の葉や茎に大量に含まれるガラス質の結晶であるプラント・オパールの分析により，遅くとも3500年前の縄文後期にコメが栽培されていたことも明らかになりました。ただ当時の遺跡には水田が見つからず，陸稲(おかぼ)だったと考えられます。2009年3月，私たちはラオスの北方山岳地帯でカム族という少数民族の焼畑に立ち合いました。火は急な斜面をすぐに焼き尽くし，その後に，陸稲やトウモロコシ雑穀を栽培しました（図1）。中国南部から東南アジアにかけての焼畑では，野生動物との接触機会がしばしばあり，捕えた**セキショクヤケイ**を飼い慣らしてニワトリとしたほか，ブタやイヌも中国南部～東南アジアで家畜化された可能性も指摘されています。

図1　焼畑の火入れ（カム族・ドーン村）
こんな急斜面でも焼畑にして，陸稲・トウモロコシ・里芋を植える。

▷2　**セキショクヤケイ**（赤色野鶏）
中国南部～東南アジアに生息する，キジ科キジ目の鳥類。

③ 水田稲作の導入

　北部九州では，紀元前11世紀頃縄文晩期後半（弥生早期）に水田稲作が入ったことは動かしがたいと思います。縄文人が3500年位前から焼畑をおこない，陸稲を栽培していたとしても，その遺跡数や規模からすると，その生産力は低いままだったのではないでしょうか。春の田植えから秋の収穫まで，水の管理をはじめ，多くの労働力と強いリーダーシップを必要とする水田稲作は，多様な資源を効率よく少しずつ利用した縄文的な食生活からくらべると，人口は急増し，集落の規模も大きくなりました。しかし，弥生前期の間，西日本各地で水田遺構が発掘されるようになっても，遺跡数や規模は縄文時代からさほど変化をみせません。台風や干害などに備えた救荒用のドングリ貯蔵穴も縄文時代と同様にみつかります。集落が大きな変化をみせるのは，弥生前期末から中期にかけてで，規模の拡大と遺跡数の増加は，日本史上でも大きな画期のひとつでした。

　そこで，日本食の原点といわれている弥生時代の食生活を考えてみましょう。

④ 米と肉

　縄文時代と弥生時代の遺跡から出土する動物種を比較すると，一般に前者では多種多様な動物種が出土するのに対し，後者ではシカとイノシシに集中し，他の動物種が極端に減少します（松井 1991）。特に原の辻遺跡（長崎県）では食用となったイヌが最多を占めました（茂原・松井 1995）。弥生時代に動物種が少なくなるのは，大型で肉量の大きいシカやイノシシに集中したためでしょう。

　縄文時代の特徴ともいえる貝塚の数の減少と規模の縮小も，弥生時代に生じます。私は貝塚で生産された干し貝は，同時に海水を濃縮させ，内陸部の人々に塩を供給する交易材だったと考えています（松井 2009）。しかしそれだけでは，淡水性貝塚の存在や，なぜ弥生人が干し貝による塩分を必要としなくなったの

IV 弥生時代の社会と文化

か説明できないことも事実です。ただ、貝の採捕や漁労は春の後半から秋にかけてで、その季節は農繁期に重なります。狩りは獣類が栄養を蓄え、脂がのる秋から冬がシーズンなので農閑期にあたったということも一因と思われます。栄養学上も人間はお米のデンプンだけでは生きていけず、「副食」として、動物性タンパク質も必要なのです。

5 ブタの飼育

日本は長らく欠畜農業といわれ、食べるための家畜をもたなかったといわれていました。ところが弥生時代になると、縄文時代より一回り大きく、顔つきも違うイノシシが出土するようになり、大陸からブタが連れてこられて飼われていたといわれています（西本 1989）。ただブタとイノシシは、生物学的には同種で、簡単に交配し、骨の形態だけでは判別が難しいことも事実です。そこで骨に残るDNAを調べたところ、縄文時代後期から、従来、イノシシと報告されてきた骨の中に、中国の現生ブタに共通する遺伝子をもつものが、存在することがわかってきました。たとえば弥生時代前期の阿方貝塚（愛媛県）や、弥生時代末期の宮前川遺跡群の北齊院地区（愛媛県）から出土した骨には、明確な中国のブタの遺伝子がみられました（松井ほか 2001）。先にあげたラオスでも、彼らのムラに泊まり、用を足そうと裏山に向かえば、ブタとイヌの親子がうれしそうにしっぽを振ってついてきて、しゃがむ私の前で舌なめずりをしながら待ちかまえていました。ヒトの糞はブタやイヌが食べ、ブタやイヌの糞は、乾燥後、ニワトリがついばむという、食物の100％連鎖リサイクルが成立していました（図2）。

6 倭人と生菜

3世紀の倭人の生活を中国からみた記録『魏志』倭人伝の中に「倭人は生菜を食す」とあり、生菜とは生野菜と考えられています（佐原 2003）。遺跡出土の植物遺体で生野菜の可能性があるのは、縄文遺跡からも出土するシソ、エゴマ、ホウレンソウの仲間のシロザ、アカザなどです。現在、韓国料理で出されるチシャやエゴマ、シソの葉はそうした名残でしょう。中華料理では生菜が発達しなかったので、わざわざ倭人の食文化として特筆されたのでしょう。

7 炭素・窒素の安定同位体による食性分析

私たちの身体は、日常、摂取しているさまざまな食物が栄養となって構成されています。そのため髪の毛や骨に含まれる微量元素を調べることによって、日常、どのような食物を摂っていたのかを知ることができます。

特に、考古学では骨の炭素と窒素の安定同位体を測定す

図2 ドーン村の昼下がり
人影はまばらであるが、ニワトリが餌をついばみ、イヌ、ブタの子がじゃれ合う。

ることによって、その骨の持ち主がどのような食物を摂っていたかを推定する方法が発達しています。出土骨にはコラーゲン繊維というタンパク質の一種が含まれていて、それを構成する炭素と窒素の安定同位体の比率を測るのです。自然界では炭素の質量は12,13で、炭素^{14}Cは放射性で、炭素^{12}Cと^{13}Cは安定同位体とよばれ、自然界では^{12}Cが99％に対し、重い^{13}Cは１％を占めるにすぎません。それに対して^{14}Cは99％以上、^{15}Cは0.6％存在します。同位体の比率は複雑な計算式によってえられ、その比率はそれぞれδ^{13}C（デルタ13Cと読みます）、δ^{15}N（デルタ15N）と表記されます。空気中の炭素は、光合成によって固体として取り込まれるのですが、C^3植物とよばれるドングリなどの堅果類、コメやムギのような穀類と、C^4植物とよばれるトウモロコシやアワ、ヒエ、キビなどの雑穀は、光合成の仕組みの違いによりδ^{13}Cの値が異なってくることが知られています。窒素も植物が捕食者に食べられ、食物連鎖が上位にいくにしたがってδ^{15}Nの値が大きく（重く）なる傾向があり、なかでも海産物の場合、植物プランクトンを魚類が、さらに魚類を海獣類が捕食するため、海獣類のδ^{15}Nがもっとも高い位置にくることがわかっています。

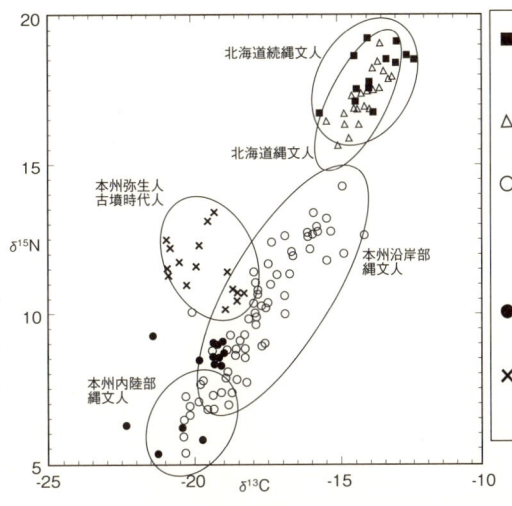

この方法を利用して縄文人と弥生人とを比較したところ、縄文人は内陸部では堅果類をはじめとする植物性食料に、関東地方では貝類や魚類などの海産物を多く食べていたのに対し、弥生人は穀類、特に水田によるコメに対する比重が大きかったことがわかったのですが、雑穀（C^4植物）が重要な役割を果たしたとはいえなくなりました（図3）。

ただ北海道の道南地方の人々は、縄文時代も続縄文時代（本州の弥生時代に併行）も、海生哺乳類を食べていたこともわかりました。弥生時代の岩津保人骨（群馬県）は雑穀を食べていた可能性があり、大浦山人骨（神奈川県）や安房神社人骨（千葉県）は、海産資源やドングリなどの堅果類だけでなく、コメも食べていた可能性まで推定されています。

弥生人の生活は、水稲稲作によって大きく変化します。数百人をこえる大集落が各地に現れ、人口が急増したことを示唆します。しかし、ヒトはコメだけで生きていけず、私がラオスでみたように、弥生人もイヌやブタ、ニワトリも飼い、シカやイノシシの狩猟もさかんにおこなっていたのでしょう。

（松井　章）

図3　縄文時代と弥生時代の人々の食性の違い

炭素・窒素の安定同位体比により、縄文時代と弥生時代の人々の食性の違いを示す。
出所：南川雅男（2000）の原図をもとに、同氏より資料を受けて作成したもの。

参考文献

佐原真『魏志倭人伝の考古学』岩波書店、2003年。
茂原信生・松井章「原の辻遺跡出土の動物遺存体」『原の辻遺跡――幡鉾川流域総合整備計画に伴う埋蔵文化財緊急調査報告書1』長崎県教育委員会、1995年。
西本豊弘「弥生時代のブタ」『国立歴史民俗博物館研究報告』50、1989年。
松井章「弥生時代の動物食」『弥生文化――日本文化の源流を探る』平凡社、1991年。
松井章「シネ・サルーム貝塚群――西アフリカ・セネガルの大貝塚群」『考古学研究』56(3)、2009年。
松井章・石黒直隆・本郷一美・南川雅男「野生のブタ？飼育されたイノシシ？――考古学からみるイノシシとブタ」高橋春成編『イノシシと人間』古今書院、2001年。
南川雅男「先史人は何をたべていたか」馬淵久夫・富永健編『考古学と化学を結ぶ』東京大学出版会、2000年。

Ⅳ　弥生時代の社会と文化

4　弥生の村と住まい

1　弥生人のすまい

　弥生時代の住まいの代表例としては，竪穴住居があげられます。円形もしくは方形に地面を掘り，周囲にその土を盛り上げて堤（周堤帯）をつくり，柱を建てて上屋をかけた構造と考えられています。縄文時代以来の住居形態ですが，弥生時代には平面には円形を主体とする地域と方形を主体とする地域差がみられ，さらに上屋の構造についてもさまざまなものがあったと考えられます。六角形・八角形に主柱を配してそこに梁材をわたし，さらに放射状に垂木・屋根材をかけて上屋をつくるものや，4本柱に梁材を渡して垂木・屋根材をかけるものなど多様な様相がうかがわれます。

　弥生時代の終末段階では，平面が方形で4本柱の形態が主流となるようです。また，弥生時代前期の北部九州では，中心炉の両脇に2本の主柱をもつ特殊な竪穴住居がみられます。朝鮮半島の無文土器時代のものに類似することから松菊里式住居ともよばれています（松菊里は無文土器時代の代表的遺跡名）。弥生文化が列島規模でひろがった際や，青銅器文化が朝鮮半島から流入した時期に人の移動にともなって現れた住居の形態とも考えられています◁1。

　平面形態や柱配置だけでなく，上屋の構造についてもさまざまな形態があったとされています。屋根の頂点から放射状に置かれた垂木の上には，萱材などで草葺がおこなわれたと考えられます。しかし，火事や人為的な焼払いなどによって焼失した竪穴住居からは，焼けた垂木材に混じって萱材などに貼りついた焼土層が確認されることがあります。このような例は，草だけでなくその表面に泥土を塗って土葺屋根としたものも少なくなかった証拠と考えられます。

　しかし，弥生村の住まいは竪穴住居だけではありません。地面を掘り込まず，平地に柱を立てて壁と屋根をかけた掘立柱建物や，さらに床をもつ高床建物が多く建てられたこともわかっています。八尾南遺跡（大阪府）では，洪水による砂で覆われた村の跡から，周堤帯のある竪穴住居群に隣接して，柱列だけで構成された掘立柱・高床建物が数多く検出されています（図1）。このような建物配置は数多くの弥生遺跡でみられることから，弥生村の一般的な状況だったのでしょう。それぞれの村の状況に合わせて，竪穴住居・掘立柱建物・高床建物が，実際には住居だけでなく倉庫・小屋などの役割をもって使い分けられていたと考えられます。

▷1　実際には，青銅器文化があらわれた弥生中期初頭ではなく，もっと後の時期のものもあり，すべてが朝鮮半島からの影響とはいえなくなっている。

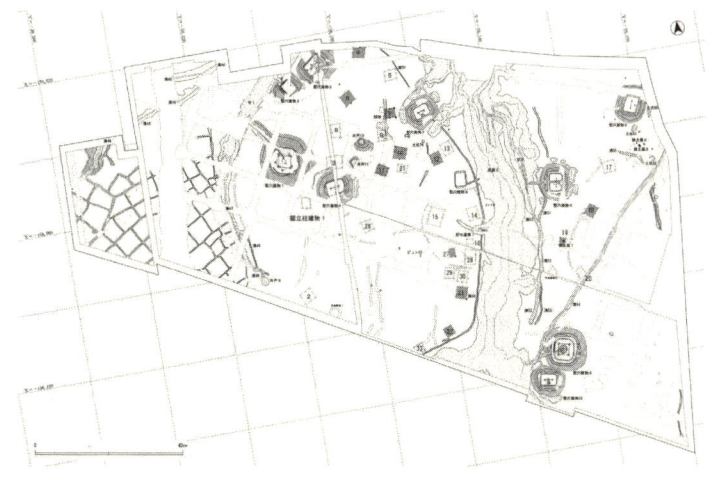

図1　八尾南遺跡の竪穴住居跡と遺構配置（弥生時代後期中葉）
（大阪府文化財センター提供）

　また，高床建物の中には1辺が20mをこえる大規模なものもあります。その中には，池上曽根遺跡（大阪府）や唐古・鍵遺跡（奈良県）などをはじめとする多数の遺跡で独立棟持柱建物といわれる床面の外側に大きな棟持柱をもつ建物がみつかっています。弥生土器や銅鐸に描かれた絵画の中にも棟先が大きく張り出した高床建物が描かれている例があり，村や地域の中でおこなわれる祀りなどにかかわるシンボリックな施設だったと考えられます。実際に，佐賀県吉野ヶ里遺跡では弥生後期の大型高床建物が溝で区画された場所でみつかり，村の中の特殊な空間に建てられていたことを示しています。

2　弥生時代の集落

　このような竪穴住居と掘立柱建物・高床建物からなる弥生集落の大きさはさまざまです。もっとも小規模な遺跡では住居や建物数軒だけでなりたつ集落もあります。またそういう小規模な建物群がいくつかまとまって10～30軒程度の住居からなる遺跡もみられます。たとえば集落全体が環濠で囲まれた神奈川県大塚遺跡では，120棟程度の竪穴住居跡がみつかりましたが，実際に同時に建てられていた住居は20棟程度と考えられています。こういった中規模の集落は弥生時代のあらゆる地域でみつかっており，基本的な村の形態と考えられます。

　しかし，一方では，面積が5万㎡をこえるような大規模な遺跡も数多くみつかっています。吉野ヶ里遺跡（佐賀県），須玖岡本遺跡（福岡県），妻木晩田遺跡群（鳥取県），唐古・鍵遺跡（奈良県），池上曽根遺跡，瓜生堂遺跡，亀井遺跡（以上，大阪府），朝日遺跡（愛知県），八日市地方（石川県），松原遺跡（長野県）などはそういった規模の集落遺跡として有名であり，500～1000人が住む村だったとする研究者もいます。規模が大きいだけでなく，大規模遺跡では石器・木器の製

作途上品や，金属器の鋳型なども出土しています。多数の人口をかかえていただけではなく，さまざまな生産活動がさかんにおこなわれていたのです。

弥生社会を考えるうえで，こういった大規模集落遺跡の性格は注目されてきました。1980年代までは，大規模集落は，地域社会の核となり，さまざまな物資流通の中心となってきたといわれてきました。また，大規模集落の周囲に作られる墓の中に被葬者間や被葬者をふくむ集団間に社会的な階層差がみられるとも指摘されました。北部九州の甕棺墓に中国から輸入された青銅器が副葬された墓がみられることや，近畿地方の方形周溝墓の中に大きな墳丘をもつことが階層化の証拠といわれてきたのです。結果として，大規模集落内には地域を束ねる首長がいて，その集落を中心に各地域の弥生社会が成り立っていたという解釈が生まれてきました。

1990年代には，そういった遺跡を「弥生都市」とよぶべきという研究者も現れました。これは，池上曽根遺跡で首長にかかわる祭祀施設と考えられる大型独立棟持柱建物がみつかり，その周囲に金属生産にかかわる工房が集中的に配されていると指摘されたことがきっかけでした。大規模集落は，地域首長の政治力をもとに周囲の衛星的な集落から食料をあつめ，一方では金属器など特殊品を生産・分配する「都市」的集落だったという議論です。

しかし，近年の研究では，大規模集落遺跡は中・小規模の集落がいくつか複合してできた遺跡であることがわかってきました。それを構成する中・小規模の集落では同じような生業や生産活動がおこなわれている例が多く，必ずしも特殊な工房が首長の周囲に置かれて集中的な生産をおこなっているのではないと考えたほうがよさそうです。大規模集落にもとづく弥生社会像はいま大きく揺れ動いているところなのです。

また，近畿地方や北部九州といった大規模遺跡が多数みられる地域では，それを構成する中規模程度の集落ごとに墓地を作っていたことがわかります。方形周溝墓には血縁関係にあった人々が葬られていた可能性があることから，この中規模程度の集落をつくる人々は親族集団であった可能性が高いと考えられます。つまり，弥生社会は親族集団を核としながら中・小規模の集落をつくり，地域の中心となる場所においてはそれらが複合して，より複雑な集落結合体を作っていたと考えられます。その集落結合体は，水田農耕の作業をおこなううえでも重要な拠点としての役割を担っていたという研究者もいます。

このように，弥生時代の大規模集落遺跡は，石材の流通や金属製品の生産・消費の中心地点ではありましたが，同時に競合する親族集団がさまざまな理由のために，広い範囲でゆるやかに結びついていくための重要な拠点でもあったと考えられます。そこに地域首長がいたとしても，多数の集団のバランスの上にあったと考えるべきなのかもしれません。ただ，日本列島にはこういった大規模遺跡がみられない地域も数多くあり，村の規模や形態をみるだけでも多様

な地域社会が展開していたことが想像されます。

3 弥生の戦（いくさ）と村

　弥生時代の集落を特徴づける要素として取り上げられてきたものに、戦乱や戦闘にかかわるものの存在があげられます。先にあげた大塚遺跡（神奈川県）はその典型例で、住居群の周囲に溝がめぐらされている「環濠集落」がそれにあたります。こういった環濠は、集落の防御性を高めるために設けられたという考え方が一般的です。愛知県朝日遺跡で居住域を囲む環濠内部やそれに沿って「逆茂木（さかもぎ）」とよばれる垣根状の防御施設が確認されたことから、環濠を戦乱にかかわる施設とする考えがさらに一般化されたのです。

　こういった形態の集落遺跡は弥生時代前期の板付（いたづけ）遺跡（福岡県）で確認され、弥生時代中期には列島各地に多数みられるようになります。さらに、吉野ケ里遺跡や池上曽根遺跡、唐古・鍵遺跡などでは、7万㎡をこえる広大な集落が環濠に囲まれているとされています。ただ、こういった「大環濠」については、完全に1条の溝が遺跡全体を取り囲む状態が確実に発掘調査で立証されている例は多くありません。1980年代には、大規模集落遺跡＝環濠集落とよばれ、集団の大規模化の要因を戦乱状態にもとめる見解も示されました。しかし、大規模な集落遺跡のすべてが環濠を有しているわけではなく、このような見解を疑問視する主張もみられます。さらに、環濠の機能については、防御性だけでなく集団の結束を示す機能もあるとも考えられています。

　また、村の大小を問わず、急峻な丘陵上に所在する高地性集落（こうちせいしゅうらく）もみられます。大阪府観音寺山（かんのんじやま）遺跡のように、丘陵頂部の弥生集落のなかには環濠とともに多数の石鏃などの武器類をもつものがあり、そういった村のなかには戦（いくさ）などの社会的緊張に応じてつくられたものがふくまれているといわれています。いわば、戦乱時の砦や逃城のような役割が想定されているのです。また、丘陵頂部に位置する高地性集落間には、狼煙台（のろしだい）のような通信機能を想定する見解もあります。さらに、弥生時代中期の瀬戸内海沿岸には、海岸沿いの丘陵上や島の山頂上に集落遺跡が多くみられます。これらについては、瀬戸内海の航路への監視機能なども指摘されています。単純に戦乱時の防御集落という機能だけでなく広い地域社会全体で特殊な立地にある高地性集落を説明することが必要な状況です。

　このように環濠集落（かんごうしゅうらく）と高地性集落の性格については、軍事的緊張状況以外の解釈も多く示されています。しかし、こういった立地の集落が縄文時代・古墳時代にはあまり一般的でないことは、こういった集落形態が弥生時代の社会状況を特徴的に示していると考えるべきでしょう。その要素のひとつとして、列島の農耕社会が複雑化する過程で、「戦」が重要な役割を果たしていたという考えは重要な視点なのでしょう。

（若林邦彦）

参考文献
秋山浩三『弥生大形農耕集落の研究』青木書店、2007年。
酒井龍一「畿内大社会の理論的様相」『亀井遺跡』大阪文化財センター、1982年。
柴田昌児「高地性集落と山住みの集落」『考古資料大観10 弥生・古墳時代遺跡遺構』小学館、2004年。
都出比呂志『日本農耕社会の成立過程』岩波書店、1989年。
若林邦彦「弥生時代大規模集落の評価」『日本考古学』第12号、2001年。

コラム3

弥生時代の村：観音寺山遺跡

　観音寺山遺跡は，現在の大阪府和泉市弥生町に所在する弥生時代の大規模な丘陵上集落です。1968年に当時としては異例の集落の大部分にわたる発掘調査がおこなわれたことから，注目されてきました。丘陵上に100棟をこえる数の竪穴住居が検出され，その周囲には環濠と思しき大溝も確認されたのです。立地条件などから，軍事的機能をもった「高地性集落」の大規模なものとして有名になりました。

　団地開発に対応して調査はおこなわれましたが，当時はまだ開発に先立つ緊急調査のルールが決まっていない時代でした。紆余曲折を経て，森浩一を中心として同志社大学考古学研究室が調査を請け負うことになったのです。開発業者が2万㎡をこえる規模の発掘調査の資金負担を全面的におこなったことは，当時としては画期的でした。しかし，調査期間は約6ヵ月と十分ではなく，各住居の埋積過程などについての詳細なデータは得られませんでした。しかし，ともかくも尾根2つ分の集落遺跡を全掘することができたのです。

　その結果，建替え重複を含む延べ120棟の竪穴住居が2つの尾根にまたがって検出されました。住居群が作られた時代は，今の土器編年にもとづくと弥生時代後期と考えられます。さらに2つの尾根に展開する3群の竪穴住居群が，それぞれ1条あるいは2条の壕に囲まれている状態が，断片的ながら検出されました。周囲の平野から40m以上の比高の丘陵上の立地と，村を取り囲む壕の存在から，さながら大きな砦のような景観をもつ弥生時代の村だと考えられたのです。また，竪穴住居群から多数の打製石鏃が出土したことも，軍事的機能をもった村であるという理解につながりました。

　しかも，村のあったのは弥生時代後期――調査時の1970年代以前の認識では西暦2～3世紀と考えられてきました。この時期には，中国王朝の正史である『後漢書』『魏志』倭人伝に「倭国大乱」「倭国乱」があったと記されています。ちょうど1970年代には，丘陵上に立地する高地性集落が2世紀末～3世紀初めの倭の社会状況を反映した防御集落ではないかという議論が活発な時期でした。観音寺山遺跡については，そういった動乱の中で，北西約5kmにある池上曽根遺跡から集団が一時的に移住した村ではないかとの見解が示されたこともあります。

　1999年に発掘調査報告書が刊行され，遺跡調査の詳細なデータが公表されました。出土土器などの分析から，集落の構造と変遷に関して確認できたことは以下の3点です。

(1) 集落の存続時期は，弥生後期初頭～後葉にかけての長期間にわたる。
(2) 集落は3つの住居群から成り，その構造は集落存続期間中ずっと変わらない。
(3) 環濠・溝はそれぞれの住居群を囲んで設けられるが，集落形成の初期に埋まってしまい，その後再掘削されなかった。

　つまり，観音寺山遺跡周辺の平野部にみられる大規模で長期継続型の集落遺跡と同じ特徴をもった遺跡と考えられます。環濠については，埋没した後も集落が存続し続けたことから，戦乱の際の臨時施設というだ

けではなかったようです。集落形成当初は環濠が設けられ，石鏃などの武器類が多数装備されたことから軍事・防御的機能を果たす村として成立したとも考えられますが，実際には弥生後期の大阪湾南岸地域の中心的な村の1つとしての役割ももち続けたことになります。

じつは，弥生時代後期になると，近畿地方においては段丘上・丘陵上の弥生集落が増えてきます。その中には，観音寺山遺跡以外にも寛弘寺遺跡（大阪府南河内郡）や駒ヶ谷遺跡（大阪府羽曳野市）などの長期継続する大規模遺跡もいくつかみられます。弥生人が村をつくる領域が平野部から台地・丘陵上にも拡大していく動きの中で観音寺山遺跡を位置づけるべきでしょう。

そう考えると，観音寺山遺跡は弥生時代の村のもつさまざまな側面を教えてくれている遺跡です。われわれは，集落遺跡の調査とその詳細な検討から弥生時代の社会について知ることができるのです。

（若林邦彦）

参考文献
同志社大学歴史資料館『大阪府和泉市観音寺山遺跡発掘調査報告書』1999年。
若林邦彦「観音寺山遺跡の変遷と構造」『同志社大学歴史資料館館報』第5集，2002年。

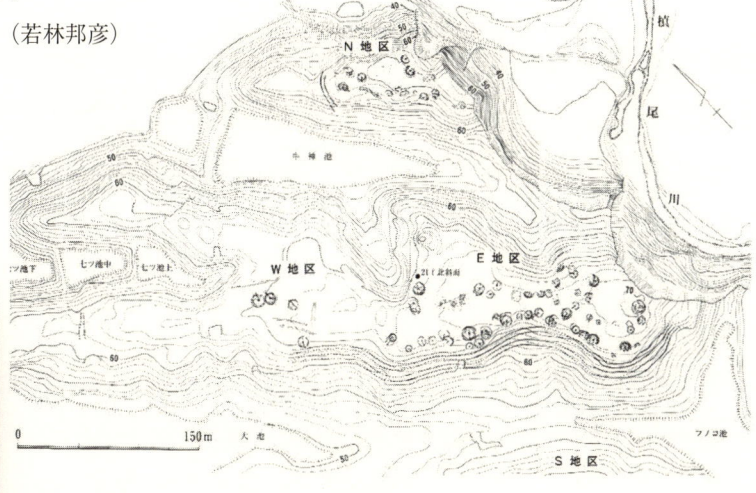

図1　観音寺山遺跡の環濠の断面写真（左）と遺構配置（右）

Ⅳ　弥生時代の社会と文化

5　東アジアの中の弥生文化

1　倭人の登場

　『漢書』地理志には「楽浪海中に倭人在り。分かれて百余国を為す。歳時を以って来たり献見すると云う」という記述が見られ，日本列島の状況が初めて文献史料に登場します。また3世紀に編纂された『魏志』倭人伝（『魏書』東夷伝倭人条）には，6000字あまりの記述があり，倭国への行程や倭人の習俗，「女王卑弥呼」と魏王朝との交渉に関する記事などがみられます。

　旧石器・縄文時代以降，北部九州と朝鮮半島の間には文化交流が認められ，倭人に関する情報が蓄積されたと推定されます。特に，漢武帝による楽浪郡など四郡の設置（紀元前108年）は，漢帝国と倭国を結ぶ窓口を開き，両地域の関係は文化交流にとどまらず，政治的交渉をふくむものとなったのです。北部九州を中心とした地域では，中国系の銅鏡・車馬具・銅飾具・貨幣などが出土しますが，多量の中国鏡を副葬した甕棺墓は，『魏志』倭人伝などにみる「王」の墓にふさわしく，漢王朝との交渉を通して権威を誇示した首長の姿を彷彿とさせます。

　こうした「王」の存在は，弥生社会を考えるうえで重要なため，以下では中国漢代における「王」・「国」の意義を考え，東アジア世界のなかでその位置づけを試みます。

2　中国古代の「王」と「国」

　はじめに中国における「王」・「国」を，戦国時代から漢代を中心にみておきましょう。戦国時代には燕・韓・魏・趙・斉・秦・楚国が割拠し，その君主を「王」，領域を「国」と呼びました。こうしたなか，全国を統一した秦始皇帝は，「王」の上位に君臨する存在として自ら「皇帝」と称し，郡県制を採用して全国支配を果たしました。

　しかし秦始皇帝が死去すると，陳勝・呉広の乱を契機として各地域に「王」が立ち，旧国の復興が目指されます。なかでも楚の項羽は，秦を滅ぼすと，楚王の孫を義帝，自らを「西楚覇王」と称し，盟主的地位を築きました（紀元前206年）。また全国を十八国に分け，討秦軍の諸将や旧国の王族を封建しますが，これは秦の郡県制を否定し，「国」・「王」を復活させた点で注目されます。

　ところで，項羽と時を同じくして挙兵した劉邦は，この時「漢王」に封建さ

▷1　森浩一編『日本の古代1　倭人の登場』中央公論社，1985年。

▷2　西嶋定生「皇帝の出現」『岩波講座　世界歴史4　東アジア世界の形成』岩波書店，1970年。

れました。項羽に先行して関中に入り，秦を滅ぼしたにもかかわらず，項羽の後塵を拝する形となったのです。これを不満とした劉邦は，項羽との対立を深め，これを垓下(がいか)で破ります。その後，「皇帝」に即位して，再び全国統一を果たしたのです（紀元前202年）。

当初，劉邦は郡県制を採用して，「王」や「国」を廃します。しかし漢王朝成立後には，郡国制という新たな制度を創出し，「諸侯王」を「諸侯国」に，「列侯」を「侯国」に封じました。

❸ 「諸侯王」・「列侯」の考古学

高祖劉邦は，これまで行動をともにした功臣を「列侯」，近親や功臣のうち特に功績の大きかった者を「諸侯王」として封建しました。地名を冠し「諸侯王」は「○○国王」，「諸侯国」・「侯国」は「○○国」と呼ばれ，弥生時代に併行する中国漢代の「王」・「国」は，「諸侯王」や「諸侯国」・「侯国」に当たります。

「侯国」が1県を単位としたのに対し，「諸侯国」は数郡数十県の広さをもち，さながら独立国の様相を呈しました。高祖劉邦による異姓王の廃止や，文帝・景帝の統制政策により，「諸侯王」の封地や権限は徐々に削減されましたが，各地で諸侯王墓が発掘され（図1），その奢侈(きゃしゃ)な墓制や副葬品が明らかとなっています。◁3

▷3　黄展岳「漢代諸侯王墓論述」『考古学報』1998年1期，1998年。趙化成・高崇文『秦漢考古』文物出版社，2002年。

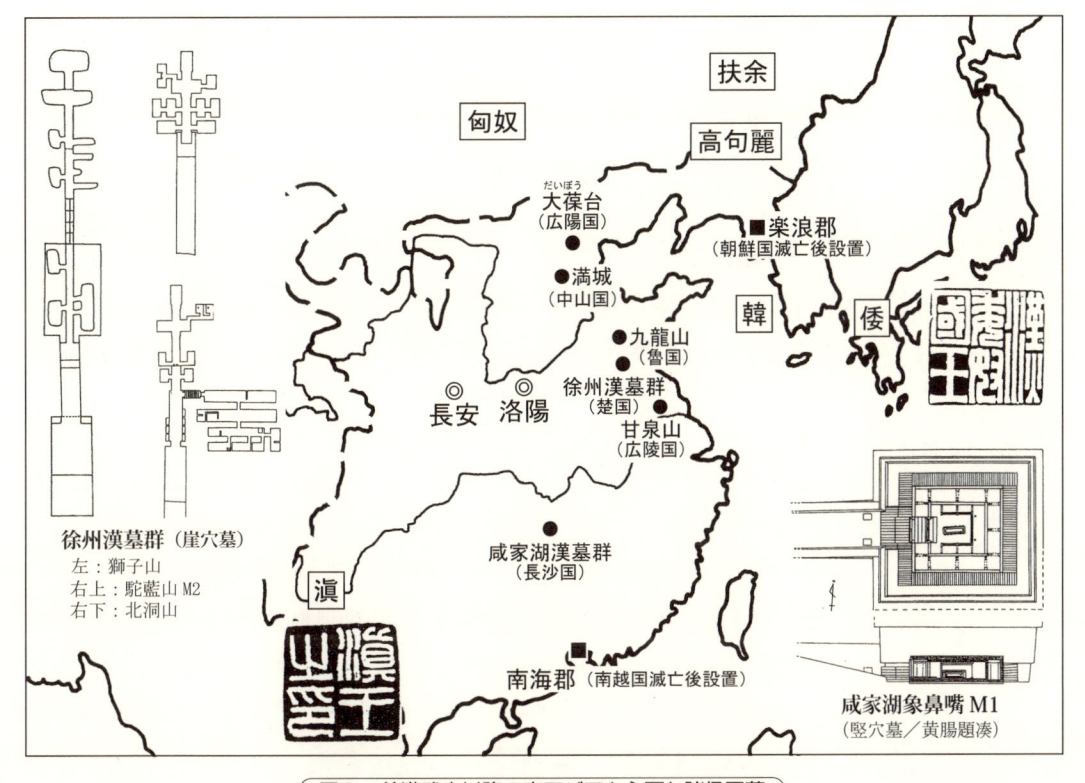

図1　前漢武帝以降の東アジアと主要な諸侯王墓

以下では制度的な側面に注目して，諸侯王・列侯墓の特徴をみておきます。

○ 墓制と槨棺

諸侯王墓には人工的な盛り土をともなう竪穴墓と，山丘に横穴を刳りぬいた崖穴墓（崖墓）がみられます。いずれも地上には陵園の存在が想定されます。このうち竪穴墓では，主体部に柏の角材を積み上げた「黄腸題湊」が使われました。皇帝陵と同格の墓制とされ，諸侯王墓の「黄腸題湊」は1辺15m前後の長方形を呈します。崖穴墓は漢代に出現し，文帝期以降に盛行します。墓道・甬道・耳室・前室・後室などで構成され，獅子山楚王墓（江蘇省）では墓道から後室までの全長が116mを測ります。

一方，列侯墓は竪穴墓を基本とします。馬王堆漢墓（江南省）では一槨四棺と重厚な主体部がみられますが，規模や「黄腸題湊」の有無など，諸侯王墓との間に格差が認められます。しかし後漢時代には，諸侯王墓・列侯墓や高級官吏の貴族墓で磚室墓が採用され，墓制の格差は縮小します。諸侯王・列侯の衰退と，地方豪族層の台頭を反映するとされています。▲5

○ 玉　衣

遺体の腐敗防止を目的とした「九竅塞」（耳・目・鼻・口・肛門・生殖器などを玉器で塞ぐ），「玉琀」（口に蟬形玉を含ます），「玉握」（両手に豚形玉を握らす）のほか，皇帝陵・諸侯王墓・列侯墓では，玉片を金属製の糸でつないで全身を覆う玉衣（玉匣）が使用されました。完全な玉衣が出土した満城漢墓1号墓（河北省）では，2498枚の玉片が金糸でつながれ，全長188cm，金糸の重量は1.1kgを測ります。『後漢書』礼儀志には「皇帝使用金縷玉衣。諸侯王，列侯始封，貴人，公主使用銀縷玉衣。大貴人，長公主使用銅縷玉衣。」とあり，糸の材質が身分を表示したようです。出土した玉衣から，こうした制度は後漢時代には成立していたとされています。▲6

○ 車馬坑

皇帝陵や諸侯王墓では，車馬を殉葬した車馬坑がみられます。こうした施設は，列侯墓では未発見です。諸侯王墓では，武帝から元帝期に車馬坑が流行し，3基の馬車を殉葬する例が一般的です。▲7

4　東アジアにおける「王」と「国」

「諸侯王」や「諸侯国」・「侯国」以外にも，漢帝国の周辺地域に「王」・「国」が存在しました（前掲図1）。中国史書において西域・西南夷・南越・朝鮮・東夷伝に描かれた国々で，東夷伝の世界では，楽浪郡設置以前の朝鮮や，扶余・高句麗・倭国で「王」の記述がみられます。

このうち南越国・朝鮮国は，武帝によって滅ぼされ郡県が設置されますが，それ以外の国々では各地の首長が「王」とされ，漢帝国との間に君臣関係が成立しました。西嶋定生により冊封体制とよばれたシステムです。周辺地域の▲8

▲4　皇帝陵
皇帝・皇后を埋葬した陵墓で，前漢時代には西安，後漢時代には洛陽に営まれました。文帝覇陵のほかは覆斗（方錐）形の墳丘を特徴とします。主体部が発掘された例はなく，諸侯王墓との比較は検討課題です。

▲5　俞偉超「漢代諸侯王与列侯墓葬的形制分析」『中国考古学会第一次年会論文集』文物出版社，1979年。

▲6　盧兆蔭「試論両漢的玉衣」『考古』1981年1期，1981年。盧兆蔭「再論両漢的玉衣」『文物』1989年10期，1989年。

▲7　高崇文「西漢諸侯王墓車馬殉葬制度探討」『文物』1992年2期，1992年。

▲8　西嶋定生『中国古代国家と東アジア世界』東京大学出版会，1983年。

表1　漢代の印章制度

	材質	鈕形	綬	印文
皇帝	白玉	螭虎	黄地六采 黄赤綬四采	皇帝行璽　天子行璽 皇帝之璽　天子之璽 皇帝信璽　天子信璽
皇后	玉	金螭虎	黄赤綬四采	皇后之璽
諸侯王	金	螭駝	綟綬	○王之璽
列侯	金	亀	紫綬	○侯之印

出所：栗原朋信『秦漢史の研究』（第3版）吉川弘文館，1969年。

国々では一定の自治が認められたため，諸侯王・列侯墓にみる文物制度は貫徹せず，地域色の強い文化が花開きました。

　こうした中，漢帝国と周辺地域との関係を考えるうえで，江戸時代に福岡県志賀島で発見された金印は注目されます。蛇鈕という特徴から偽印説もありましたが，滇国の王墓と目される石寨山遺跡（雲南省）で蛇鈕の金印（「滇王之印」）が出土し，こうした問題は解消しました。また金印の印文は「漢の倭（委）の奴の国王」と読まれ，建武中元2年（紀元57），光武帝が倭の奴国に賜った「印綬」（『後漢書』倭国伝）にあたるとされています。

　ところで漢代の印章は，材質・鈕形・綬・印文により，身分が表示されました（表1）。『魏志』倭人伝には，魏の明帝が卑弥呼に「金印紫綬」を仮授したという記述があり，志賀島や石寨山遺跡の金印も，「金印紫綬」だったと推測されます。「王」は中国漢代では「諸侯王」を意味し，橐駝紐の「綟綬金璽」が適当ですが，「金印紫綬」は「列侯」の印章に相当します。周辺地域の「王」は，「諸侯王」に比べ1ランク低い位置づけがなされています。

　以上，中国漢代における諸侯王墓・列侯墓の様相を見ていくと，「王」・「国」の位置づけに一定の規範が認められます。またこれは周辺地域の国々との関係においても意味をもち，印章制度を通して，その実現が図られています。

　これまで日本考古学では，中国史書にみる「王」・「国」を，王権や国家の発生と関連付ける議論がみられました。しかし「王」・「国」が中国側の論理に立った用語である点を踏まえると，日本列島における社会の発展段階と「王」・「国」の出現は，切り離して考えるべき問題でしょう。また日本列島で出土する中国系文物を下賜品と考える傾向がありますが，その評価には中国漢代における文物制度の検討が必要で，民間レベルでの文化交流も視野に入れた柔軟な位置づけがのぞまれます。

（河森一浩）

▷9　蛇鈕
周辺地域の国々では鈕形が特徴的で，北方の諸民族では駱駝・羊・馬形の鈕が多いです。

▷10　岡崎敬「『漢委奴国王』金印の測定」『史淵』第100輯，1969年。

Ⅴ 古墳時代の社会と文化

1 古墳とは何か

1 なぜ「古墳」を研究するのか

　日本列島各地には20万～30万基ともいわれる古墳が築かれています。その多くは，直径10m，高さ数mの小型の円墳ですが，なかには全長数百mをこえる日本独自の前方後円墳などもあります。◁1 では，そうした古墳に葬られた人々は，どのような人々であったのでしょうか。膨大な数の古墳があることや，墳丘にも大小の差があることからみても，大王や豪族といわれるような巨大な権力をもった一握りの人々だけが築いたものではないことは確かです。

　古墳は，当時のさまざまな技術・習慣・宗教などを反映した構造物です。集落などの生活の痕跡とは異なり，当時の人々が無意識とはいえ埋納という方法で同時代の文化を保存した稀有な遺構です。つまり，古墳に表現されるものは，葬送という側面からの視点に限定されますが，当時の社会を敏感に反映したものと考えられます。このことにこそ，古墳を研究する理由があるのです。

2 「古墳」とその定義

　明治・大正時代には，「古墳は何か」といえば「墳丘をもった墓」であるとし，「古墳」が築かれた時代を「古墳時代」と定義することに問題はありませんでした。◁2 しかし，1960年代以降の急速な国土開発にともなう発掘件数の急増，資料の増加や研究の進展は，前方後円形の墳墓が弥生時代にさかのぼること，古墳の基準とされてきた特徴をもつ墳墓が弥生時代にもすでに造られていたことを明らかにしました。弥生時代の墳墓と古墳を形から区別することは難しく，古墳及び古墳時代の定義は揺らぎました。

　こうした状況に対しては，弥生時代の墳墓を「墳丘墓」と呼称して区別する案，一方では弥生時代であっても「古墳」と呼ぶ案，「高塚」「低塚」などと用語で定義する案など，いくつかの考え方が提起されました。◁3

3 古墳と古墳時代

　では，古墳や「古墳時代」は，どのように定義できるのでしょうか。弥生時代と古墳時代の墳墓の相違はどこにあるのでしょうか。

　日本列島の古墳の特徴は，前方後円形という独特な形態とともに，巨大な前方後円墳の存在，埋葬施設や副葬品にみられる共通性をあげることができます。

◁1　前方後円墳の分布は，北は岩手県奥州市角塚古墳から南は鹿児島県大隅半島の東串良町唐仁古墳群1号墳までである。

◁2　後藤守一「古墳と古墳文化」古代史談話会編集『古墳とその時代』朝倉書店，1958年。近藤義郎「古墳とは何か」『日本の考古学』Ⅳ古墳時代（上）河出書房新社，1966年。

◁3　近藤義郎「古墳以前の墳丘墓――楯築遺跡をめぐって」『岡山大学法文学部学術紀要』1977年。間壁忠彦・間壁葭子「大塚は古墳か否か」『倉敷考古館集報』13，1977年。石野博信『古墳出現期の研究』学生社，1985年，などがある。

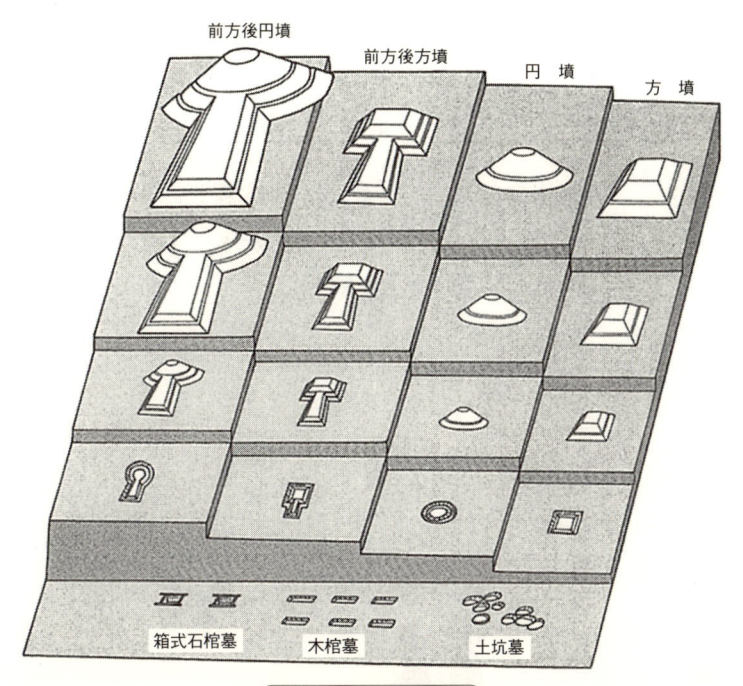

図1　古墳の階層性

出所：都出比呂志編『古代史復元6　古墳時代の王と民衆』講談社，1989年。

　列島最大の前方後円墳である大仙古墳（仁徳陵古墳，大阪府堺市）をはじめとして，全長200mをこえる前方後円墳が計35基以上，全長100mをこえる前方後円墳は全国各地に300基程度が築造されています。埋葬施設や副葬品には，時期的や地域的な違い，階層による違いなどもみられますが，大きくみれば品目や形態には共通したあり方をみることができます。

　この時代，日本列島各地の首長たちには共通の政治・経済的利害と祭祀による社会・宗教的結びつきが形成され，こうした背景のもとに画一的な内容をもつ古墳が造られたと考えられています。また，成立の背景には，大陸からの思想的な影響があることも指摘されています。[4]

　こうしたことから，弥生時代以降の墳墓の変遷の中で，巨大な墳丘をもつ画一的内容の前方後円墳が広域に出現する段階をもって古墳時代とする説が出されました。また，一歩進めて，この段階に前述のような定型化した前方後円墳を出現させた前方後円墳を頂点とする前方後方墳・方墳・円墳などで身分秩序が表現される「前方後円墳体制」が確立したと考える研究者もいます（図1）。[5]

　こうした考え方には異論もあります。すでに，定型化した前方後円墳の成立する以前に円丘部の2分の1の長さの突出部（前方部）という規格の「纒向型前方後円墳」が列島各地に造られたと考える説です。これは，纒向石塚墳丘墓（奈良県桜井市）を指標とするものです。この説では，纒向型前方後円墳の集中する纒向遺跡を中心都市とする広域の政治体制が成立し，これを「古墳時代」の開始と考えています。[6]

▷4　和田晴吾「6　古墳文化論」日本史研究会・歴史学研究会編『日本史講座　第1巻　東アジアにおける国家の形成』東京大学出版会，2004年。白石太一郎「古墳時代概説」『日本の考古学』下，学生社，2006年。

▷5　都出比呂志「日本古代国家形成論序説——前方後円墳体制の提唱」『日本史研究』343，1991年。

▷6　寺澤薫「纒向型前方後円墳の構造」森浩一編『考古学と技術』同志社大学考古学シリーズⅣ，1988年。寺澤薫『王権誕生』（日本の歴史02）講談社，2000年。

V 古墳時代の社会と文化

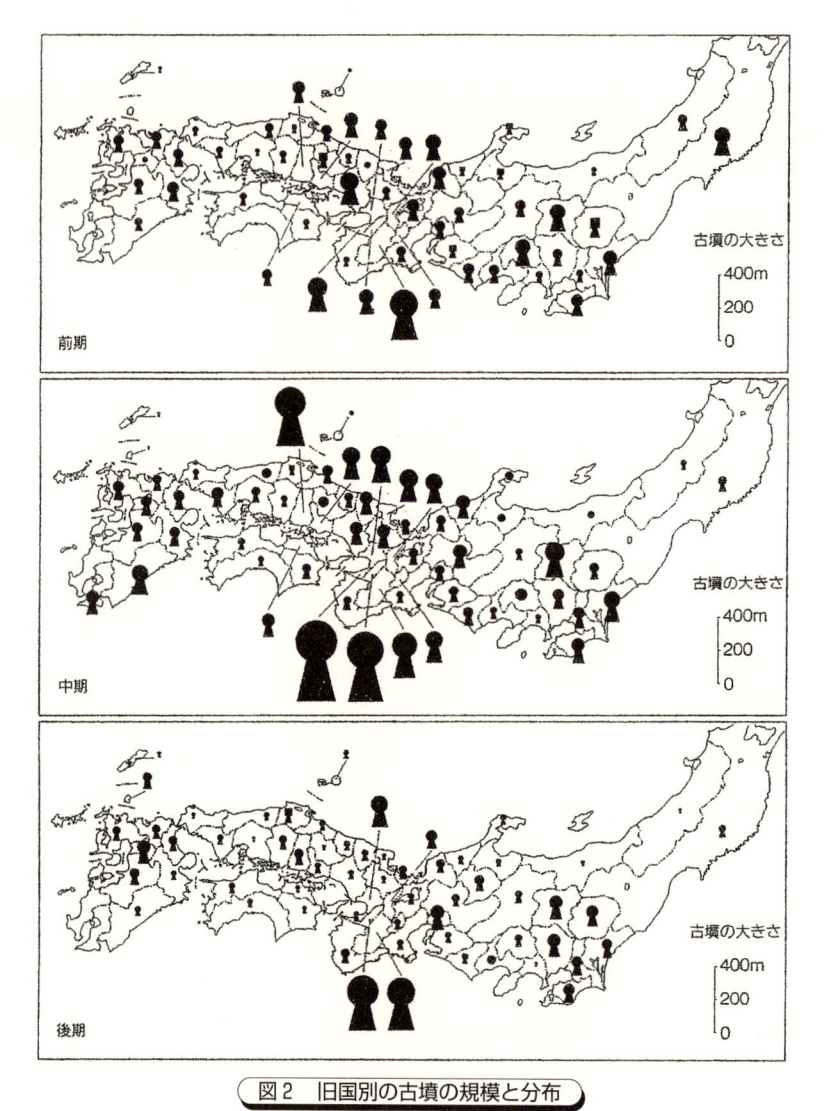

図2 旧国別の古墳の規模と分布

出所：白石太一郎「古墳の作られた時代」『発掘された古代日本』日本放送出版協会，1999年。

これまで，弥生時代の墳墓から古墳への展開の中で，巨大前方後円墳の出現段階の大きな飛躍が注目されてきました。しかし，巨大前方後円墳の出現する前段階に，広域に類似した形の墳墓が造営されたとすれば注目に値します。上記のいずれの段階に古墳時代の開始を認めるのか，古墳時代の歴史的位置づけともかかわる重要な問題です。

4 古墳を区分する

古墳は，共通性をしめす一方で，時期・地域によって多様なありかたと変化がみられ，諸特徴から大きく3期に区分されています（図2）。区分の基準は，古墳の墳形の変化，密集した小型の古墳の出現と爆発的増加，埋葬施設の形態的な変化などの古墳の変化と，副葬品などの組み合わせ，渡来系の文物や技術

▷7 学史的には前期・中期・後期の3期案や，3期区分の前期と中期をまとめて前期・後期と分ける2期に区分する案がある。近年では，3期区分の後期を前方後円墳が造られなくなる時期で区分し，以降を終末期とする。前期：3世紀後半〜4世紀後半・中期：4世紀後半〜5世紀後半・後期：5世紀後半〜6世紀末・終末期：7世紀とするが，研究者により若干ずれがみられる。

などの形態的・技術史的な転換点などです。実際，これらの組み合わせから，古墳時代の内にもいくつかの変革があったことが指摘されています。

⑤ 古代国家成立史と古墳時代

　日本古代国家の成立をいつに求めるかという問題は，多くの人々の関心を集めてきた重要な課題です。学史的には，古代史における『記』・『紀』や中国の史書を素材とした長い論争が繰り返されてきました。しかし，同時代資料の少ない文献史学では，時期が新しくなればなるほど史料の確実性が高くなることから，国家の成立を7世紀段階とする意見が大勢を占めています。

　この問題を考古学的資料から考える鍵をにぎるのが「古墳時代」です。これまでは文献史学の成果と歩調を合わせて7世紀とする考えが主流を占めてきました。しかし，近年では「前方後円墳体制」という政治秩序の成立をもって国家段階と主張する3世紀説，先述の古墳の区分とも関連して5世紀とする説などが提案されています。[8]

　現状では，いずれの説が妥当かの判断は，なお難しい状況です。ただし，古墳の規模や分布からは，5世紀後半を境に近畿中央部以外では大規模な前方後円墳は造営されなくなることがわかっています。こうした変化に政治秩序が反映されていると考えることも可能でしょう。しかし，国家の成立の問題を考えるには，古墳時代の成立問題もふくめて，古墳時代をどのような時代として考えるのかという根本的な問題に答えなければなりません。こうした事象の整理を積み重ねることによって，歴史の大きなうねりをどこに認めるかが，古墳時代研究の要といえるでしょう。

（廣瀬時習）

▷8　都出比呂志「日本古代国家形成論序説——前方後円墳体制の提唱」『日本史研究』343, 1991年。広瀬和雄「序論」『古墳時代の政治構造』青木書店, 2004年。菱田哲郎『古代日本国家形成の考古学』京都大学学術出版会, 2007年。

図3　大仙古墳（大阪府立近つ飛鳥博物館提供）

V　古墳時代の社会と文化

2 古墳時代の道具

1 葬送と祭祀の道具

　私たちが古墳時代の生活を想い浮かべるとき，まず土器をはじめとする集落の出土品から，また，日本最古の歴史書『古事記』と『日本書紀』に描かれた世界から，その様子を想像していきます。

　しかし，なんといっても古墳時代の最大の特徴は，日本列島史のうえでも特筆されるほど，墳墓の築造と被葬者への副葬という行為が重要視されたことです。まずは，古墳時代になって多様化し，大量に生産されるようになる，墓や墓域内で出土する道具について考えてみましょう。

　古墳の出現とともに，墳丘の表飾として**埴輪**・**立物**が誕生し，墳丘の各所に配置されました。形象埴輪（図1）は，当初，墳頂部の被葬者の空間を示すために，5世紀以降は人物埴輪が出現し，さまざまな被葬者の生前の様子を示すために，工夫を凝らした配列が生み出されました。木製の立物は埴輪と併用され，小規模な首長墓から大王墳にいたるまで数多くの古墳に採用されていたこともわかってきました。従来「石見型盾」とよばれていた，Y字型を基本とする特異な形状の埴輪・立物についても，研究の進展にともない，杖をデフォルメしたものとする見解が強まってきました。

　埋葬施設とその周辺には，武器や生活用具，石でつくった仮器（貝製腕輪の模造品）など，死者にそえる道具（副葬品）が埋納されました。

　なかでも**銅鏡**は，中国に起源をもつ古墳時代を代表する副葬品の1つです。しかしその使用法については，もともと化粧具であったものが，権力の象徴として，あるいは死者を守るための魔除けとして発達したなど，いまだに定説をみていません。また銅鏡には中国の年号が鋳出されている例があるため，従来から古代東アジア諸国家間の暦年代を調べる重要遺物とされてきました。近年は，古墳時代の当初から，中国でつくられた鏡から同じ文様の型を写しとって，日本列島内で制作されていたのではないかとする見方もあります。

　まつりの道具（祭祀用具）は，墓ではなく祭祀遺跡（今でいう神社等）から出土するもので，ミニチュアの土製品・滑石製品など，非日常の場で使用され，実用には適さない特異なかたちをしたものです。木製の柄に装飾をとりつける蓋や杖，旗といった道具なども，権力を示す威儀具として，まつりの場で多用されたことでしょう。

▷1　**埴輪・立物**
埴輪および立物の名称は，殉死者の代わりに土などで造った人馬を墳墓に立てたという『日本書紀』垂仁紀の記載をもとにしている。壺や器台が変容したもの，家や乗り物，道具，人物や動物など，多種多様な造形が生みだされた。

▷2　**銅鏡**
古墳時代の代表的な銅鏡として，縁の断面形が三角形となる三角縁神獣鏡がある。鏡面には文様がなく，その背面（鏡背）に，神獣と装飾を施すデザインが特徴である。

弦楽器の琴については，弥生時代からその使用が確認されていますが，古墳時代にも近畿を中心としてさかんに使用されていました古墳時代になると，弥生時代のような実用的な使用から，5世紀前半頃の南郷大東遺跡（奈良県）の導水施設など，まつりの場での儀礼的な使用・発見例が増えます。管楽器では，笛とみられる筒状木製品が，6世紀前半の星塚2号墳（奈良県）から発見されています。これもまた，葬送儀礼での使用後に廃棄された1例とみられます。

図1　宝塚1号墳（松阪市）出土の形象埴輪
（松阪市教育委員会提供）

2　鉄製武器・武具の普及

　古墳時代になって，日本列島は大きな時代の転換期をむかえました。それは日本列島の各所に鉄器が普及しはじめたことで，その大半は古墳の副葬品としてみつかります。古墳時代は，鉄製品を惜しみなく墓に収め，なおかつ次々と新たな製品を作りだせるほど，鉄素材の十分な供給がなされていたと考えてよいでしょう。

　日本列島での**鉄器生産**は，5世紀半ば頃まで，鉄を延板にした素材（鉄鋌）を朝鮮半島南部から入手し，これを加工して製品に仕上げるだけでした。製鉄の技術が伝わった5世紀後半以降は，製鉄にかかわる「鉄製錬」の遺跡がすこしずつ増加しますが，基本的には古墳時代全般を通して，鍛冶を中心とした「鉄精錬」が主流でした。鍛冶にかかわる集団の墳墓とみられる寺口忍海古墳群（奈良県）のように，鍛冶道具や，その時に排出される金属滓が古墳の副葬品として出土する例などは，被葬者と鉄器生産集団との結びつきを知る好例といえます。

　古墳時代というと，武器や甲冑を身に着けて戦いにおもむくイメージが思い浮かびます。戦いのための道具は，古墳時代になってから爆発的に増えてきますが，とくに刀剣類は長さや大きさのそろった画一的なものが一斉に登場します。また長柄の武器（槍・鉾）なども，この時代に多く出現します。その大半は鉄製ですが，矢柄の先端に装着する鏃については，古墳時代の前半代に限って銅製品も数多く生産されます。これらの鏃は，数十本単位で盛矢具（靫・胡籙）におさめられ，革製・木製の盾とともに古墳にも多く副葬されました。甲冑も3・4世紀代には限られた人物しか入手できなかったようですが，5世紀以降は軍事にかかわった中小の首長たちもこれを手に入れていたようです。

▷3　鉄器の生産
鉄器の生産には，鉄鉱石や砂鉄から鉄素材を作る工程（鉄製錬），鉄素材を加工して製品にする「鍛冶」の工程（鉄精錬）がある。なお，不要になった鉄器を再度溶かして別の鉄器を製作する作業は後者にふくまれる。

V　古墳時代の社会と文化

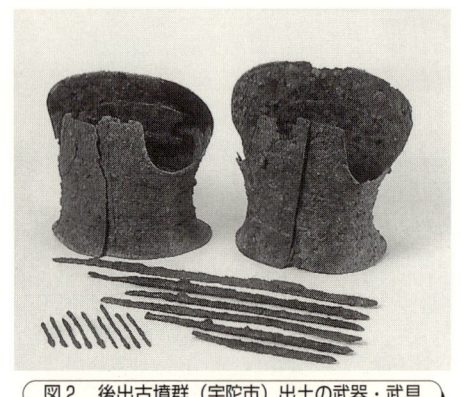

図2　後出古墳群（宇陀市）出土の武器・武具
（奈良県立橿原考古学研究所提供）

　古墳時代，とりわけ5世紀は，鉄製の武器・武具に個性と象徴性をもたせることの多かった時代といえるでしょう（図2）。

　盛矢具の「靫」は，鏃の先を上に向けて納めるもので，華麗な装飾がついたものが多く，埴輪などでも数多く残されています。『日本書紀』神武即位前紀には，イワレヒコ（後の神武天皇）とトミノナガスネヒコが争った際，おたがいの「靫」をみせあい，両者が同族であることを確認しあうという記述もあり，当時の武器・武具のもつ性格の一端を示してくれます。

　このように，長大でかつ多量の刀剣類や，整然と並べられた盛矢具は，実際に使用される場合以外でも，戦場あるいは葬送やまつりの儀礼の場などで，鉄製武器の所有を効果的にみせびらかしたり，集団のシンボル，象徴を示すために使われたりしたことも考えられます。

　ところで，古墳時代の狩猟用の弓矢が，鉄製の鏃をもつ矢と似ていたのかどうかは，はっきりとはわかっていません。水稲農耕の発達しなかった九州南部地域では，鉄鏃とともに動物の骨で作った鏃（骨鏃）が5世紀の副葬品として目だちます。貫通力で鉄鏃に劣る骨鏃は，狩猟用として用いられていた可能性も考えてよいでしょう。

❸　生産・生活用具の変化

　古墳時代には，山海のめぐみに祈りをささげる祭祀がおこなわれるとともに，祖霊をまつる巨大な墳丘の築造が始まり，数多くの埴輪や副葬品が製作され，鉄の入手をめぐる戦争も本格化していきますが，一方で農耕や土木事業，焼物生産，馬による陸運，船による海運が発達をとげた時代でもありました。その具体的な様子を当時の道具類の変化からみていきましょう。

　調理や貯蔵，供膳などに用いる道具として，古墳時代になると朝鮮半島から新たな焼きもの（須恵器）の技術が導入されます。この後，日本列島の焼物文化の主流となる外来系の土器生産が，列島内ではじめられました。陶質土器とよばれるこの土器は，4世紀の後半頃に大阪府南部地域へ定着し，やがて日本列島の各地にひろまっていきました。この日本列島に定着した陶質土器を**須恵器**とよんでいます。古墳時代を通じて，その生産・管理は王権あるいは地域の首長の庇護のもとでおこなわれたようです。

　大阪府南部地域の泉北丘陵一帯にひろがる須恵器の窯跡群は，古代まで続く日本列島最大の須恵器窯跡群として知られています（図3）。この窯跡群は，その一角に『日本書紀』崇神紀に登場する「茅渟県陶邑」が推定されるため，「陶邑古窯跡群」の名称でもよばれています。窯跡群の周辺には古墳や集落も点在

▷4　**須恵器**
野焼き（酸化炎焼成）にする土器（土師器）とは違い，窯を用いて焼いた後，酸素を遮断した状態にすること（還元炎焼成）により，硬く，ネズミ色に焼き上がる。須恵器および土師器の名称は，平安時代に編纂された『延喜式』記載の「すえのうつわ」「はじのうつわ」による。

し、その中には須恵器を集めて管理するための倉庫などの施設群、その管理者たちの墳墓がふくまれています。これは古墳時代の焼物生産史上、もっとも重要な遺跡群のひとつとされます。

　古墳時代になると、農耕具の刃先も鉄器化が進みます。農耕具の柄の部分は木製のものが多く、鎌や斧、鋸（のこぎり）といった伐採・加工具の鉄器化にともない木材の加工にも鉄の刃先が利用されはじめると、木器の大量生産が可能になってきます。それとともに砥石の利用も頻繁となり、農耕や土木工事にも大規模な事例が増えてきます。古墳時代の初め頃（3世紀代）の代表的な遺跡である纒向（まきむく）遺跡（奈良県）では農具がほとんど出土しないかわりに、土木工事に用いたとみられる鋤先（ショベル）がたくさん出土します。この遺跡では、大規模な灌漑（かんがい）工事によってつくられた大溝跡がいくつもみつかっています。

図3　陶器遺跡群（堺市）出土の須恵器
（大阪府教育委員会提供）

　古墳時代には、農耕とは異なる文化の展開をみることもできます。たとえば、外洋漁業用の鉄製大型刺突具はこの時代に出現し、（古墳時代の）5世紀頃には首長の副葬品として、6世紀頃には海民集団の象徴的副葬品として定着します。また武器としての鏃と、これら漁労用の刺突漁具の形態は類似する点が多く、そこには日本列島での海民文化の強い影響力をみてとることができます。また外洋航海に用いられた準構造船（じゅんこうぞうせん）は古墳時代に発達し、線刻画や埴輪などにも数多く表現されますが、久宝寺（きゅうほうじ）遺跡（大阪府）では4世紀代にさかのぼる実例が確認されています。また巣山古墳（奈良県）の周濠からみつかった「喪船」（もぶね）は、古墳まで石棺等を運んだ運搬用の木造船と想定されるもので、葬送の乗り物として船（舟）を観念する風習を反映している可能性があります。

　また、同じ頃に大陸から馬が（すこし遅れて牛も）多く渡ってきていたようです。近年の発掘調査では、4世紀にさかのぼる纒向遺跡の轡（くつわ）や、5世紀初頭あるいは前葉頃までさかのぼる木製鞍などの初期馬具の発見例が増えています。馬に乗る風習も、5世紀には日本列島でも定着しはじめたことがわかります。

（松田　度）

V 古墳時代の社会と文化

3 古墳時代の衣・食

1 古墳時代の衣・食

　われわれの生活の根本は衣・食・住です。それらが充足してはじめて生活がなりたつのです。考古学はそれらの根本的な要素を絶えず意識して研究をすすめてきましたが、日本列島におけるそれらの実物資料(特に、ここで取り上げる衣・食に関するもの)は、腐朽しやすい材料でつくられるものが多いので、実態としては不明な部分が多いといわざるをえません。

　それらは直接資料と間接資料に分かれ、以下の要素があげられます。
　①直接資料…動植物遺体、食物残滓、炭化米、布、衣類など。
　②間接資料…形象品(土製品、埴輪など)、各種用具(生産、加工・調理、食器など)、圧痕(米、布など)、文献、民俗資料など。

　大部分は後者の間接資料に頼っており、他分野の学問成果を多分に利用しなければならないのが実情です。[1]

　なお衣・食に関する問題は多岐にわたり、かぎられた紙幅では論じきれませんので、論点を絞ってお話ししたいと思います。

2 古代の税体系・給与体系の基盤としての古墳時代の衣・食

　古代に律令国家が確立すると、一般人から徴収した租税、および国家から官僚に支給された給与は、前代の古墳時代に確立された食料生産体制や織物生産体制に立脚したと考えられます。日本の律令国家が中国の律令を範としていたとはいえ、本家の中国とは違う独自の構造を呈していたことは、文献の研究からも指摘されています。[2]それは税や給与にも反映したことが考えられます。

　では、古代日本の税体系、給与体系を支えた食料生産体制と織物生産体制の主力は何でしょうか。それは、米と布です。さらに付けくわえるならば、貨幣的価値を有した可能性のある、塩でしょう。米と布は近畿地方を中心に各地で生産され、塩は数ヵ所で集中生産されました。ここでは、それら3品目を中心に、その技術的画期について、間接資料を用いて述べたいと思います。

3 古墳時代の衣をささえた織物生産体制の技術的画期

　古墳時代の衣類は、裁縫技術の発達により、『魏志』倭人伝記載の弥生時代以来のワンピース(一部式衣服)である南方系の「貫頭衣」から、北方騎馬民族系

▷1　石野博信編『古墳時代の研究3　生活と祭祀』(雄山閣出版、1991年)、白石太一郎編『古墳時代の研究4　生産と流通Ⅰ』(雄山閣出版、1991年)なども参照されたい。

▷2　吉田孝『大系日本の歴史3　古代国家の歩み』小学館、1988年。

のツーピース（二部式衣服）へと変化したことが想定されていますが，直接資料がないので，具体的な様相ははっきりしません。

　また織物技術に関しても，弥生時代以来の原始機から，古墳時代中後期に地機，高機があいついで導入され，衣類のもととなる布生産も飛躍的に向上したことが考えられます。ただし，実物の織機ですべての部材が揃っている例がまだないので，具体的な議論をするにはまだ時間を要するでしょう。現状では古神宝，埴輪，民具，絵画資料などから類推しているにすぎません。

　なお裁縫技術や布生産の発展の背景には，『記』・『紀』の記述にもあるように，韓半島系渡来人の関与が考えられます。とくに最古の高機の部材が，古墳時代中期の遺跡（茄子作遺跡〈大阪府〉など）から，渡来系遺物とともに出土したことは象徴的です。また人物埴輪の出現（ツーピース表現あり）や，馬の本格的な導入も古墳時代中期ですので，この頃に技術的画期を想定できるでしょう。

▷3　高田倭男『服装の歴史』中央公論社，1995年。

▷4　竹内晶子『弥生の布を織る』東京大学出版会，1989年。

▷5　塚田良道『人物埴輪の文化史的研究』雄山閣，2007年。

❹ 古墳時代の食をささえた食料生産体制の技術的画期

　古墳時代の食料としては，農産物（米，畑作物など），水産物（塩，魚，貝など），採集物（木の実，山菜など），狩猟物（動物の肉など）などがあげられます。特にこの時期に稲作が各地で農業の主力として定着したと考えられるため，古代の税の中核を米が担うことになったと思われます。

　その米についてですが，古墳時代に導入された顕著な要素として，水利灌漑関係の堤の確立，耕作具の馬鍬（牛馬耕）の導入，収穫具の曲刃鎌の導入などがあげられます。いずれも中期に韓半島から移植されたと想定され，それらにより新たな稲作が展開したと考えられます。ただし，それらは一斉に採用されたわけではなく，徐々に浸透していったようです。またその直接的な効果については，十分に収穫量を算定できない現状では難しいのですが，現代の農具にもその痕跡を見いだすことができますので，その効力は十分あったと考えます。

　また中期には，韓半島から竈が導入されて，調理場所が居間から独立（台所の成立）し，あわせて土器様式も大きく変わりました。それまでの土師器（軟質土器）の壺（貯蔵），甕（煮沸），高坏（供膳）という基本セットから，須恵器（陶器）も導入して，須恵器壺（貯蔵），土師器甑・甕・鍋（煮沸），須恵器や土師器の高坏・坏（供膳）へと変化しました（図1）。そしてこの頃から，現代の生活では当たり前となっている，属人器が成立した可能性があります。ただし，これらの変化も徐々に進行していったようです。

　次に，塩についてですが，代表的な間接資料として製塩土器をとりあげます。これらは海岸部だけではなく内陸部でも出土するという特徴があります。

　土器製塩は，前代の弥生時代において，瀬戸内海〜大阪湾岸にかけての地域で発生したと考えられますが，製塩土器の出土量が飛躍的に増大するのは，斉一化された専用の小型土器が出現する，古墳時代中期の大阪湾岸〜淡路島〜紀

▷6　魚津知克「曲刃鎌とU字形鍬鋤先――『農具の画期』の再検討」『帝京大学山梨文化財研究所研究報告』第11集，2003年。

▷7　属人器
個人用食器のこと。佐原真「食器における共用器・銘々器・属人器」『文化財論叢』同朋舎，1983年。

Ⅴ　古墳時代の社会と文化

地機
（注4文献より）

高機
（注4文献より）

ツーピース（注5文献より）

土器セット

須恵器 壺　　＜貯蔵＞

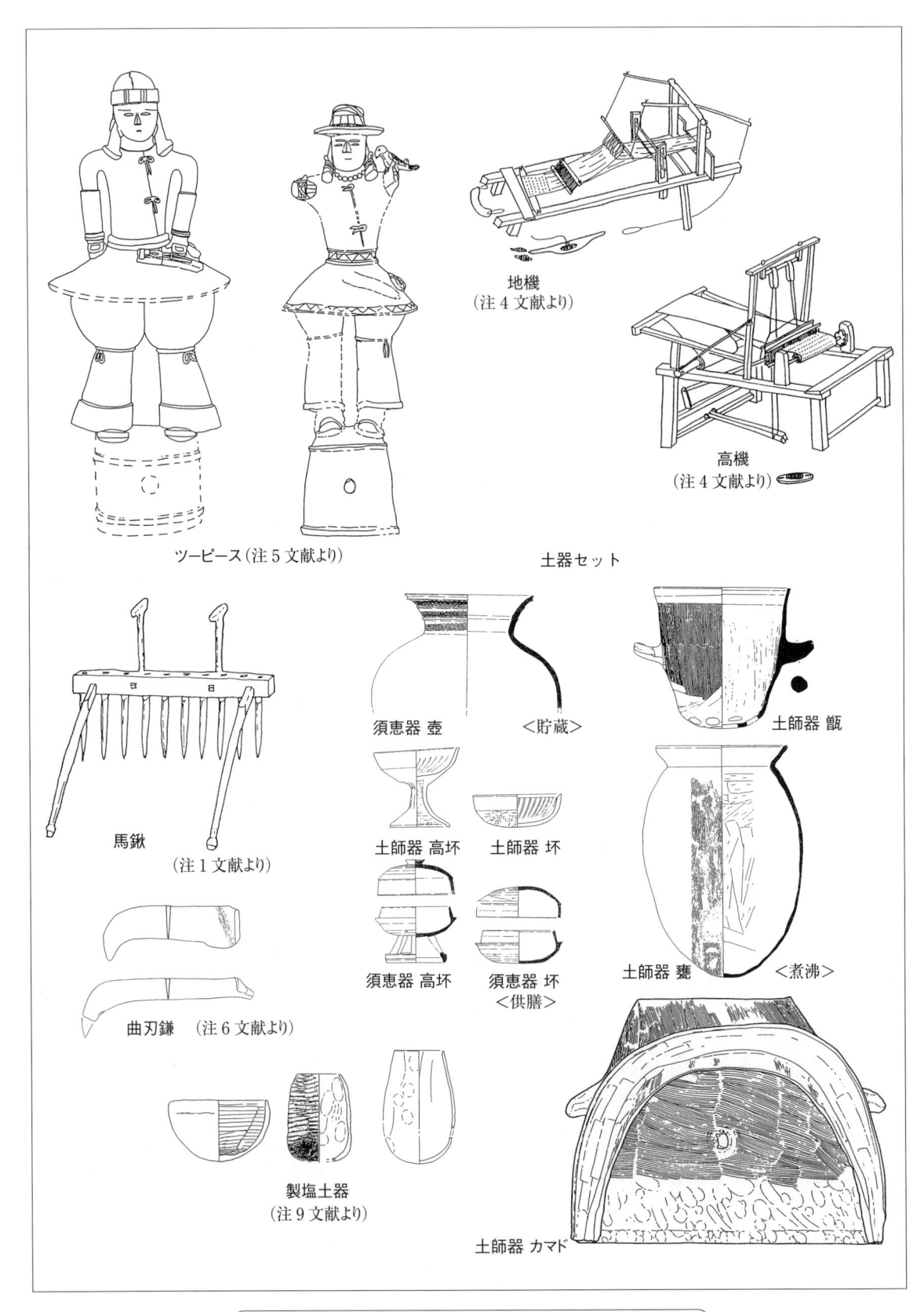

土師器 甑

馬鍬
（注1文献より）

土師器 高坏　土師器 坏

須恵器 高坏　須恵器 坏
　　　　　　＜供膳＞

土師器 甕　＜煮沸＞

曲刃鎌　（注6文献より）

製塩土器
（注9文献より）

土師器 カマド

図1　古墳時代中期以降に導入された衣・食に関する重要資料

淡海峡のエリアです。当該期に塩業が成立したと考える人もいます。なお、この時期に生産量が増大し、古代にも生産が引き継がれた地域は、若狭湾沿岸、能登半島、東海地域などです。

　一方、内陸部においても、中期に出土量が増大する傾向があります。それらが出土する遺構の性格から、その塩は祭祀、馬の飼育、手工業生産などに用いられたと考えられています。しかも、渡来系遺物が共伴する場合が多いようです。馬や手工業生産などに渡来人が関与していた可能性が高いからでしょうか。ただし、現状では当該期の韓半島出土の製塩土器は確認できません。また、上記要素がみられない場所で多量に出土する場合もあります。非常用の備蓄などに用いられたのでしょうか。なお日常用や人体維持用の塩は、土器量から換算すると少なすぎますので、大部分は土器以外の運搬具で運ばれたようです。

5　現代日本人の衣・食にみられる古墳時代的要素

　ここでは古代の税とのかかわりで、古墳時代の衣・食についてお話ししました。特に古代律令国家の財政基盤となる衣・食に関しては、古墳時代中期に大きな技術的画期を見いだせそうです。ただし、それらは一斉に変化したのではなく、新たな要素を導入しつつ徐々に変容していったと考えられます。

　衣に関しては、ツーピースの導入および地機・高機の導入、食に関しては、堤・馬鍬・曲刃鎌などの導入、およびそれらに付随して調理施設や調理用具・食器の変化などが、大きな変化としてあげられます。その背景として、韓半島系渡来人の果たした役割が大きかったと考えられます。一方、土器製塩もその頃技術的な画期を迎えます。専用土器（製塩土器）の成立などです。

　ところで、これらの変化は、現代のわたしたちには何の関係もないのでしょうか。欧米のライフスタイルが浸透した、ここ150年ぐらいの間に、徐々に忘れさられた感がありますが、身近にある民俗資料館や民家などを訪れれば、上記の用具、特に生産用具は、ほとんど変わっていないことに気づくでしょう。

　また古墳時代中期も現代のわれわれも、外来のものを摂取するとき、そのままを受容せずに、アレンジをくわえて受容しているように感じます。すると、現代のわれわれの文化は、古墳時代だけではなく、いろいろな時代に摂取した外来のものを、独自にアレンジしたものが積み重なってできたものなのかもしれません。それが伝統なのでしょう。衣・食にかかわることはまだまだたくさんありますので、いろいろと調べてみてください。

（青柳泰介）

▷8　広瀬和雄「近畿地方における土器製塩」『考古学ジャーナル』298、1988年。

▷9　青柳泰介「製塩土器小考」『考古学に学ぶⅢ』同志社大学考古学シリーズⅨ、2007年。

コラム4

埴輪にみる古墳時代の人物

1　文化史資料としての埴輪

　埴輪は古墳の墳丘や周堤上に並び，その景観を演出した遺物です。時代順に種類が増え，はじめに円筒と壺形，次に家形と盾・蓋（きぬがさ）などの器財，最後に馬形や人物が登場し，岩手県〜鹿児島県まで流行します。なかでも人物埴輪は，ひときわ人目をひく存在です。

　人物埴輪から古代の文化を探ろうとする試みは大正〜昭和初期に盛んにおこなわれ，代表的な研究者として高橋健自（けんじ）と後藤守一（しゅいち）がいます。高橋は埴輪から古代の服飾を研究し，後藤は埴輪に造形された人々の「職掌（しょくしょう）」を類推しました。今日多くの博物館による展示解説は，彼らの研究によるところが大きいのですが，その後埴輪による文化史研究は衰退してしまいました。資料が増加した現在，あらためて埴輪から古墳時代の人々の姿を研究することが求められています。

　ただ埴輪の造形は，たとえば2本の脚を造形しない，紐の結び目だけ造形し衣服そのものの表現はないなど，往々にして現実の姿を省略して表現しています。それを考慮したうえで，古墳時代の人々の姿を具体的に観察してみましょう。

2　性・姿・職掌

　人物を造形した埴輪ですから，当然のことながら男女の違いがあります。女性は髪を頭上にまとめ，江戸時代の「つぶし島田」に似た髻（まげ）を結います。胸に乳房を造形する例もあります。一方，男性は，さきに掲げた女性の2つの特徴のいずれも欠いています。髪形はお下げ髪のような美豆良（みずら）のほか，被り物をかぶるなどさまざまです。

　さて多様に見える人物埴輪も，実は一定の規範にしたがって造形されていることがわかってきました。

　まず女性の埴輪の多くは，両腕を胸の前に掲げ，手に飲食用の器物をもつ姿で，全国的に共通します。そのなかで東海以西の西日本では，袈裟状の衣を上半身にまとい，さらに襷（たすき）がけをする装いに特徴があります。かつて後藤守一は，この袈裟状衣を『皇太神宮儀式帳』に記された巫女（みこ）の「意須比（おすひ）」と考えました。しかし意須比の長さは2丈5尺と長大なため，現在はこれを疑問視し，『日本書紀』天武十一年三月詔にある采女（うねめ）の「肩巾（ひれ）」とする意見が出されています。東日本では，襷がけのみ，もしくは副次的な服飾のないのが普通ですので，女性埴輪の普遍的特徴は飲食容器をもつことにあり，その姿は采女と同じく食膳奉仕に関する職掌を表現していると推測されます。

　一方，男性の埴輪は3つの姿が主体となっています。第1は両脚を造形した全身立像です。甲冑をまとった武装と非武装の2種類に分かれますが，いずれも腕に籠手（こて）をつけ，裾広がりの袴をはき，膝下に脚帯（あゆい）を締め，腰に大刀を装備する着飾った姿です。同じ位置に一緒に配置されることから，警護の職掌を担った身分の高い男性とみなすことができます。

　第2は片腕を掲げる男性の半身立像です。彼らは2本の脚の造形がなく，多くの古墳で飾り馬と一緒に出土しています。貴人の乗る馬を曳く馬飼（うまかい）であり，有名な「踊る埴輪」も実は馬飼だった可能性があります。

腰には鎌を挿しており，飼葉を刈り，蹄の爪を切りそろえる馬飼用の道具と考えられています。

第3は盾の上に首だけ造形した男性の半身立像です。墳丘の周囲に配置されるので，現代のガードマンと同じく，古墳への立入を制する警備員とみてよいでしょう。

以上はいずれも立像ですが，わずかながら坐像の人物もあります。坐り方は2つあり，1つは腰掛に腰をおろし脚を垂らす「倚坐」で，男女共通です。もう1つは地面や床に直接尻や膝をつけて腰をおろす坐り方で，男性の場合もっとも多いのは脚を組んで坐る「胡坐」，いわゆる「あぐら坐り」です。

このような埴輪の坐り方は古代の史料にも登場し，たとえば『日本書紀』継体元年正月条には，即位前の継体が「胡床に踞坐す。陪臣を斉え列ねて既に帝の坐すが如し」とあります。「踞」とは腰をかけ脚を垂らす坐り方で，倚坐は大王の坐り方でした。また『隋書』東夷伝倭国条には「倭王は（中略）出でて政を聴くに跏趺して坐す」とあって，倭王が政治の場であぐらをかいて坐っていたことも記されています。つまり坐像は上層階級の人物の姿であり，坐具に坐ることは一種の身分表象であったと理解されるのです。

3　埴輪からみた古墳時代の社会

以上のように造形された人物群像は，一定の規則にしたがって配置され，古墳上にひとつの世界をつくりだしました。その中心，もしくは一番端には坐像が置かれ，隣接して順に女性の立像，男性の全身立像，片

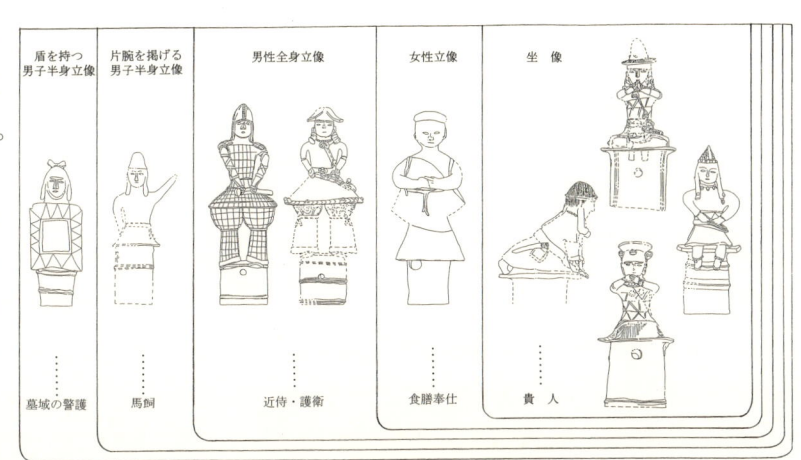

図1　人物埴輪の配置と職掌

腕を挙げる男性半身立像，その外側に盾をもつ男性の半身立像が配置されます。その配置を概観すれば，坐像の貴人を中心に，食膳奉仕，警護，馬飼など近侍的奉仕にあたる職掌の群像としてまとめることができます（図1）。

近年では，人物埴輪とともに多数の家形埴輪が配置された古墳も調査され，人物群像から離れ，家の前に立つ女性の存在もわかってきました。▷4

これらの人物埴輪群像が古墳時代における社会組織の一端を象徴していることは，おそらくまちがいないでしょう。埴輪から古墳時代の風俗，文化，さらには社会を研究する余地はまだまだあるはずです。

（塚田良道）

▷1　高橋健自『考古学講座12　埴輪及装身具』雄山閣，1926年。
▷2　後藤守一『日本古代文化研究』河出書房，1942年。
▷3　塚田良道『人物埴輪の文化史的研究』雄山閣，2007年。
▷4　東北・関東前方後円墳研究会編『埴輪の風景』六一書房，2008年。

コラム5

古墳時代の装身具：玉

1　古墳時代の装身具

　人を際立たせるために，身につける品を「装身具」といいます。考古資料としての古墳時代の装身具は，ヒスイ・碧玉・メノウ・水晶・コハクなどの鮮やかな色合いの石材やガラス・金属などで作られた「玉」が中心です。また，古墳時代の後半には，大陸文化の影響をうけた金銀銅などをつかった耳飾りなどの装身具がみられるようになります。

　玉は，複数の種類を組み合わせて，古墳に葬られた被葬者の身の周りに，首飾りや手玉・足玉としておかれるなど，埋葬施設の内外に副葬されています。ただし，遺体がのこらない場合が多く，古墳で出土した状況から被葬者が身につけたことが確実視できる例は多くありません。

　出土した状況から，髪飾りや衣服や布に縫い付けていたと考えられる状況や，後述するような祭祀行為にともなって，緒を切ってばらまかれるなどの行為があった可能性も考えられています。

2　装身具の変遷

　縄文時代の装身具は，丸玉・管玉はみられますが不定形なものが多く，さまざまな石材で作られていました。一方，弥生時代の装身具は，ヒスイでは勾玉，碧玉では管玉というように，石材と形に対応関係がみられます。こうした玉の構成は，古墳時代前期にかけて継続します。

　装身具が大きく変化するのは，古墳時代の前期末〜中期頃です。この時期以降の装身具は，ガラスや金属を多用し，トンボ玉や空玉などの新しい種類の玉がみられるようになります。金属製の耳飾りなどがみられるようになるのも，この時期からです。ガラス・金属の導入にともなって，きらびやかな装飾的パーツとして衣服とのトータルコーディネイトが重要となっていきます。

　しかし，7世紀代になると，日本列島の服装は古墳時代の衣服から大きく唐式の服装に転換します。新たな唐式の衣服は，それまでみられたような装身具を身につけるスタイルから大きく離れていきます。この古代の衣服制の確立期，伝統的な弥生時代から続く装身具は，その役割を終えるのです。

3　玉の果たした役割

　弥生時代の先進地域である九州の北部では，装身具は，一定の階級を示す機能をもつと考えられています。しかし，弥生時代には列島各地で，形・種類の組み合わせ，使用法などに地域的な違いがみられます。

　この使用方法に大きな変化がみられるようになるのが，弥生時代後期からです。副葬品としての玉には，先のような装身具としてだけでなく，多様なありかたがみとめられるようになります。

　古墳時代中期頃には，滑石という非常にやわらかい石材を用いた勾玉や臼玉などが大量に作られ，古墳や集落などの祭祀や儀礼などに使われたと考えられています。

　これに関連して，玉は，古代には「三種の神器」の

1つにかぞえられ，霊力を宿した器物としてあつかわれたということがあげられます。『記』・『紀』には，「八尺瓊曲玉(やさかにのまがたま)」等の記述がみられ，榊(さかき)に玉を掛けたことや，天照大神の切った玉から神が生まれることが記述されています。

4　勾玉とその歴史性

　装身具の中で，もっとも特徴的な形態の玉は「勾玉」です。勾玉は，頭部に紐を通す穴をあけたアルファベットの「C」のような形の玉です。起源は「動物の牙」とされ，魂が体から離れないようにするための呪物などと考えられる呪術的性格をもつ装身具と考えられています。

　古墳時代の勾玉と同様な形の玉は，縄文時代に始まり，弥生・古墳時代へと続き，飛鳥寺の塔心礎や，東大寺法華堂（三月堂）の本尊「不空羂索観音(ふくうけんじゃくかんのん)」の宝冠まで続きます。勾玉は，装身具の歴史の中で，もっとも歴史の荒波をくぐり続けた玉です。

　列島外で同時期に勾玉の流行した地域が，朝鮮半島南部です。朝鮮半島の勾玉の歴史は，その起源や日本との関係など，多くの課題を抱えた存在です。なかでも，日本の古墳時代と同時期の新羅の皇南大塚(ファンナムテチョン)や天馬塚(チョンマチョン)などの冠装飾にみられるヒスイ製勾玉や加耶地域や百済の武寧王陵(ぶねいおうりょう)のヒスイ製勾玉が有名です。こうした勾玉は，日本列島からもたらされたという考えもあり，興味深い問題を提起しています。

　　　　　　　　　　　　　　　　　　（廣瀬時習）

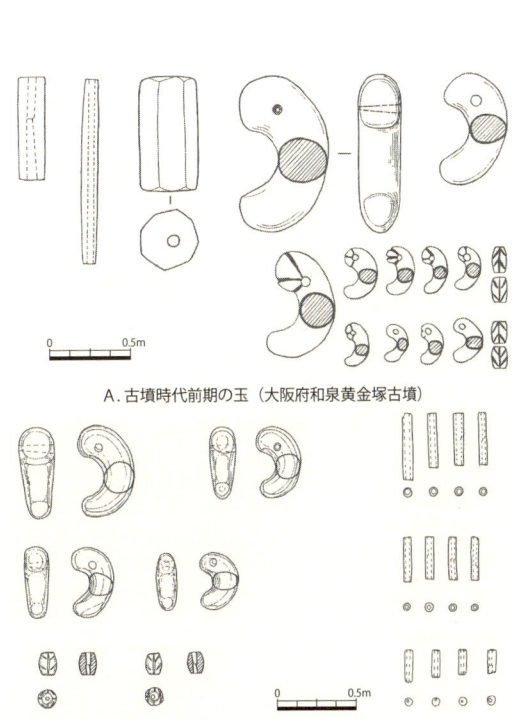

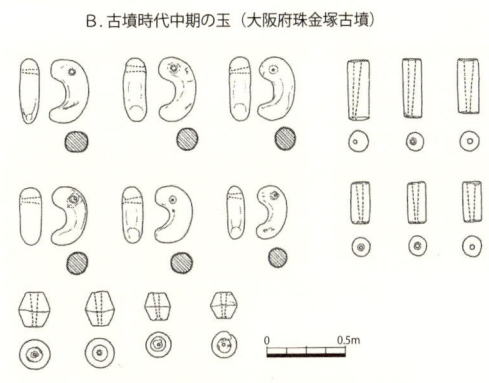

A. 古墳時代前期の玉（大阪府和泉黄金塚古墳）

B. 古墳時代中期の玉（大阪府珠金塚古墳）

C. 古墳時代後期の玉（奈良県新沢 323 号墳）

図1　古墳時代前期から後期の玉（各報告書より一部改編）

注：古墳時代前期から後期へ形態勾玉の形態などに変化がみられるほか，石材は瑪瑙や水晶などが相対的に増加し多様化している。

参考文献

大賀克彦「弥生・古墳時代の玉」『考古資料大観』第9巻，講談社，2003年。

町田章「古墳時代の装身具」『日本の美術』4，至文堂，1997年。

V　古墳時代の社会と文化

4　古墳時代の居館・集落と建物

1　古墳時代の居館と集落

　大型前方後円墳の出現とともに、これまであった弥生時代のムラは劇的に変化し、その様相は一変します。奈良盆地の東南部には、纒向遺跡と「おおやまと」古墳群が造営されましたが、ヤマト王権の枢要部とその墳墓群と推定されます。「おおやまと」古墳群は、西殿塚古墳を中心とした大和（萱生）古墳群、行灯山古墳・渋谷向山古墳を中心とした柳本古墳群、箸墓古墳を中心とした纒向古墳群などからなり、前期の大型前方後円墳を中心とした構成となっています。この中の箸墓古墳と渋谷向山古墳の間の約2.7km²に広がるのが纒向遺跡で、これら大型古墳群造営の母胎となった集落と考えられます。纒向大溝とよばれる大規模な人工水路をはじめとした遺構や、導水施設や弧帯文を用いた木製品など、当時の祭祀や政治にかかわる遺構・遺物、東海地方をはじめ吉備・山陰地方など全国各地の土器が検出され、ヤマト王権の支配拠点として機能していた可能性が考えられます。ただし、纒向遺跡については中心部の詳細については不明な点が多く、こうした評価に対して慎重な意見もあります。

　さらに古墳時代中期になると、奈良盆地の各地にあった豪族たちも、こぞって大規模な集落を営み、地域の支配拠点として機能させていたと考えられます。和爾氏に関連する和爾遺跡群、葛城氏に関連する名柄・南郷遺跡群、物部氏に関連する布留遺跡などです。

　とりわけ、名柄・南郷遺跡群は、古墳時代中期中葉を中心とした大規模な集落遺跡で、金剛山東麓の約4.7km²という広大なひろがりをもっています。その中には、大規模な政治・祭祀施設（極楽寺ヒビキ遺跡・南郷安田遺跡・南郷大東遺跡）、首長層の居館（名柄遺跡、多田桧木本遺跡）、大規模な武器生産工房（南郷角田遺跡）、中間層の屋敷地（南郷柳原遺跡・井戸井柄遺跡）、大規模な倉庫群（井戸大田台遺跡）、玉生産・鉄器生産・窯業生産などをおこなった人々が居住した一般集落（下茶屋カマ田遺跡・南郷千部遺跡・井戸池田遺跡・佐田クノ木遺跡など）があります。遺跡は、この地域において勢力を誇り、朝鮮半島で活躍したという大豪族である葛城氏と結びつけて解釈することができます。この時代の氏族のまとまりや活動には疑問点があります。しかし、強大な権力をもった地域勢力が、その支配拠点としてこれらの集落を機能させていたという点には疑問の余地がありません。私は、名柄・南郷遺跡群を葛城の「高宮」に比定し、図1のような地域支配モデ

▷1　「おおやまと」古墳群
大和古墳群・オオヤマト古墳群などと称され、その範囲は研究者によって異なる。本稿の名称・範囲は、伊達宗泰『「おおやまと」の古墳集団』（学生社、1999年）による。

▷2　弧帯文
円弧形の線を多条に帯のように巡らした文様。円筒埴輪の先祖である特殊器台などの土製品のほか、石・木などに描かれた。吉備地方と大和地方の交流のなかで、主に墳墓の祭祀にかかわって発展した。

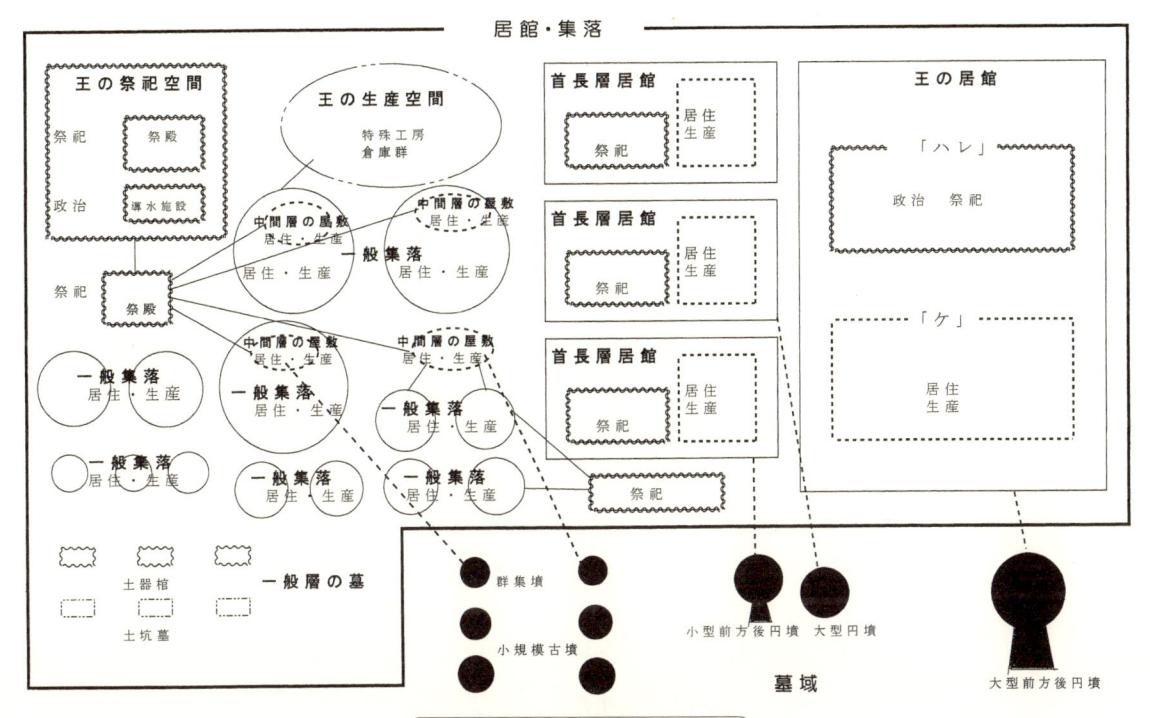

図1　名柄・南郷遺跡群のモデル

ルを想定していますが，それには批判もあります。

　こうした古墳時代前期〜中期の支配拠点は，規模において弥生時代の大規模集落を圧倒的に凌駕する一方，弥生時代の大規模集落に特徴的な集落全体をとりまく環濠・土塁などが認められません。その立地も低地ではなく，丘陵の裾部や扇状地の扇央部の川と川の間に挟まれた高所に，下流域を望むように営まれています。さらに，堀，石垣，溝，柵などでおごそかに区画した首長層・中間層の居館や政治・祭祀にかかわる空間が，その集落の内部やあるいは集落の下流域などに設けられました。

　さらに，これらの支配拠点は流通や交通上の拠点として機能したほか，農業水利や周辺の開発をおこなう開発拠点，手工業生産などの生産拠点としても機能しました。さらに，その配下にあった一般層は，周辺の開発や生産活動に従事し，大規模集落の内部に居住するばかりでなく，各地におかれた生産拠点や小規模集落に居住しました。そこには，全国各地からの移住者のほか，朝鮮半島を中心とした地域から渡来してきた技術者の姿があることをみとめることができます。

　一方，地方豪族の支配拠点となっていたのが，三ツ寺Ⅰ遺跡・北谷遺跡（群馬県）などの例です。三ツ寺Ⅰ遺跡は，古墳時代中期末〜後期初頭に営まれた保渡田古墳群の被葬者の住まいと推定され，石垣・堀で取り囲まれた約7400㎡の突出部をもつ方形の区画を，大規模な掘立柱建物と井戸・石敷施設などの政治・祭祀施設を中心とした空間（南区画）と，竪穴住居を中心に鉄器生産など手工業

▷3　坂靖『古墳時代の遺跡学——ヤマト王権の支配構造と埴輪文化』雄山閣，2008年。館野和己「史料にみる葛城の漢人と金属技術者」『古代日本形成の特質解明の研究拠点ヤマトの開発史（1）』奈良女子大学21世紀COEプログラム報告集Vol.17，2007年。加藤謙吉『大和の豪族と渡来人』吉川弘文館，2002年，など。

▷4　若狭徹『古墳時代の地域社会復元　三ツ寺Ⅰ遺跡』シリーズ「遺跡を学ぶ」3（新泉社，2004年）を参考にされたい。

V　古墳時代の社会と文化

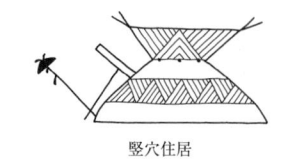

図2　佐味田宝塚古墳家屋文鏡に描かれた建物
（二階建物／平屋建物／倉／竪穴住居）

生産の痕跡がみとめられる空間（北区画）に分割していました。

②　古墳時代の建物と住まい

　古墳時代の集落遺跡からは，さまざまな建物の跡が検出されます。最も多いのは縄文時代以来の伝統的な建物形式である竪穴住居です。古墳時代のものは大半が，正方形プランで一辺3～8mほどの規模をもちます。住居に供されたものが大半ですが，他の用途（工房や祭祀施設）に使用されたと考えられるものもあります。古墳時代前期後半になると，朝鮮半島との交易活動がおこなわれていたと推定される西新町遺跡（福岡県）で住居に竈が付設され，近畿地方以東では古墳時代中期以降急速に普及しました。それにともない，甑や鍋などの土器も使用されるようになり，生活様式も大きく変化したと考えられます。竪穴住居は，居住条件にすぐれ，一般層の大部分は，こうした住居に居住し，農業生産や手工業生産にいそしんだものと推定できます。

　さらに，それを管理した首長層も，こうした伝統的な竪穴住居に住んだ可能性があります。辰巳和弘は，佐味田宝塚古墳（奈良県）から出土した家屋文鏡に描かれた4棟の建物（図2）の状況や，上述の三ツ寺I遺跡が掘立柱建物を中心とした区画と竪穴住居を中心とした区画に二分されている状況から，日常的な寝食（「ケ」）には，竪穴住居を利用し，高床式の掘立柱建物＝「高殿」で政治や祭祀（「ハレ」）をおこなったものと推定しています。◁5

　一方，古墳の墳頂部を中心に家形の埴輪がおかれますが，これは古墳時代の建物を復原するうえで絶好の資料です。上述の南郷遺跡群の東北にあり，葛城地域最大の前方後円墳として著名な室宮山古墳では，角柱に直弧文を施した大型の家形埴輪が出土し，調査後46年を経た1996年に，橿原考古学研究所附属博物館の特別展を契機に復原されました。その後，2004年には南郷遺跡群内の極楽寺ヒビキ遺跡で，角柱の柱痕跡を残す大型建物が検出されました。この建物は，石垣と堀で区画され南郷遺跡群全体を見渡す絶景の高台の上にあります。生活用具の出土はなく，建物前面に広場が設けられていること，建物の構造が特殊であることなどから，居住施設としてではなく，首長が国見をおこない，政治活動を実践する「高殿」として使用したものと推定されます。そして，建築学者の黒田龍二によってこの建物と室宮山古墳の家形埴輪が見事に一致することが確認されました。◁6室宮山古墳の家形埴輪がつくられたのちに，南郷遺跡群の建物が営まれたことがわかっていますから，南郷遺跡群の建物を直接，室宮山古墳の上に埴輪として再現したわけではありません。それにしても，首長が実際に政治・祭祀をおこなった建物の実態をまのあたりにすることが可能に

▷5　辰巳和弘『高殿の古代学　豪族居館と王権祭儀』白水社，1990年。

▷6　黒田龍二「極楽寺ヒビキ遺跡大型掘立柱建物（建物1）の復元とその諸問題」『橿原考古学研究所紀要　考古学論攷』第29冊，2006年。

なったわけです（図3）。角柱の掘立柱建物の事例はきわめて少ないのですが，西大寺東遺跡（奈良県），出雲国府下層遺跡（島根県）などの例があります。

　掘立柱建物は，さまざまな用途に供されました。上述の「高殿」や政治的な建物のほか，総柱の建物は倉庫としての用途が考えられます。とりわけ，古墳時代中期に位置づけられる法円坂遺跡（大阪府）や鳴滝遺跡（和歌山県）では，総柱の大型掘立柱建物が何棟も連なって検出されており，流通拠点として機能していました。ヤマト王権直営の大型倉庫群（屯倉）との関連も推測できます。

　そして，掘立柱建物は居住施設としても利用されました。古墳時代中期～後期になると，掘立柱建物だけで構成される集落の事例が近畿地方では徐々に増加してきます。藤原宮下層遺跡や酒ノ免遺跡（奈良県），古新田遺跡（静岡県）などは権力層の居館と推定される事例です。まず，権力層が自らの住まいとして掘立柱建物を利用し，それが徐々に広がっていったものと推定できます。そして，飛鳥時代以降の集落遺跡は，掘立柱建物だけで構成されるものが主流になってきます。

　このほか，古墳時代においては，大壁建物とよばれる建物形式があり，渡来系集団との関連が指摘できます。建物の四周に溝を掘り，溝の中に柱を何本も立て，その柱を塗り込めた壁によって建物を支えるという特殊な構造の建物です。上述の南郷遺跡群をはじめ，清水谷遺跡・観覚寺遺跡（奈良県），穴太遺跡（滋賀県）など，いずれも朝鮮半島と深いつながりをもった遺跡でみつかっています。南郷柳原遺跡のそれは，石垣の基壇をもつ立派なもので，中間層の屋敷地と推定されます（図4）。

3　居館・集落研究の展望

　古墳被葬者となった権力層がどのように住まいし，どのように政治をおこなってきたかについては，かつては資料がきわめて乏しく，研究は進みませんでした。しかし，1980年代の三ツ寺I遺跡の発見以降，各地で豪族居館で確認される一方，近畿地方でもその実態が徐々に明らかになってきました。居館や集落遺跡の資料は爆発的に増加しており，同時期の古墳と生産遺跡，祭祀遺跡，集落遺跡を有機的につないで，各地域の実態を明らかにしていけば，ますますこの分野の研究が進展していくと思われます。

（坂　靖）

図3　極楽寺ヒビキ遺跡（奈良県）の検出遺構と復原建物の合成
（神戸大学工学部建築学科建築史研究室作製，奈良県立橿原考古学研究所附属博物館提供）

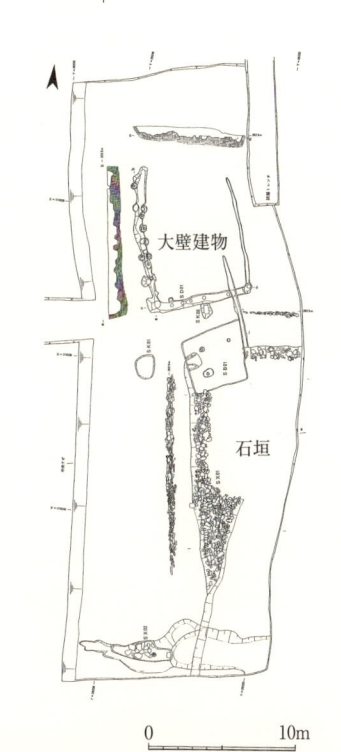

図4　南郷柳原遺跡の大壁建物と石垣

V　古墳時代の社会と文化

5 古墳時代の技術
金工の技法を中心に

1 古墳時代の新来の技術

　古墳時代の技術で最も顕著なものは，時代の象徴でもある古墳に関わる技術です。それは，墳丘とその周辺施設の築造までの一連の土木作業をはじめ，埴輪や木製立物の製作，埋葬施設の石室などの築造と木棺や石棺の製作などがあげられます。また，農業をはじめとする食料生産にかかわる技術と手工業生産の技術でも，前者の土木技術は古墳の築造に際しても活かされ，後者の製品の主要なものは古墳の副葬品にくわえられていて，支配者層のもとに当時の先端技術を集中させていたことがわかります。

　ここでは，手工業生産のなかでも5世紀に新たにくわわる金工品の製作技術について取り上げます。その代表例は，金・銀・金銅製の装身具と馬具の鉄地金銅張り品であり，いずれも金色に作られた製品です。これらは，製品とともにその製作技術も朝鮮半島からもたらされたもので，有力な支配者層のもとで渡来工人を中心とした新たな工房が設置され，製作技術の革新とともに専業的な生産が開始されるなど，生産体制にも大きな変化をもたらしたと考えられます。

2 金工品にみる製作技術

　5世紀以降の金・銀・金銅製装身具は，朝鮮半島の百済・加耶などとの継続的な交流を通じて，その多くがもたらされました。冠（かんむり）・履（くつ）・帯金具（おびかなぐ）などは，「鍍金（ときん）」した銅板＝金銅板に透かし彫りや線彫り（蹴り彫り）を施したものが主流で，鍍金と彫金の技法が同時にくわわります。そして，垂飾付耳飾（すいしょくつきみみかざり）と指輪は，金・銀線の加工をはじめとする細金細工の製品です。このほかにも，5，6世紀の飾り馬具の杏葉（ぎょうよう）・鏡板（かがみいた）・鞍（くら）などの主要金具は，鉄地金銅張り品が中心で，これは鉄板に薄い金銅板を被せる技法が採用されています。

　このなかでも鍍金，すなわち金メッキは，少ない金を有効に利用して多くの金色の製品を作ろうとした技法であり，日本列島でも渡来工人を中心に，武器や馬具・装身具にいち早く採りいれられました。その方法は，水銀に金（細粒・箔など）を溶かしたアマルガムを，おもに銅の製品に塗って加熱して水銀を蒸発させ，その上を竹べらなどで磨いて光らせるというものです。さらに，この工程を何回か繰り返すことで，金の輝きが増します。

　つぎに彫金の基礎的な技法について，鈴木勉氏の著作を参考に概観しておき

▷1　鈴木勉『ものづくりと日本文化』奈良県立橿原考古学研究所附属博物館，2004年。

ます。

○線彫り

点打ち，蹴り彫り，なめくり打ち，毛彫りの四種類があり，素材を鋭利なたがねで削り取る毛彫りのほかは，いずれもたがねで素材をくぼませる技法です（図1）。5，6世紀の金銅製冠や帯金具，馬具に見られる線彫りの多くは蹴り彫り（図2-1，2）で，これはたがねを斜めに打ち込んだ細長い三角形を連続させたものです。この他に，先端の丸いたがねを使った点打ち，先端が二枚貝の形に似たたがねをずらしながら打つなめくり打ちがあります。

○円文・魚々子文たがね

たがねの先端を丸く作りその内側をくぼませることで，同じ大きさの円形の文様を連続して打ち込むことができます。この文様を多用した例として，藤ノ木古墳の龍文飾り金具（図3）をみると，周囲に円文の真ん中に点打ちした文様を連ね，龍の胴と四肢にたがねを斜めに使った半円文で鱗状に表現するのがみられます。なお，魚々子とは魚の卵のことで，円文をぎっしりと詰めて使うのが本来の使い方なので，古墳時代のものを鈴木氏は円文と呼んで区別しています。

○透かし彫り

文様に沿って周囲を切り抜く技法で，切断用のたがねを使用するのが一般的ですが，糸のこの使用も考えられます。出土品で糸のこに相当するものは知られていませんが，細い鉄の針金に刻みを入れたものが想定されてい

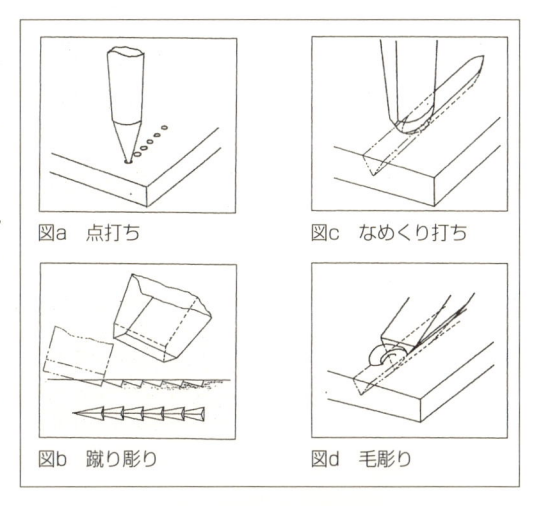

図1 線彫り（模式図）

出所：鈴木勉（2004）。

図2-1 花弁形杏葉（石光山8号墳）

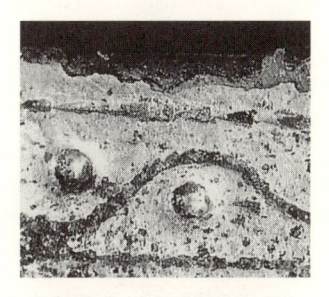

図2-2 蹴り彫りの文様

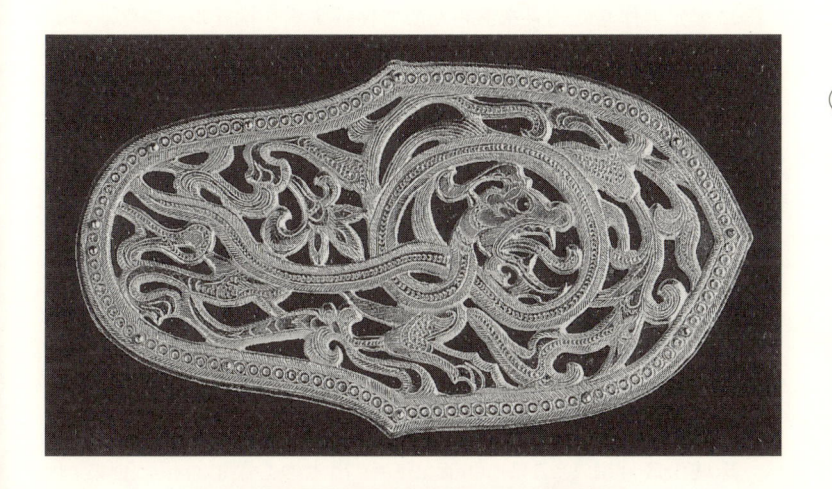

図3 藤ノ木古墳の龍文飾り金具（復元品）

V 古墳時代の社会と文化

ます。そのときは、切断する要所に孔を開けておく必要があり、たがねの場合でもそのような孔があれば切り抜きやすいでしょう。なお、たがねで狭い範囲に多くの透かし彫りをするときには、素材に歪みが生じやすいという問題があります。

○肉彫り・薄肉彫り

藤ノ木古墳の龍文飾り金具では、文様に沿って透かし彫りするとともに、その縁をたがねで丸く削り取る（彫りくずし）ことによって、龍の頭と胴・四肢などを立体的に見せる工夫がされています。おなじ藤ノ木古墳の鞍金具は、この文様表現を採りいれた優品の代表例です。

3 古代の技術を探る

「日本の古代の技術に関する著作は、その一部門のみをとりあつかったものまで数えれば、かならずしも乏しくはないが、技術者の書いたものには歴史的な理解が十分でなく、歴史学者の書いたものには技術的な認識の不足している傾向がある」。これは、小林行雄著『古代の技術』のあとがきの冒頭の一文です。

▷2　小林行雄『古代の技術』塙書房、1962年。

技術を研究の対象にするときの問題点が的確に指摘されていますが、半世紀ちかく経過した現在でも、同様な問題が議論されているのです。

まず、考古学の立場から技術を探ろうとするときには、考古資料の詳細な観察が必要であり、それによって使われた材料と製作技法などを推定します。そのときには、肉眼観察に加えて科学的な方法を援用しながら、資料にあらわれた製作時の痕跡を読み取ることがポイントです。

これに対して鈴木勉氏は、「ものづくりをする工人は、何時の時代の人も製作の痕跡を出来るだけ隠すようにする」ため、「品物を観察して推定することは、技術を隠そうとした古代の工人との知恵比べ」だと、遺物の観察によって技術を知ることの困難さを強調しています。そして、実物の観察からその作り方を推定し、実際に復元製作した結果をあらためて検証する「検証ループ法」の必要性を説いています。

▷3　鈴木勉・河内國平『復元七支刀——古代東アジアの鉄・象嵌・文字』雄山閣、2006年。

ただし、この方法で問題なのは、そのような製作実験が誰にでもできるというわけではなく、限界はあるものの、できるだけ多くの遺物を観察することによって、古代の工人の技術の多様さを実感することが必要でしょう。

4 技術を見る目

それでは、考古学の立場から古代人の技術を探るための視点について、私が復元品の製作に関わった例をあげて考えてみます。

珠城山3号墳（奈良県）（6世紀後半）出土の心葉形鏡板と杏葉（図4）は、金銅製馬具の範疇に含まれます。この金具は、地板の鉄板

図4　心葉形杏葉（珠城山3号墳）

に薄い金銅板を重ね，その上に透かし彫りの文様板と厚い縁金（ともに金銅板）とともに鋲留めされていて，一般的な鉄地金銅張り馬具が，地板と縁金の鉄板に薄い金銅板を被せて周囲を鋲留めで固定するのとは異なります。

　このように，金具の構造と使用材料がわかれば，その製作技法を知る手がかりになります。たとえば，彫金による透かし彫り文様は銅板に施されていること，その分厚い縁金の曲線がきれいに見えるのは，それが鉄に金銅板被せではなく銅板そのものに鍍金されているから，というようなことは復元製作時の検討を通じて特定できました。その際には，彫金など金工の専門家が製作者の立場で観察し，材料とともにその製作の過程で駆使されている技法を探るのが目的でした。具体的には，透かし彫りや薄肉彫り・線彫りのようすを詳しく観察して，それぞれの作業に必要な道具＝たがねを作って復元製作にかかる，という手順で進められました（図5）。

　このときの製作者の目は，技術者の経験がもっとも有効であり，しかも復元製作の過程で再度チェックができるという点では，さきの鈴木氏の指摘した「検証ループ法」にあてはまります。そして考古学の立場からは，その観察と復元製作で得られた情報をもとに，類例資料や同時代資料との比較を通じて，その遺物の製作技法の歴史的な位置づけをする必要があります。こうした技法の特徴を考慮に入れた遺物の検討は，その製作地や製作時期を考えるのにも有効な視点といえます。

　この珠城山3号墳の馬具にみられる薄肉彫りの技法は，同時期の藤ノ木古墳などの金銅製馬具に共通する特徴ですが，その他の飾り馬具は鉄地金銅張り品が主流を占めているのに比べると，特異な馬具の一群であると性格づけられます。それで，これらを舶載品として評価するのが一般的な考え方ですが，製作技法の比較という視点からいえば，その製作地の候補となる朝鮮半島や中国大陸の同時代資料を同じ目で観察して，その仮説の妥当性を検証する必要があります。

　また，製品の移動と同時に，鈴木氏が指摘した「技術移転」すなわち工人の移動も，ときには想定しておく必要があります。これらの違いは，その製品に見られる新しい技術が以降に受け継がれたかどうかが，判断の基準になります。ちなみに，藤ノ木古墳などの金銅製馬具を特徴づける薄肉彫りの技法は，それ以降の列島内の金工の工房に定着したとはみられないため，私はそれらを一定期間のみの舶載品と考えています。これとは逆の見解もあり，製作地については決着していませんが，このような製作技法の視点を加味した議論は，金工品に限らず多くの分野での今後の進展に期待できます。

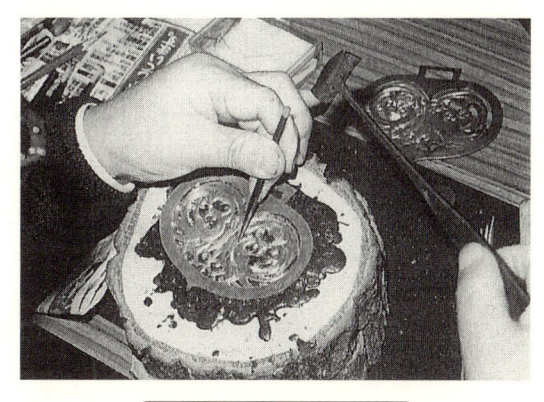

（千賀　久）

図5　たがね彫りのようす

▶4　勝部明生・鈴木勉『古代の技――藤ノ木古墳の馬具は語る』吉川弘文館，1998年。

V 古墳時代の社会と文化

6 東アジアの中の古墳文化

1 東アジア地域における古墳文化研究の意味

　人を埋葬するに際して，地表に土や石を盛り上げて墓を造ることは，日本だけでなく世界の各地の歴史の中にみられる風習です。しかしながら，日本の古墳はその中でも，いくつかの特色をもっており，それは日本の歴史的特質を示しています。また，それだけにとどまらず，古墳は後の時代にも意識され，あるいは**天皇陵**と伝承されたものの中には歴史の中で政治的に利用された場合もあります。そのため，古墳は現在にいたるまでの日本の文化的風土を構成する要素といっても過言ではありません。日本列島の大部分に築かれた古墳の特質を東アジアの地域との比較から明らかにしていきたいと思います。

2 古墳の規模と形

　日本の古墳文化を同時代の東アジア各地と比べるとき，もっとも大きな特色は墳丘の大きさです。地表に土や場合によっては石などを盛り上げて高く築く墳丘は，そこが墓であることの目印となり，それが大規模な場合は権威を誇示する方法ともなります。世界史の中で，地表に巨大な構築物を築いた墓といえば，エジプトのピラミッドがよく知られます。ピラミッドの中でも最大のクフ王のピラミッドは底部で1辺が約230m，残存する高さは約137mにもなります。いっぽう，日本の古墳でもっとも大きな**大仙古墳**（大阪府堺市）は全長およそ486mで，前方部は幅305m，高さ約33mもあります。墳形が異なるため単純な比較はできませんが，巨大な古墳の大きさがわかろうというものです。

　日本の古墳の墳形として特徴的なものが，このような前方後円墳です。平面的には鍵穴のような形をしているのが特徴です。古墳時代でも時代が下がるにつれて，前方部が開くようになるといわれています。

　前方後円墳という墳形のもつ意味については，壺などの器物を模倣したという説もありますが，弥生時代の墳丘墓からの墳形の変化の中でとらえられるとみられています。

　前方後円墳は，かつて日本列島だけにみられる墳形とされてきましたが，1980年代に韓国で同様の墳形の古墳が発見されてから，韓国の南西部に分布（全羅北道，全羅南道地域を中心に13基）していることがわかってきました。このような韓国の前方後円墳（図1）の意味については，さまざまな説がありますが，な

▷1　**天皇陵**
天皇・皇后・太皇太后および皇太后を葬った所を陵といい，その他の皇族を葬った所を墓という。また，これらをあわせて陵墓という。古墳のなかにも陵墓またはその参考地として宮内庁が管理しているものがあり，天皇陵古墳と呼ばれるが，比定された天皇を被葬者とするかどうかに関しては考古学的な検証が必要である。

▷2　**大仙古墳**
大阪府堺市の百舌鳥古墳群にある日本最大の前方後円墳。古墳時代中期（5世紀頃）に築造されたと推定されている。大山古墳と表記されることもある。宮内庁は仁徳天皇陵とするが，被葬者については現在の古代史・考古学の研究水準からは検討が必要とされている。

かには，製作技法などに違いはあるにしろ，埴輪状の土器を樹立する事例があります。このような日本の古墳とあい通ずる要素を検討することによって，当時の韓国西南部と日本列島との交流関係の実態を考えることができます。その意味で韓国の前方後円墳は，海をこえた地域間の交流を検討するために重要な視点を提供しました。

図1　韓国の前方後円墳（全羅南道霊光郡・月溪古墳）

3　墓制と副葬品

このように大規模な墳丘を築いて，一人または少数の人物が広い土地を占有し，多数の副葬品を納める葬送の風習を厚葬といいます。これはもともと中国の葬法の一つで，逆に墳丘を作らず，葬送に多大な財や労力を費やすことなく，経済的にも労働力の面からも過重な負担をかけない墓の造りかたを薄葬といいます。

日本の古墳では，原則として一人を葬るために巨大な墓を造り，時代によっては長さが6ｍもあるような木棺を納め，実用品ではなく，祭祀や儀礼などの特別な目的に使われる器物を埋納しており，これは厚葬の典型といえます。

中国の特に支配階層の間では，おしなべて厚葬が中心ですが，時代や状況によっては薄葬がおこなわれることもあります。極端な例ですが，『三国志』で名高い魏の曹操（155～220）は，古墳から副葬品を掘るための官職（摸金校尉，発丘中郎将）を置いたとされますが（『後漢書』袁紹劉表列伝），乱世にあって，自身の墓を造る際には，遺体を包むのに平服を用い，墓中に金銀珍宝を納めるのを禁じ，薄葬としたことは有名です（『三国志』魏書武帝紀）。

古墳時代も終わりに近づき，時代区分としては飛鳥時代とよばれる頃には「薄葬令」が出されたことが『日本書紀』に出ています。「大化の薄葬令」といわれるものでその信憑性については，さまざまな意見がありますが，鳥谷口古墳（奈良県当麻町），古宮古墳（大分市）（図2）などのように，これにのっとって造られた墓があるとする見解も出されています。この法令の実効性についても，議論がありますが，7世紀頃には古墳そのものがしだいに築かれなくなり，大規模な土木工事の対象は寺院へと移りかわっていきます。

日本の古墳を副葬品の面から特徴づけるものは，銅鏡

▷3　『日本書紀』孝徳天皇の大化2年（646）三月甲申の条に記された詔のなかで，造墓の制限や禁止に関するもので，一般に「大化薄葬令」とよばれている。この記載の信憑性については，研究者の間での議論がある。

図2　古宮古墳（大分市，7世紀）

が埋納されることです。特に古墳時代前期には1基の古墳から複数の銅鏡が出土することがあり，なかには30面以上の鏡が出土する古墳（黒塚古墳〈奈良県天理市〉，椿井大塚山古墳〈京都府山城町〉）もあります。墓に銅鏡を埋納することは古代中国で始まりましたが，鏡は人の顔や姿を映し出す役割をもつ化粧道具ですから，1つの墓にこのように多数の銅鏡を納める風習はありません。このような本来の用途や機能とは別に，古墳時代には鏡を多数埋納することがおこなわれたのです。中国の歴史書として有名な『三国志』魏書東夷伝倭人条（魏志倭人伝）には邪馬台国の卑弥呼の使いが，「銅鏡百枚」を下賜された，という記事がみえており，3世紀頃の日本列島に多数の中国の鏡がもたらされたことを具体的に伝えています。このとき，卑弥呼の使いがもらった鏡が，どの鏡に該当するのかについては，さまざまな議論があり，中国の学者も意見をのべています。その結論はまだ出ていませんが，それほどに銅鏡の埋納は日本の古墳時代における特徴的な風習といえます。

▶4 『三国志』
中国の正史の一つで，魏・呉・蜀，の三国の歴史を記した史書。撰者は西晋の陳寿（233〜297）。

4 葬送習俗の特徴

合葬とは言葉の意味としては同一の墓に二人以上の遺骸を埋葬することです。

合葬の制度は中国で盛行しますが，夫婦を1つの墓に葬ることが一般的です。これに対し，日本では古墳時代の後期には二人以上の多人数を1つの墓に葬ることがおこなわれます。このような習俗は「群集墳」といって，小規模な古墳が多数営まれるようになった頃からさかんになります。このような古墳の埋葬施設は横穴式石室で，ここに多い場合は10体以上もの人骨（大藪古墳〈東大阪市〉11体など）が発見されることもあります。

ただし，横穴式石室は出入り口が設けられているため，何度かにわたって埋葬が可能となります。このように最初の埋葬から時を経て，埋葬することを「追葬」といいます。日本の古墳時代後期には，追葬がさかんにおこなわれました。追葬の場合，前にあった人骨をかたづけて，埋葬している場合があり，古墳がたんなる一回的な埋葬の場ではなくなっていることがわかります。

いっぽう，古墳時代に併行する魏晋南北朝時代から隋唐代にあたる中国をみると，1つの墓に家族を葬る場合があります。その場合も墓室を別にすることが多く，1つの空間に多人数を葬ることは，やはり古墳時代の葬法の特徴といえるでしょう。

これとは別に，王や皇帝，首長，司祭者などの死や喪に際して，臣下などがあとをおって自殺することを「殉死」といいます。そして，主たる被葬者の墓の周囲などに殉死者を埋葬することを「殉葬」といいますが，これには殉死者が自殺する場合と支配者が強制的に殉死させる場合があります。

このような殉葬は，古代エジプト・メソポタミア・古代中国などでおこなわれました。古代中国では殷代には王墓だけでなく，宮殿や祭祀のための宗廟な

▶5 横穴式石室
古墳の埋葬施設の一種。遺骸を埋納する玄室の横に羨道という通路を設け，入り口である羨門とつながり，ここを閉塞石という石材で閉ざす構造である。閉塞石を取りはずせば，何回かの埋葬が可能となり，これを追葬と呼ぶ。

どでも，殉死者を埋めた殉葬坑が多数発見されています。有名な安陽の**殷墟**では殉葬人骨が600体以上も発見されているほどです。

いっぽう，日本列島をみると，先にふれたいわゆる『三国志』魏書東夷伝倭人条には邪馬台国の女王・卑弥呼が死去し，「冢」（塚）を築いた際に100余人の奴婢（ぬひ）が殉葬されたと記されていますが，実際には弥生時代から古墳時代には，明らかに殉葬とわかる例は発見されていません。

また，『日本書紀』では垂仁天皇の時に野見宿禰（のみのすくね）が日葉酢媛命（ひばすひめのみこと）の陵墓へ殉死者を埋める代わりに土で作った人馬を立てることを提案したという説話があります。しかし，古墳時代の殉死の痕跡は，考古学的には確認されておらず，また，形象埴輪も人物ではなく，家形埴輪の方が早く出現することからも，この説話が考古学的な事実とは符合しないとされています。

日本では古墳に葬られた人物の特定は難しく，直接の証拠となるものはほとんどありません。これに対し，中華世界では，墓誌を埋納することがふつうです。石や金属，焼物などに被葬者の事跡を記して棺とともに埋納するのが墓誌（ぼし）で，これによって墓の主が誰でどんな官職についたのかや，死んだ年月日までもわかります。しかし，古墳時代にはこのような墓誌が埋納される習慣はなく，漢字を用いる文化をもちながら，必ずしも受容しない習慣があったことがわかります。

墓誌は，飛鳥～奈良時代には火葬にともなって一部の高位階層の人々の墓に埋納されます。墓誌の発見によって被葬者の知られた有名な古墓としては，『古事記』の撰者である太安万侶（おおのやすまろ）（723年没）の墓があります。奈良時代の古墓として被葬者が具体的に知られた有名な例です。しかしながら，一般的には日本では墓誌は流行せず，中世に石塔や木の塔婆（とうば）を立てる墓制が始まり，これがその後も継続します。

そのほかにも日本の古墳の特徴は数多くありますが，かぎられた紙数の中で，主として中国や朝鮮半島と比較検討することによって，東アジアの中での古墳文化の特質を示してみました。

（門田誠一）

付記 本書刊行後，韓国で新たに全羅南道康津郡・永波里古墳，全羅南道羅州市佳興里・新興古墳の2基の前方後円墳が発見されました。このうち新興古墳は発掘調査が行われ，韓国の前方後円墳のなかではもっとも古い5世紀中頃と報道されていますが，詳細は正式な報告書の刊行をまちたいと思います。なお，本文でふれた韓国の前方後円墳の分布地域に変更はありません。

▷6　**殷墟**
中国河南省安陽市の北西郊にある殷代の遺跡で，殷代後期の前14～前11世紀に都を置いた場所の遺跡。1928年以来の発掘によって，多数の宮殿址・大墓・小墓，無数の竪穴が発見され，出土遺物としては多数の銅器・玉器などや文字を刻んだ甲骨が出土した。

参考文献
白石太一郎編『終末期古墳と古代国家』吉川弘文館，2005年。
朝鮮学会編『前方後円墳と古代日朝関係』同成社，2005年。
森浩一『考古学と古代日本』中央公論社，1994年。
森浩一編『天皇陵古墳』大巧社，1996年。
門田誠一『古代東アジア地域相の考古学的研究』学生社，2006年。

VI 古代の考古学と成果

1 古代史料と考古学
飛鳥～平安時代の考古学の方法

　かつての歴史学では，文献史料を研究することこそ歴史学の本道であり，考古学などはしょせん歴史学の補助学にすぎないとされていました。しかし，考古学の発展とともにこうした狭量な考えは次第に後を絶つようになりました。文献史料の存在しない旧石器時代や縄文時代が考古学の独擅場になることはやむをえませんが，少なくとも弥生時代以降の研究では，考古学と文献史学は，互いに協力しあいながら歴史の実像に迫ることが必要なのです。歴史学にとっては，考古学と文献史学は車の両輪として，互いに弱点を補完していかなければならないからです。

　飛鳥時代から平安時代にかけての考古学上の諸問題のうち，考古学と文献史学が相互補完した事例をトピックス的に述べていきましょう。

1 飛鳥時代の天皇陵

　全国には宮内庁が治定している歴代の天皇陵が数多くみられます。しかし，現在の天皇陵のほとんどは幕末の研究で定められたものであり，その中には学問的に見ると異論を提出する余地のあるものもたくさんふくまれているのです。

　7世紀後半に相次いで天皇に即位したのが，天武天皇と持統天皇の夫婦です。天武天皇は朱鳥元年（686）に崩御し，「大内陵」に葬られました。皇后であった鸕野讃良皇女が夫の後を引き継いで即位し，持統天皇となりました。持統天皇はその後，孫の文武天皇に位を譲って太上天皇となり，大宝2年（702）に崩じました。持統天皇の遺体は天皇としては初めて火葬され，夫の天武天皇の陵に合葬されたことが，『続日本紀』の記述によってわかります。

　ただ，鎌倉時代前期の嘉禎元年（改元前は文暦2年〈1235〉）3月20日に天武・持統両天皇陵に盗人が押し入り，中に納められていた副葬品をもち出すという事件がおこりました。この事件は京都の貴族たちにも衝撃をあたえたとみえ，歌人として知られた藤原定家はその日記である『明月記』にこの盗掘事件の顛末を詳しく書き記しています。

　しかし，中世には天武・持統両天皇陵は所在不明となってしまい，江戸時代になって探索されることになりました。大和国高市郡の野口村（現・奈良県明日香村）には皇ノ墓または王墓と

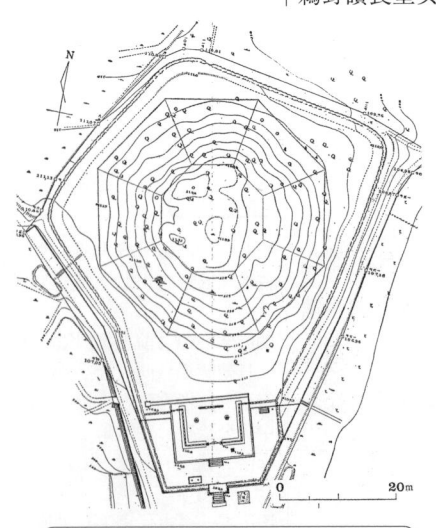

図1　野口王墓古墳（天武・持統両天皇合葬陵）
出所：『国立歴史民俗博物館研究報告』第1集。

よばれていた古墳があり，村人はこれを武烈天皇の陵であると伝えていました。しかし，元禄年間の幕府の南都奉行所の調査では，この野口王墓古墳（図1）が天武・持統両天皇陵であると考えられるようになりました。一方，大和国高市郡五条野村と見瀬村の境界付近（現・奈良県橿原市）には円山，丸山，東明寺塚などとよばれた前方後円墳（五条野丸山古墳，見瀬丸山古墳）が存在しており，その横穴式石室の中に2つの石棺が納められていることが知られるようになると，これこそが真の天武・持統両天皇陵であるとする考えがひろまったのです。

　ところが，明治13年（1880）に，京都の栂尾にある高山寺の文書の中から，1通の記録が発見されました。「阿不幾乃山陵記」というこの文書は，まさに嘉禎元年（1235）の古墳盗掘事件の詳細な記録だったのです。先ほど述べたように，この時に盗掘されたのが天武・持統両天皇陵であることは『明月記』などに書かれており，また「阿不幾乃山陵記」にはこの陵の所在地が「里号野口」と記されていますから，天武・持統両天皇陵は五条野丸山古墳ではなく野口王墓古墳であることは明白です。そして，この発見によって，当時の宮内省は天武・持統両天皇陵を五条野丸山古墳から野口王墓古墳へと治定替えしたのでした。

▷1　「阿不幾乃山陵記」の原文は，斎藤忠編『日本古代遺跡の研究』吉川弘文館，1971年，に掲載されている。また，この史料にもとづく野口王墓古墳の構造については，森浩一『古墳の発掘』中央公論社，1965年，を参照。

2　平城京のまじない

　日本古代の律令は，「凡そ皇都及び道路の側近，並びに葬り埋むことを得じ」と規定しており，都城の内部や幹線道路の周囲に墓を作ることを禁止しています。ところが，平城京右京五条四坊三坪の貴族邸宅跡において，立派な須恵器の蓋付の短頸壺が土坑に納められた状態で見つかったことがあります。こうした蓋付短頸壺は，正倉院では薬を入れる壺として使われていましたし，また各地の遺跡では火葬骨を納める骨蔵器としてしばしば出土します。当然，平城京内における事例も骨蔵器と考えられ，律令の規定に反して都城の中に墓が造られた事例として知られるようになったのです。

　ところが，この「骨蔵器」の中に納められた「副葬品」はいっぷう変わったものでした。その中には，舟のような形をした墨，筆の芯であった竹筒，和同開珎などがはいっていたのです。ただ，納められていたはずの火葬骨がひとかけらものこっていなかったことが不審に思われました。日本の土壌では火葬骨もすべて腐敗して消え去ることが通例ではありますが，この場合には竹筒や墨などは遺存していたのですから，火葬骨だけがすべて溶けて流れてしまったというのも納得いかないのです。

　この意味を解き明かしたのが，奈良大学名誉教授水野正好でした。水野は鎌倉時代の藤原（九条）道家の日記『玉蘂』（承元三年五月二五日条）といった史料の中に，胞衣を壺に納めて埋める際の儀礼の記録があるのに気づいたのです。胞衣とは出産の際

▷2　水野正好「招福・除災——その考古学」『国立歴史民俗博物館研究報告』第7集，1985年。

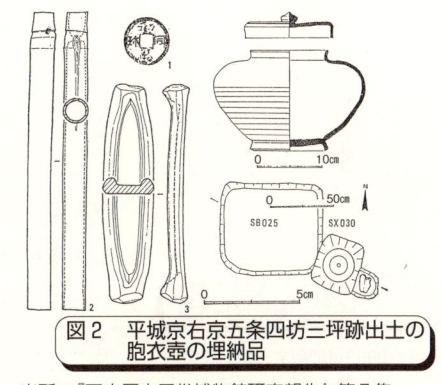

図2　平城京右京五条四坊三坪跡出土の胞衣壺の埋納品

出所：『国立歴史民俗博物館研究報告』第7集。

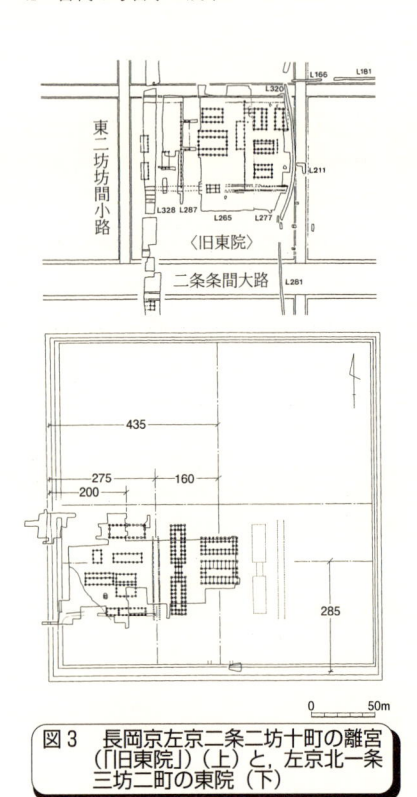

新生児が分娩された直後に排出される子宮胎盤で,「後産」ともよばれます。そして,そうした文献史料によると,胞衣を埋納する際には銭・筆・墨などを添えることがわかったのです。つまり,平城京跡から出土したこうした遺構は実は墓ではなく,胞衣埋納の跡であったことが判明したわけです(図2)。

3 長岡京と東院

　考古学的に発掘された遺跡と,文献史料の記事を結びつけるのはなかなか難しいことです。よほどよく考えたうえのことであっても,発掘調査の進展による新たな発見によって覆されてしまうこともあります。

　長岡京は,桓武天皇が延暦3年(784)に平城京から遷都した古代都城です。しかし,どういうわけか長岡京は10年しか続かず,桓武天皇は延暦13年(794)には新たな都である平安京に遷都してしまいます。『日本紀略』延暦12年正月21日条には「東院に遷る。宮を壊さんと欲するに縁る也」という記事があります。つまり,桓武天皇は,長岡宮の内裏を出て「東院」を仮の内裏と定め,そうすることによって,長岡宮内裏の建築物を解体して新しい都に移築しようというのです。

　桓武天皇が1年余り居住した仮内裏である長岡京東院は,長らくその所在地がわからないままでした。1991年,長岡京左京二条二坊十町跡にあたる向日市市民プールの建設にともなう発掘調査によって,大規模な邸宅の跡が発見されました。中央には7間×5間(21m×15m)という巨大な建物があり,これが全体の正殿であると推定されます。その周囲には後殿や脇殿が整然と配置され,正殿の南側には格式の高い八脚門が設けられていました(図3上)。このような大規模な邸宅は天皇が用いた離宮以外には考えられません。さまざまな検討の結果,この離宮は東院ではないかと推定され,それが定説となったのです。

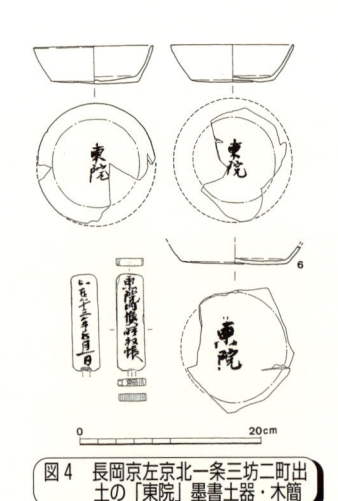

　ところが,それから8年後の1999年,今度は向日市と京都市南区の市境にまたがる長岡京左京北一条三坊二町跡において,ある大企業がその本社となる高層ビルを建設することになり,事前発掘調査がおこなわれました。すると,ここからもまた巨大な邸宅遺跡があらわれ出たのです。ここでは中央に9間×4間(27m×12m)の正殿前殿と9間×4間(27m×12m)の正殿後殿の2つの正殿をもち,その周囲に脇殿や付属建物を整然と配置しています(図3下)。そして,調査担当者を驚愕させたのは,この発掘調査地点からは大量の墨書土器や木簡が出土し,そこには「東院」と書かれたものが多数ふくまれていたのです(図4)。この発見により,桓武天皇が平安

図3　長岡京左京二条二坊十町の離宮(「旧東院」)(上)と,左京北一条三坊二町の東院(下)

図4　長岡京左京北一条三坊二町出土の「東院」墨書土器・木簡

出所:『向日市埋蔵文化財調査報告書』第55集。

京遷都の直前に仮の内裏とした東院は，左京一条三坊二町に存在していたことが確実となったのです。

この発見によって，長岡京左京二条二坊十町を延暦12年の「東院」とした当初の推定は誤りであったことが確実となりました。しかし，この遺跡の価値が失われたわけではないし，当初の推定が勇み足だったわけでもありません。それはそれで桓武天皇の重要な離宮のひとつであったことは確実であり，それを「東院」としたのは，発掘調査の当時においては最も妥当と思われる推定だったからです。考古学においても，その時々に与えられた情報の中で最大限に許される仮説を立てることを恐れてはならないと考えています。

4 平安京の設計

桓武天皇によって建設された，わが国最後の古代都城，それが平安京です。ところが，平安京の遺跡は現在の京都の市街地とまったく重なってしまっており，発掘調査する場合にも調査面積は限られます。

それでは，平安京の構造はどのようにして復元されるのでしょうか。最も重要なのは，平安時代中期に編纂され，古代の行政マニュアルの集大成ともいえる文献『延喜式』です。その巻第四二に「左右京職」という項目があります。そこには，たとえば「朱雀路の広さ，廿八丈」というように，平安京を構成する大路・小路などの規模が詳細に記録されています。そこで，平安京の復元研究にあたっては，まずこの『延喜式』の記載を前提とし，それが実際の発掘調査の成果とどのように合致するかを検討しなくてはならないのです。

平安京の遺構は後世の攪乱によって破壊されていることが多いのですが，それでも道路の側溝は比較的よくのこされており，発掘調査で検出されることが多いのです。そこで，平安京跡の発掘調査を主導する京都市埋蔵文化財研究所では，調査によって検出された平安京の道路遺構を精密に測量しました。この時には，日本全体を網羅する測量基準である国土座標（平面直角座標系）が威力を発揮しました。そして，そのデータをコンピュータで解析して，現実の発掘調査成果と『延喜式』の記載が最もよく合致するように計算をおこなったのです。その結果，現在では平安京の造営尺の１尺は29.844518cmであったと想定され，その南北方位は国土座標の北から０度14分03秒だけ西に振っていることが推定されるようになりました。この計算上で導き出された平安京の条坊の推定ラインと発掘調査で検出される実際の条坊遺構とは，実に±0.99m以内というわずかな誤差で合致するといわれています。『延喜式』に描かれた平安京は東西1500丈，南北1751丈であったと推定できますので，これを換算すると，平安京の規模は東西4476.7m，南北5225.8mであったと復元することができるようになったのです。

（山田邦和）

▶3 平安京の遺跡の発掘調査事例はおびただしい。それを総合したものに，角田文衞監修，古代学協会・古代学研究所編『平安京提要』角川書店，1994年，がある。また，平安時代前期や後期にかけての平安京の変遷については，山田邦和『京都都市史の研究』吉川弘文館，2009年，山田邦和『日本中世の首都と王権都市──京都・嵯峨・福原』文理閣，2012年，を参照。

VI 古代の考古学と成果

2 都市の誕生と展開

1 飛鳥の登場

　飛鳥は，奈良盆地東南部に位置します。飛鳥川が奈良盆地の平野部に流れ出る河岸段丘と多武峯から延びる丘陵先端部の南北約1.6km，東西約0.8kmの範囲にあります（図1）。飛鳥川右岸（東側）をさすことが多いのですが，北側の小墾田，左岸の豊浦・橘，南西の檜隈などを含めて広く飛鳥とよぶ場合もあります。現在の奈良県高市郡明日香村を中心とした一帯にあたります。

　檜隈には，飛鳥地域開発のパイオニアともいうべき渡来系氏族の東漢氏の先祖が5世紀後半頃から居住，定着したようです。6世紀なかばには，渡来人たちと結びついた蘇我氏の勢力がおよんできます。300年以上続いた前方後円墳の時代が終わる6世紀末頃から，さほど広くもない飛鳥周辺では，寺院，宮殿づくりが始まります。蘇我稲目の後継者馬子による崇峻元年（588）の飛鳥寺の建立，次いで推古天皇（大王）による崇峻5年（592）の豊浦宮での即位が契機となり，その後の約1世紀間，王宮や宗教施設，饗宴施設（石神遺跡），推定漏刻台（水落遺跡），官営工房（飛鳥池遺跡）などが続々と集中的に建設されました。交通路もできました。7世紀前半代には奈良盆地を方位に即して南北に貫く下ッ道，中ッ道，上ッ道，東西を結ぶ横大路，斑鳩との間をつなぐ斜向道路の筋違道（太子道）が設けられ，飛鳥を支える環境が整いました。

　飛鳥の王宮のうちで構造が比較的よくわかっているのは，「伝飛鳥板蓋宮跡」として国史跡になっている明日香村岡の宮殿遺構です。遺構は重複関係にあり，大きく3時期に分けられます。なかでも解明がすすんでいるのは，上層の第Ⅲ期宮殿遺構で，天武元年（672）の壬申の乱後，天武天皇と持統天皇が住まいした宮殿である飛鳥浄御原宮と考えられています。673年2月，天武はこの宮殿で即位します。持統8年（694）に藤原宮へ遷るまで用いられました。

　第Ⅲ期宮殿遺構は，①内郭（図1-中央），②東南郭（小字名からエビノコ郭ともよばれています），③外郭東方・北方，④苑池，⑤外郭東外側，それから⑥宮殿域外にも関連施設が存在するものとみられます。中枢機能は①と②にあります。内郭は南北約197m，東西152〜158mの範囲を柱列によって囲われています。さらに東西方向の柱列によってほぼ正方形の区画（内郭北区画）と南北約47mの東西に長い区画（内郭南区画）に二分されます。北区画は掘立柱建物が密集しており，天皇が日頃住まいした空間と考えられます。南区画には大型東西棟がつく

▷1　ほぼ1世紀の間，飛鳥は都となるが，2度離れたことがある。1度目は孝徳天皇の白雉3年（652）の難波長柄豊碕宮（前期難波宮），2度目は天智天皇の天智6年（667）の近江大津宮への遷都である。

▷2　明日香村岡では重複する3時期の宮殿遺構が存在する。下層（第Ⅰ期）は舒明2年（630），舒明天皇が「飛鳥岡の傍」に設けた飛鳥岡本宮。中層（第Ⅱ期）は皇極元年（642），皇極天皇の飛鳥板蓋宮で，乙巳の変（いわゆる「大化の改新」）の舞台となった。上層（第Ⅲ期）は2小期があり，そのうち先行する時期（第Ⅲ-A期）を斉明天皇が斉明2年（656）に造営した後飛鳥岡本宮とみなす説がある。それぞれ宮号の確定には引きつづき調査研究が必要である。

Ⅵ-2　都市の誕生と展開

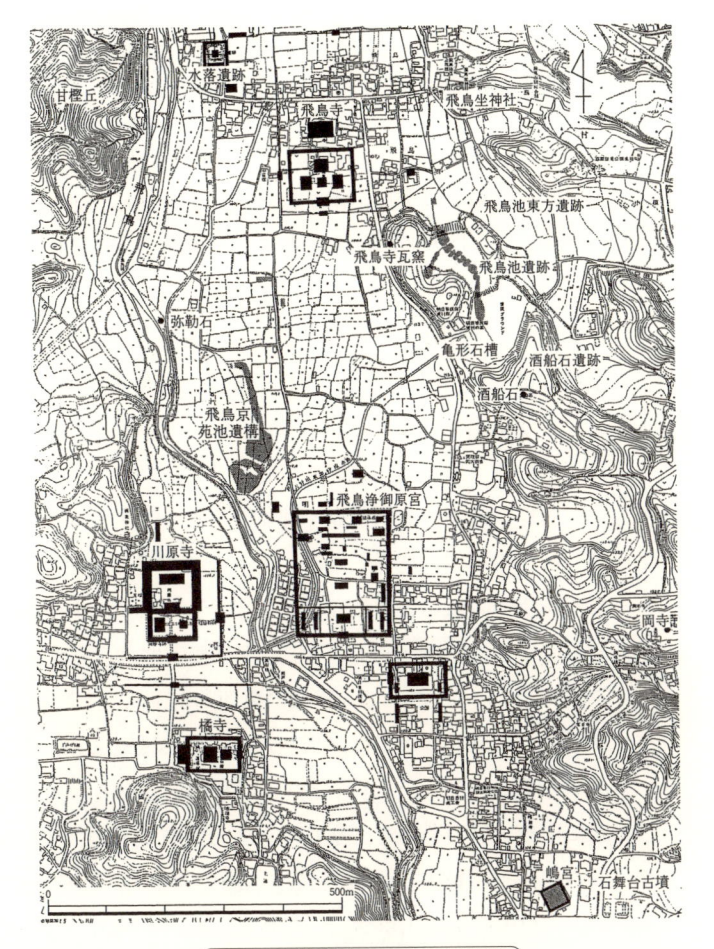

図1　飛鳥浄御原宮と周辺遺跡
出所：奈良文化財研究所『飛鳥藤原京展』図録（2004年）を一部加筆変更。

られており，北の私的空間から直接，南の公的空間へ出御する構造であったとみられます。内郭の南東方向には，東西約94m，南北約55mの範囲でやはり柱列で囲われた一院（東南郭）があり，この中にも大型の正殿がみつかっています。9間×5間の規模をもつ四面庇の掘立柱建物で，天武10年（681）に初見記事がみえる大極殿をこの建物にあてる説が有力です。

　ところで，飛鳥では官人の集住や役所，市などを計画的に配置することを意図した広範囲の土地区画はみつかっていません。しかし岡の王宮を中心に政治・経済・文化を運営するための諸施設が7世紀を通じて建設されました。7世紀なかばにはその範囲も狭義の飛鳥を越えて香具山周辺地域や後の藤原宮のあたり，下ッ道周辺へとひろがっていきます。真南北，真東西を指向した建物も目立つようになります。また終末期古墳は檜隈や越智周辺に集中します。天武5年（676）以降，『日本書紀』に頻出する「京」・「京師」・「新城（にいき）」の内容がこういった状況をさしたものかどうか検討が必要ですが，律令国家の都市誕生の前史として飛鳥を位置づけることができるでしょう。次は，いよいよ碁盤目の条坊道路をともなう本格的な都市，藤原京（ふじわらきょう）です。

亀田博『日韓古代宮都の研究』学生社，2000年。
林部均『古代宮都形成過程の研究』青木書店，2001年。
和田萃『飛鳥』岩波新書，2003年。
林部均『飛鳥の宮と藤原京』吉川弘文館，2008年。

▷3　新城
天武5年（676）以降，史料に「新城」の記載がみられる。これは，藤原京の建設が天武期に計画実行されたことを示したものと考えられている。発掘調査では藤原宮下層に先行条坊や運河の確認があり，これを新城の記事と結びつける考えもある。

VI 古代の考古学と成果

2 藤原京の都づくり

　藤原京(新益京)について,かつては東京極大路を中ッ道,西京極大路を下ッ道,北京極大路を横大路,南をほぼ山田道とする南北12条(約3.2km),東西約8坊(約2.1km)の長方形の京域をもち,中央北よりにほぼ正方形(東西約925m・南北約907m)の宮域(藤原宮)を備えた都城であると考えられていました。ところが1980年代後半頃からの開発の激化にともなう調査例の増加で,上の範囲外でも条坊に則した道路の検出が相次ぎます。郊外道路説,京建設用道路説,京拡張説などが提出されました。

　1987年の四条遺跡の発掘調査では,平らに均らされた古墳跡(四条1号墳)の上に,藤原宮時期の条坊道路や建物,井戸がつくられたことが判明しました。以降,同様の事例が増えるなか,それまで考えられていた範囲より京域が広いことが確実視されるようになります。そしてついに1996年に西京極大路とみられる道路が土橋遺跡(奈良県橿原市),東京極大路とみられる道路が上之庄遺跡(桜井市)でみつかったことで,京域の東西約5.3kmにおよぶ都であったことが判明しました。南北については,依然,確定をみませんが,中国の都城建設の理想を示す『周礼』にもとづき宮を中心にした正方形の都,すなわち約5.3km四方の範囲に十条十坊の条坊を計画したとする意見が有力です(図2)。

　人の集住(多数の住居跡)や物資の集中(たとえば遠隔地から運ばれてきた土器類の出土),大規模な土木工事(たとえば新たに掘られた運河),権力者の住まいと考えられる大型建物(豪族居館)などが,飛鳥時代以前の遺跡でみつかることもあります。古墳時代前期初めの集落として著名な纒向遺跡(奈良県桜井市),古墳時代中期後半の南郷遺跡(御所市)にもこういった状況が確認できます。そこで,都市の出現を古墳時代以前にみる研究もあります。しかしながら,本書で藤原京を本格的な都市の誕生とするのは,小澤毅があげる次のような指標にもとづく,諸要素を備えているからです。

　①農村としての一般集落と視覚的に区別される集住空間が存在し,それに明確な領域が備わること。
　②領域内の居住者と周囲の農村居住者との間に質的な相違があること。
　③上記①・②が一定の恒久性をもつこと。
の3点です。

　藤原京は,条坊制にもとづく京域とそのなかに形成された街区を宅地班給して官人を集住させる構造をはじめて備えた都でした。律令国家体制の確立,発展を目指して建設された藤原京でしたが,比較的短命でわずか16年で平城京へ遷ることになります。これには次のような理由があったものと考えられています。

　①宮域を中心に高まる立地環境ではなく,排水処理に未熟な点があった。

▷4　宮の中心には大極殿がある。朝政のほか律令国家の重要な儀礼の際に天皇が出御する建物である。藤原宮では大極殿の南に臣下の建物として,東西6堂,合計12堂の朝堂からなる朝堂院が配置される。
岸俊男『日本古代宮都の研究』岩波書店,1988年。
小澤毅『日本古代宮都構造の研究』青木書店,2003年。

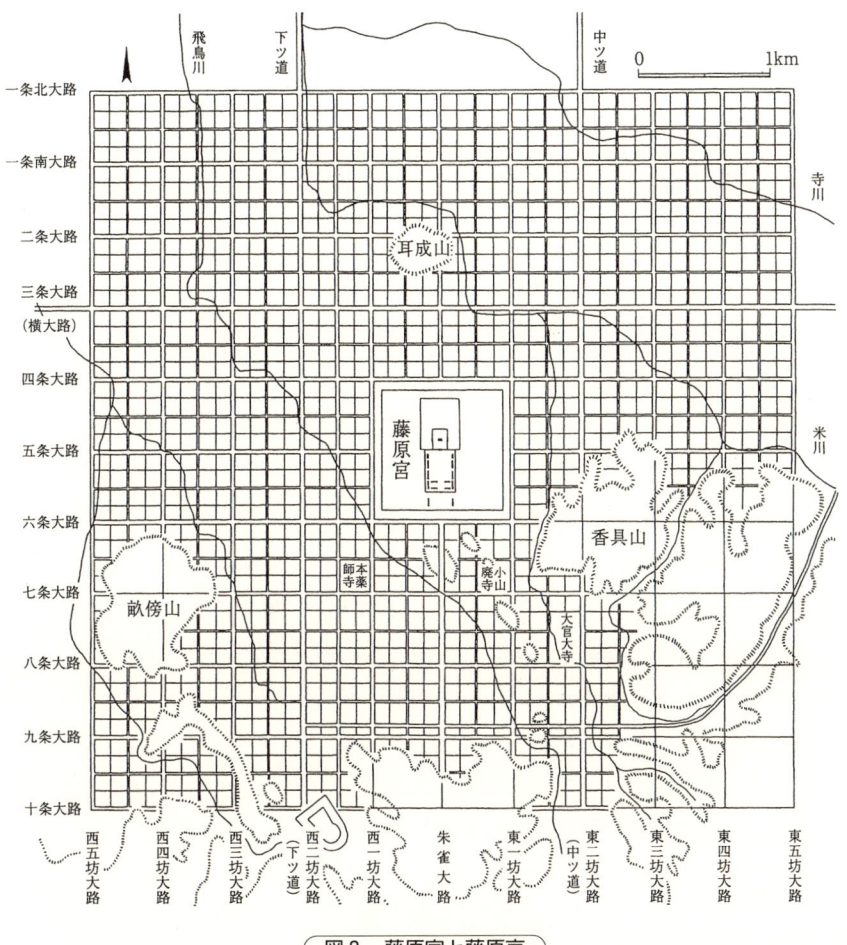

図2　藤原宮と藤原京

出所：小澤（2003）による。

②朱雀門の直前に丘陵（日高山丘陵）がせまるため，朱雀大路が十分に整備できなかった。その結果，都城の荘厳化を欠いた。
③慶雲元年（704）帰国の遣唐使がもたらした新知見，中国の唐長安城をモデルにした都城をつくる必要が生じた。

このうち①に関して『続日本紀』は，慶雲3年（706），都の内外に「多く穢臭あり」と，藤原京の構造に起因する都市衛生問題を記しています。平城遷都は，これらの理由が複合した結果によるものと考えられます。

❸ 平城京への遷都

平城京は和銅3年（710）3月から延暦3年（784）11月，桓武天皇の長岡京遷都まで天皇七代の都です。もっとも聖武天皇の天平12年（740）から天平17年（745）の間，政情不安のなか恭仁宮，難波宮，紫香楽宮と都はめまぐるしく移動しました。◁5

平城京は奈良盆地北端にあり，奈良市域および一部は大和郡山市にまたがり

▷5　天平年間，都は3度，平城宮を離れた。天平12年（740）藤原広嗣の乱を契機に聖武天皇は，山背国相楽郡（京都府木津川市）の恭仁宮へ遷都する。大極殿は平城宮中央区大極殿を移建した。そして天平16年（744）には，一時的に難波宮（後期難波宮，大阪市中央区法円坂）に遷る。次いで天平17年（745）には紫香楽宮（滋賀県甲賀市信楽町）に遷都する。先年，宮町遺跡では朝堂が発掘調査された。大仏造営はこの都で始まった。

▷ 6　平城京の九条大路には羅城門が開き，長らく京の南限とみなされてきた。ところが2005年にその南東の大和郡山市下三橋遺跡において京内条坊道路の延長線上に奈良時代前半に廃絶する道路遺構がみつかった。建物もまばらで小規模なものであり，都市景観としては九条以北とは異なるものだが，あらためて平城京の京域南限について問題を投げかけている（平城京十条の問題）。

▷ 7　木簡
発掘調査では井戸跡や道路側溝などからしばしば木簡の出土がある。なかでも荷札木簡とよばれているものは税として納められた物に付けられてきたもので，全国各地から物資が都市へと集まってきたことがわかる。

▷ 8　大贄
天皇・朝廷へ服属の意味を持って諸国から納められた税の一種。政治的な服属にともなう食物供献儀礼に由来する。支配者が山野河海から採れる産物を食することで，その領有権を確認する意味をもつ。藤原宮や平城宮の早い時期は「大贄」と表記された。

　ます。選地については元明天皇の平城遷都の詔に「四禽図に叶い，三山鎮をなし，亀筮並びに従う」とあります。それまでの飛鳥，藤原京と異なり北に高く，南に低まる地勢にあり，側溝の整備，河川の制御など水利にも配慮した構造を備えています。朱雀大路は下ッ道を基準に設けられました。京の南に羅城門が開き，平城宮南辺中央の朱雀門まで，側溝間の距離で幅約74mに及ぶ朱雀大路がつくられました。東に左京，西に右京が南北9条，東西4坊の条坊としてあり，さらに左京は三条から五条の間は七坊まで東に張り出した形状になっており，この部分をとくに外京とよぶこともあります。

　大路は約533m（1500大尺）ごとに設けられました。大路で囲まれた区画を坊とよびます。そのなかを小路により4等分，すなわち16に区画します。これを坪とよびます。このように宅地を計画的につくり，位階に応じた大小の宅地が官人に班給されました（図3）。

　京内の数多くの発掘調査のうちで，左京三条二坊に位置する長屋王邸宅の成果は特筆されます。同一坊内の西北にあたる一・二・七・八坪の二町四方には各坪を分割する小路がなく，京建設当初から大規模な宅地として計画されたことがわかります。1980年代末にデパート建設の事前緊急調査が実施されました。塀によって分けられた中に大規模な掘立柱建物，雑舎，井戸が設けられ，二条大路に面した北辺中央には門が開きます。八坪の東南隅の溝状土坑からは，3万5000点以上に上る木簡が出土しました。長屋王家木簡とよばれています。長屋王家の家政機関を示すもの，「耳梨御田」・「都祁氷室」といった所領を示すもの，また「長屋親王鮑大贄十編」と記された荷札木簡の出土もあり，邸宅の主が長屋王であることがわかります。なお長屋王邸の南側隣接地では，奈良時代後半の庭園遺構がみつかっており，復元整備され，見学も可能です。

　平城宮は京の中央北端，平城山丘陵の南麓にあります。東西約1.3km，南北約1kmで，東南部を欠いた形状，つまり東に部分的に張り出した形につくられています。張り出し南半は東宮，のちには東院となります。宮南辺中央に朱雀門，東に壬生門が開き，両門の北側にそれぞれ2つの中枢施設があります。朱雀門の北側に当初の大極殿（第1次大極殿）と4棟の朝堂（朝堂院）がならび中央区とよばれています。壬生門の北側は北から内裏，奈良時代後半の大極殿（第2次大極殿）と12棟からなる朝堂（朝堂院）があり，東区とよばれています。発掘調査では，下層にも大型掘立柱建物がみつかっており，遷都当初から施設が備わっていたことがわかりました。2つの中枢施設ですが，中央区が即位式や朝賀などの国家的儀礼の場所であり，東区は日常的な政治の場所として機能したのではないかと考えられています。そして，遺構の変遷から奈良時代後半には東区の大極殿に上の2つの機能がまとまるものとみられます。なお朱雀門は復元され，その威容を現在に示しています。

　長岡遷都後も諸施設がのこったようで，大同4年（809）には平城上皇が平城

図3 平城宮と京

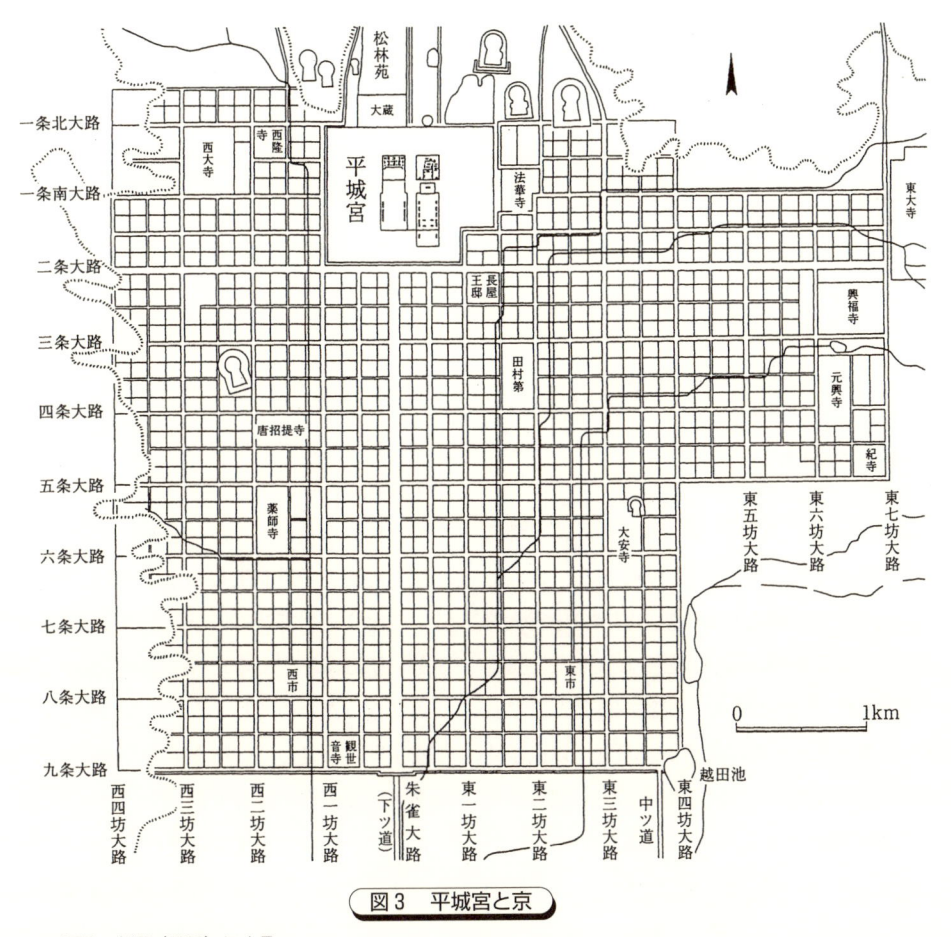

出所：小澤（2003）による。

　宮に移り住むことになります。天長元年（824）には上皇が亡くなり，貞観6年（864）11月には「都城の道路変じて田畝となる」と『三代実録』に記されるとおり，耕地化が進むものと思われます。ただ，条里制にもとづく新たな土地区画が施工されるのではなく，条坊がそのまま利用されました。この点は条里制による耕地となる藤原京のその後の状況とは異なります。今日にいたるまで条坊道路にもとづく地割がよくのこっています。

　平城京左京の東張り出し部，すなわち外京域には興福寺，元興寺，京外の東には東大寺，春日社といった寺社が長岡・平安遷都後も移転することなくのこり，平安時代にも栄えました。奈良はこれらの寺社を中心に都市としての機能を維持し，南京また南都ともよばれ，中世を迎えます。今日の奈良市の市街地はここが中心で，近世には奈良町とよばれました。いまにいたる町屋の営みがみられます。

（今尾文昭）

参考文献
坪井清足編『古代を考える──宮都発掘』吉川弘文館，1987年。
中尾芳治・佐藤興治・小笠原好彦編著『古代日本と朝鮮の都城』ミネルヴァ書房，2007年。
吉村武彦・山路直彦『都城──古代日本のシンボリズム』青木書店，2007年。

コラム6

平安京

1 平安遷都の理由

　平安京は桓武天皇が延暦13年（794）10月に遷都した最後の古代都城です。京城は東西約4.5km，南北約5.2kmで，南辺中央の羅城門から幅約84mの朱雀大路が南北に通り，北辺中央に宮が造営されました。遷都前年の山城国葛野郡宇太村の地を視察するとともに長岡宮解体のため内裏から東院に移っており，以後多くの造営の記録が確認できます。遷都後も引き続き大規模な造営工事を継続しましたが，延暦24年（805）には徳政の相論によって造宮職が廃止になり，この時期には造営はほぼ一段落したと考えられます。

　平安遷都に先立つ10年前，桓武天皇は大和の国を棄てて，都を長岡京に遷しました。しかし長岡京は造営途中で廃都となり平安京へ遷ったのです。その理由として，造営が大幅に遅れたこと，桓武天皇にまつわる怨霊を畏怖したこと，自然災害が頻繁に起こったことなど，さまざまな議論がおこなわれています。発掘調査結果からみると，長岡宮の構造や造営計画自体に無理があったため，都城全体の造営が思うように進まず，平安遷都せざるをえなかった実態が浮かび上がってきます。

　長岡宮は起伏の激しい丘陵の上に造られた宮でした。当然，宮の占地は自然地形に大きく影響をうけます。大極殿と内裏の位置関係も非常に大きな高低差をもっていました。また丘陵上は利用できる土地が狭く，各施設を分散的に配置していたようです。つまり，平安宮や平城宮のように大垣によってしっかり囲まれた宮城ではなく，自然地形を利用した変則的な宮城だった可能性が高いのです。さらに，条坊とよばれる町造りの計画も全体がしっかり固められていたとは考えられず，各所で矛盾が生じてしまいました。

　このような都造りになったのは，古い勢力の影響が強い平城京を棄てるため，かなり急いで遷都の準備をおこなったためでしょう。山背遷都は桓武天皇が新たな王朝にふさわしい都を造るために断行されたものであり，長岡宮の造営は新たな首都の建設を意味しました。しかし，造営準備が整わない段階での遷都であったがために，宮と京の造営計画の齟齬が大きく露呈してしまったのです。平安遷都はまさに長岡宮では実現できなかった計画的都城の完成をめざしておこなわれたと考えられます。◁1

2 平安宮の構造

　平安宮の規模は東西約1.15km，南北約1.38kmの縦長の長方形で，平城宮のような張り出し部はもちません。朱雀門を入ると正面が朝堂院です。

　朝堂院は八省院あるいは太政官院ともよばれるように，もともとは朝政の場として二官八省の官人たちが実際に執務をおこなう場所でした。そして，宮の中心である大極殿院は，前代の宮城では閤門によって朝堂院とは明確に隔離するとともに，閤門が内裏外郭正門の役割も備えており，天皇が出御する特殊な空間として機能していたことがわかります。

　しかし，平安宮朝堂院では閤門がなく龍尾壇を設けるだけで，大極殿院と朝堂院が一体化しています。実

図1 発掘調査で発見された平安宮豊楽殿の基壇
(財団法人京都市埋蔵文化財研究所提供)

質的な政務は朝堂院の周囲に配された曹司（役所）で執りおこなうようになり，大極殿と朝堂院が政務から離れて儀礼的空間へ移っていったことを示しています。また，内裏外郭は前代のように大極殿院を包括することなく，独立して朝堂院の北東に配置しており，天皇の日常政務の場として内裏内郭が整備されました。内裏正殿は紫宸殿とよばれ，後殿である仁寿殿とともに内廷政務の中心でしたが，宇多朝以降は天皇の御在所が清涼殿に移行し，後宮の拡大によって華麗な平安内廷文化が花開きました。

さらに平安宮では，朝堂院の西に隣接して豊楽院が新たに造営されます。豊楽院は天皇が大極殿閣門に出御する朝儀の伝統をうけて，国家的あるいは公的性格の強い饗宴の場として，朝堂院から独立して造営されました。このような饗宴の場では，朝堂院での儀式以上に天皇と臣下の一体感がもとめられ，天皇が出御する豊楽殿と庭を囲む諸堂の間には朝堂院のような龍尾壇は設けられませんでした。すべての殿舎が複廊でつながる構造も，豊楽院の機能をよく物語っています。

平安宮の遺跡は都市化が進んで発見しにくい状況ですが，大極殿の基礎事業の痕跡や大極殿回廊，朝堂院基壇などを発見し，朝堂院の具体的な復元ができるようになりました。内裏では，内郭回廊の基壇や承明門・蔵人所町屋・登華殿の石敷き雨落溝などを良好な状態で発見しており，多く出土した焼けた白壁片は，たび重なる内裏の火災を証明しています。豊楽院では正殿である豊楽殿基壇の北西部と後殿の清暑堂を発見し，両堂をつなぐ軒廊が非常に長いことを明らかにしました（図1）。大嘗会のときに廻立殿での儀式の後，天皇は清暑堂に出御して節会をおこないますが，清暑堂と豊楽殿との広い空間は宴の舞台空間を意識して確保されたものかもしれません。

3 平安京の条坊と「寝殿造」邸宅

　平安京条坊の構造については『延喜式』の「左右京職式京程条」に詳しく記載されています。それによると築地の中心を基準として各大路小路の路面幅・築地幅・側溝の位置と幅などが細かく規定されており、京内の町の大きさはすべて400尺（約120m）四方に統一されています。一方、発掘調査では、道路や側溝などの条坊遺構を各所で発見しています。現在では『延喜式』の記載内容と発掘調査結果にもとづいて平安京の条坊モデルを復元しており、ほぼ復元モデルのとおりに条坊遺構を発見できるようになりました。

　このような復元モデルと条坊遺構の一致は、精度の高い測量技術を駆使した京内全体の計画設計にもとづいて、平安京の条坊が施工されていったことを示しているのです（図2）。

　ところで、平安時代の貴族邸宅としては10世紀中頃に平安京で完成した「寝殿造」が有名です。その構造は主屋（寝殿）の東西に対とよばれる副屋を設け、その間を透渡殿とよばれる廊下で結んで、対の南には中門廊を延ばし、寝殿の南には池を掘って中島・橋・釣殿・泉殿などを設けるのが典型と考えられています。当然、主人の「ハレ」の空間は南にあり、雑舎などの「ケ」の空間は後ろ、つまり北にあることになります。

　しかし実際の発掘調査では、典型的な「寝殿造」邸宅はいまだに発見されていません。その初源的形態を示すのが右京六条一坊五町の邸宅跡ですが、右京一条三坊九町の邸宅のように1町の後ろに主郭ともいうべき空間が配置され、邸宅の経営を支える家政機関は主郭の左右か前面に認められる事例もあります。

　また「斎宮」邸宅として話題をよんだ右京三条二坊十六町の邸宅では、北西部に庭園をもつ主人の空間があり、家政機関は南半分に配置されています。

　平安京の邸宅は、奈良時代の邸宅構造を継承しつつ、平安時代独自の邸宅構造を作りあげていくのですが、宅地の地質的条件にも規制されて、意外と多様だったようです。

（網　伸也）

▷1　網伸也「平安京の造営――古代都城の完成」『都城――古代日本のシンボリズム』青木書店、2007年。
▷2　辻純一「条坊制とその復元」『平安京提要』角川書店、1994年。

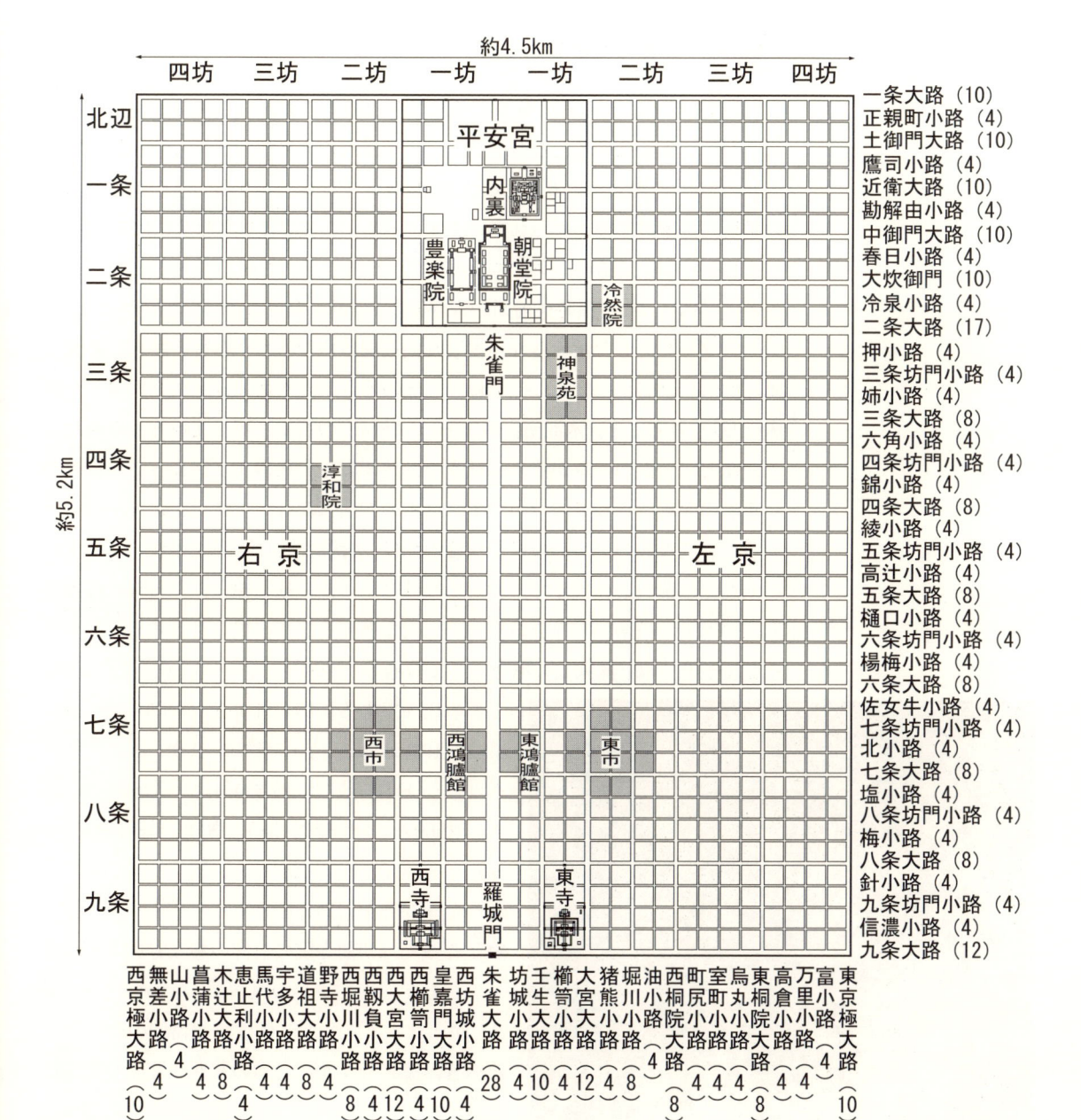

図2 平安京全体図

Ⅵ 古代の考古学と成果

3 仏教と寺院のひろがり

1 日本仏教の始まりと寺院

　『日本書紀』崇峻天皇元年(588)条には，百済からもたらされた仏舎利とともに，さまざまな技術者たちが参加し，日本最初の本格的伽藍をもつ寺院，飛鳥寺(法興寺)の建立が始まったことが記され，昭和32年(1956)の発掘調査で当時の堂塔の基壇跡も確かめられています。しかし，実際には仏教公伝は538年(または552年)，また583年に蘇我馬子が私宅に仏殿を構えた記述もあります。

　考古学的には，古墳時代前期の青銅鏡（三角縁仏獣鏡など）にはすでに仏像をモチーフとしたものがみられ，古墳時代後期にいたると，石貫穴観音2号横穴墓（熊本県玉名市）の壁面に千手観音立像の浮き彫りや瓦葺き屋根を表現した屍床がみられること，水泥南古墳（奈良県御所市）の石棺に蓮華文があしらわれることなど，公伝のはるか前から日本では技術者や一部の人々によって，仏教というものが理解されていたのです。日本の初期仏教は，主に祖先崇拝や供養といった私的なもので，その様子は後の仏像光背銘などにも明記されています。

　飛鳥寺は蘇我氏の氏寺で，初期仏教のスタイルの延長線上に，当時の最有力豪族の財力と技術保有力を結集し，壮大な伽藍として表現したと考えられます。そして飛鳥では，蘇我氏の尼寺として豊浦寺（7世紀のごく初め頃）が，また上宮王家の氏寺である斑鳩の斑鳩寺（推古天皇15年〈607〉頃）や摂津の四天王寺（7世紀前半）が，次々と創建され，その後，寺院と僧侶の数は，「寺46所，僧816人，尼569人，合わせて1385人あり」（『日本書紀』推古天皇32年〈624〉条）となりました。このころに営まれた寺院群を初期寺院とよんでいます。

　ところで，初期寺院の信仰のあり方をよく示すものとして，塔心礎への埋納品（いわゆる舎利荘厳具）があります（図1）。塔は仏教信仰の中心になるべき建築物ですが，日本の初期寺院の塔の場合は耳環や勾玉，桂甲，刀子など後期古墳の副葬品と同じような舎利荘厳具が埋納され，考古学的にも寺院の建立は祖先崇拝や供養が第一目的であったことを端的に示しています。

図1　飛鳥寺塔心礎の舎利荘厳具

出所：森浩一(1990)。

2 豪族仏教と全国への展開

　初期寺院は，大和や河内など後の畿内とよばれる地域に集中し，蘇我氏や上宮王家，そして彼らと親密な関係にあった一部の豪族層によって営まれました。しかし，舒明天皇11年(639)には大王家初めての氏寺である百済大寺が創建され，645年の乙巳の変で蘇我本宗家が滅んでからは，大王家が直接仏教と寺院を掌握，興隆し，蘇我氏以外の豪族も寺院を建立していくこととなります。

　百済大寺の場所をめぐってはさまざまな説がありましたが，近年の発掘調査成果から吉備池廃寺（奈良県桜井市）が有力視されています。東に金堂，西に塔を配する，いわゆる法隆寺式の伽藍配置をとっていますが，規模は法隆寺の基壇と比較すると金堂で約1.5倍，塔に至っては約2.5倍もあり，塔は基壇の規模や『日本書紀』などの記述から九重塔（高さ80m前後？）と破格です。

　大化元年(645)の孝徳天皇の詔には，「天皇から伴造に至るまで，寺院づくりを営むに難しい場合は，天皇が自ら助け作ろう」と，寺院造営の援助が表明されています。日本の初期仏教のスタイルは，祖先崇拝や供養といったきわめて私的なものであったと同時に，「奉為君親（くんしんのおんため）」と『日本書紀』や仏像光背銘などに記されているように豪族と王権との従属関係を確認する意味合いもあります。蘇我氏滅亡後もいまだ自立性が弱い豪族層にとって援助は寺院造営を進めていくのに好都合であり，王権側も全国各地の豪族層との君臣関係を強化するという意図があったようです。援助の一端がうかがえる考古遺物の一つに瓦があります。当時の瓦当文様の流行であった山田寺式や川原寺式などの軒先瓦について，全国の寺院遺跡での分布状況を調べることで，そのあり方を探ることもできるとされています。

　在地豪族が造営した寺院に対する王権の援助が最高潮に達するのが天武天皇の時代で，「諸国の家毎に仏舎を作り，すなわち仏像，および経を置いて，もって礼拝供養せよ」（『日本書紀』天武天皇14年〈685〉3月条）という詔が出されます。「諸国の家」とは在地豪族層を意味し，彼らに氏寺建立を奨励する詔であるといえます。事実，考古学的にもこの頃の寺院造営の加速度的増加が明らかで，その数は「天下の諸寺545カ寺」（『扶桑略記』持統天皇6年(692)条）と推古天皇32年の時にくらべ，約70年間で約12倍の数となっています。

3 仏教統制，そして国分寺へ

　天武朝以降爆発的に増加していった寺院にも，奈良時代前半（8世紀前半）になると早くも転機が訪れ，『続日本紀』霊亀2年(716)5月条には，当時の寺院の荒れ果てぶりが記されています。この時，荒れ果てた寺院数カ寺を合併して一つにまとめるよういわゆる寺院併合令が出されましたが，単なる寺院の併合ではなく，当時寺院の壇越らが寺田を衆僧に供さず専横して問題化（寺田は不輸租

田であったため，私物化されていた）し，これを防ぐため寺院の財物などを国家に報告させ，寺院の秩序を国家が統制していくのが目的でした。そしてこれが後の各寺院の『資財帳』（＝寺院の財産目録）作成へとつながります。寺務所で作成される『資財帳』には財物の明細が記され，国家が任命した官僧に提出します。寺務所のことを大衆院といい，倉垣院（＝倉庫群），厨（＝厨房）などと合わせて寺院の付属院地とよばれています。最近では九頭神廃寺（大阪府枚方市）や手原廃寺（滋賀県栗東市）でその遺構が発見され，話題となりました。

さて，このころの仏教寺院をめぐる特質には，仏教の教えによって寄進や寄附を行って善行をすること（＝作善）を意味する知識の活動の活発化もあります。その集団の知識結は，一般の参加者のほか，布教や知識結を統率する教化僧，財政支援をおこなう壇越からなっていました。彼らはインフラの整備，そして施設を造って貧民に飲食や医療を提供するなど社会慈善活動を実践しましたが，民間への布教活動は国家への批判非難を招き，また知識活動は集団を組織しておこなうことから，国家からは常に危険視され，禁圧がくわえられていました。教化僧の中でもっとも著名な人物は行基で，当初は彼らの活動も弾圧がくわえられますが，天平13年(741)には活動が公認されるにいたり，天平15年(743)，聖武天皇の大仏造立の詔をうけて，行基は造立責任者を務めました。実は，聖武は天平12年(740)に河内国の智識寺（＝太平寺廃寺，大阪府柏原市）に行幸したおり，知識結によって造立された盧舎那仏をみて感銘をうけ，知識の力による大仏造立を構想し，その責任者として行基に意を託したのです。

行基の活動については安元元年(1175)に成立した『行基年譜』によって知ることができます。橋や道路・池・溝・堀の整備，船息（＝船だまり）や布施屋（＝貧民や病人の救護施設）の設置などの記録である「天平十三年記」と，いわゆる四十九院の設置を年ごとにまとめた「年代記」からなり，和泉・河内・摂津・大和・山背が活動範囲であったことがわかります。『行基年譜』に記される施設や関連の遺跡としては，大野寺土塔（大阪府堺市中区）(図2)や，鎌倉時代に墓誌が発見された行基墓（奈良県生駒市）をはじめ，最近の発掘調査によって，狭山池（大阪府大阪狭山市）・久米田池（大阪府岸和田市）・山崎院（京都府大山崎町）に関連する遺構が判明しています。土塔はピラミッド状に土を積み上げて塔としたもので，土塔の各段に敷かれた瓦の表面には庶民から在地豪族にいたるまでの人名がヘラ描きされています（図3）。人名瓦は行基の知識集団の寄進によるもの（＝知識物）と考えられることから，知識結の活動を示す生の資料として大変貴重です。なお，大野寺は『行基年譜』によると神亀4年(727)の創建と記されていますが，土塔の発掘調査で「神亀四年」と刻まれた軒丸瓦が出土

図2　大野寺土塔

出所：堺市教育委員会（2007）。

していることは注目されます。考古学的に他の知識活動や民間の仏教信仰を探るのは難しいですが、千葉県や埼玉県などでは双堂形式の掘立柱建物とともに「寺」や「仏」銘の墨書土器、瓦塔（＝やきもので作られた塔）などが集落遺跡から発見されていることから、これらは「村落内寺院」とよばれ、集落の人々の仏教信仰を支えた施設（道場）や知識衆の活動拠点と評価されます。

　一方、奈良時代は国家の安泰と発展を祈願するために寺院（官寺）を国家が建立する「国家仏教」もさかんとなった時代です。百済大寺から文武朝（7世紀末）の大官大寺を経て平城京左京に移転した大安寺や、東大寺などが、官寺の代表例です。

　他方、天平13年(741)には、全国各地に七重塔を擁した国分寺と国分尼寺の造営が命じられ、国司が造寺責任者として任命されます。国分寺造営は天平19年(747)11月の詔にみられるように遅々として進まず、当時造営が進められていたのは、上野国分寺（群馬県前橋市）、武蔵国分寺（東京都国分寺市）、上総国分寺・国分尼寺（千葉県市原市）などにすぎません。ところが、この詔が出されて以後は各地で造営が実質的に開始されます。詔には、郡司に国分寺造営への協力要請と見返りがうたわれており、以後郡司層の国分寺への知識物の献納が相次ぎますが、この行為のベースには、知識結の協力による国分寺造営が構想されていたようです。

　国分寺造営の知識物に関する遺物としては、但馬国分寺跡（兵庫県豊岡市）出土の知識銭の付札木簡をはじめ、武蔵国分寺などの郡や郷名の刻印瓦が該当すると考えられています。

　国分寺・国分尼寺は皇族らの病気平癒祈願や、聖武の死後に国分寺で追善供養をおこなうことなどが示すように、国家安泰・発展を祈願した官寺も、結果的にはこうした現世利益をもとめる天皇家の氏寺的な寺院に収束していったのです。

（竹原伸仁）

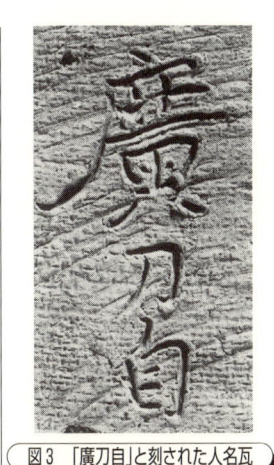

図3　「廣刀自」と刻された人名瓦

出所：堺市教育委員会（2007年）。

参考文献

森浩一「大野寺の土塔と人名瓦について」『文化史学』13、1957年。

吉田靖雄『行基と律令国家』吉川弘文館、1986年。

森浩一『図説日本の古代6　文字と都と駅』中央公論社、1990年。

『春季特別展　蓮華百相──瓦からみた初期寺院の成立と展開』奈良県立橿原考古学研究所附属博物館、1999年。

三舟隆之『日本古代地方寺院の成立』吉川弘文館、2003年。

『史跡土塔　文字瓦聚成』堺市教育委員会、2004年。

川尻秋生「寺院と知識」『列島の古代史3　社会集団と政治組織』岩波書店、2005年。

『史跡土塔　遺構編』堺市教育委員会、2007年。

Ⅵ 古代の考古学と成果

4 火葬と墓の変化

1 古墳時代の終末

　前方後円墳が造られなくなった7世紀に入っても，先進地域では大型方墳や円墳，または八角形墳などの築造は続き，その数は少なくなるものの，群集墳の築造も認められます。それから平城京への遷都までのほぼ100年間を，古墳時代終末期とするとらえ方が一般的ですが，古墳の減少する傾向をみていくと，どうもその中でも1つの画期が存在するようです。その時期をもとに，終末期を前後の2期に分ける考え方もあります。問題はその時期をいつに置くかで，乙巳の変（645年）の翌年，大化2年（646）3月の甲申（22日）に出された詔（薄葬令）の頃をその転換点とする見方と，壬申の乱（672年）以後の天武政権が誕生した時点とする考え方とがあります。薄葬令では身分に応じて墓の外形規模，内部構造，使役できる人数，工事日数などについての細かい規定が定められており，個々の古墳との比較が可能なこともあり，これまでもその検討がおこなわれています。特に松井塚古墳（大阪府南河内郡太子町），宮前山古墳（大阪府富田林市）の横口式石槨が唐尺の9尺×5尺，ヒチンジョ池西古墳（大阪府羽曳野市）が同じく唐尺の9尺×4尺などと薄葬令の規定に合致する例もあり，この制度が機能していた可能性は強くうかがわれますが，それがどの程度の広がりをもって実施されていたかについては，まだ検討の余地があります。

　壬申の乱に勝利して即位した天武天皇は，新都の造営，官位の改定，飛鳥浄御原令制定など次々と新しい政策を打ち出しますが，その最も基礎となる部分が土地制度の改革にありました。天武の政策を継承した持統天皇はさらにそれを徹底させていきました。広い土地を占有することが前提となる古墳の築造を考えたとき，7世紀代に築かれた古墳の変遷の背後には，こういった問題が大きく存在していたであろうことは容易に考えられるでしょう。そのような意味からも筆者は，終末期の画期を天武政権の成立時，ほぼ7世紀第3四半期頃と考えています。しかし，さきに薄葬令に合致する石槨墳について述べましたが，7世紀中頃は，切石造りの石室や，大王墓が八角形の平面プランを採用する時期にも近く，これらを考慮すれば，終末期は前期と後期に大きく分けられ，さらに前期は2つの時期に分類が可能で，その画期は「乙巳の変」後の中央集権国家をめざす，中大兄皇子らの台頭する7世紀中頃の少し前に置くべきでしょう。

2 藤原京と飛鳥の終末期古墳

　終末期前期のことはさておき，ここでは終末期後期の問題について考えてみます。天武天皇の飛鳥浄御原宮での即位から元明天皇の平城京への遷都までの約40年間がこの時期にあたりますが，さきに述べたように浄御原令の制定，藤原京の造営などにみられるように，律令国家の完成をめざした時期でもあります。その目的達成のために欠かせない土地の公有化に反する古墳の造営は，一部の例外を除き急速に減少していきました。大阪府太子町の磯長谷は，「王家の谷」ともよばれるように，蘇我氏系の大王陵をはじめ多くの終末期古墳が集中する地区ですが，天武朝に官人として仕えた采女竹良が，この地の形浦山に四千代の墓所をもとめ，占有権が認められたことを記す『采女氏塋域碑』という石碑が江戸時代までありました。現在実物はのこっていませんが，さいわいにも拓本からその内容は知ることができます。それは持統3年（689）のことですが，旧豪族たちが何とか自分達の既得権を主張しようという努力のあとが感じられます。しかし，その2年後の持統5年（691）には，大三輪氏をはじめとする十八氏に先祖の墓記を上進させています。ここからは，各氏族が先祖伝来所有していた墓地（私有地）を再編成しようとする中央政府の強い姿勢がうかがえます。

　さらに『日本書紀』や『続日本紀』，出土した墓誌に記された皇族・豪族・僧たちの死亡記事を表1のようにⅢ期に分類し，それぞれの時期に当てはめてみると，不自然な結果がみえてきました。つまりⅡ期（持統期）には皇族以外の直接的な記事は1例もみられないのです[1]。Ⅰ・Ⅲ期にみえる豪族も壬申の乱に活躍した中小豪族が目だち，かつての大豪族の名はあまりみられません。このように天武・持統・文武・元明期，つまり終末期後期には文献の上にも，徹底的な墳墓の規制が存在していたことが表れています。

　藤原京の西南部に広がる，飛鳥時代終末期後期の古墳群は，このような時代の中でもなお造り続けられた古墳ということになります。

　この古墳群の中心的存在は，野口王墓古墳で，中尾山古墳，束明神古墳，牽牛子塚古墳，高松塚古墳，キトラ古墳など特徴をそなえた古墳があいついで築かれました。それぞれの古墳の被葬者についても，活発な議論が展開されていますが，候補にあがる人物は皇族，もしくは上級官人の一部に限られています。これまでの文献記録や終末期前期の古墳

▷1　賻物を賜ることは，葬儀に際して政府から品物を下賜されることで，この記事によって，間接的に死亡が確認できる。

表1　『日本書紀』『続日本紀』にみえる崩・薨・卒記事

	Ⅰ期 天武（672〜686）	Ⅱ期 持統（686〜696）	Ⅲ期 文武・元明（697〜709）
皇族	15	5	18
豪族 （外国使節も含む）	27	0〔9〕	16〔2〕
僧	3	0	1
計	15	5〔9〕	35〔2〕

注：〔　〕内の数字は賻物を賜った例。
出所：前園実知雄「高松塚古墳とその前後」白石太一郎編『終末期古墳と古代国家』吉川弘文館，2005年。

③ 火葬について

　遺体をそのまま地下に埋葬する従来の埋葬方式に対し，火葬は火力によって遺体を焼き，その遺骨のみを容器に収納し小規模な埋葬施設に収めます。両者の間の大きな隔たりを，当事者たちはどのように克服したのでしょうか。

　文献史料に火葬の記録が最初に現れるのは，『続日本紀』文武4年（700）に道昭（どうしょう）を荼毘（だび）に付し粟原（おうばら）に葬った記事です。道昭は入唐僧で，長安では玄奘（げんじょう）に私事したことで知られている高僧ですが，師に習って火葬されたことが，わが国における最初の火葬として象徴的に記録されたのでしょう。

　こういった仏教文化とかかわりの深い火葬に対して，遺体を火化▷2することは，それをほぼ百年さかのぼる，6世紀末から7世紀初頭に大阪府の泉南地方の窯業地帯を中心に「カマド塚」という名称で知られる葬法が現れます▷3。須恵器の窯に似た構造の空間に，遺体を安置して焼いたものですが，墳丘は後期古墳に通有の円墳と変わりありません。また竜野向イ1・2号墳（たつのむかい）（兵庫県），与楽6号墳（ようらく）（奈良県高取町）などでは，7世紀初頭の横穴式石室の中で明らかに遺体を焼く行為がおこなわれています。こういった遺体を火化する葬法は全国にみられますが，その明確な解釈はまだできていません。

　7世紀前半に大阪府南河内地方で始まった横口式石槨墳（よこぐちしきせっかくふん）は，横穴式石室墳（よこあなしきせきしつふん）の小型化につながると考えられますが，同時に7世紀中頃には，明らかに改葬骨を収めたとみられる小型の石室も登場します。

　7世紀末から8世紀初頭にかけて始まったとみられる火葬墓にいたるまでには，このような過程が存在していたことが明らかになっています。この過程では，「厚葬」から次第に「薄葬」へと変化していく様子がうかがえます。

　荼毘に付した釈迦の舎利の信仰に始まった仏教では，火葬に特別な意義を見いだし，主に僧の間で広がっていきます。わが国の火葬のはじまりを僧道昭とする記録もこういった背景の中で生まれたものと考えられます。

　一方，7世紀後半のわが国の対外的な動きをみると，朝鮮半島では百済，高句麗が滅亡し，統一新羅の時代が始まりました。遣新羅使を頻繁に派遣し，大陸文化の窓口を新羅に求めた政府は，新羅の王族の動向にも注意を払っていました。そんな中，681年に文武王が新羅の王として初めて火葬に付されました。その後，新羅では火葬が急速に広まったことは，各地から出土する骨蔵器（こつぞうき）から知ることができます。持統上皇（じとう）（702年），文武天皇（もんむ）（707年）の火葬は，仏教思想の影響にくわえて，このような新羅の制度を採用した可能性も考えられます。

④ 平城京と葬地

　威奈大村墓（いなのおおむら）（奈良県香芝市），文忌寸祢麻呂墓（ふみのいみきねまろ）（奈良県宇陀市）など，墓誌を出土

▷2　**火化**
遺体を焼くこと。

▷3　森浩一「火葬―カマド塚の発掘」『大阪府史』第1巻，1978年。

した火葬墓は藤原京時代にもみられますが、平城京遷都（710年）以降急増します。

奈良時代の葬制については、**養老律令**の中の**喪葬令**を通して具体的に知ることができます。そのなかには皇陵を守る陵戸設置の規定に始まり、服喪、葬送時の装束などの規定が詳しく記されています。そのなかに皇都（平城京）の近くでの造墓を禁止した規定があります。平城京北方の丘陵地帯、東の大和高原地帯、西の生駒山麓に分布する奈良時代の陵墓および火葬墓をみると、この令の規定が遵守されていることがわかります。また墓誌の出土した太安万侶、小治田安万侶、美努岡萬などの律令官人の墓は、ある一定の葬地内に営まれていることがわかります。その大きな特徴は、多くが古墳時代後期の群集墳地域と重複しないことです。古墳時代にはそれぞれの氏族が所有する土地に古墳を築造したのに対して、土地の公有化を率先する立場にある官人たちは、政府の規定した土地（公葬地）に葬られたとみられます。

一般庶民の墓地について知ることのできる資料は多くありませんが、平城京北方の奈良山の渓谷で髑髏に出会った元興寺僧道登の話（『日本霊異記』巻12）や、平城京南郊の稗田遺跡の川跡から薦に包まれた2体の人骨が出土していることなどから、一部を垣間見ることはできます。京の周辺の山川藪沢の可耕地以外に簡単に埋葬もしくは遺棄していた例も知られています。平安遷都の後はさらにその傾向は強まり、桂川や賀茂川の河原などが庶民の葬地として利用されるようになっていくことが明らかにされています。

5　埋葬法の変化と土地制度の変革

新たな群集墳の築造が少なくなる7世紀初頭から、7世紀末および8世紀初頭の火葬墓の出現までの、古墳・墳墓の変遷をみていくと、2つの問題が浮かび上がってきます。1つは遺体の処理の変化。群集墳への追葬が普及していくなかで、死後の遺体の変化は多くの人たちの間でごく自然に受け容れられるようになってきたことと思われます。カマド塚や横穴式石室内での遺体の火化、また小型石室への改葬などは、そのような現実の姿に直面した人たちが考えだした処理法であったのでしょう。

もう1つは墓地の問題があげられます。7世紀初頭の推古朝から律令制に向かう取り組みの兆しはうかがえますが、古墳の規模の縮小、数の減少はその動きに連動するとみられます。大化の薄葬令、浄御原令などで最も律令政府が力を注いだのは、土地と人民の把握、つまり公地公民制度の徹底でした。そのためには墓地として各氏族が私有する広大な土地の公有化が必須のことでした。

そんななか、新たに伝わった火葬の風習は、仏教僧のみではなく、政権の中枢にいる天皇、貴族の間にも急速にひろがっていきましたが、大規模な施設を必要としない火葬墓が、政府の望んだ土地政策と合致したことを示していると考えられます。

（前園実知雄）

▷4　**養老律令**
養老2年（718）に成立した律令。藤原不比等選。大宝律令の後を受けてつくられたが、施行は758年から約200年間にわたった。

▷5　**喪葬令**
養老律令の中の喪葬に関する法令。8世紀前半の墳墓に関する規定を示す大宝令が現存していないことから、この喪葬令にひく注釈書などをもとに考えることになる。

▷6　中井一夫「稗田遺跡」『奈良県遺跡調査概報　1976年度』1977年。

▷7　森浩一「古墳時代後期以降の埋葬地と葬地——古墳終末への遡及的試論として」『古代学研究』57　1970年。

Ⅵ 古代の考古学と成果

5 遣唐使の考古学
井真成墓誌の発見

1 遣唐使の功績

　遣唐使とは,『旧唐書』や『新唐書』にも記されているとおり,倭国が唐に派遣した朝貢使のことをいいます。中国では618年に隋が滅び唐が建国したので,それまで派遣していた遣隋使に替えてこの名称となりました。遣唐使の功績は,いうまでもなく,630年から836年まで200年以上にわたって,当時の先進国であった唐の文化や制度,そして仏教の日本への伝播に大いに貢献したことにあるといえます。私のかつての研究によりますと,遣唐使の派遣は合わせて12回だったと考えられます。

▷1　王維坤「古代中日文化交渉史の一考察――日本の遣唐使のルートを中心に」森浩一編『考古学と技術』(同志社大学考古学シリーズ Ⅳ)1988年。

2 井真成墓誌の発見と研究

　2004年の4月頃,陝西省のある建築会社が西安市の東郊でショベルカーによる不法工事をしていて,偶然に唐代の都・長安で死去した遣唐使の井真成墓誌が新たに発見され,すぐ中日の学界では大きな話題を集めました。この墓誌は墓誌蓋と墓誌銘からなっています(図1)。井真成という遣唐使の名前は日本の史書には記載がありません,その彼の墓誌が中国で初めて発見されたのです。井真成の出生はその墓誌に陰刻されている「開元廿二年(734)正月□日を以て,乃ち官弟(第)に終わる,春秋,卅六」という墓誌銘から,699年に生まれたと推定されるので,717年に19歳で遣唐使の一員として阿倍仲麻呂や吉備真備らと一緒に入唐した可能性が一番大きいといえます。

○井真成墓誌発見の経緯

　井真成墓誌の発見は,科学的発掘ではなく,不法工事をしていて偶然にみつかったものです。そのため井真成の墓はすっかり破壊されたそうですが,さいわいにも,墓誌という国宝級の文物がのこされました。そして業者は,この墓誌を掘り出してすぐ民間の文物市場に秘密裡に売り出しました。西北大学歴史博物館の副館長賈麦明氏は,この情報を聞いて,早速この文物市場へ行きました。まず賈氏の注意を引いたのは,墓誌銘の2行目に「公,姓井,字真成。国号日本」と明確に陰刻されている文章です。その時,賈氏は,わざわざ私の所へも電話で連絡し,墓誌の様子を詳しく伝えました。私のみたところでは,「井真成という人

図1　井真成の墓誌蓋と墓誌銘
(著者撮影)

物を含む遣唐使墓誌の発見は初めてであるばかりでなく，日本の国号も墓誌も初の発見で，この墓誌は疑いなく絶対に研究価値も文物価値もある。急いで買おう」とすすめました。賈氏ももちろん，この墓誌自体の価値をよく知っているはずです。賈氏はよく交渉し，最後に信じられないほど安く購入しました。いま，この墓誌は，西北大学歴史博物館に収蔵・陳列されている文物の中で，西北大学の「館を鎮める宝」（博物館を代表する一番重要な宝物）という国宝になりました。

井真成の墓誌は，墓誌蓋と墓誌銘という2つの部分からなります。墓誌蓋に篆書で陰刻されている文字が12個，墓誌銘に楷書で陰刻されている文字が171個，あわせて183個の文字しかありません。この墓誌蓋と墓誌銘の文章は非常に短いけれども，墓誌銘の言葉は簡潔で要領をえたものといえます。

◯井真成墓誌の形状とサイズ

私は，2005年4月14日に賈氏のご好意により，井真成墓誌のサイズを再び計測しました。この墓誌蓋は覆斗形を呈し，一辺の長さは38cm，厚さは8cm（そのうち，縁の厚さ2.8cmをふくむ），四刹（四辺に接する傾斜部）にも文様がなく，灰青石質で，表面に篆書で「贈尚衣奉御井府君墓誌之銘」の12個の文字が，右から縦書き，4行，行ごとに3字で陰刻されています（図2）。その墓誌銘はほぼ正方形を呈し，4辺の平均の長さはほぼ39.7cmです。

井真成墓誌を石質・色合いとサイズから分析しましょう。墓誌蓋の材質は青石質で，墓誌銘の材質は漢白玉質です。墓誌蓋と墓誌銘でなぜ違う材質を選択したのでしょうか。私見では，これはたぶん井真成の突然の死により墓誌を製作する時間の余裕がなく，とりいそぎ2つの40cm²ぐらいの違う材質の石を選択し，1つで墓誌蓋を，もう1つで墓誌銘を作ったという可能性が高いと思います。

また，墓誌銘になぜ漢白玉質を選択したのかといいますと，墓誌銘に彫られた当初，文字には墨が入れられていた可能性が大きいと思われます。たとえば，『旧唐書』巻九九「張嘉貞列伝」には，「張嘉貞は，蒲州猗氏の人なり。……将に行かんとして，上自ら詩を賦し，百僚に詔して上東門外に於いて之を餞す。州に至って，恒嶽廟の中に於いて頌を立つるに，嘉貞自ら其の文を為り，乃ち石に書す。其の碑には白石を用いて之を為り，素の質に黒の文なれば，甚だ奇麗と為す」とあることから推測すれば，井真成墓誌銘も「素質黒文」であった可能性があると，私は考えています。

◯井真成墓誌文の配置と私見

次に，井真成墓誌銘の配置を観察しようと思います。上述のように，墓誌文は陰刻する前に方形格をうち，格ごとに1字，楷書で右から縦書き，全12行，行ごとに16字で，そのうち9字の欠字をふくみ，合わせて171字です（図3）。指摘しておくべきは，墓誌の上端部に破損が若干あり，最上部1行の9字が完全

図2 井真成墓誌蓋（拓本）
（著者撮影）

▷2 ［后晋］劉昫等撰『旧唐書』中華書局，1986年。

VI 古代の考古学と成果

	⑯	⑮	⑭	⑬	⑫	⑪	⑩	⑨	⑧	⑦	⑥	⑤	④	③	②	①	
						帰	囚	囗	囚	鷂	囚	日	囗	囗	公		①
						於	乃	分	即	傷	過	乃	命	姓	贈		②
						故	天	頼	以	追	朝	終	遠	井	尚		③
						郷	常	暮	其	崇	移	舟	邦	字	衣		④
							哀	日	年	有	舟	於	与	真	奉		⑤
							茲	指	二	典	陳	官	儔	成	御		⑥
							遠	窮	月		逢	弟	矣	井	井		⑦
							方	郊	四	詔	奔	春	豈	国	公		⑧
							兮	兮	日	贈	馳	秋	圖	号	墓		⑨
							既	悲	囗	尚	以	卅	強	日	誌		⑩
							埋	引	于	衣	開	六	学	本	文		⑪
	(四行分空白)						於	丹	萬	奉	元	問	不	才	并		⑫
							異	旗	年	御	廿	二	倦	稱	序		⑬
							土	其	縣		二		問	天			⑭
							魂	哀	滻	葬	年	道	未	縦			⑮
							庶	日	水	令	正	終		故			⑯

贈尚衣奉御井公の墓誌の文。序并せたり。
公、姓は井、字は真成。国は日本と号す。
才、天の縦えるに称う。故に能く命を遠邦に馳みて、衣冠を襲いて、上国に闚み、礼楽を踏みて、束帯して朝に囮ち、与に儔ひたり難し。豈図らむや、強学して倦まず、道を問うこと未だ終らざるに、囗に移舟に遇ひ、陳に奔馳に逢ふをや。
開元廿二年（七三四年）正月囗日を以て、乃ち官弟（第）に終わる。春秋、卅六。皇上、傷くことを悼みて、追崇するに典有り。詔して尚衣奉御を贈り、葬は官を令て囚せしむ。即ち其の年の二月四日を以て、萬年県の滻水の囚原に窆むる、礼なり。
嗚呼、素車暁に引かれ、丹旗行くこと哀れなり、窮郊□を嗟きて暮日を悲しむ。
其の辞に曰く、囚は乃ち天の常、茲の遠方なるを哀しむ。形は既に異土に埋もれ、魂は故郷に帰らむことを庶う。

図3　井真成墓誌銘（拓本）と読み下し文

注１：□部は欠字で，囗中の文字は著者による推定。
注２：「鷂」は「騁」の，「囗」は「図」の，「陳」は「隙」の，「逢」は「逢」の異体字。

には識別しがたい点ですが、墓誌銘の解釈には大きな影響を与えないと考えます。井真成墓誌銘の配置は、「贈右領軍衛大将軍」という正三品の李中郎墓誌の配置とくらべれば、両者の墓誌がいずれも秘書省著作局で作成されたものだったといえます。さらに両者の空白も同じです。

「馳騁上国」について、以前、東野治之が「上国に馳せ聘う(さっそく、招聘に応ずる)」という解釈をされましたが、改めて検証してみると、私もふくめて当時の学界の研究者は、ずいぶん間違っていたと思われます。今回この字を拡大してよく観察しますと、この字はやはり「馬」偏で、「耳」偏ではありません。この字は実際「騁」の異体字です。そうするならば、「上国(筆者注:大唐を指す)に馳せ聘う(さっそく、招聘に応ずる)」という意味よりもむしろ「上国にさっそく行く(活躍するとか駆け回ることを形容する。つまり、さっそく上京する)」とするほうが理解しやすいと思います。こうして上句の「才、天の縦せるに称う、故に能く命を遠邦に銜み」と、ぴったり照応することになります。

ここでは、紙面の制約もあって、ごく簡潔に遣唐使と井真成墓誌の発見について述べました。

遣唐使は延べ数千人を超えました。井真成はもちろんその一員にすぎません。けれども今回、彼の墓誌を発見したことはさいわいです。これを手がかりとして、遣唐使の代表格である阿倍仲麻呂をはじめとする他の遣唐使の墓と墓誌が一日も早く発掘されることを願います。これらの遣唐使の墓と墓誌の発見こそは、考古学の立場からの遣唐使研究に大きな前進をもたらすものと思います。

(王 維坤)

▷3 石見清裕「唐代長安の外国人――国子監と留学生」『東アジアの古代文化』123号、2005年。石見清裕「入唐日本人『井真成墓誌』の性格をめぐって」『アジア遊学 特集 波騒ぐ東アジア』70号、勉誠出版、2004年。

▷4 東野治之「胸躍る文字通りの大発見」『山陽新聞』2004年10月20日。東野治之『遣唐使』岩波書房、2007年。

Ⅵ 古代の考古学と成果

6 渡来した習俗・技術

1 日本列島と大陸

　日本列島はユーラシア大陸と海を隔てていますが，船を使えば日本海沿岸のどこからでも沿海州，朝鮮半島，中国大陸へと往き来が可能です。たとえば世界最古といわれた縄文土器も，中国で1万年以上前の土器が見つかりつつある現状では，日本で発明されたと考えるより，船でもってこられたと考える方が合理的だと思います。土器が伝わった頃の石器も大陸と密接な関係があったことが指摘されていますが，ひとたび縄文文化が列島に根を下ろすと，縄文人は1万年以上にわたって，北海道から沖縄まで地域色の濃い文化を発展させ，かたくなに独自のライフスタイルを貫いたようです。

　ところが弥生時代の幕開けを迎えると，日本人，あるいは日本列島に居住した人々の生活スタイルが一変します。弥生文化はその当初から，中国や朝鮮半島の農耕文化にその起原をもとめることが常識的で，人類学でも多くの渡来人が弥生文化を担ったとする意見が有力です。縄文時代にもすでに農耕があったとする研究成果もありますが，なんといっても水田稲作が弥生文化を特徴づけ，水田稲作の開始とともに，縄文時代にはみられなかった多くの技術や習俗が，大陸から一斉に入ってきました。それ以降，日本列島の人々は大陸の文物や技術，習俗を採り入れることにより，東アジア世界の一員として歩調を並べて発展する道を選択しました。ここでは，渡来した技術と習俗について，私の専門とする動物考古学の立場にかぎらせていただき，紹介したいと思います。

2 渡来した動物

　人間が最初に連れてきた動物はイヌです。イヌは縄文早期初頭（約1万年前）の夏島貝塚（神奈川県）から破片骨が出土しています。報告書によると明らかに家犬（イエイヌ）の大きさなので，家犬よりはるかに大きな在来種であるニホンオオカミを飼い慣らしたのでなく，すでに大陸のどこかで飼い慣らされて小型化した家犬が連れてこられたと考えられます。日本でも朝鮮半島でも旧石器時代や草創期やその時代の遺跡から動物骨が出土する例がほとんどないので，証明は難しいのですが，土器とともに大陸から連れてこられたと考えるのが自然でしょう。

　縄文時代の後晩期になると中国や朝鮮半島からブタも運ばれてきたようです。これまでイノシシと分類されていた骨の中に，中国系のブタの遺伝子をもつも

のが少数ながらみつかり，弥生時代になってその数や地域は西日本を中心にひろがります。しかし，その数はあくまで少数で，多くはニホンイノシシを飼い慣らしていたようです。

　ブタの次に連れてこられた動物はニワトリとネコでしょう。ニワトリは原の辻遺跡やカラカミ遺跡（ともに長崎県），朝日遺跡（愛知県）で出土していますが，数は多くありません。ニワトリは東南アジアに分布するセキショクヤケイ（赤色野鶏）を家禽化したもので，中国南部あたりから稲作とともに伝わったものでしょう。同じ頃，家ネコもカラカミ遺跡から出土しています。

　古墳時代になって連れてこられたのはウマで，ウシは少し遅れます。発掘技術がともなわない昔の発掘では，縄文時代の貝塚から牛馬の骨が出土することが珍しくなく，縄文時代にすでに牛馬が存在したとされていました。しかし1970年代から新幹線や高速道路などの建設にともなって，緊急発掘の件数が急激に増加し，その規模も以前とは比べものにならないほど大きくなったのですが，牛馬の出土例は，むしろ少なくなってしまいました。確実なウマの出土例が増えるのは，ほとんどが須恵器の出現以降，つまり4世紀末から5世紀以降の古墳時代中期以降のもので，馬具もそのころの古墳に副葬されることが知られていました。文字史料によると，ウマが伝わったのは，『日本書紀』応神天皇15年に百済王が阿直岐とともに良馬2匹を贈り，軽坂上厩で阿直岐に調教させたので，そこを厩坂とする，という記事が初出なので，考古学の知見と文字史料とがほぼ一致したといえるでしょう。

　ウマにくらべるとウシは軍事的な重要性に劣るせいか，遺跡から出土するのは6世紀にはいってからのようで，その数も多くありません。藤原宮や難波宮の建設にあたって，多くのウシの骨や足跡，轍の跡が見つかっています。

3　骨の傷跡から見た金属器の受容と普及

　弥生時代になって，青銅器と鉄器が同時に伝わったと信じられています。縄文時代晩期，大洞C2を主体とする三崎山遺跡（山形県）から青銅刀子の出土が報じられたことがありますが，その後の出土例は増えないままです。

　私は，長年，動物骨の解体痕や骨角器の加工痕を観察してきたのですが，亀井遺跡（大阪府）から出土した弥生中期の骨や鹿角をみているうちに，石器と金属の傷跡を区別できるのに気がつきました。重みのある石器は鹿角の表面を押しつぶし，鈍くて丸みをもつ傷痕をのこすという特徴があり，鋭い金属器は，刃こぼれが鹿角の表面に転写されて，多数の線状痕が観察できます。このような線状痕は1度の加撃によって生じるため，溝と溝が交差することがありません。

　ところが，居徳遺跡（高知県）から出土した縄文晩期後半の時期の人骨や動物骨に，明確な金属器による傷痕を見つけました。その傷痕はそれまでみてきた

▷1　渡部琢磨・石黒直隆・森井泰子・中野益男・松井章・本郷一美・西本豊弘「弥生時代の遺跡から出土したイノシシの遺伝学的解析」『動物考古学』20，2003年。

▷2　西本豊弘「弥生時代のニワトリ」『動物考古学』1　動物考古学研究会，1993年。

▷3　納屋内高史・松井章「カラカミ遺跡出土の動物遺存体」宮本一夫編『カラカミ遺跡Ⅰ』九州大学大学院考古学研究室，2008年。

▷4　直良信夫『日本および東アジア発見の馬歯・馬骨』中央競馬会，1970年。

▷5　松井章「亀井遺跡（切り広げ部）出土の動物遺存体」『亀井（その2）』大阪文化財センター，1986年。

Ⅵ　古代の考古学と成果

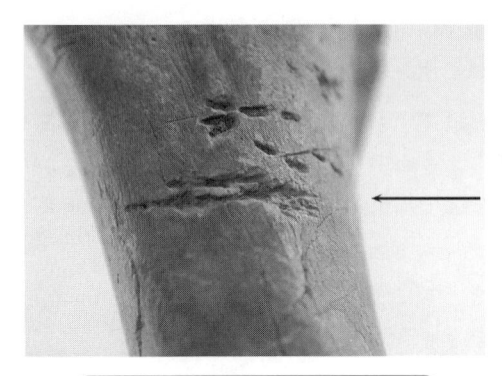

図1　居徳遺跡のイノシシの上腕骨

図2　居徳遺跡のヒト大腿骨の裏側の傷痕

▷6　松井章・丸山真史・宮路淳子「居徳遺跡群出土の動物遺存体について」『居徳遺跡群』高知県文化財団埋蔵文化財センター，2004年。

金属器傷痕とはまったく異なり，ノミ状の刺突具と日本刀のような刃器によるものでした[6]。その刺突具は刃幅5㎜ほど，先端が爪形をした刃先をもっていました。この刺突痕は人骨や動物骨の計18点に73ヵ所が観察され，そのうち人骨は3点，18ヵ所を数えました。

　ひとたび金属器に親しめば，人々は好んで金属器を使ったようで，イノシシの上腕骨の腱が付着するところに，何度もこの刃物を突き立てて腱を切断し，筋肉を取った痕跡がのこります（図1）。

　女性の左大腿骨近位部，つまり太股の付け根付近が鋭い刃物で切りつけられ，骨の裏側にまで達する刀創痕もありました。おそらく太ももに皮膚や筋肉が付いたまま，斜め上から刃を振り下ろして切断しようとしたのでしょう。大腿骨の管状の部分，4分の3あたりまで切り込みながら，そこで刃がとまり，刃を抜いた後で切り残した骨の部分の弾力で傷がふさがったため，表裏に走る一本の線として観察できるのです（図2）。この傷は太股をも一刀両断せんばかりの威力をもつことから，日本刀のように重みがあり，かつ鋭利な刃物によって生じたと考えられます。もちろん弥生時代になっても，こうした鋭利な刀物はみられず，どんな刃物だったのかは謎のままです。

　居徳遺跡の人骨や獣骨が出土した層は，縄文時代晩期の後半，突帯文土器の層で，人骨そのものをAMS放射性炭素年代測定すると，2837±33 BP（測定番号NUTA2-4320），2989±44 BP（測定番号NUTA2-4331），2960±34 BP（測定番号NUTA2-4320）の年代が得られています[7]。その年代は中国では青銅器時代にあたります。私はここ数年，中国や韓国を訪ねて新石器時代，青銅器時代，そして鉄器時代の遺跡から出土する動物骨に残された傷痕を観察しています。その結果，石器と青銅器による違いは明確なのですが，青銅器と鉄器による違いは，肉眼やルーペによる観察では区別がつかないと考えています。

▷7　中村俊夫「高知県土佐市居徳遺跡出土人骨，赤ウルシ塗土器片のウルシ，土器破片付着炭化物試料の14C年代測定」『居徳遺跡群』高知県文化財団埋蔵文化財センター，2004年。

4　皮革技術

　『日本書紀』仁賢紀に次のような記事があります。

「この歳, 日鷹吉士が高麗より帰ってきて, 工匠の須流枳, 奴流枳らを献上しました。今大倭国の山辺郡の額田邑にいる 熟皮 高麗は, その子孫である」。

　考古学者の小林行雄氏は, この記事に注目してこの２人の工人が伝えた技法は, 『延喜式』の内蔵寮式に鹿皮を鞣すのに「脳を和え」る, 脳漿鞣しであったと予測しました。▶8 私は民族学の情報も得て, 城山 遺跡（大阪府）から出土した８世紀後半の溝から出土したウマの頭蓋骨に, 脳を摘出した痕跡があったことから, この脳が鞣し剤として使われたのだろうと考えました。その手がかりとなったのは, 養老厩牧令という律令政府の牧や厩についての法律でした。▶9 そこには, 「政府の馬や牛が死んだとき, それぞれ皮, 脳, 角, 膽を取るように。▶10 もし牛黄があったなら別に進上するように」という規定と,▶11 「役所や民間の馬や牛を公用で使って, 遠隔地で死なせてしまった場合, 不可抗力だということが明らかなら罰しはしない。その地を管轄する役所がその皮と肉とを売りに出して, 代金をもとの役所へ納めなさい」という規定があるのです。おそらく民間で飼われていた牛馬が死んでも, 地方ごとに皮や肉を売買する市場があったのでしょう。このように死んだ牛馬の利用, 特に皮革生産には, 渡来系の工人が主導的役割を果たしていたことがうかがえます。

5 外来の習俗１──卜骨と刻骨

　縄文時代にはみられず弥生時代になって出現し, 古墳時代以降へと連続する祭祀関連遺物に, 卜骨と刻骨とがあります。卜骨は元来, 中国新石器時代に始まり, 牛や羊の肩甲骨を焼いてそのひび割れ方で吉凶を占ったのですが, 殷代になると, そこに火箸様の道具を当てて占うのが一般化しました。弥生時代にはニホンジカやイノシシの肩甲骨, さらにウミガメの甲板が使われましたが, 古墳時代以降にはウシやウマの肋骨も使われるようになりました。卜骨は弥生時代や古墳時代に併行する時期の韓国でも数多く出土していますが, 『魏志』倭人伝では, 倭人の習俗とみなされています。

　刻骨も弥生時代にあらわれ, 古墳時代にも連続して使われる道具です。大多数が鹿角の片面に長軸に直交し, 互いに平行する短い溝を連続して刻むもので, 唐古・鍵遺跡（奈良県）ではニホンジカの下顎骨に, 熱田貝塚（愛知県）では, ウマの中手骨に, 刻みを入れています。このような骨角器は韓国慶尚南道の 熊川 貝塚をはじめ, 朝鮮半島でも多数出土することから, 弥生時代になって朝鮮半島から伝わった習俗のひとつと思われます。この刻み目の中央部が丸く摩滅している例が多いことから, この部分を何かと擦り合わせ,「棒ささら」のようにカシャ, カシャと音をたてる一種の楽器ではなかったかと思われます。

6 外来の習俗２──神に牛馬を捧げる

　『日本書紀』巻25, 大化２年 (646) の大化の薄葬令の次のような記事がありま

▶8　小林行雄『古代の技術』塙書房, 1962年。

▶9　松井章「養老厩牧令の考古学的考察──斃れ馬牛の処理をめぐって」『信濃』39(4), 1987年。

▶10　膽
胆嚢のこと。薬用か。

▶11　牛黄
牛の胆嚢などに生じた結石。薬用とする。

す。「これまでは，人がなくなると自分で首をくくって殉死したり，人の首をくくって殉死させたり，死者の馬をむりやりに殉殺したり，死者のために財宝を墓に収めたり，死者のために髪を切り，股を刺して誄したりすることがおこなわれてきたが，このような旧来の風習はいっさい禁止する」。

考古学者の森浩一はこの記事に注目し，古墳からのウマの出土例を挙げて実際にウマの殉殺がおこなわれたと論じたのですが，不確かな例もあって，その後，さほどの研究の進展はみせないままでした。しかし千葉県文化財センター[12]による大作第31号墳の発掘で，明確なウマの殉殺例を報告することができました。この古墳は6世紀前後の直径15m，周囲に幅1.2〜4.9m，深さ0.2〜0.9mの濠がめぐる円墳で，その周濠に接して長さ2m，幅1mほどの2つの土坑が掘り込まれ，そのうちの1つから，鞍金具や銜を装着したウマの上下顎歯のエナメル質が揃って出土したのです。

ウマの骨そのものや，木製の鞍の本体は腐朽して残存していなかったのですが，実測図をもとに推定すると，帯金具の位置が上下逆転しており，普通，後輪に装着する金具が，歯や銜の出土した位置に近い方から出土しており，このウマは胴体が逆さまに落とし込まれた後，その臀部あたりに頭部が入れられ，埋葬されたと推定復元できました（図3）。この周濠にはもう1つ，同じくらいの大きさで，深さが60cm程度と浅い土坑がありましたが，その内部には遺物も骨も見られませんでした。私はこの土坑には，主体部に埋葬された人のために殉死したか殉殺された人が埋葬されていたのではないかと考えています。ウマ[13]を殉殺する例は，スキタイや中国の青銅器時代をはじめ，古代ユーラシア大陸に広くみられるのですが，日本の例はその直接の系譜を新羅や伽耶にもとめられそうです。

古代日本には道教，儒教，仏教などの思想が朝鮮半島を経由して相次いで伝わり，在来の原始神道と対立，あるいは融合しながら，日本的な動物祭祀を形成したようです。飛鳥時代以降の日本に動物祭祀，特に供犠，生贄が一般的におこなわれたかどうか，文献史学でも長い間論争が続いていました。

たとえば，雨乞いの際，牛馬を殺して漢神に捧げる儀礼が存在したことが，『日本書紀』皇極元年（642）7月の記事にみられます。群臣らが集まって「村々の祝部が教えたとおりに，牛や馬を殺し，それを供えて諸社の神々に祈ったり，市をしきりに移したり，河伯に祈禱したりしましたが，さっぱり雨が降りません」と相談したという記事からわかります。また，『日本後紀』延暦20年（801）3月にも，「越前国禁行□加□□□屠牛祭神」という同様の記事があり，一般に「殺牛殺馬」として知られており，古代日本に動物犠牲が存在した証拠と考えら

図3 大作古墳群31号墳の馬の殉殺

▷12 森浩一「大化薄葬令の馬の殉殺について」『古代史論叢』上，吉川弘文館，1978年。

▷13 松井章「大作遺跡第31号墳出土の動物遺存体」『佐倉市大作遺跡——佐倉第3工業団地造成に伴う埋蔵文化財発掘調査報告書VII』千葉県文化財センター，1990年。

ています。文献史学者の佐伯有清は，牛殺し習俗が広く世界各地にみられ，その動機として，農耕儀礼と雨乞いのためという2つをあげ，古代日本でも牛殺しが存在したことを論じました。◁14

　それに対し，栗原朋信と井上光貞は，動物供犠はあくまで例外的なものであったと考えました。栗原は唐の祠令と日本の神祇令の儀礼を比較し，唐の祠令では動物犠牲が祭祀の重要な役割を果たすのに対して，神祇令では動物犠牲が重視されないところに特徴があると考え，◁15 井上は栗原説をさらに発展させ，日本の神祇令にはまったく「犠牲」の文字がないばかりではなく，日本の令は意識的に動物犠牲を排除して幣帛だけをのこしたことを証拠に，古代日本では動物犠牲が例外的だったと批判しました。◁16

　平城京の発掘でも，大路の側溝の底に穴を連ねて掘り，解体したウマやウシを収めている例があります。◁17 あるいは長岡京の二条条間大路・東二坊大路交差点で解体されたウマの胴部の下や周囲から鳴鏑，墨書人面土器，人形などが集中して出土しており，殺馬をともなう祭祀が都城内でおこなわれていたことを示します。

　儒教が初めて日本に伝わったのは，5世紀頃のことと考えられていますが，釈奠というのは，その儒教の祭礼の中心をなす重要な儀式です。これは日本では旧2月，8月におこなわれ，最初の記録は，『続日本紀』大宝元年(701)の記事です。釈奠には三牲とよばれる犠牲が重要な意味をもち，本家の中国では牛，羊，豕(豚のこと)をさしますが，日本では大鹿，小鹿，豸と変化し，牛が抜け，家畜でなく野生獣がくわわります。私は出雲国府推定地の発掘で出土した動物遺存体を報告する際，宴会で使われた後，穴の中にまとめて捨てられた土器とともに，大小のニホンジカの頭部が出土したことから，国府でおこなわれる動物を使う祭祀として，釈奠の可能性が高いと考えました。◁18

　儒教に対して民間宗教として広がった道教は，文献上にその姿をあらわすことは稀です。しかし，雨乞いの際に漢神を祭るといった信仰は，道教に根ざすものとされ，実際，道教の思想が意識されることのないまま，文字史料に多くふくまれていることが近年の研究でわかりつつあります。

(松井　章)

▷14　佐伯有清『牛と古代人の生活』至文堂，1967年。

▷15　栗原朋信「犠牲禮についての一考察——特に古代の中国と日本の場合」『上代日本対外関係の研究』吉川弘文館，1978年。

▷16　井上光貞『日本古代の王権と祭祀』東京大学出版会，1984年。

▷17　松井章「動物遺存体」『平城京左京七条一坊十五・十六坪発掘調査報告』奈良国立文化財研究所，1997年。

▷18　松井章「出雲国府跡5号土坑から出土した動物遺存体」『史跡出雲国府跡1』島根県教育委員会，2003年。報告書の執筆段階では，小型のシカが含まれていることに気がついていなかった。

参考文献
井上光貞監訳『日本書紀』(下巻) 中央公論新社，2003年。
末永雅雄・小林行雄・藤岡謙二郎『大和唐古弥生遺跡の研究』京都帝國大學，1943年。

コラム7

古代の巨大水利施設：狭山池

1　古代日本の池溝開発

　奈良時代前期に編纂された『古事記』『日本書紀』には，池溝開発の記事がよく出てきます。奈良時代の正史である『続日本紀』は，ため池や河川堤防の改修記事をよく取り上げています。ため池や水路をつくり田畠をひらく池溝開発や治水灌漑施設の維持管理は，律令国家の重要な仕事だったのです。

　東アジアの歴史をひもとけば，秦の始皇帝が造った鄭国渠や漢の武帝が造った成国渠は，黄土平原を肥沃な大地に変えて国家経済を支えていました。東南アジア最大級の石造伽藍を誇るアンコールワットをつくったアンコール王朝の繁栄は，バライとよばれる大規模な貯水池を利用した灌漑システムが支えていました。つまり本格的な池溝開発は，経済的安定をもたらす国家的社会基盤整備事業であり，わが国で始まりは古代国家形成の重要な指標になると考えてよさそうです。

2　古代のため池の科学的年代

　ため池灌漑の始まりについて，誉田山古墳（大阪府藤井寺市，伝応神天皇陵）や大仙古墳（堺市，伝仁徳陵）など，巨大古墳を造る土木技術があれば，たやすく造ることができるとし，4～5世紀頃とする学説がありました。しかし，古墳とため池の土木技術は相違点が多く，両者を同じ土俵で論じることはできません。

　このように年代のはっきりしなかった古代日本のため池に，初めて科学的な年代をあたえたのが大阪狭山市の狭山池です。狭山池は『日本書紀』崇神紀や『古事記』垂仁記などに造池記事のある有名なため池です。池のダム化工事である平成の大改修にともなう発掘調査でコウヤマキをくりぬいた築造当初の樋管が発見され，その年輪年代から616年頃に築造されたことが明らかになりました。

3　狭山池の水利

　狭山池は，泉北丘陵と羽曳野丘陵の間を北に流れる天野川（狭山池を通過した後は，西除川とよばれる）を土の堤でふさぎとめたダム式のため池です。河内低地に向かって（北に）なだらかに下る南河内台地の一番奥にあり，標高は約70mです。築造当初の堤は全長約300m，底幅約27m，高さ約5.4mで，池面積は約26万㎡，最大貯水量は約80万㎥と推定されています。古代のため池では最大級です。

　南河内台地では，その後狭山池を核にして広域なため池灌漑網が整備されていきます。狭山池が親池，そこから子池，孫池に水を送るシステムです。現在，池の水を送る水路は，東除川左岸の高所を走る中央幹線と，西除川を利用する西除筋の2つのルートがあります。

　築造当初は中央幹線だけです。狭山池とほぼ同じ頃に出現する平尾遺跡・太井遺跡（大阪府堺市）などの集落遺跡の分布からみて，池の北，5～7km付近まで開削され用水が送られていたようです。最大貯水量が約250万㎥であった江戸時代は，西除川筋も整備され，現在の大阪市天王寺区までの約4200haの灌漑面積がありました。大和川の付替工事（1704年）以後，

灌漑面積は狭くなりましたが，現在でも地域の重要な水源です。

4　古代国家と狭山池

　狭山池の発掘調査は，わが国の本格的な池溝開発の開始年代に，ひとつの定点をあたえました。狭山池が築造された7世紀は，水の便の悪かった南河内台地の開発がいっきに進みます。狭山池から下った標高23〜24m付近には，丹比大溝・河合大溝（大阪府松原市）が開削されて，東除川から取水する河川灌漑が始まります。さらに下流の河内低地を臨む標高10m付近には，さらに下流域を洪水から守る遊水池として依網池（大阪市）が造られます。

　私は，このような地形環境を巧みに利用する水利施設が整備された7世紀の南河内台地の広域な総合開発こそが，国家が主導した初めての池溝開発であったとみています。狭山池は，古代日本の本格的な池溝開発の始まりを象徴する水利施設なのです。

　そこで史料の中で注目されるのは，『日本書紀』推古12年（602）の「百済の僧観勒が暦，天文地理，占星術の書を貢ぐ」という記事です。当時の暦，天文地理には土木工事に不可欠な測量，面積計算，土量計算の知識がふくまれていました。「貢ぐ」という表現ですが，飛鳥寺の建立にさいし，寺工や瓦博士などの専門技術者の派遣を百済に要請し提供をうけたように，この記事も日本が友好国の百済に，池溝開発に必要な先端的土木技術の提供を要請し，その結果，僧観勒が派遣されたと読み解きます。

　発掘調査で判明した築堤技術にも，重要な手がかりがあります。それは，盛り土の中に天然素材を敷きこみ，その安定性や強度を高める補強土工法の存在です。狭山池の調査では敷葉工法とよばれていました。しか し天然素材には草本，樹皮，葉，枝（粗朶）などいくつか種類があり，敷葉工法と総称することは難しくなってきました。そこで私は，現在にも同様な工法があるので，その名をとって「古代のジオテキスタイル工法」と総称するほうがよいと考えています。

　狭山池の補強土工法は盛り土中に何層にもわたり粗朶を敷く最古の事例です。しかも粗朶層の透水係数が高い点を利用して，盛り土の過剰間隙水を排除し圧密促進をはかるところに大きな技術的特徴があります。国外での類例は百済の都である扶余の羅城にあります。土木技術からみても狭山池の築堤技術は，百済に深くかかわるようです。

　このように，狭山池からは東アジア的視野で古代日本の池溝開発の土木技術や歴史的意義を学び知ることができます。

（小山田宏一）

▶ 1　狭山池調査事務所『狭山池　埋蔵文化財編』1998年。大阪府立狭山池博物館『常設展示案内』2001年。
▶ 2　小山田宏一「天然材料を用いた土構造物の補強と保護」『大阪府立狭山池博物館研究報告6』2009年。
　　ジオテキスタイルとは，土構造物の強化，安定，保護に用いられる合成高分子材料からなる繊維シート（織布，不織布），ネット，グリッドなどの面状補強材とこれらの複合製品である。引張り強度，透水性，遮水性に優れ，基本的な機能には補強，分離，透水・ろ過，保護などがあり，各種盛土の補強，軟弱地盤工，護岸工などに適用されている。『土質基礎工学ライブラリー40　ジオテキスタイル』土質工学会，1994年。地盤工学会『地盤工学用語辞典』丸善株式会社，2006年。

コラム8

大仏を造る

1　大仏の造営過程

　東大寺大仏の造営については，大仏胎内からの観察，大仏造営に関して詳しくまとめられている『東大寺要録』などの古文書の整理等により，研究が進められてきました。それらの成果をまとめたものとして，東京芸術大学美術部の研究グループによる研究書や，香取忠彦，戸津圭之介，石野了による詳しく平易に説明された著書があります。◁1

　聖武天皇は天平15年（741）10月に大仏造営発願の詔を発布し，紫香楽の地で寺地の開墾・骨柱づくりがおこなわれましたが，天平17年8月から造営場所を東大寺に移しました。天平勝宝4年（752）4月9日には大仏の開眼供養会が盛大におこなわれましたが，完成までに約30年かかりました。

　以下では，大仏に関連した発掘調査のうち，特に注目される，東大寺大仏殿西回廊隣接地と鍛冶屋敷遺跡（滋賀県甲賀市）の発掘調査を概観し，操業の実態，鋳造の方法，溶解炉の構造，原料銅の問題など判明した点などを紹介したいと思います。

2　東大寺大仏殿西廻廊隣接地の調査

　調査地南東隅は大仏殿廻廊西南隅から西へ約13mに位置し，1988年に発掘調査が実施されました。◁2 調査地では鎌倉時代の再建にかかわる整地層，奈良時代の整地層，奈良時代の自然堆積層を検出しました。現地表面から最下層の奈良時代の自然堆積層までの深さは約7mあります。

　奈良時代の大仏鋳造に関連する遺物としては，奈良時代の整地層の最下層（厚さ約2m）から溶解炉の炉壁・青銅片・鋳型など，奈良時代の自然堆積層（厚さ20～30cm）から226点の木簡が出土しました。

　木簡は密集して出土し，物品付札が多いことから，調査地近隣に大仏造営に関係する作業場が存在し，木簡がつくられ，使用された可能性が高いと考えられます。木簡には，使用地金の種類や量，多数の溶解炉（竈）の存在，労役作業に従事した人々の名前，薬院のことまでが記されており，当時の状況が生々しく推察されます。

　特に注目されるのは，「右二竈」「右四竈」「五竈」「六竈」といった方位や順序を示す文字が記されている点と，溶解炉を「竈」とよんでいたことが判明した点です。これらのことから，大仏鋳造に際し溶解炉が整然とした配置をとって多数用いられたことがわかります。

　また，炉壁に付着する青銅片の分析の結果，その組成が創建時の大仏の青銅の組成とほぼ一致することが判明しました。このことは分析をおこなった炉壁は大仏鋳造に用いられた炉の一部であろうと考えるのに有力な手がかりとなります。またヒ素濃度が高い点や鉛の同位体比の共通性から長登銅山（山口県美祢市）産出の銅が用いられた可能性も指摘されています。◁3

3　滋賀県甲賀市信楽町鍛冶屋敷遺跡の調査

　調査地は，東大寺に先だって大仏造営がおこなわれたとされる甲賀寺（史跡紫香楽宮跡）の北東約450m

の丘陵縁辺部に位置します。発掘調査は2002年度と2003年度に実施されました。

調査では、紫香楽宮期（8世紀中頃）の銅の溶解炉11基、踏み鞴にともなう土坑10基、鋳込み遺構14基、建物7棟を検出しました。検出した遺構は大きく3つの段階を経ています。第1段階は大型掘立柱建物、第2段階は銅の溶解炉、踏み鞴にともなう土坑、鋳込み遺構を規則的に配置する鋳造ユニット群、第3段階は梵鐘、仏像もしくは灯籠の台座を制作したと推定される鋳込み遺構を2基検出しました。また、銅塊、鉱滓、溶解炉の炉壁片、鋳型片などの鋳造関連遺物が大量に出土しました。なお坩堝などは出土しておらず、いずれも溶解炉を用いて銅の精錬、大型品の鋳造をおこなっていたものと考えられます。

溶解炉は緩やかな斜面に設置される半地下式竪形炉です。炉の内径は約50cmで、粘土ブロックを積み上げ、さらにスサ入り粘土を貼って炉壁とします。粘土ブロックの使用により炉高を高くすることが可能となり、銅精錬に必要な炉内の強還元雰囲気化が促進されました。奥壁側に大口径の羽口が単独で装着されますが、それより下位は地下式となります。

炉の後方（斜面上手）には、踏み鞴土坑が付帯します。踏み鞴土坑は、長辺約2.5m、短辺約70cmの長方形の竪穴で、底面中央に凸面を設け、その上に、踏み板を渡す形式のものです。シーソーの要領で踏むことにより、多量の空気の流れを発生させ、口径約15cmの大口径羽口を通して炉内に風を送り込みます。踏み鞴の使用により、銅精錬・溶解の安定的操業に必要な炉内の高温化（1300℃以上）が可能となりました。

鍛冶屋敷遺跡では「二竈領」と墨書された須恵器杯蓋が出土しており、東大寺と同様、溶解炉を「竈」とよんでいたことが判明しました。東大寺大仏鋳造の際にも、鍛冶屋敷遺跡で復元された溶解炉と類似する構造の溶解炉が使用されたのかもしれません。

出土した銅塊の分析の結果、銅塊の多くはヒ素・鉄・硫黄等の不純物を多くふくんでおり、精錬前のものか精錬途中の銅素材（生銅・未熟銅）であることが判明しました。このことは、産銅国からさまざまな品位の銅素材が遺跡内に搬入され、大がかりな銅精錬がおこなわれたことを意味します。また、ヒ素を多くふくんでおり、東大寺と同様、ヒ素を多くふくむ銅鉱石が始発原料であることが判明しました。

以上みてきた2つの発掘調査で検出した遺構・遺物は、大仏鋳造およびそれにいたるまでの銅精錬技術と、「造東大寺司」の営繕機関の1つである「鋳所」の実態を示していると考えられます。古代最大の国家プロジェクトである東大寺大仏造営にかかわる諸技術を立証しうる数々の成果がえられ、官営工房の規模や技術力が明らかになってきたといえるでしょう。

（大道和人）

▷1　前田泰次・西大由・松山鐵夫・戸津圭之介・平川晋吾『東大寺大仏の研究』岩波書店、1997年。香取忠彦『奈良の大仏』草思社、1981年。戸津圭之介『奈良の大仏の研究』ポプラ社、2000年。石野亨『奈良の大仏をつくる』小峰書店、2004年。
▷2　中井一夫・久野雄一郎・和田萃『東大寺大仏西廻廊隣接地の発掘調査』東大寺・奈良県立橿原考古学研究所、1988年。鶴見泰寿ほか『大仏開眼——東大寺の考古学』奈良県立橿原研究所付属博物館、2000年。
▷3　久野雄一郎「東大寺大仏の銅原料についての考察」『奈良県立橿原考古学研究所　考古学論攷』第14冊、1990年。
▷4　大道和人・畑中英二・大澤正己ほか『鍛冶屋敷遺跡』滋賀県教育委員会、2006年。

VII 中世・近世の考古学と成果

1 中世・近世考古学の方法と意義

1 研究領域の拡大と研究法の展開

　戦後の日本考古学の成果の一つとしては，全国各地出土の大量の貿易陶磁器の確認があげられます。

　全国各地のさまざまな遺跡から出土した中国産陶磁器をはじめとする貿易陶磁器の研究は，日本中世史の研究や各地の地域史の究明に大きく寄与した点で，とりわけ注目されます。この成果は，考古学を取り巻く社会的環境の変化と，研究法の新しい展開による研究領域や研究対象の拡大が関与していて，出土の陶磁器情報から豊かな歴史像が構築されるようになりました。

　日本考古学史の視点で，研究領域の展開を大きな枠組みで振り返りますと，日本列島内の古代的世界の考古学的究明から，アジアの中の中世・近世的世界の考古学的究明へと研究領域を拡大させたことは重視してよいでしょう。

　まず，その背景を考えながら研究対象や研究法の展開を振り返ってみます。

　戦前の日本考古学の主な研究対象と研究テーマの歩みをみると，地域に応じた傾向が指摘されます。つまり，関東地方の縄文時代の貝塚，関西の古墳時代の墳墓と古代の宮跡や寺院跡，九州の弥生時代の農業と甕棺墓など，特徴的な遺跡分布を反映していて，学問的関心にも地域間でのばらつきがありました。しかも戦前は，皇国史観が支配する中で人種論にかかわる先史時代人骨の収集と観察，三種の神器にかかわる剣・玉・鏡の研究，古代寺院址の確認と出土古瓦の観察など，主に原始・古代を対象としていました。しかも遺物論が先行していて，遺物狙いの発掘調査を，かぎられた発掘坑（トレンチ）内でおこなうのが一般的でした。また発掘調査の主体が，帝国大学や帝室博物館など少数の機関や，一部の民間研究者にかぎられており，中世・近世考古学については古銭・石仏・石塔・金石文などに関心を示した若干の研究者を除けば一般の関心も低い状況でした。つまり，戦前の日本考古学をとりまく環境は，民間研究者や都道府県などの行政機関が中世以降の城館や都市遺跡などを対象として広範囲な面積を継続的に発掘調査できる環境はなく，開発にともなう行政による事前の発掘調査などは皆無でした。

　文化財保護法の施行以後，とりわけ1960年代以降は，発掘調査の様相が大きく変わりました。高度経済成長への歩みの中で，高速道路網・新幹線・空港をふくめた交通網の整備，都市の再開発と近郊の宅地化，農業構造改善事業・圃

場整備と河川改修事業や米軍基地の設置など，多様な開発行為による遺跡の破壊と大規模な遺跡の事前調査が進められてきました。遺跡の発掘調査件数が急増し，調査面積も急激に伸び，考古学的情報は増大しました。中世・近世考古学の発展の背景には，高度経済成長期の社会的状況があったことになります。

このような中で中世・近世の遺跡群が，一定のひろがりをもって継続的に発掘調査されたことで，個性的な遺跡・遺構の構造的な究明が進み，遺物群の観察が大きく展開しました。つまり，中・近世の都市，中世寺院と中世墓群，中世郷村の集落構成，中・近世の港町や生産遺跡，城館と城下町などの構造的な研究の進展にあわせて，生産・流通・消費の検討を視野に入れた大量の遺物群を対象とした形態学的検討，製作技術的検討，統計的検討などが進みました。くわえて遺物群の理化学的分析が著しく進んだことは注目されます。つまり，文献史学をはじめ地形学・地質学・地理学・地震学・分析化学・土木建築学・経済学・統計学・社会学・宗教学など，広範な学問とその方法を活かした学際協力ともあわせ，生産と流通にかかわる海外の遺跡を対象とした国際的共同研究などの多様な研究法が展開されました。

2 多様な中・近世都市発掘の意義

全国各地で展開したさまざまな開発と，それにともなう事前の発掘調査の日本考古学への影響には，メリットもデメリットもありました。

高度経済成長を反映して，多くの大学に考古学の講座が開設され，考古学人口が急増し考古学の底辺が大きくなったことは，日本考古学にとってメリットの一つでした。また各地で中世土器研究会，東洋陶磁学会，貿易陶磁研究会，中世都市研究会，江戸遺跡研究会など中・近世を視野に入れた学会や研究会が続々と誕生したことも日本考古学にとって有意義でした。考古学をとりまく社会状況を反映して，継続的に発掘調査された中・近世の遺跡群がもたらした情報は考古学の発展に寄与しましたが，その反面多くの遺跡が開発によって地上から姿を消しました。遺跡破壊という犠牲を代償として展開した戦後の日本考古学は，新しい研究分野を開拓しながら発展したことになります。中・近世の都市遺跡の調査成果がそのことをよく示しています。

都市には多様な個性があり，それぞれに地域性や歴史的役割をきわだたせる歴史的記念物がありますが，考古学的な発掘調査が都市を対象に継続的におこなわれるようになってから，その機能や構造などを検討するうえで無視することのできない大量の遺構・遺物などが明らかになりました。つまり，政治都市，港湾都市，宗教都市などの歴史的変遷を究明するうえで欠かすことのできない歴史的事実を，出土した遺構・遺物が語り始めたことになります。

京都に例をとってみますと，古代都市平安京が中世都市京都へと発展していく歴史的変遷を，鴨東地区の開発と六勝寺界隈，鳥羽離宮とその周辺，さらに

室町幕府の花の御所や金閣寺・銀閣寺をふくめた中世寺院跡，上京・下京の邸宅跡と町家や工房跡や，近世の都市改造の実体を示した御土居，公家屋敷群の発掘調査などが，都市の構造と階層差のある暮らしの有様などを見事に明らかにしました。つまり，都市民のかかわった生産・流通・消費の実体や祈りの行為などの生活実態を，多様な遺構・遺物群で具体的に示し，階層性をうかがわせながら四季折々の日常の暮らしまでも髣髴とさせています。しかも，紀年銘をもった遺物や，年代の明らかな大火災後の整地層，遺構ごとの一括遺物群などが，古絵図・古記録などに照らして，考古学的考察をより豊かにしています。つまり，考古学的調査の成果を理解するうえで，文化史的研究法の援用が有効に機能しています。

　中世の都市遺跡に絞ってみても，博多・鎌倉・草戸千軒町遺跡・十三湊遺跡などの継続的発掘調査の成果は，中世史や地域史研究に大きく寄与しました。

　代表的な港湾都市・博多の発掘成果を振り返ってみましょう。博多では，外国との交渉の玄関口としての性格を物語る遺構群や，「宋人百堂」の賑わいをよく示しながら，日宋交易の実態の一部も明らかにしました，青磁・白磁・影青などの中国産輸入陶磁器の大量の検出，元寇防塁と江南軍の沈没船関係遺物の調査，港に通じる中世の道路の検出などに目をみはるものがあります。

　政治都市・鎌倉の発掘調査は，個々の開発にともなう事前調査の積み重ねによるものでした。武士の館や邸宅跡，寺院跡，地域性を示す窟などの埋葬遺構，海岸の砂丘上に営まれた集団埋葬遺構などの検出によって，個性的な中世前半の社会構造の一端を明らかにしました。また当時の生産・流通・消費の様相を具体的な遺物群によって示し，武士の威信財としての中国産陶磁器の需要の一端をうかがわせます。

　草戸千軒町遺跡は，大量の陶磁器・古銭・石塔などが大量に出土する河床遺跡として古くから知られていましたが，河川改修を契機として継続的な発掘調査が実施されました。その結果，中世瀬戸内の小都市の姿を，具体的には常福寺の門前町を控えた港町として蘇らせました。ここでは『一遍聖絵』の巻4「備前福岡の市」の賑わいを思い起こさせる状況が発掘で確認されたことになります。30年におよぶ継続した発掘調査は，中世の瀬戸内の舟運や交易の様相を隣接する瀬戸内の港町鞆や尾道の発掘成果とともに，具体的な大量の出土遺物で示しました。

　中世から近世への移行期についても，年代観の安定した遺跡の調査成果は，基準資料として有効に機能しました。その典型が一乗谷朝倉氏遺跡（福井県）や根来寺（和歌山県）の調査成果だといえましょう。これら遺跡は，基準資料として廃棄年代のわかる遺構群と一括遺物群をともないながら，全国的に分布する戦国城館の調査モデルを提示した点で先駆的役割を果たしました。

　また沖縄の首里城や勝連城などの調査で検出した，大量の中国産陶磁器を

はじめとするタイ・ベトナム産陶磁器も、中継貿易基地としての琉球の歴史的特質をよく示しています。グスク（城）群の調査は、朝倉遺跡とともに遺跡の顕彰を視野にいれた継続的調査の重要性を主張しており、大きな歴史的意義をもっています。

　日明貿易で知られた環濠都市堺も、発掘調査で検出した16世紀後半から17世紀にかけての遺構・遺物に注目されるものがあり、とりわけ豪商の蔵跡などから出土した一括資料中の茶道具や、タイ・ベトナム産陶磁器の検出は、朱印船貿易など対外交易史に目を開かせた点でも意義あるものでした。

3　近世城下町と階層文化究明の意義と課題

　近世の城下町と産業遺跡や宗教遺跡の発掘調査も、地域史の究明に寄与しています。「天下普請」の典型であった江戸城や大坂城など、各地の城跡とその城下町の発掘調査は、地域によってばらつきがあるとはいえ、武家屋敷や町家をふくめて継続的な発掘調査がおこなわれています。

　江戸城下の調査は、尾張藩上屋敷跡、加賀藩、大聖寺藩、仙台藩などの大名屋敷の調査にくわえ日本橋界隈の商家跡群や、新宿内藤町遺跡、染井の植木屋界隈などの発掘調査がすでにおこなわれていて、拡大する城下の土地利用の変遷と武家・豪商・庶民各階層の暮らしむきの実態が、遺構・遺物によって明らかにされつつあります。階層差のある土地利用や、上下水道の敷設、日常のゴミの廃棄なども遺構の出土状況から検討されており、江戸の陶磁器、生産遺跡、墓と葬制、国元・江戸の祈り、名産品と商標、といったさまざまなテーマでの研究が展開され、幕藩体制下での階層文化の考古学的究明が進んでいます。

　大坂や姫路、金沢や仙台などのほか、各地で近世の城下町が発掘調査されていますが、小藩の高槻や島原（原城）での調査成果も無視できません。近世初頭のキリシタン関係の墓地やロザリオなどの遺物が検出されているからです。京都の南蛮寺跡から出土した硯の裏面に線刻された神父のミサ風景と同様に、ヨーロッパの宗教との接触を具体的に示しています。交流の視点で、産業遺跡の調査成果を技術史的にみますと、石見銀山遺跡（島根県）の銀の生産技術、唐津・伊万里（佐賀県）の肥前陶磁器の窯業技術などは大陸から導入した技術でした。銅や鉄、漆器や織物などの生産技術も、近世を通して各地に展開しています。製品として流通した多種・多様な遺物を遺跡で確認する作業、とりわけ出土状況の記録と観察の成果がもたらした、近世の階層文化究明の考古学的意義は重視されます。

　発掘調査による遺跡の観察を中心に、近世の町と村の地域差の比較検討も重要です。近世文化の考古学的究明は、山丹貿易や南蛮交易の全容をふくめて日本考古学の21世紀の課題といえるでしょう。

（鈴木重治）

Ⅶ 中世・近世の考古学と成果

❷ 中世の村と都市

1 村の風景

　考古学で中世の村を研究する場合，一般にその対象とされてきたのが集落遺跡です。どのような建物が建っていたのか，どのような道具が使われていたのか。それらの分析から集落遺跡の性格や人々の生活が検討されてきました。しかし発掘調査でみつかる集落遺跡が本来の村落全体を示しているわけではなく，また村落を構成する要素は，建物だけではなく，生活を支えた耕作地や道・墓・寺社・山林など多岐にわたります。

　そこで中世村落を研究する場合は，発掘調査でみつかった遺構や遺物だけではなく，周辺の地形を調べるところから始めて，農業村落であるならば水利などから耕作地を推測し，近世や近代の絵地図から地名や道や現存する寺社および金石文の場所をたどり，分布調査や試掘調査の結果もふくめたさまざまなデータを総合することで村の風景を推定し，村とそこで生活をしていた人々の姿をできるだけ詳細に再現するという，歴史的景観復原の方法がとられつつあります。

　ここでは，大阪府堺市に所在する日置荘遺跡を例にその一端をみていきたいと思います。最初は12世紀代の村の風景です。条里地割にしたがって建物が点在する，いわゆる条里村落の景観を示します。古代と同様に，いずれの集落も同様な規模で，耕作地はその周囲にひろがります。

　中世的な村落景観が出現するのは13世紀後半頃です。条里地割にしたがって点在する建物がある一方で，2町ほどの間隔をおいて，調査区の東西で複数の建物が集まります。ただし東西各々でまとまった建物群の相互に格差はみられず，住人達は対等な関係だったと思われます。

　しかし14世紀になると，東西2ヵ所でまとまった集落が，ともに堀で囲まれた館を中心にした階層的な村に姿を変えます。

　このうち西の村に注目してみると，中心となる館の規模は，ほぼ1町四方（約1万数千㎡）で，周囲には幅3.6mの堀がめぐります。なお堀の内側には土塁の設けられていた可能性があり，堀の切れ目が南にあるため，入口は南にあったことがわかります。

　そしてその外側では，館のすぐ南に接して600坪の屋敷地が南北に2ヵ所並び，その西にも360坪の屋敷地が2ヵ所みられます。南北に並ぶ屋敷地は，入口を

東にもっており，この入口を出た場所が，館の入口から南に出た位置にあたるため，おそらくこの屋敷の住人は，北側の館に従う関係にあったと思われます。

さらにその南には和泉と南河内をむすぶ街道が走り，その北側には間口(まぐち)が狭く奥行の長い180坪の屋敷地が6ヵ所以上並んでいます。その姿はあたかも通りに面して軒を並べる町屋のようです。

一方，これらの屋敷地から出土した遺物をみると，屋敷地ごとで違った種類の土器・陶磁器がみられ，その出土量は最大規模の館と最小規模の屋敷で6倍以上の差があります。さらにこの地域では稀な東海系陶磁器が出土していることもわかりました。

したがって，この村の住人は堀で囲まれた館に住む武士階層を最上位として，少なくとも4つの階層から構成され，その最上位と最下位の格差は面積で約20倍，土器・陶磁器にみる生活用具の量では6倍以上だったことになります。また，墓の位置と微地形およびこの地域に特有な溜池(ためいけ)と水利条件から，耕作地をふくむこの村の範囲は，館を中心に東西6町ほど，南北10町ほどだったものと推定されます。さらに東海系陶磁器の存在と，街道に面する村の景観から，この村は農耕だけではなく流通にもかかわっていたことを考える必要があるでしょう。

日置荘遺跡とその周辺の歴史文化情報を総合することにより，古代から変貌を遂げて成長していった中世村落の姿を復原することができます。

❷ 都市の風景

中世の都市については，1990年代の初め頃から網野善彦と石井進が牽引役となり，中世都市研究会を中心とした遺跡と文献の協業による研究が日本列島の各地でおこなわれてきました。ただし，京都や鎌倉などの現代に続く都市を発掘すれば，それだけで中世都市の特徴が明らかになるというわけではありません。

中世の都市と都市遺跡の研究には，発掘調査でみつかった大量で多彩な遺跡情報が，それぞれの都市のなかで，地形や史料と関係してどのような意味をもち，解釈できるかといった，歴史的景観復原と空間構造の視点が重要で，現在「都市の中心と周縁」などをテーマに各地でその検討が進められています。

ここではそのなかから，発掘調査によって戦国城下町ほぼ全体についての歴史的景観復原と空間構造が検討されている一乗谷(いちじょうだに)朝倉氏遺跡（福井県）を例に，その一端をみていきたいと思います。

発掘調査によって発見された朝倉氏の館と武家屋敷群は，足羽(あすわ)川の支流である一乗谷川を中心に，両側を山ではさまれた狭い谷にひろがっています。谷の出口と奥には，それぞれ「上の城戸(きど)」と「下の城戸」とよばれる堀と土塁が築かれ，戦国の町並みは一乗谷川と並んで走る道路を中心に展開します。谷の

もっとも広い部分には川に面して朝倉氏の館が築かれ，対岸の通りには，およそ1町単位で区画された屋地が並びます。屋地の中からは，銅滓・坩堝・鞴羽口・漆容器などや，貯蔵用の大甕を並べた遺構がみつかり，一乗谷のメインストリートに面して職人や商人の町家の並んでいた様子がわかります。一方，武家屋敷は朝倉氏の館のまわりと，町屋の通りから奥に入った地区に建てられ，さらにその奥の山際には寺院が築かれています。都市の「主人」の館を中心にして，武家屋敷，町屋，寺院を整然と配置した，戦国期の都市の構造が明瞭にわかります。

③ 上京の風景

　このような一乗谷朝倉氏の城下町のモデルになったのが戦国期の京都だといわれています。周知のように，応仁の乱以後の京都は，「初期洛中洛外図」の描写から，政治的な要素の強い「上京」と商業的な要素の強い「下京」という，2つの「核」から構成される都市だったと説明されてきました。それでは一乗谷朝倉氏の城下町は，戦国期の京都のどこをモデルとし，どのような空間構造をしていたのでしょうか。

　「初期洛中洛外図」を代表する「上杉本洛中洛外図屏風」の上京隻の中央下に描かれた場所で，2002年に同志社大学による発掘調査がおこなわれました。烏丸通と上立売通と室町通に囲まれた，同志社大学寒梅館の建設にともなう調査です。発見された代表的な遺構は，寒梅館北東隅の石敷と，その南のL型に並んだ柱列で，出土した遺物から16世紀中頃の年代があたえられました（なお寒梅館でみつかった石敷の一部は保存され，公開展示されています。本書コラム16参照）。

　一方，「上杉本洛中洛外図屏風」のその場所には，第12代将軍足利義晴が天文11年（1542）に再築したといわれている公方の館が描かれ，館の北東隅には鎮守社が，館の内部にはL形に折れ曲がった板塀が描かれていました。

　現在，このような遺物・遺構と絵画資料の共通点から，寒梅館でみつかった遺構は「上杉本洛中洛外図屏風」に描かれた足利義晴の邸宅の一部と考えられ，「洛中洛外図」にはあらためて「都市図」としての検討がもとめられています。

　そこでこれを前提に上京の情景を見直せば，画面の中心下に描かれているのは，足利将軍邸と相国寺で，そのまわりには細川・近衛など，足利政権を支えた武家・公家の屋敷が建ち並んでいます。その西に描かれているのは，店や町屋が並ぶ小川沿いの商業ゾーンと，境界領域としての百万遍・革堂などの寺院群で，そこから先には北野から嵯峨野の異界の地がひろがっています。「洛中洛外図」の上京隻には，このように政治体制と都市機能の両面で完結した都市の姿が描かれているのです（図1）。そしてこの風景は，一乗谷朝倉氏の城下町でみた館，武家屋敷，町屋，寺院から構成される都市の姿と重なるものです。

　小島道裕は，14世紀末以降の国人館や守護所が，京都の将軍邸を意識して造

Ⅶ-2　中世の村と都市

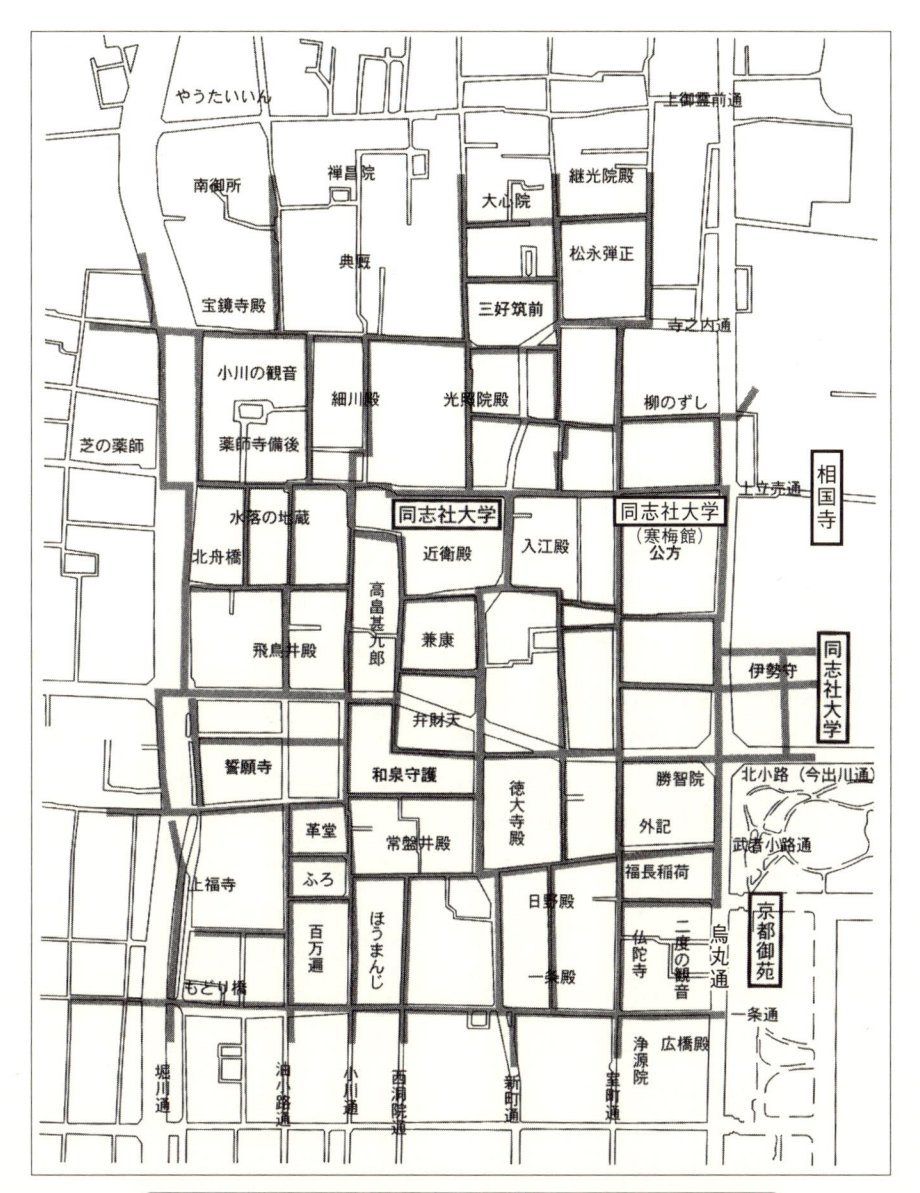

図1　「上杉本洛中洛外図屏風」上京隻にみる戦国時代の都市の姿

注：網掛け部は江戸時代初期の街路。

られていることを指摘して、それは各地の領主達が中央の権威と権力を体現し、またその地が自らの領国の「首都」であることも主張したかったことによるとしています。さらに京都と同じ形の土師器皿が、16世紀初め頃には各地の支配拠点となった館跡などからみつかります。

戦国期における地域社会の盟主がもとめ、その地に現出させた都市の姿とは、具体的な京都の生活文化をともない、さらに政治都市として完結した「上京」の姿だったのではないでしょうか。

（鋤柄俊夫）

▷1　土師器皿
素焼きの土師器の皿。酒を飲む器として利用される。また口縁部に煤の付着したものがあり、灯明皿としても利用されていたことがわかる。

コラム9

中世の山岳寺院：平泉寺

1 姿をあらわした中世宗教都市

　平泉寺(へいせんじ)は，古代〜中世後期の北陸において白山(はくさん)信仰を背景に強大な宗教勢力を誇った山岳寺院です。近年の発掘調査では，緩斜面を階段状に造成した多数の坊院（僧侶の住居）跡や川原石を敷き詰めた中世の石畳道が確認され，一大宗教都市としての実像が浮かびあがりました◁1。中世の山岳寺院は，在地に大きな荘園をもち，政治・経済・文化の中心となっていたことが最近の研究で指摘されており，平泉寺のような山岳寺院の存在が各地で知られるようになってきました◁2。

2 平泉寺の歴史

　平泉寺の創建は養老元年（717），白山の開山を決意した越前の僧泰澄(たいちょう)が山中の泉「林泉(りんせん)」で白山神の降臨をみたのが始まりとされています。平泉寺が大きく成長するのは，出土遺物から12世紀中頃以降と考えられます。この頃，古代に成立した多くの山岳寺院が没落していく一方で，平泉寺が大きく成長しえたのは，比叡山延暦寺の末寺となったこと，九頭竜川下流域の肥沃な藤島荘を支配したことがあげられます。鎌倉期の平泉寺は，越前の荘園内にある平泉寺や白山社の「神田」から収穫した白山の神に捧げる初穂米を高利で貸し付ける金融活動をおこなっていたことが記録からわかります。平泉寺が最盛期をむかえるのは，15世紀中頃〜16世紀初めにかけてです。寺領は九万石・九万貫に達し，四十八社，三十六堂，六千坊が境内に建ち並び，僧兵は八千を数えたと伝えられています。

　しかし，天正2年（1574），一向一揆の攻撃により，全山焼失し，その後，再興に向かいますが境内は10分の1ほどに縮小，明治の神仏分離令に際しては平泉寺は廃止され白山神社となりました。かつての平泉寺の中心部は現在，白山神社境内となっています。

3 境内の構造

　平成元年に始まった平泉寺関連の遺跡のひろがりを確認する発掘調査では，かつての境内が東西1.2km，南北1kmにひろがることがわかりました。平泉寺の中心伽藍は，東から派生する尾根上に築かれ，その両脇の谷には僧侶の住居群を配置していました。白山神社に伝わる「中宮(ちゅうぐう)白山平泉寺境内絵図」には，南側の谷に「南谷三千六百坊」，北側の谷に「北谷二千四百坊」と記し，多くの建物の屋根を描いています。個々の坊院は，緩斜面を大規模に切り盛りして屋敷地としており，土を盛った法面(のりめん)は土止めに石垣が積まれました。また，それぞれの屋敷は土塀で囲まれ，出入口には門が設けられていました。屋敷の中央には主屋が配置され，庫裏や付属する建物から1坊院が構成されていたようです。伝承では，平泉寺には六千坊が存在したと伝えられていますが，実際にはその10分の1程度の坊院数であったと考えられます。

　坊院群内には，川原石を敷き詰めた石畳道が縦横に張りめぐらされていました。南谷三千六百坊跡地の発掘調査では，長さ130mの石畳道に接して，坊院の出入口が7ヵ所でみつかり，それぞれの出入口の間隔が24.3m（80尺）を基準とする寸法で計画的に設置されて

いることがわかりました。現在のところ，この発掘された石畳道は，中世では国内最大規模となっています。

4　周縁の世界

中世の平泉寺には，おそらく1万人近い人々が生活していたと考えられます。これらの人々の生活を支えるため，境内の周辺部には市町が存在していたようで，現在，旧境内から外に出る幹線道路沿いには，「安ヶ市」や「鬼ヶ市」「徳市」といった字名がのこっています。特に「鬼ヶ市」付近では，多量の鉱滓が出土しており，鍛冶職人が住んでいたようです（図1）。

また境内の周辺部には墓地が7ヵ所で確認されています。これらは都市内部の穢れをさけるため，周辺部につくられたようです。平泉寺にかかわる墓地のなかで最大のものは，女神川を渡った対岸の平泉寺墓地です。そこにのこされた墓標からは，平泉寺に俗人も住んでいたことがわかります。このことは記録からも裏づけられ，『蔭涼軒日録』明応2年（1493）の条には「平泉寺法師大半，妻を具すなり」とあります。

5　九頭竜川との関係

平泉寺の調査が進むにつれて，県下最大の河川「九頭竜川」と密接な関係にあることがわかってきました。九頭竜川は，福井・岐阜県境の白山麓に源を発し，平泉寺は九頭竜川が平野部に流れ出る付け根に位置しています。その立地は古墳時代の墳丘が平野部に流れ出る河川を見下ろす丘陵上に築かれているのに似ています。福井平野に住む人々は，平野を潤す水は霊峰白山とその神仏を祀る平泉寺から分けあたえられたものと考えていたようです。平泉寺は九頭竜川流域の人々の信仰をあつめ，富が集中していたといえます。

また三国湊で海に注ぐ九頭竜川から，多くの中国製

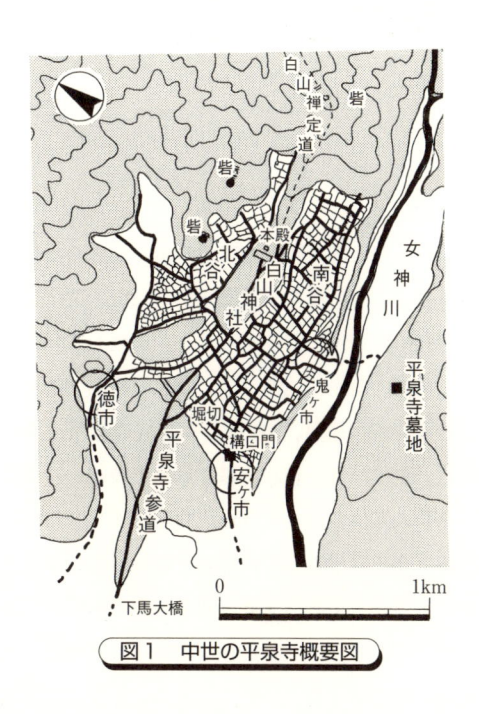

図1　中世の平泉寺概要図

品などが平泉寺にもたらされたといえます。

6　遺構保存が望まれる山岳寺院

平泉寺はさいわい，かつての境内全域約200haが国の史跡「白山平泉寺旧境内」として指定をうけました。現在，勝山市による坊院跡の重要遺構買い上げや発掘調査，史跡整備が計画的に進められています。

しかしながら，全国各地に点在する中世の山岳寺院の中には，中心伽藍の周辺に存在した坊院跡群が開発工事にさいしてまったく調査がなされず破壊されるといった危機に直面している例が多くみうけられます。いま一度，広い視野で各地の山岳寺院の全体像を調べてみる必要があるでしょう。
　　　　　　　　　　　　　　　　　　　　（宝珍伸一郎）

▶1　『勝山市史　通史篇』第2巻。
▶2　大阪市立大学　仁木宏教授を代表とする「山の寺」科研〔日本中世における「山の寺」（山岳宗教都市）の基礎的研究〕 http://ucrc.lit.osaka-cu.ac.jp/niki/yamanotera/index.html サイト参照。

コラム10

姿を現した元寇

長崎県松浦市鷹島町は，九州の西北端にある伊万里湾口に浮かんでいます。弘安4年（1281）閏7月1日（太陽暦8月22日），前夜から激しさを増していた暴風雨は，鷹島の南岸に碇泊していた元の艦船4400隻に襲いかかり，14万の兵士もろとも壊滅的打撃をあたえました。世にいう「神風」による元軍覆滅のくだりです。それからはるか歳月が流れた1980年8月，文部省（現・文部科学省）の科学研究費による「水中考古学による遺跡・遺物の発見と調査・保存の研究」が鷹島で始まりました。翌年から本格的に最新機器を使って海底探査をおこなう一方，ダイバーを投入して海底の遺物も引き揚げられ，陶磁器や石弾などが次々と確認されました。これを受けて鷹島南岸全域は海底遺跡として周知され，以後すべての沿岸工事には事前調査が義務づけられるようになりました。

1 管軍総把印の発見

1981年，同地で活動していた調査団のもとへ，島民の迎国市氏から，7年前に島の南岸にある神崎海岸の砂地で貝掘り中に見つけた青銅製の印鑑が提出されました。この青銅印は縦横6.5cm，厚さ1.5cm，重さが725gあり，鈕（つまみの部分）は高さ4.4cm，幅3.1cm，厚さが1.2cmありました。また鈕の右側には，線刻した漢字体で「□軍□把□」と刻まれ，左側にも「中書礼部　至元十四年九月造」と刻まれていました（図1）。調査に参加していた九州大学の岡崎敬は，以前，中国で発見されていた同様の印鑑や，「至元十四年」が元朝の1277年にあたることから，これが元軍のものであろうと考えました。その後，福岡大学の佐々木猛によって，印面の文字は元のパスパ文字であり，「管軍総把印」と読めることが確認されたのです。つまり判読できなかった文字は「管」「総」「印」でした。「総把」とは，元軍の編成では「万戸の下に総管をおく，千戸の下に総把をおく，百戸の下に弾圧をおく」（『元史』兵志）というふうに，千戸と百戸の中間に位置する官職であることもわかりました。こうして奇しくも700年の時をへて，管軍総把印は再び日の目をみるとともに，鷹島に元軍が来襲していた史実を裏づけることになったのです。

図1　管軍総把印

（松浦市教育委員会蔵，西岡禮三撮影）
印背（左）は漢字体の線刻，印面（右）はパスパ文字。

2　大型碇（いかり）の出土

　1994年11月，青銅印が発見された神崎海岸に防波堤の建設工事が計画され，6000㎡に及ぶ対象海域で緊急発掘調査がおこなわれることになりました。そして海岸から150m沖の水深20m，海底下約2mの**シルト層**[3]から，9本分の木と石を組み合わせた碇が，南の沖側に向って打ち込まれたまま出土しました（図2）。

　最大の碇は，海底に埋没していた碇爪（いかりづめ）が完全な形で残っており，長さが315cmありました。また碇の本体は一辺が30cmの角材でできており，先端から274cmの部分までが残っていました。すなわち海底に埋没していた部分は保存され，海底より上に露出していた部分はフナクイムシなどに食害されたものと思われます。また4本の碇が狭い範囲に密集して打ち込まれていたことも確認され，碇と船をつないだ竹製のロープも近くから出土しました。さらに驚くことには，碇石はこれまで博多湾などで発見されていた角柱状の1つの石を加工したものではなく，左右対称の石（各々長さ130cm，幅40cm，厚さ11～24cm，重さ163.5kg）2本を，碇本体を挟（はさ）むように左右から装着するタイプでした。これは国内初の出土で，福岡市博物館の林文理は，従来のものを博多湾型碇石，新発見のものを鷹島型碇石と名づけました。また名古屋大学年代測定総合研究センターの鈴木和博は，碇石が花崗岩であることに着目し，岩が固結した年代をCHIME法[5]で測定して，産地を中国福建省の泉州付近と特定しました[6]。予想通り碇は元軍船のものだったのです。

　このほかにも鷹島の海底からは，元軍の遺品である兜（かぶと）や鎧（よろい），武器類，装身具や陶磁器などが次々と引き揚げられており，まだまだ謎の多い元寇の史実解明に役立っています。

（石原　渉）

図2　鷹島神崎海岸沖から引き揚げられた大型碇の木製碇爪部分

（松浦市教育委員会提供）

▷1　岡崎敬「管軍総把印の発見」『海から甦る元寇』『朝日新聞』西部本社企画部，1981年9月17日。
▷2　佐々木猛「パスパ文字とは」『海から甦る元寇』『朝日新聞』西部本社企画部，1981年9月17日。
▷3　シルト層
砂と粘土との中間の細粒砂泥。
▷4　林文理「碇石展　いかりの歴史」常設展示室（部門別）解説77，福岡市博物館，1995年。
▷5　CHIME法
X線マイクロアナライザーを用いて鉱物粒子の微少部分に少量含まれるウラン・トリウム・鉛を正確に定量分析し，高分解能で鉱物の形成年代史を決定する年代測定法。名古屋大学が独自に開発した年代測定法である。
▷6　鈴木和博・唐木田芳文・鎌田泰彦「鷹島海底から出土した花崗岩碇石の産地は中国泉州か？」鷹島海底遺跡Ⅴ　長崎県北松浦郡鷹島町神崎港改修工事に伴う緊急発掘調査報告書②　鷹島町文化財調査報告第4集，2001年。

Ⅶ　中世・近世の考古学と成果

3　中世の商人と職人

1　職人の町の風景

　1980年以後にすすめられた京都駅前周辺の発掘調査で，中世の職人を代表する鋳物師の工房群がみつかりました。平安時代のこの地区は，遺構や遺物のあまりみられない場所でしたが，12世紀頃から掘立柱建物跡や井戸が多く発見されるようになり，家が密集し，多くの人々が生活をする場所になります。そんなこの地区を特徴づける資料が鋳造関係の遺構と遺物です。

　鋳型は鏡と刀装具が多く，仏具・銭などがこれにくわわります。遺構には鋳造溶解炉，製品にならなかった銅を再利用するための「ゆりもの」作業がおこなわれた場所や鋳造をおこなったと思われる小規模なの竪穴建物，石敷きの倉庫跡などがみられ，なかでも現在の京都駅ビルの調査では，室町小路に面して間口が狭く奥行の長い掘立柱建物が建ち，その奥の空き地から溶解炉などの作業場の設けられた鋳造工房全体が発見されました。

　ところがこの地区からみつかったのは，鋳造関係の資料だけではありませんでした。遺物では多数の中国陶磁器が出土し，一般の集落ではみかけない大型の盤（皿）や四耳壺などの高級な製品も多くふくまれていました。また3万枚を超える大量の埋納銭もみつかりました。これは現在の価値に置き換えれば200万円近い金額になるといわれます。したがってこの地区では，鎌倉時代から南北朝期において，さかんに鋳造作業をおこない，高級な中国陶磁器と大量の銭をもっていた人々が生活をしていたと考えられることになります。この地区とはいったいどのような場所だったのでしょうか。

　その手がかりは，この地区でみつかる遺構や遺物が，おおむね現在の塩小路通りを境に，時期的にも質的にも異なった北側地区と南側地区の2つに分かれるところにあります。

　北側地区では，およそ12世紀後半から13世紀中葉までの時期，高級な製品をふくむ多量の中国陶磁器がみられ，刀装具を中心とした鋳型が出土しています。しかし13世紀後葉から15世紀中葉になると一面が墓となり，その後は町または館の周囲をめぐると思われる濠が築かれています。

　一方，南側地区は，北側地区で盛んに鋳造作業をおこなっていた人々の活動が終焉をむかえた後の13世紀後葉から14世紀後葉を中心として，主に鏡と仏具を鋳造した工房と，漆器を大量に保有していた家，そして蔵などの立ちならぶ

町並みがひろがり，15世紀後葉以降は耕作地となっています。

　京都駅前周辺地区には，このようにまったく異なった様相を示す２つの地区が中世の前期から後期にかけてひろがっていたと考えられるのです。

　ところで，文献史研究によって知られているように，この地域は平安時代後期に東市の東に発展した市町に続く七条町（現在の七条通と新町通の交差点とその周辺）と，南北朝期の八条院町（現在の京都駅東部）にあたっています。このうち平安時代末から鎌倉時代初めに繁栄した七条町は，東を鳥羽天皇皇女八条院暲子の院御所，西を平清盛の西八条第にはさまれ，商人と職人が集住していたことが知られ，また正和２年（1313）に東寺に寄進された八条院町には，番匠・箔屋・椀屋・塗師・金屋などの居住していたことが知られています。

図１　左京八条三坊町で出土した鏡の鋳型

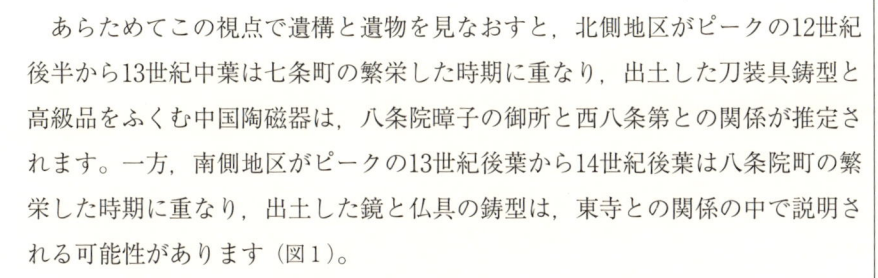

　あらためてこの視点で遺構と遺物を見なおすと，北側地区がピークの12世紀後半から13世紀中葉は七条町の繁栄した時期に重なり，出土した刀装具鋳型と高級品をふくむ中国陶磁器は，八条院暲子の御所と西八条第との関係が推定されます。一方，南側地区がピークの13世紀後葉から14世紀後葉は八条院町の繁栄した時期に重なり，出土した鏡と仏具の鋳型は，東寺との関係の中で説明される可能性があります（図１）。

　さらに七条町に近い北側地区の鋳造遺構は，分布が散在的または点在的で，発見される遺物は大量だといえる可能性があります。これは大規模な工房を構えた自立した職人の姿を想像させます。これに対して南地区の鋳造遺構は分布が面的で，出土する遺物も１ヵ所あたりにおいては北側地区より少なく，小規模な工房が並んでいたようにみえます。

　平安時代終わりから室町時代にかけて，中世の職人は，河内鋳物師に代表されるような自立して遍歴する存在から，戦国城下町に付属して定住する町の職人に変化するといわれます。京都駅前周辺でみつかった鋳造関係遺跡は，そういった中世の職人の姿を具体的に示すものとして注目されます。

２　商人の風景

　中世の商人の姿を物語る代表的な考古資料は，遠隔地から運ばれてきた多彩な陶磁器です。草戸千軒町遺跡（広島県）や鎌倉，博多の遺跡群で発見された貿易陶磁器や国産陶器から，中世のさかんな流通が明らかにされてきたことは周知のとおりです。これに対して土器は，近隣を供給先としており，また生産規模も小さいため，商業や流通の視点では注目されることがほとんどありませんでした。

　ところが，中世の京都で使われていた土師器皿▶1と同じ形をした素焼きの土

▶１　Ⅶ-２の注１参照。

器は，遠隔地交易がおこなわれた陶磁器のように，京都から遠く離れた平泉や鎌倉で多量に見つかり，なかでも平泉では12世紀代という限られた時間のなかでこれまでに10トンを超える土師器皿が出土していることが報告されています。このような素焼きの土器を，遠く東日本の各地まで，誰がどのようにして運んでいったのか，あるいは伝えたのでしょうか。

その手がかりは，北東日本海沿岸から東日本に広く流通した珠洲焼にありました。珠洲焼の生産と流通を研究した吉岡康暢は，加賀最大の宗教的権門である白山宮の影響範囲が，12世紀中葉には西は佐那武白山社から，東は越後南部の能生白山社におよんでいることに着目し，法住寺白山社を核として展開した珠洲焼が，白山宮神人の身分を帯びた在地領主の廻船によって運ばれたと考えました。

したがって京都の土師器皿についても，北陸から東は，この白山宮神人の力を借りれば伝播することが可能となります。問題は京都と北陸の間です。

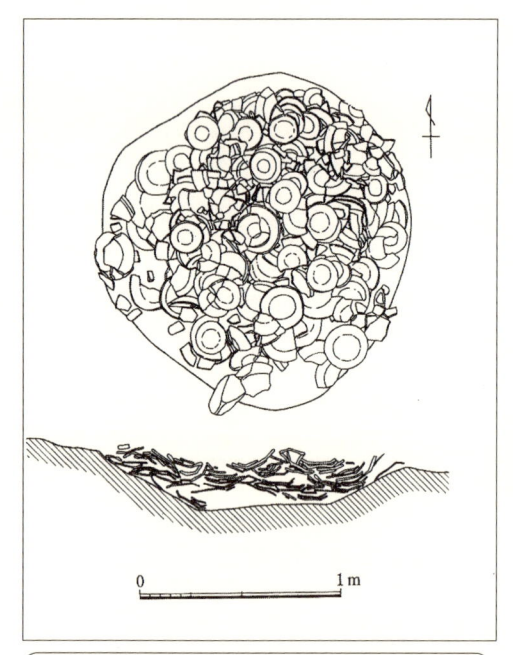

図2 一括廃棄された土師器皿（平安京左京八条三坊二町G3P1）

ここで参考になるのが，比叡山延暦寺山門と日吉社にかかわる網野善彦の研究です。日吉大社は，大山咋神が鎮座する牛尾山の祭祀を起源とする東本宮と，三輪明神を勧請したと伝える西本宮からなりますが，西本宮が比叡山延暦寺の守護神となって以降は，延暦寺の発展にしたがい，神仏習合のもと，中世日吉社の中心的な役割を担っていきます。そしてこの延暦寺山門と日吉社ですが，10世紀後葉までに若狭に荘園を形成して以降，北陸道の諸国に多くの荘園を設けるようになり，さらに加賀の白山社や越前の気比社をその末社とし，出羽以北にもその末社や末寺をひろげていくのです。

したがって京都の土師器皿は，比叡山と日吉社または日吉神人を介するならば，白山社とともに日本海ルートにのって広く東日本にその分布をのばしたと考えることができます。実際，これまで平泉や鎌倉に代表されてきた京都系の土師器皿ですが，実はその分布が日本海側にも広くみられることが，最近の研究でわかってきています。

たとえば山形県飽海郡遊佐町に所在する大楯遺跡では，木柵で囲まれた中から規則的に並んだ井戸と建物群が発見され，多量の土師器皿が出土しました。この遺跡は，木製の五輪塔形の碑伝が出土していることとあわせて，中世の神仏習合下にある神社と考えられています。土師器皿と宗教遺跡との関係の強さを示す代表的な事例といえるでしょう。

ところで日吉宮の広域経営を実際に担った人々に目を向けると，それは近江国愛知郡司も兼ねた中原成行などに代表される日吉神人とよばれる人々でした。

彼らは本来，10世紀の終わり頃から記録に現れる，神社の雑務を担当した人々のことをさしますが，11世紀に入ると宇佐をはじめとした大寺社に属して，神の権威を背景に強訴などもおこない，「王法」を超えようとするまでの力をもつようになります。

　なかでも日吉神人は大津を中心に右方と左方に分かれ，12世紀前半から鎌倉期まで「北陸道神人」とよばれた巨大な組織を形成して北陸道諸国に分布し，出挙・借上の活動に従事して，広く日本海の廻船人として活躍し，あるいは日吉神人であると同時に気比社の神人でもあった中原政康のように，敦賀に居住して和布・丸蚫（鮑）・鮭などを貢納していたとされています。南北朝期以前の社会の，特に経済的な側面は，この神人を抜きには語ることができないものといえ，京都と同じ形をした土師器皿の東日本での分布は，それを象徴するものだと考えます。

（鋤柄俊夫）

Ⅶ 中世・近世の考古学と成果

4 戦国城郭の考古学

1 城郭とは何か

　城郭とは軍事的な防御施設であり，中世の日本列島には約3万～4万にのぼる城郭が築かれています。これほどの城郭がわずか300年間に狭い列島内に築かれたことは世界史的にみても異常な数です。おそらく数ヵ村に1城は必ず築かれていたこととなります。こうした分布から，戦国時代の城郭は地域の戦国時代を分析するための重要な「遺跡」であるといえます。

　城郭研究の古典的名著『日本城郭史』では，城郭遺跡を考古学の方法論によって研究すべきであると提唱され，安土城（滋賀県近江八幡市）では1940年に発掘調査が実施されています。しかし，戦後の歴史学では城郭が軍事的な施設であるということから忌諱され，沈黙されてきました。こうした呪縛を解き放ったのが1970年代からの開発事業にともなう緊急調査による発掘調査でした。城郭遺跡は古墳と同じく，地表にその痕跡を認めることのできる遺跡です。このため早くより遺跡台帳への登載がなされており，発掘調査の対象となりました。こうした70年代の調査によって城郭遺跡から出土する国産陶器や貿易陶磁は注目され，考古学界で重視されることになりました。

　戦国時代の城郭は集落背後の山頂部に構えられることが多く，こうした構造の城郭は「山城（やまじろ）」とよばれ，山を切り盛りして築かれています。近世城郭のように石垣や天守，櫓（やぐら）といった建造物によって防御するのではなく，土木施設によって防御していました。このため戦国時代の山城を「土の城」とよぶことも可能です。まさに土木遺跡であったのです。なお平地に構えられた城や屋敷もありますが，ここでは山城にかぎってみていくこととします。

2 城郭の変遷

　山城が爆発的に増える画期が2度あります。14世紀の南北朝内乱期と，15世紀末から16世紀中頃にかけての戦国時代です。鎌倉時代の城は堀を掘ったり，逆茂木（さかもぎ）を設けて通路を遮断するような構造でした。これは正規軍である騎兵を封鎖することが目的であったことを示しています。南北朝時代にはこうした騎兵を遮断する目的で，馬が登ることのできないような山に城を構えました。また，こうした天然の要害に立てこもる行為そのものが城であったようで，南北朝時代の山城では人工的な防御施設はそう多くは設けられていません。敵を遮

▷1 『日本城郭史』
大類伸・鳥羽正雄『日本城郭史』（雄山閣，1936年）の中で，「城跡として今日残存しているものの大部分はその塁と堀だけが残っているもので，……此等は考古学的研究法によって研究せらるべきであり」と述べられている。

断する堀切は設けられており、笠置山城（京都府笠置町）では発掘調査によって尾根筋を切断する14世紀の堀切が検出されています。

　南北朝の内乱が収拾すると山城は廃されます。つまり、この時期の山城は臨時的なもので、戦いにだけ利用されていたわけです。ところが応仁・文明の乱によって戦いは日常的かつ全国的となり、平地の屋敷では防ぎきれず、山城が盛んに築かれるようになります。この頃、天然の要害だけではなく、人工的に構築された防御施設が出現します。そして山城は恒常的な施設として維持、管理されるようになります。さらに16世紀前半頃からは石積みや瓦葺き建物なども出現するようになります。

　さらに地域による築城法の違いも認められます。東北地方では城を館とよんでいます。とくに平地の城郭では島状に曲輪を配置する群郭型の構造となります。一方、南九州ではシラス台地を切り込んでやはり島状に独立させた曲輪を縦列に配置する構造となります。一般的には城主と家臣の力関係を表すといわれていますが、実際には垂直に切り込んだ切岸と迷路のように延々と続く空堀は、シラス台地を最大限に活用した軍事的な城郭として評価すべきでしょう。

3　城郭を構成する施設

　戦国時代の山城では土木事業による人工的な防御施設が出現します。とりわけ重要な施設として曲輪、堀切、土塁があります。曲輪とは山を削って造り出した平坦地のことで、兵の駐屯地となります。この曲輪を階段状に設けて、敵の侵入を阻止しています。これまで山城は防御施設であり、普段は山麓の居館で生活していたとされてきましたが、発掘調査によって小谷城（滋賀県長浜市）や芥川山城（大阪府高槻市）、鎌刃城（滋賀県米原市）などからは礎石建物が検出され、山上でも生活していたことが明らかになっています。この曲輪の隅部や土塁隅部には櫓が設けられていました。高根城（静岡県浜松市）や田中城（熊本県和水町）では1間四方の井楼櫓の柱穴が検出されています。ところで山城の建物の礎石には五輪搭や宝篋印塔が転用されています。清水山城（滋賀県高島市）では建物の礎石に五輪塔の笠石が転用されており、諏訪原城（静岡県島田市）では門の礎石が宝篋印塔でした。

　なお曲輪の斜面地を切岸とよび、最も重要な防御施設でした。切岸とは敵を城へ登らせないために人工的に曲輪斜面を急傾斜に削り出したものです。また、最近の発掘調査では**石積み**が検出される場合も少なくありません。城郭への石垣の導入は天正4年(1576)の織田信長による安土築城以後ですが、16世紀前半より美濃、近江、西播磨・備前、北部九州などで石積みを導入する地域が出現します。こうした動きを城郭における16世紀前半のうね

▷2　こうした群郭式の城郭は求心性のない城と称されているが、それは城主と家臣との力関係から求心性がないのではない。むしろ、曲輪を散在させることにより、迷路のような堀をめぐらせた、軍事的な機能によるものと考えられる。

▷3　井楼櫓
井楼櫓とは、4本柱を井桁に組み上げた櫓のことで、絵巻物などの資料によると最上階には楯板がめぐらされていた。

▷4　石積み
背面に栗石とよばれる裏込石を充塡して排水処理を施したものを石垣とよび、背面処理を施していないものを石積みとよんで区別している。

図1　鎌刃城で検出された石積み

りとしてとらえることができます。発掘調査で検出された事例としては，鎌刃城では4m，高祖城（福岡県前原市）では1.5mの石積みが確認されています（図1）。これら戦国時代の石積みは垂直に積み上げるという特徴があります。

曲輪の縁辺部には土を盛った土塁が築かれました。山城では必ずあるように思われていますが，実はそう多くは存在しません。特に曲輪の四周をめぐる土塁はきわめて少なく，一辺だけに設けたり，堀切の直上にのみ設けたりするほうが圧倒的に多いのです。ところで，戦国城郭は山を削って簡単に築いたことから掻揚城と称されますが，事実，土塁でも版築するようなものはなく，堀を掘った土を掻き揚げて土塁にしているものが大半です。こうした土塁は門に架かる土橋を通って攻めてくる敵に対して側面攻撃できるように屈曲していたり，長大な土塁線を屈曲させて横矢が効くようにしています。こうした工夫を観察することが城郭遺跡を評価するうえで大変重要となります。

尾根の先端に選地する山城の場合，背後からの侵入を阻止するために尾根を切断する堀切が設けられます。こうした堀切は断面がV字状の薬研堀とし，防御を強固なものにするため二重，三重に設けられる場合もあります。堀切は尾根筋だけではなく，曲輪間や切岸直下などにも設けられました。また戦国時代後半になると切岸面に連続して竪堀がめぐらされる畝状空堀群が出現します。

越前朝倉氏の一乗山城（福井市）では100本に上る畝状空堀群がめぐらされています。発掘調査で検出された平山城跡（京都府綾部市）では斜面地の一辺に空堀群をめぐらせており，この斜面から山城へ登ることは不可能です。図2は平山城跡の検出遺構の模式図で，西斜面の波状の等高線が畝状空堀群です。こうした畝状空堀群は東北から北部九州まで分布しており，特殊な施設でないことを示しています。地表観察で認められない場合でも発掘調査によって確認されることもあるので，発掘調査は曲輪平坦面だけではなく，切岸面の調査も重要です。

一方，関東の後北条氏のもとでは特殊な堀が発達します。横堀内に堀内障壁を設けるもので，堀に対して一定の間隔で削り残した土手を設けたものを畝堀，障子の桟のように設けたものを堀障子とよんでいます。山中城（静岡県三島市）では発掘調査の結果，横堀内すべてに障壁を設けていたことが明らかとなりました。これらは横堀内での移動を封鎖する目的で築かれたものです。

城郭の出入り口を虎口とよんでいます。敵をいかに城に入れさせないかという重要な施設でした。戦国時代後半までは直進して出入りできる平虎口であったものが，16世紀

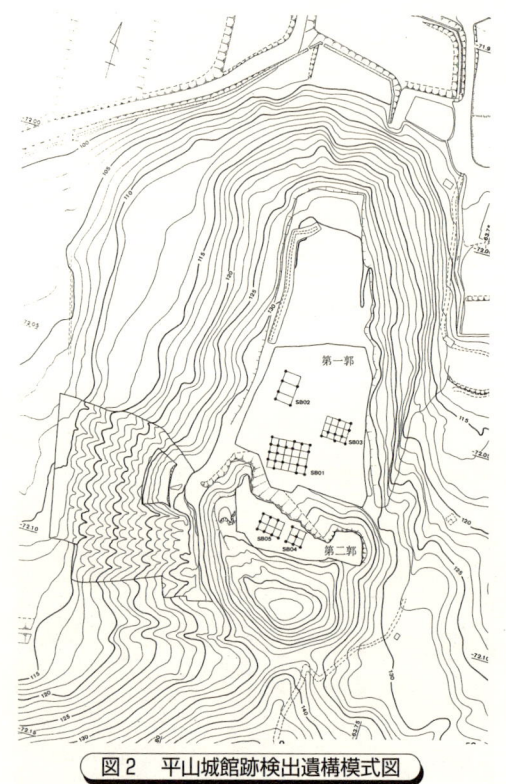

| 図2　平山城館跡検出遺構模式図 |

出所：京都府埋蔵文化財調査研究センター『京都府遺跡調査報告書第14冊　平山城跡・平山東城跡』1990年。

前～中頃より虎口両側の土塁をずらせて直進を避ける食違い虎口や，虎口の内部，外部にL字状の土塁を設けて直進させない枡形虎口などが出現しました。虎口の前面には空堀が設けられ，削り残した土橋や，切って落したり，城内に引き入れてしまう構造の木橋などが架けられていました。高天神城（静岡県掛川市）では空堀の底から巨大な橋脚の柱穴が検出されています。また滝山城（東京都八王子市）では引き橋を収めた本丸虎口が検出されています。

さらに虎口を防御するために馬出とよばれる空堀をめぐらせた小曲輪が虎口前面に突出して設けられます。この馬出は定型化したもので，半円形のものを丸馬出，方形のものを角馬出とよんでいます。丸馬出は武田氏や徳川氏が多用し，角馬出は後北条氏が多用しています。

4 遺物から探る戦国城郭のあり方

山城からは遺物の出土する城と出土しない城が存在します。これまで山城では出土遺物がきわめて少ないことから居住施設ではなく，立てこもるだけの施設であったと考えられていました。しかし実際には数多くの遺物が出土する城郭もたくさんあります。八幡山城（和歌山県白浜町）では3500点にものぼる遺物が山上から出土しています。また尾崎城（岐阜県丹生川村）では多くの貿易陶磁が出土しており，いずれも居住していたことは明らかです。実は城郭は軍事的な防御施設として築かれたのですが，実際に戦闘のあった城や籠城した城はほとんどありません。むしろ平和な段階で近世を迎え，廃城となっています。このとき生活用品のすべてを持って下りたので遺物が出土しないのです。

出土遺物には威信財と呼ばれる高級な貿易陶磁や，土師器皿，擂鉢，甕などがあります。擂鉢にはかなり使用した痕跡が認められ，山城で調理をしていたことがわかります。こうした山城の暮らしぶりを物語る遺物に漁に用いた網の錘である土錘があります。戦国大名クラスの城郭からは出土しませんが，小規模な山城からは多量に出土しています。とくに山間部で河川に面する山城に多いようです。城郭は軍事目的で築かれたものですが，決して365日間戦いがあったのではなく，普段は生活の場であったことも忘れてはならないことです。

このように城郭遺跡は単に軍事的防御施設というだけではなく，戦国時代の実像を探ることのできる，もっとも身近で，もっとも重要な遺跡であるといえます。

（中井　均）

▷5　虎口
虎口は小口の宛て字で，もとは小形の出入り口が望ましかったので「小さい口」ということから，小口と称した。

▷6　威信財
中国の宋，元代の陶磁器で，特に梅瓶，酒会壺などの器種が好まれた。床飾りに用いられたもので，こうした威信財が出土することによって床の間をもつ建物の存在が明らかとなる。

▷7　Ⅶ-2の注1参照

Ⅶ　中世・近世の考古学と成果

5　江戸時代の京都
摂家二条家と尾形乾山を題材に

▷1　京都所司代
慶長6年（1601）に設置。朝廷・公家をはじめとして京都や西国大名の監視をする職で、譜代大名がこの任にあたった。

▷2　元和偃武（げんなえんぶ）
大坂夏の陣による豊臣家の滅亡をもって、長く続いた戦乱が終結し平和な時代が到来したことをいう。

1　江戸時代の京都

　江戸時代の京都の様子は、意外と知られていません。京都は江戸幕府の直轄地であり、幕府の機関である**京都所司代**▷1が置かれていました。**元和偃武**▷2以後「**禁中並公家諸法度**」（きんちゅうならびにくげしょはっと）が制定され、朝廷・公家に対する規則が定められました。幕府による朝廷の実質的な支配が確立され、天皇は幕府の統制下に置かれることとなったのです。

　天皇の居所である内裏を中心に数多くの宮家や公家が周囲に住まい、その界隈を公家町といいます（図1）。現在でいうと京都御所をとりまく京都御苑一帯をさします。公家町形成の端緒は関白豊臣秀吉による新たな京都の都市改造で、これまでの京都の景観を大きく一新するものでした。散在していた公家屋敷はこの改造によって内裏周辺に配置され、その政策は江戸幕府にも引き継がれていきました。

　京都は幕府の影響下にはありましたが、その中心は厳然として天皇・公家社会でした。そのエリアは先述したように現在の京都御苑が中心ですが、御苑北側にも公家屋敷がいくつか並んでいました。その1つが二条家です。二条家は現在の同志社女子大学（今出川）構内の東半部に、万治4年（1661）の火災を契機に移転し、19世紀中頃（幕末）までの約200年間屋敷地を構えていました。二条家邸の発掘調査はこれまで5回実施されています。二条家は**五摂家**▷3の1つで、ここからの出土遺物は公家社会や当時の京都を考えるうえで重要な資料を提供します。

　ここでは二条家邸の様子と二条家と関

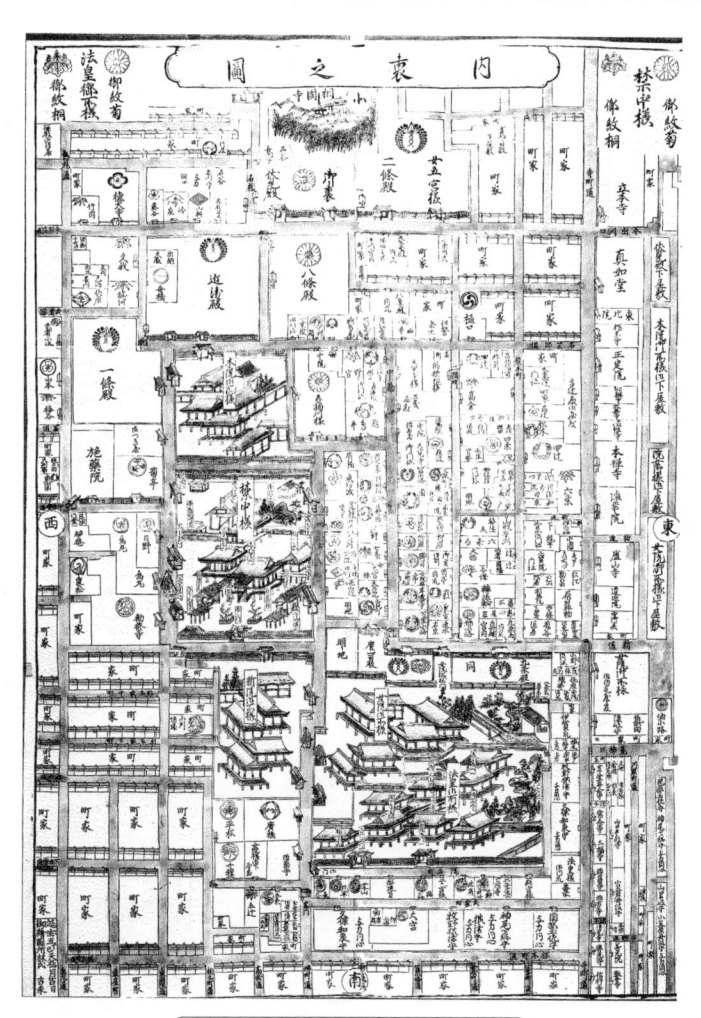

図1　江戸時代の絵図にみる公家町

出所：「新改内裏之図御紋入」延宝5年（1677）（京都市歴史資料館蔵）。

170

係をもつ尾形乾山に焦点をあてて，江戸時代京都の一端を垣間みていくことにします。

2 近世都市遺跡の年代決定

　江戸時代の京都は大規模な火災に再三みまわれています。これは京都だけにかぎらず，近世都市には火災の記録が多くのこっています。家屋の稠密が大きな要因とされています。京都の代表的な大火をいくつかあげると，宝永5年（1708）の大火では1万軒を超す家屋が焼失し，天明8年（1788）の大火では実に3万7000軒余りが被災しています。天明大火は京都の町全体を焼き尽くすものでした。最後の大火は，元治元年（1864）の蛤御門の変（禁門の変）によるものです。京都市内の発掘調査では，地層中に赤く焼けた火災層の痕跡をよくみかけます。これは文献史料に記載される火災のいずれかに対応するものです。焼土層の存在は，発掘調査では年代を決定づける基準層となります。出土した遺物の年代と火災記録とを照合させながら，遺構面の年代を確定していきます。その他，地震や洪水等の災害の痕跡も同様に貴重な資料となります。二条家邸の発掘調査でも焼土層と洪水層を確認し，遺構面の年代を決定づけました。

3 二条家邸の発掘調査

　二条家は「五摂家」の1つで，家名は，鎌倉時代前期に九条道家の二男良実が，二条京極に邸宅をもち，二条殿と称したことに由来します。室町時代から将軍家と強いつながりをもち，代々将軍家よりその名の1字をもらいうけるのを例とする親幕府派の家柄です。家紋は二条藤で，知行高は1708石です。

　二条家邸の発掘調査のうち，2007年度の調査では，遺構面を良好な形で検出することができました。遺構は大きく上下4層に分かれて検出されました。このことは二条家邸が何度も建て替えや造り替えられたことを示しています。土層から火災や賀茂川の洪水による災害であったと考えられました。

　層位には2つの焼土層と焼土層に挟まれた洪水層がありました。上層の焼土層は天明8年（1788）の大火で，下層は延宝3年（1675）の大火によるものであったことが，諸記録からうかがえました。洪水層については，その間の賀茂川洪水の記録が多く，特定できませんでした。

　初期の遺構面からは，南北に走る砂利敷きの道路を中心としてその両側に礎石建ちの建物が整然と立ち並ぶ壮麗な景観

▷3　**五摂家**
「摂家」とは摂政・関白に任命される家のこと。一条家・二条家・九条家・近衛家・鷹司家の五つで，「五摂家」と称される。

図2　発掘された二条家邸遺構（2007年調査）

がうかがえました（図2）。最後の遺構面，すなわち幕末期には，調査地全体は大きな庭園として利用され，漆喰を貼って造りあげられた人工池を中心とする庭園遺構が検出されました。その規模は非常に大きく，二条家という家柄をまさしく象徴的に示すものといえるものです。

また別地点の調査で，18世紀の廃棄土坑から，食物残滓（魚骨・貝類）が多く出土しました。二条家邸で食されたものであることは間違いありません。貝類ではタイラギのような高級食材や，サザエ・アワビ・テングニシ等の海のものが多くみうけられました。また注目すべきものに，鱧の骨があります。近世の京で鱧が食されていたことは，以前より文献史料では確認されていましたが，考古学的にも立証されました。なお江戸では鱧の骨は出土しておらず，現代にも通ずる食文化の地域性がみてとれます。

出土遺物についていくつかみていきましょう。

瓦では二条家の家紋を文様にしています。留蓋瓦と鬼瓦に使用され，考古学資料として二条家が当地に存在したと理解できる資料です。

土器は総体的に肥前磁器が圧倒的に多く，大半がいずれも器壁は薄く文様は繊細であり高級感があります。それだけではなく，「くらわんか碗」といわれる大衆的な磁器も少量ですが出土しています。また焼継により補修を受けたものも少なからず存在します。公家屋敷においても大切に磁器を使用していたことがうかがい知られます。公家屋敷で磁器が主として使用されていたと考えられますが，ほかに土師器皿が出土しています。江戸時代中期以降，町屋での出土はほとんどみられなくなることから，二条家が古代以来の伝統的生活様式を保持していたことを彷彿とさせます。

玩具類では伏見人形が多数出土しました。大衆向けの人形といわれてきた伏見人形が江戸時代の公家社会にも嗜好されていた可能性が考えられます。

④ 尾形乾山（1663〜1743）と二条綱平

尾形乾山は，呉服商雁金屋尾形宗謙の3男として，寛文3年（1663）に生まれました。次男は，後に「琳派」と称されるその一人，尾形光琳です。雁金屋は曾祖父道伯より始まり，淀君や徳川秀忠夫人の御用を勤め，祖父宗伯の代には徳川秀忠の娘和子（東福門院）の贔屓となって大いに繁盛した商家です。

乾山は元禄7年（1694）に，二条綱平（1672〜1732）から鳴滝泉谷にあった二条家山屋敷を譲りうけ，焼物を作っていきます。世にいう「乾山焼」です。時に乾山32歳，綱平23歳。初窯で焼いた香炉を乾山は二条綱平に贈呈しています。その後も乾山は二条綱平に茶碗・皿・火入・花筒等を献上しています。この綱平の庇護のもとに乾山焼は生まれたのです。兄光琳も同様に綱平から多くの庇護をうけています。いまにイメージされる京文化を，公家社会が支えたありさまがそこに読み取れます。

▷4 学校法人同志社『京の公家屋敷と武家屋敷』『同志社埋蔵文化財委員会調査報告Ⅰ』1994年，他。

▷5 焼継
上絵の具と同一成分の鉛ガラスを溶着剤に用い，割面にこのガラス剤を塗り，窯に入れて焼いて修理する方法。

▷6 Ⅶ-2の注1参照。

▷7 MIHO・MUSEUM『乾山 幽邃と風雅の世界』2004年。法蔵寺鳴滝乾山窯址発掘調査団・立命館大学文学部・立命館大学21世紀COE京都アート・エンタテイメント創世研究「鳴滝乾山窯址 第1〜5次発掘調査概報」『立命館大学文学部学芸員課程研究報告第11冊』2005年。出光美術館・MOA美術館・京都文化博物館『乾山の芸術と光琳』2007年。

この窯に関係する発掘は何回かおこなわれています。窯本体は検出されていませんが，多種（碗・皿・鉢・向付・蓋物・香合・水差・火入れ等）にわたる陶片が出土しました（図3）。そこからこの窯は，乾山個人に帰属する窯ではなく，専門の陶工を抱えた工房として生産が開始されていたと考えられるようになっています。後に乾山はこの窯を引き払い，活動の拠点を京都の街中に移しますが，変わらず二条綱平邸へは伺候しており，二条綱平との密接な関係がうかがえます。

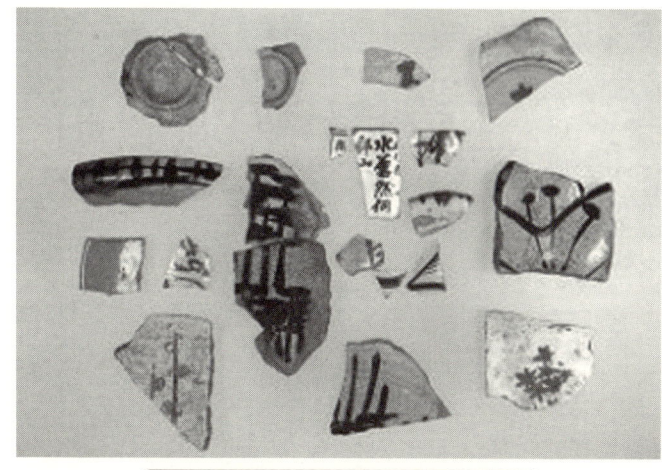

図3　鳴滝窯址出土陶片（法蔵禅寺蔵）

この乾山焼ですが，二条家邸の発掘調査では1点も出土していません。乾山が二条綱平に対し焼物を納めていた事実は，文献史料からいくつも確認できます。したがって，それらは火災がおよぶ前に持ち出されたものと考えられます。二条家そのものを総合的に検証しなければ，出土した考古資料に誤った歴史的評価をあたえる危険性を，ここでは教えてくれています。

5　江戸時代京都研究のこれから

江戸時代京都の考古学が飛躍的に注目される契機となったのが，1997年から2002年までの都合5ヵ年にわたっておこなわれた，京都御苑内における迎賓館建設にともなう発掘調査でした。調査対象面積が大きいこの発掘調査によって，公家社会の実態がいろいろと明らかになったのです。

京都は千年のみやこといわれ，発掘調査でも各時代の層が幾層にもわたって出土します。ゆえに江戸時代の発掘調査までなかなか手がまわらない現状があります。江戸時代の京都を考古学的手法で面的にとらえるには厳しい状況です。課題は山積みですが，少ない資料を生かしながら，江戸時代京都の様相を解明していく必要があるのです。

（浜中邦弘）

付記　2013～2014年度にかけて二条家邸の発掘調査が実施されました。この発掘調査でついに乾山焼が1点出土したのです（図4）。鳴滝窯で操業された時期のものと推定され，焼けた痕跡があり，火災の影響を受け廃棄されたものと考えられます。発掘調査によって実例として裏付けられた重要な発見です。

図4　出土した乾山焼片

Ⅶ 中世・近世の考古学と成果

6 江戸時代の城と町

1 江戸時代研究にかかせない考古学の役割

　関ヶ原の合戦後，慶長の築城ラッシュ期に築かれた城の数は200とも300ともいわれていますが，城と城下町のほとんどがこの時期に成立したものです。これらの城には石垣や堀をはじめ，天守や櫓（やぐら）などの建物も数多く残されており，城郭研究は長らく文献史や建築史がリードしてきました。ところが，近年の発掘調査で仙台城や高知城などで記録にない埋もれた石垣がみつかるなど，近世城郭や城下町の研究に考古学研究は欠かせないものとなっています。

　しかし，これらの発掘調査の対象は，城の中心部分や武家屋敷地域に限られ，城下町までをふくめた城の全容を知るにはいたっていません。これは，旧城内は明治新政府によって管理され，軍隊が置かれたり，公共の施設が立ち並んだことから，これらの施設の建て替えや，城跡の史跡整備などの工事範囲だけが調査対象となっているからです。工事にともなう発掘調査が近世考古学を発展させましたが，必ずしも研究目的で調査がおこなわれているわけではないところに，この分野の研究の危うさがあることは，知っておく必要があります。

2 城郭研究の現状

　江戸時代の城の最大の特徴は，高い石垣や堀に囲まれ，天守や櫓などの瓦葺き建物をもつことで，戦国時代以前の城とは，規模，形態，立地，技術のうえで大きな隔たりがあります。研究の現状をその構成要素ごとにみてみましょう。

　○設計プラン

　城と城下町を発掘する際には，その場所が，城内のどの場所にあたるのかを，知っておく必要があります。さいわい多くの城では，**正保の城絵図**▷1などの縄張り図がのこっており，おおむね調査場所を特定できます。しかし，絵図の精度の問題もあり，絵図と実際の遺構とが必ずしも一致しないことが多々あります。遺構の重複関係が複雑な城下町の発掘調査では，遺構の前後関係や年代的な同時性を正確にとらえ，その場所での変遷を明らかにしなければなりません。

　○堀

　堀の平面形は，改修はあるにせよ，ある程度把握できますが，堀の深さや断面形状は，水を抜いてみなければわかりません。篠山（ささやま）城跡では，整備にともなう調査で堀の水を抜いたところ，堀底は岩盤をくり抜き，水面上にみえる部分

▷1　正保の城絵図
正保元年（1644）に幕府が諸藩に提出をもとめた城下町を含む詳細な城絵図で，もとは162枚があったとされている。現在，国立公文書館などに73枚がのこされている。

のみに石垣を使用していましたし，絵図に記入されている堀の深さもかなり誇張されていました。また，後北条氏が得意とした堀障子とよばれる特殊な堀が，豊臣大坂城や米沢城，小倉城でも使用されていることが明らかとなるなど，堀底の形状も発掘してみなければわかりません。

○石　垣

　幕府は，大坂城の豊臣氏への対抗戦略として，西日本の外様大名を動員し，膳所，伏見，二条，彦根，駿府，篠山，丹波亀山，伊賀上野，名古屋城などを相次いで築きます。天下普請とよばれるこれらの城造りによって石垣構築技術は著しく発達し，全国に伝播しました。この間に，自然石から割石・切石利用へと移行し，石材加工を規格化することで乱層積から整層積へと積み方が変化するほか，隅角部を算木積みすることにより石垣自体の強度が増し，より高く，より美しく，より効率的に積むことができるようになりました。技術進歩により，地形にとらわれない自由度の高い計画的な縄張りが可能となったのです。

　近年では石積み技法の差により大まかな年代観もわかるようになってきましたが，発掘調査によって3期の石垣が確認された仙台城などの場合を除くと，記録上明らかな4期に区分されている姫路城の石垣の場合では2期と3期の区分が難しく，同じく5期に区分されている岡山城の石垣でも2期から4期が明瞭に区分できないなど，まだまだ石垣の年代区分は難しいのが実状です。今後は，それぞれの城郭ごとで，考古学的に実証していく必要があります。

　元和元年（1615）の一国一城令により全国で170ほどに集約され，多くの城が破壊されたと考えられていたのですが，寛永14年（1637）の島原の乱で，廃城されていた原城が反乱軍により使用されたことをきっかけに，幕府はこれらの城を再度徹底的に破却させたことがわかってきました。原城，佐敷花岡城，鷹ノ原城，岩国城では，石垣の隅角部や，門周辺など城の重要な部分がⅤ字形に崩されており，破城あるいは城割りとよばれる行為を示すものと考えられています。また，近年注目されている遺跡に，石切場跡があります。大坂夏の陣後，徳川氏が大坂城を再築するために石材を切り出した東六甲採石場や，江戸城に石材を供給した小田原早川石丁場群などで発掘調査がおこなわれ，石割や加工方法などが明らかとなっています。

○虎　口

　城の入り口にあたる部分を虎口といい，城の発達とともに，構造が進化します。単純な虎口から，食い違い虎口，枡形虎口へと発達するとされていますが，型式学によるところが多く，石垣と同様，年代特定ができないという問題があります。構造とともに石垣の年代観ともあわせて判断する必要があります。

○建　物

　現存する12の天守のほか，櫓と門は移築されたものを除いてそれぞれ102基ずつがのこっていますが，御殿建築がのこっているのは，高知城，川越城，二

▶2　天下普請
豊臣秀吉が，肥前名護屋城築城に諸国大名を動員したのに始まる。徳川氏は，慶長6年（1601）の膳所築城を皮切りに，篠山城，名古屋城，大坂城など，19の城を築かせている。

条城,掛川城,柏原藩陣屋だけにすぎません。御殿跡等が発掘調査された例として,佐賀城本丸御殿跡,彦根城表御殿跡,熊本城本丸御殿跡,名古屋城本丸御殿跡,篠山城二の丸大書院の例があります。天守や櫓などの建物の屋根には,瓦が葺かれ,鯱も乗せられ,江戸時代には家紋瓦も普及します。また,御殿建築では格式の高い檜皮葺きや柿葺きが用いられますが,これらは遺物としてのこりにくいため,考古資料のうえから実証するのは困難です。

③ 城下町研究の現状

○道路と区画溝

江戸時代の城下町は,道路を基準とした長方形区画の町割りがなされていますが,城下町は城の周囲の広大な面積を占めているため,土地条件のよくない低湿地をふくむ場合がほとんどです。これらの場所では,武家屋敷街を区画すると同時に,雨水等の排水対策として溝を張りめぐらせる必要があります。見栄えを重視する表通りを除いて,明石,徳島などの例のように,幅2〜3m,深さ1m程度の素掘り溝で区画されることが多いようです。溝を掘る必要のない場所には,塀や生け垣が設けられたようですが,これらも溝状の遺構として検出される場合があり,注意が必要です。

○建物跡

一般には,武家屋敷には茅葺き屋根の建物が遅くまでのこり,住宅の密集する町屋では防火のために18世紀以降に瓦葺きの礎石建物が普及するとされていますが,それ以前はどのような建物だったのかは,まだ十分にわかっていません。赤穂城下町では,町屋に17世紀前半に瓦葺き建物が建ち並んでいた可能性が指摘されています。

○整地層

都市には災害がつきものです。とくに火災は,いったん起こると類焼により大規模な災害を引き起こしますが,江戸や京都,伊丹など,火災の年代が特定できる場所では,災害後の整地層が遺構の年代決定の重要な鍵となります。

○井戸・水道

ほとんどの武家屋敷内には井戸があります。台地上など,固い地盤の場合,井戸は素掘りのままの場合もありますが,低湿地の場合は,崩落防止のために必ず井側が必要となります。江戸中期までは,底を抜いた桶を伏せて5段程度重ねるものが多く,関西では幕末には瓦積みのものも現れます。また,江戸のように,武家屋敷街が台地上にあり,井戸による供給が不足する場合や,赤穂城のように河口の三角州上に立地していて水質が悪い場合には,江戸時代初期から上水道が敷設されています。上水は,上流部では開渠となりますが,市街地では石樋や木樋,土管を利用した暗渠となり,最終的には竹管を利用して各所に配水することが多いようです。江戸の台地上では水位が低くなるため構造

は井戸とかわりませんでしたが，低地にある明石城では，水圧を利用して地表まで噴き上げる「上げ枡」というものも確認されています。

○かまど（竈）

被熱により赤化し硬化した遺構として，かまどが検出されます。通常の台所では，かまどは地上にあるために遺構として残存することはほとんどないのですが，酒造業にともなうかまどの場合には，地下深く掘り込むため，焚き口とともに検出されます。風呂については，地上部の遺構は残存しませんが，かまどや付帯する排水路が確認される例があります。

○便所

木製枡や陶器甕を使用したものが遺構としてみつかります。とくに陶器を利用したものには，内面に白く尿の成分が凝結しているものが多く，特定することが容易です。江戸の加賀藩上屋敷跡など大規模な屋敷では，連続する遺構として検出されることもあります。江戸時代の日本では，屎尿処理用の下水道は整備されておらず，糞尿は肥料として近郊の農家に売買されていたようです。

○穴

城下町で最も多い遺構が穴（土坑）です。ゴミ穴のほかに，地下室，貯蔵穴，防火用水などがありますが，他用途の穴が廃絶後にゴミ捨て場として利用される場合も多いようです。ゴミ穴には，災害や建物の改築，国替えにともない一時的に大規模に瓦礫や産廃を処理するものと，日常のゴミ処理用のものとがあります。ほとんどの考古資料はゴミ穴から出土するといってもよく，年代決定の決め手になる肥前系陶磁器は研究上欠かせません。また，ゴミには，貝殻，魚骨，獣骨などの食べかすがふくまれることも多く，刃傷や被熱痕がある犬の骨から，江戸初期までは犬を食べていたことがわかったのも考古学の成果です。

○庭園

大名庭園としてのこっているものも多いのですが，必ずしも江戸時代当時の状態をそのまま伝えているわけではありません。全体を発掘調査した赤穂城跡の二の丸庭園では，3時期にわたって改修されたことが明らかとなっています。規模の違いはあれ，明石城武家屋敷跡の発掘では，18世紀中葉から幕末にかけて3時期の改修がみられる例もあります。

庭に設けられた特殊な遺構に水琴窟があります。甕の底に穴をあけて逆さまに埋め，手水鉢から水を流して出る音を楽しんだもので，18世紀代にはやや大きめの甕を使っているため音質が低く琴の音にはほど遠いものですが，19世紀代には徐々に小型化し，内部に瓦や小皿を置いて反響をよくしています。江戸後期以降には，武家屋敷に限らず，伊丹などの町屋でも広く普及します。

江戸時代の城下町は，それまでのどの時代よりも遺構や遺物の種類が豊富で，しかも，記録にはのこっていないことが多く，日本文化を知るうえで欠かせない考古学の研究対象であるといえます。

（山下史朗）

参考文献
江戸遺跡研究会編『図説江戸考古学研究事典』柏書房，2001年。
『よみがえる日本の城』1～30 学習研究社，2004～06年。
『季刊考古学』第103号「特集 近世城郭と城下町」雄山閣，2008年。

コラム11

岐阜城・織田信長居館跡の発掘

1 「天下布武」の城，岐阜城

　岐阜城（稲葉山城）は濃尾平野の北端部，長良川が形成した岐阜扇状地の左岸扇頂部付近にある金華山山頂を中心とした山城です。その西麓の岐阜公園一帯には斎藤道三、織田信長ら歴代城主の居館があったと，江戸時代以来伝えられてきました。

　稲葉山城の築城は建仁年間（1201～04年）頃と伝えられていますが，詳しいことはわかっていません。中世を通じて宗教施設が存在していたようで，発掘調査でも関連遺構が確認されています。

　近世の伝承では，斎藤道三が付近にあった伊奈波神社を移転させ，ここを拠点に城下町の建設をおこなったとされており，その年代は天文8年（1539）といわれています。その後，織田信長は，永禄10年（1567）に稲葉山城攻めをおこない，道三の孫・龍興を伊勢に追放，本拠地を小牧山城からこの地に移しました。それまで使われていた「岐阜」の名を広く用いるようになるのもこの頃からです。信長は岐阜に9年間在城した後，子の信忠に譲り，自らは安土城に居を移します。その後，城主が転々としますが，慶長5年（1600），信長の孫・秀信が城主のとき，関ヶ原の戦いの前哨戦で岐阜城は落城，以後廃城となります。

2 これまでの発掘調査

　山麓の岐阜城千畳敷遺跡は，槻谷をはさんで段々地形となっており，その平坦地に居館と付属施設が展開していたと考えられます。これまでおこなわれた3回の調査では，戦国時代の遺構は大きく上層面と下層面に分けられ，基本的にはそれぞれの面が廃絶時に被熱していることが明らかになりました。遺物の年代観や文献の記述などを勘案すると，上層面の廃絶は慶長5年（1600）の岐阜城廃城時，下層面の廃絶は永禄10年（1567）の稲葉山城攻め時に対応する可能性が高く，信長の岐阜入城時に造成・改修がおこなわれ上層面の遺構が構築されたようです。また下層面は斎藤氏の居館に関する遺構に対応するものと考えられます。

　上層面（図1）では石垣や水路，階段跡，竈や井戸などがみつかっていますが，特筆すべきものとして，通路の両脇に巨石を立て並べた大規模な食違い虎口があげられるでしょう。巨石列は信長入城後に構築された部分であり，みる者を威圧し，権力を誇示する装置としての役割を果たしたと考えられます。信長の居館については，ルイス・フロイスの著書『日本史』等にその様子が詳しく描かれていますが，その中にある「裁断されない石の壁に覆われていた」という記述にふさわしい構造物といえるでしょう。

3 居館の構造解明にむけて

　フロイスの記述にある4階建ての「宮殿」や庭園など居館の全体構造を解明するため，平成19年度から山麓部の確認調査をおこなっています。その結果，山麓全体が本格的な石垣と巨石列，そして加工した岩盤に囲まれた場所であることがわかってきました。また庭園と考えられる遺構も複数箇所でみつかっています。

　周囲の地形と合わせて「みせる」ことを意識してい

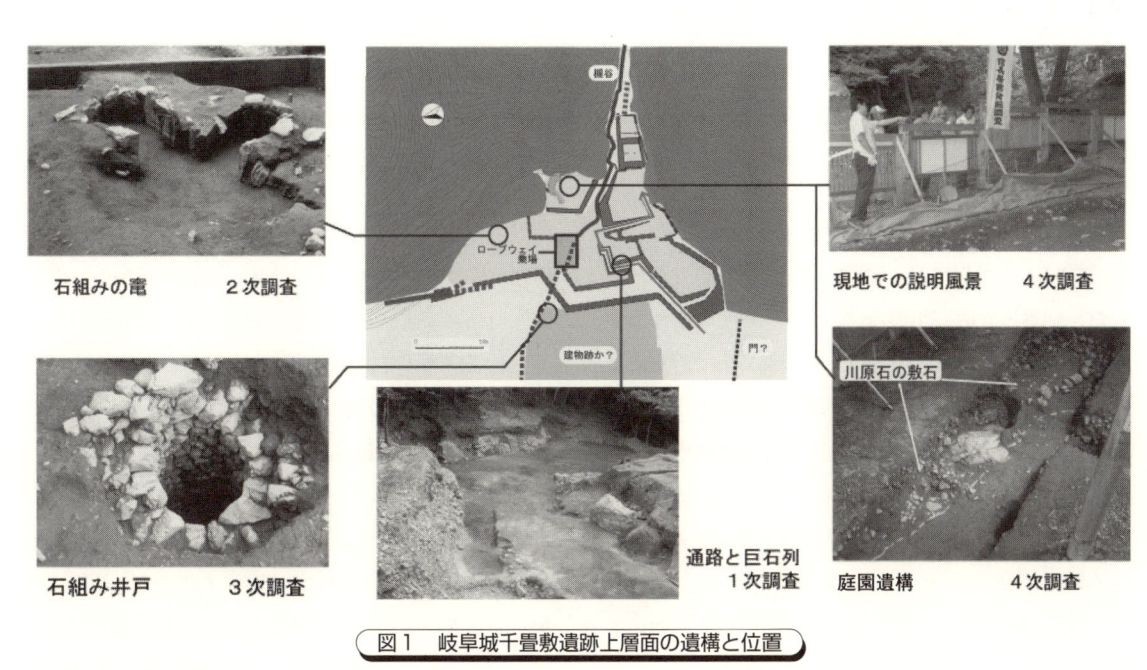

図1中の写真キャプション:
- 石組みの竈　2次調査
- 石組み井戸　3次調査
- 通路と巨石列　1次調査
- 現地での説明風景　4次調査
- 庭園遺構　4次調査

図1　岐阜城千畳敷遺跡上層面の遺構と位置

（岐阜市教育委員会提供）

ることが特徴的で，この「みせる」石造りの城は次の安土城につながっていくと考えられます。

　各所で調査をおこなうことで，居館の全体像を検討する材料が増えつつあります。岐阜城山麓の居館跡はいま本格的な解明の端緒についたところといえるでしょう。

4　発掘調査——常時公開と情報発信

　岐阜城，岐阜公園は史跡であると同時に，岐阜市を代表する観光地でもあるため，第4次調査では「発掘調査そのものを観光資源にする」というコンセプトのもと，極力オープンな調査をおこなっています。

　「発掘を観光に」というと，否定的なイメージでとらえる方もいるかと思いますが，「観光」の本来の意味は，訪れる人がその地域の光＝宝を，心を込めて観つめ，迎える側は自らを磨き高め，地域の誇りを示す

ことにあるといわれています。ですから，この取り組みは，発掘調査によりその歴史的価値を磨き高め，その成果を広く公開し，訪れた人にみつめていただける「観光」となることをめざすものです。

　通常の公開から一歩踏み出したこの「観光発掘」，みなさんはどう思われますか。

（髙橋方紀）

参考文献

『千畳敷』岐阜市教育委員会，1990年。
『千畳敷Ⅱ』岐阜市教育委員会，1991年。
『千畳敷Ⅲ』岐阜市教育文化振興事業団，2000年。
恩田裕之「井口・岐阜」『種御所と戦国城下町』高志書院，2006年。
内堀信雄「井口・岐阜城下町」『信長の城下町』高志書院，2008年。

コラム12

城下町の発掘：明石

　明石城は，元和5年(1619)に小笠原忠政(のち，忠真)によって西国大名への押さえの城として築かれました。朝霧川と明石川の浸食によって区画された中位段丘の西南端に主郭部をつくり，東，南，西を取り囲むように中堀，外堀を2重にめぐらしています。武家屋敷は一部の足軽組屋敷を除いてほぼ外堀内におさめられています。これらは標高約2m前後の低湿な沖積地上に立地し，外堀の南，明石港までの間には町屋がつくられ，町屋の中央部を西国街道が横断しています。

　「享保年間明石町之図」「文久年間明石町之図」の絵図には，当時の家臣の屋敷割が記されています。それによると，重臣の屋敷は中堀に沿った場所に多く配されています。屋敷の広さは家禄によって異なり，20～30俵取りの下級武士では500坪程ですが，500石以上の石高をもつ上級武士では1000坪以上の広大な敷地をもっています。

　明石城下町の発掘は，1985年から開始され，これまで武家屋敷跡をはじめ足軽屋敷跡，町屋跡など150件にのぼる調査が実施されてきました。調査面積は約5万㎡にも達します。

1　武家屋敷跡の発掘

　これまでの部分的な調査の積み重ねにより，1軒の屋敷内の構造がおおむね明らかにされてきました。それによると，道路に面した間口の中程に門をもち，母屋は門からあまり距離を置かない場所に建てられています。屋敷内からの瓦の出土量は少なく，また昭和の初期に残っていた城下の武家屋敷の写真からみても当時の母屋の屋根は茅葺きを基本とし，庇の部分にのみ瓦を使っていたと思われます。母屋は基本的に礎石建ちの建物です。母屋の横手および裏手には井戸が設けられています。井戸の構造としては，①底を抜いた桶を3～5段に積み重ねたもの，②桶積みの上部にさらに瓦を円筒状に積み重ねたもの，③河原石を積み上げたものなどがあります。石積みの井戸が最も古く，17世紀初頭にまでさかのぼり，その後，桶積み，瓦積みへと移り変わることが確認されています。井戸は沖積層の基底部である地表下約5～6mまで掘り下げています。武家屋敷が立地する沖積地上は地下水位が高く鉄分を多くふくんでいるため，こうした湧水層まで掘削し，良質の水をもとめたものと考えられます。

　城下には上水道が普及していたことも明らかになっています。竹を用いた水道管の幹線は道路際に設け，分水箇所には桶を用いた枡を置き，そこから各屋敷へ配水していました。屋敷内には，飲料用，泉水への給水などに供されたとみなされます。

　裏手の空き地となった部分には土坑が集中して検出されます。平面形は不整円形を呈したものが多く認められ，その大部分はゴミ捨て穴と考えられます。土坑の中でも平面形が長方形を呈し，底部は平らな面をもつものは屋敷境に設置され，時期的にも江戸時代初期に位置づけられるものが多い傾向が認められます。こうした土坑は貯蔵施設であったと判断されます。17世紀後半以降には姿を消すことから，地下の穴蔵から掘立柱建物の土蔵へと変化していったことが推測できます。

　屋敷の周囲は素掘り溝で画されています。基本的に

は幅0.5〜1m，深さ0.3〜0.5mの規模ですが，屋敷の裏手で画される背割り溝は幅約2〜3mで，深さ0.5〜1.3mと規模が大きく，屋敷内からの生活排水を集め外堀へとつなぐ水路的な機能を果たしていたと考えられます。

屋敷境の溝に近接して埋め桶がしばしば検出されます。径70cmと径40cmの大小2基の桶が並んでみつかる例が多く，これらは厠（かわや）であると考えられます。江戸時代の中頃までは屋敷地の裏手に築かれていたものが，新しい時期になると道に面した場所へと移動することがわかってきました。

母屋の玄関部にあたる場所からは上に瓦などで蓋をした壺（つぼ）が埋められた状況で見つかることがあります。これは出産後体外に排出される胎盤（胞衣（えな））を納めたもので，子どもの健やかな成長を願い，家の戸口や敷居の下などに埋めることが多かったことが，民俗例からも知られます。

屋敷内からは，多量の食器類が出土しています。上級武士の屋敷跡からは，肥前の有田でつくられた薄手の高級磁器（伊万里焼）や，焼塩壺が比較的多く見つかる傾向があり，階層性を示しているといえます。こうした食器類のほかにも鉄漿壺・紅皿・油壺などの化粧具や灯明具・硯といった文房具，喫煙具，仏神具，土人形など当時の生活ぶりを示す多様な遺物が認められます。

また土坑からは貝類や動物の骨等も出土しています。貝ではハマグリ，アカニシ，サザエ，カキなど，魚ではタイ，マグロなどが認められます。また動物ではウシ，シカ，イノシシ，イヌなどの骨が出土しています。特にイノシシ，イヌの骨には解体，調理痕ののこったものが多く，当時は食用となっていたと考えられます。

江戸時代中期以降には当地で生産された朝霧焼，明石焼といった陶器が出土することが確かめられていま
す。京焼の影響を大きくうけた茶器類が多く認められ，当初は城主の求めに応じてつくられていたと考えられます。18世紀後半になると，碗や皿以外に片口鉢，土瓶，土鍋といった日常雑器も城下で生産されるようになったことが，窯跡の調査から明らかになってきました。また擂鉢（すりばち）もこの時期に堺からの技術指導を受け，明石で生産を開始しています。明石擂鉢は明石城下のみならず，京・大坂・江戸などへさかんに運ばれていたことが判明しつつあり，19世紀代には備前，堺をしのぐ流通網を確保していたものとみなされます。

2　藩士の墓の発掘

明石城下の南西部に位置する雲晴寺（うんせいじ）には，明石藩の家臣の墓があります。平成15年度にその一部の調査を実施したところ，桶棺が約40基みつかりました。桶棺には大小2つの規格があり，小さい桶は小児を埋葬したものと考えられます。桶には蓋が付いており，蓋裏にはその被葬者の名と亡くなった年月日などが記されていました。副葬品には六文銭，数珠（じゅず），煙管（きせる）や櫛（くし），土人形などがあります。また上級武士の墓は，四角い箱の内部に桶を納めていることも明らかにされました。

3　城下町の発掘

町屋跡の発掘も近年増加しつつあります。そこでは，礎石建ちの建物，石列を用いた屋敷の区画溝や瓦積みの井戸等が検出されています。屋敷の裏手からは鞴（ふいご）の羽口や鉱滓等が見つかるところもあり，町屋での生業の一端をおしはかることも可能となりつつあります。

城下町の発掘調査は，のこされている絵図面や文書等と照合させつつ，当時の町の様相，人々のくらしの実態をより豊かに浮かび上がらせることにその醍醐味があるといえるでしょう。

（稲原昭嘉）

VIII 北と南の考古学

1 北海道の考古学と時代区分

1 「時代」区分とその意味

　唐突ですが，考古学に「時代」の概念は必要でしょうか。いわゆる**発掘届**の書類には発掘する「遺跡の時代」を書くことが定められているので，日本国内で合法的に発掘しようと思えば「時代」について知る必要はあるのですが，それは学問上不可欠なものでしょうか。たとえば英語の考古学事典で「先史時代」にあたる項目を探すと，prehistory はありますが prehistoric age はありません。「旧石器時代」もPalaeolith，-icはありますが，Palaeolithic periodは普通は見出しに立ちません。どうも「時代」がつくのは日本の特殊事情であると考えられます。本題に入る前に「時代」の考え方をみておきましょう。

　英語で例外なく「時代」らしきものがつくのはStone Age, Bronze Age, Iron Ageです。遺跡や遺物の古さをこの３つのageに分けて理解する方法を，Three Age Systemといいます。それを「石器時代」「青銅器時代」「鉄器時代」と訳し，この区分法を「三時代法」と訳していますが，実はこれがかなり問題なのです。「江戸時代」をEdo Ageと訳すでしょうか。普通はEdo Period（EraはPeriodの上位概念）でしょう。age は時間の経過，現在からの隔たりを表す言葉であって，「時代」のように「（均質な）一つづきの時間」という意味はありません。「太古」「上古」あるいは「中古」という日本語の用例からいって，たぶん「石古」「鉄古」とか「三古法」が正しい翻訳だと思いますが，なぜ明治大正「時代」の日本人は「石器時代」と訳したのでしょうか。

　ドイツ語の場合「石器時代」は Steinzeit です。Zeitはほぼ英語の time に相当し，age とは違って「ひとつづきの時間」を意味しうる言葉です。さらに「三時代法」にあたるのは Dreiperiodensystem で，ここに明確にPeriode「終止符，区切り」が顔を出します。日本ほどではないにしても，19世紀末の当時いわゆる封建制度の終焉からまだ間がないドイツ語圏の学者が単なる年代の新旧で満足せず，時間の持続と区切りにこだわったのは偶然ではないでしょう。私は「時代」の正体は「君が代」の「よ」reign であると思います。それは単純な時間の単位でなく，支配とか秩序という社会的な観念と親密なものであり，その意味で「発掘届」のような行政上の書類には似つかわしいといえるでしょう。

　日本にははっきりしたBronze AgeがなくThree Age Systemがうまく適用できないことは，導入の当初から見当がついていました。それではどうする

▷1　発掘届
土地に埋蔵されている文化財を調査のために発掘しようとするときは，着手の30日前までに発掘の内容を書面にして都道府県の教育委員会に届け出る義務がある（文化財保護法第92条および第184条）。

かという問題に答えが出たのは1930年頃です。それはつまりage systemをやめて日本流の「時代」区分をしよう，という結論でした。本書Ⅳ章にあるとおり，考古学者たちは「弥生式」土器が稲をともなうことに注目し，日本列島で稲作が始まった「弥生式時代」の存在を主張するようになります。「弥生式時代」以前には「縄文式時代」という名前がつき，高塚古墳が造られた「古墳時代」とあわせて正しく「三時代法」とよぶべき体系が生まれました。この体系は日本人が著しく民族主義nationalismに傾倒した「時代」の産物であり，「弥生式時代」の主張は民族nationの起源の探求と結びついていました。しかも，それが1945年の敗戦を契機に学校教育や文化財保護など公的な分野で急激に普及したことは日本特有の事情であるといえるでしょう。

たとえば山内清男が，北海道では他の地域で稲作が始まった時期にまったく稲の痕跡がないことを指摘し，それを「続縄紋式」と表現したことについて，彼が「弥生式時代」を重視した結果，それに平行する「続縄紋式」をそれ以前の「縄紋式」から区別したと理解する人がこんにちでも大多数のようです。山内の書いたものを読むかぎり，彼自身は「続縄紋式」は文字通り「縄紋式」の「続き」であり，全国に分布する早〜晩期縄紋式の5大別にくわえて北海道だけに6つ目の大別がある，と考えていたと思うのですが，いつの間にやら北海道では縄文時代の後に「続縄文時代」が来ることになってしまいました。

いつの間にかといいましたが，一般化したのは高度経済成長の後を追って土地の開発が激化し，埋蔵文化財包蔵地の周知が大きな問題となってから後だろうと私はみています。文化庁が1971年に「全国遺跡分布調査」のために定めた「埋蔵文化財包蔵地調査カード」様式には「時代」の欄が設けられ，これに準じて1973年に北海道教育委員会が使い始めた調査カード様式の「時代」欄も「先土器　縄文　続縄文　擦文（オホーツク）（アイヌ）」から選択する形式になりました。縄文と続縄文が別個の「時代」であるという認識はどうやらこれ以降のことであり，そして周知のために導入された「時代」の選択肢は，1986年になると文化庁の定めた発掘届書類の様式にも採用されることになります。

ちなみに，当初，文化庁が選択肢の最初に置いたのは「先土器」でなく「旧石器」でした。しかし旧石器は新石器と対をなす西欧からの輸入概念ですから，縄文以下の日本式の区分と並べたのでは木に竹を接ぐことになります。

2000年の地方分権以来，発掘届には政府が関与せず都道府県の教育委員会が処理する方式に変わりましたが，時代を記入する制度は事実上生きのこりました。地方自治の権限により，このときもし行政時代区分の「続縄文」を廃止して「縄文」に統合していれば，それは北海道の地域性や独自性を主張することになったかもしれません。

▷2　1930年頃，山内清男は「縄紋式」土器が東西日本でほぼ同時に終末を迎えて弥生式に移行したことを主張（「所謂亀ヶ岡式土器の年代と縄紋式土器の終末」『考古学』1巻3号，1930年），森本六爾は弥生式にともなう稲作の資料を集成し農耕の開始を示すものと指摘した（『日本原始農業』1933年）。一方，東大人類学教室による『日本石器時代遺物発見地名表』の改訂発行は1928年の第5版が最後となった。

▷3　続縄紋式
山内が「続縄紋式」とよんだ土器を河野広道など道内の研究者は「北海道式薄手縄紋土器」（犀川会編『北海道原始文化聚英』1933年）とよんで必ずしも他地域の縄文土器より新しいものとは考えず，またこの北海道式がシベリアなど海外の土器と関係する可能性を重視し本州の土器に連なるものとは断定しなかった。山内の考え方が北海道で普及したのは1963年の河野の死去より後のことである。

▷4　埋蔵文化財包蔵地の周知
そこに文化財が埋まっている事実が広く知られている土地を周知の埋蔵文化財包蔵地といい，国と地方公共団体はその周知を徹底させるため資料の整備等をおこなう（文化財保護法第93条および第95条）。周知の埋蔵文化財包蔵地で土木工事等をおこなうときは，着手の60日前までに都道府県の教育委員会に届け出る義務がある（同法第93条および第184条）。

Ⅷ 北と南の考古学

❷「文化」区分から考える北海道の地域性

　とはいえ，北海道の考古学についていえば，明らかに「時代」という言葉を避ける傾向があります。続縄文・擦文・アイヌという北海道流の区分に「時代」がつくことはむしろ稀で，普通は**擦文**「文化」とか続縄文「文化」という表現が選ばれ，**オホーツク**文化も同じような意味あいで用いられます。時間に重点をおいて表現したいときでも，続縄文「期」とかアイヌ「文化期」という言葉を使うことが多いのです。しかしそれは，北海道の考古学が「時代」区分とは別の体系を採用していることを意味するのでしょうか。

　オホーツク「時代」という言葉が決して使われないのは，オホーツク式土器やそれを出土する遺跡は明らかに道外からの渡来者がのこした客体的なもの，という認識があるからです。つまり「文化」とか「期」という言葉には，問題となる考古資料が前後の「時代」あるいは周囲の地域の遺跡・遺物との間に同一性を有するかどうかわからない，という疑問がふくまれているのです。一般的にアイヌ「時代」とはいわないで，一貫してアイヌ「文化期」という表現を用いていることを重視するなら，ここで疑問とされている同一性とは考古資料をのこした主体，つまり文化人類学ではエスニックグループとか民族に該当するものであると考えてよいでしょう。

　図1はいまから20年前に出版された『もう二つの日本文化』（藤本強著）という本に載っている「対照表」です。縄文「文化」を共有していた北海道と本州以南とが，弥生・続縄文「文化」以降は別の歴史をたどることを示したものです。ここで縄文・弥生・古墳の三者が「文化」の違いとして示され，奈良・平安以下の「時代」区分と区別されているのはなぜでしょうか。奈良とか鎌倉という統治の中心地によって区分する「時代」が，古墳以前には当てはめがたいからでしょうか。しかし北海道で**内耳土器**の「時代」や**チャシ**の「時代」が区別されているのをみると，ここに登場する「時代」は単に政権所在地によって決めたものとは考えられません。

　この表では弥生「文化」の上限は前200〜300年頃，続縄文のそれは紀元前後に引かれています。稲作を受け入れたのが弥生，受け入れなかったのが続縄文ですから，両者は稲作の導入時点で分かれたものであり，同時に成立するはずなのに，なぜ200年もずれてしまうのか。これは説明しようのない破綻であるようにみえるのですが，著者は「続縄文文化という考え方は受け身な考え方である」と述べています。つまり外から来た稲作を受け入れないという外的な基準で「文化」を区分するのではなく，擦文・アイヌ文化へと続く「漁労」の伝統が確立するということを続縄文「文化」の特質として重視しようという考え方です。したがって，この表では，考古資料は残した主体が重要とみる考え方であるといえます。

▷5　擦文・オホーツク
擦文とは木の薄板の端で土器の表面を調整した痕で，弥生式や土師器の刷毛目と同じものである。普通は8世紀に東北地方の土師器の影響を受けて出現した刷毛目のある土器を擦文式とよぶが，これに先行する7世紀頃の土器まで擦文式にふくめる意見もある。また6〜9世紀頃，続縄文式・擦文式に平行して樺太から北海道東北部・千島の沿岸に広く分布する土器をオホーツク式とよぶ。これも古い部分は続縄文式，終末期のものは擦文式との区別について研究者の意見が分かれる。

▷6　内耳土器・チャシ
内耳土器は13世紀頃から北海道に多く持ち込まれた鉄鍋を模倣したもので，北海道島では擦文式の末期から短い期間使われただけで姿を消したが，北千島や樺太では19世紀まで使われた。またチャシは「館」や「とりで」「柵」を意味するアイヌ語で，崖の縁や丘に堀や土塁をめぐらした遺構をチャシ跡とよぶ。16〜18世紀のものが多いらしいが，近年では擦文式をともなうチャシ跡様の遺構もみつかっている。

この表を作った藤本強は北海道の考古学を代表する研究者の一人であり，道内の考古資料を知りつくしています。この本はその第一人者が北海道の遺跡や遺物がいかに内地のそれとは異なるかを解説し，「日本は単一民族の国家である」という主張に反論したものです。本の題名である『もう二つの日本文化』とは，北海道と南島の「文化」のことですが，どうしてその二つは「日本」の文化であると言えるのか。それは「中の文化」と同じ日本列島に存在する二つの地域の遺跡や遺物への理解が，読者にとって重要であることを主張するためでしょう。このように，時代区分に対する見方を通じて，北海道の歴史の独自性を考えることができます。

　以上，「時代」とか「文化」の意味するものについて，北海道の事例にとって，考古学に興味をもち始めた皆さんのために考えを述べてみました。文末となりましたが，「対照表」の転載をお認めいただいた藤本先生と東京大学出版会に感謝します。

（西脇対名夫）

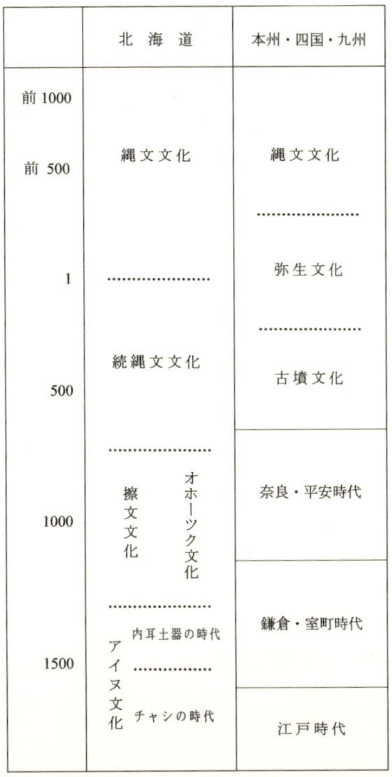

	北 海 道	本州・四国・九州
前1000	縄文文化	縄文文化
前500		
	………………	………………
1		弥生文化
	続縄文文化	………………
500		古墳文化
	………………	
	擦文文化／オホーツク文化	奈良・平安時代
1000		
		鎌倉・室町時代
	………………	
1500	内耳土器の時代／アイヌ文化／チャシの時代	江戸時代

図1　「北の文化」「中の文化」対照表

出所：藤本強『もう二つの日本文化』（東京大学出版会，1988年）の表1から「南の文化」の欄を省略したもの。

VIII 北と南の考古学

2 発掘されたアイヌ文化

1 アイヌ文化の考古学的研究

従来のアイヌ文化研究は，民俗学的・文献史学的手法が主体でした。それは，風俗画・口承文芸・聞き取りなどの民俗学的資料と中近世文書・紀行文などの文献史料にもとづいたもので，民俗学的手法には18世紀以前の状況が把握しづらい，文献史学的手法には和人側の視点という偏向がふくまれています。

一方，「アイヌ考古学」は近年の総括によれば，本州中近世並行期の考古遺物・遺構の研究分野という日本歴史側からのとらえ方があり，他方では「アイヌ文化複合体」の検証の手段としてのアイヌ考古学があります。後者はアイヌ主体の，あるいは狭義のアイヌ考古学といえます。ここでは，考古遺物・遺構を資料とし，アイヌ文化の起源・成立・実態，和人・北方民族との関係を「**アイヌ文化複合体**」をふくめた視点であつかう体系としてやや広く考えます（図1）。

主な研究対象には，砦跡・集落跡・道跡・畑跡，それに包含される住居・墓・送り場・鍛冶場などの遺構，骨角器・木製品・繊維製品などの自製した遺物，金属器・銭貨・漆器・陶磁器・ガラス玉などの移入した遺物があります。また，動植物遺存体もあげられます。以下で近年の成果についてみていきましょう。

▷1　藤本強「アイヌ考古学をめぐる諸問題」『北海道考古学』20輯，1984年。鈴木信「中・近世」『北海道考古学』30輯，1994年。小野哲也「アイヌ文化期」『北海道考古学』40輯，2004年。

▷2　**アイヌ文化複合体**
この用語は渡辺仁の「クマ祭複合体」と物質文化との関係に着目した構造であり，宇田川洋が提唱した。「クマ祭複合体」とは，仔熊飼育型熊送り（イオマンテ）という祝祭を中心とした宗教・社会・経済的複合構造のことである。

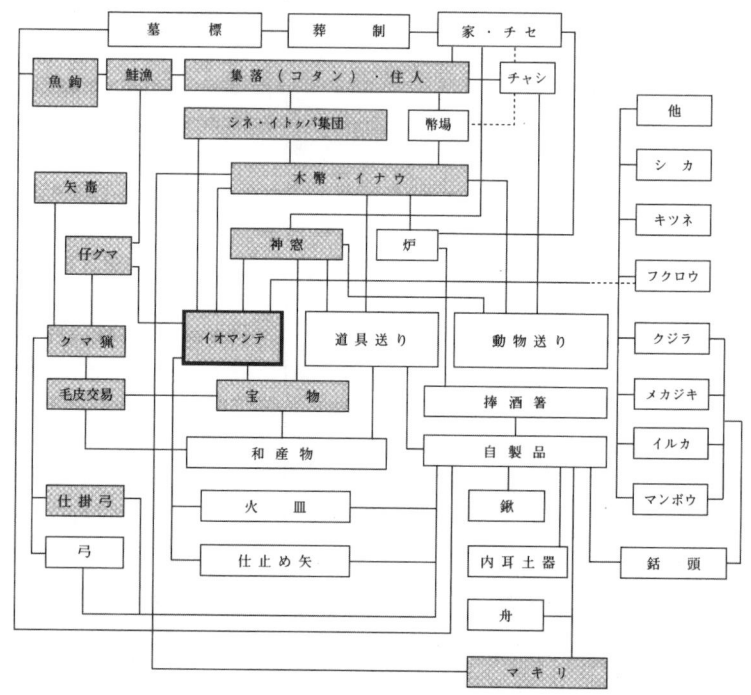

図1　アイヌ文化複合体

出典：宇田川洋『アイヌ考古学研究・序論』北海道出版企画センター，2001年。

2 遺跡・遺構の研究

北海道北部をのぞいた近世アイヌ文化期の遺跡は，大規模噴火による降下火山灰に覆われていますが，そのうち古記録により降下年代が判明している広域火山灰は，駒ケ岳d_2火山灰（1640年〈寛永17〉），有珠b_2火山灰（1663年〈寛文3〉），樽前b火山灰（1667年〈寛文7〉），駒

ケ岳c_2火山灰（1664年〈元禄3〉），樽前a火山灰（1739年〈元文4〉），駒ケ岳c_1火山灰（1856年〈安政2〉）などがあり，雌阿寒a火山灰（以前は摩周a火山灰と呼称）は現在のところ駒ケ岳c_2火山灰か樽前a火山灰に比定されています。これらによって遺跡の年代や遺跡間の年代比較が詳細になります。

　砦跡（アイヌ語で「チャシ」）については，主に砦・館の機能を有し，壕・土塁・木柵・土橋により郭を形成し，郭内には土壇・掘立柱建物・送り場などの遺構が付帯します。降下火山灰・遺物の時期から16〜18世紀の年代があてられています。近年調査された陸別町ユクエピラチャシでは，15世紀末〜16世紀初頭（大窯1段階1小期）の瀬戸・美濃窯蓮弁文灰釉碗が出土しました。これは現在までのところチャシ出現年代の上限を示しています。また地名・伝承によって認定されている概念上の「カムイチャシ」があり，これには聖地としての機能が考えられます。

　集落跡については，胆振地方東部の沙流川流域遺跡群や石狩地方南部の恵庭市カリンバ遺跡群，ユカンボシ遺跡群（隣接する千歳市にもまたがる）においては，1遺跡あたり10棟以上の掘立柱建物が検出される例が数多く知られるようになり，なかでも恵庭市カリンバ1〜4遺跡は約7万m²に及ぶ最大規模調査で120軒以上の掘立柱建物が検出されました。これらの集落は柱穴の新旧関係・長軸方向の変異によって少なくとも2〜3時期にわたって形成された集落と推定されています。掘立柱建物は，①長方形の平面形に地床炉がともなう，②小さな正方形（入り口の前小屋）が長方形の長軸側の一端に付いて地床炉がともなう，③正方形の平面形に床炉がともなわない，の3種類に大別できます。このうち前2者が平地式住居（アイヌ語で「チセ」）で，後者が主に倉庫（アイヌ語で「プ」）と推定されます。平地式住居の柱穴は壁に沿って床面の周囲を廻り，その先端は倒円錐形です。倉庫の柱穴は床面内にも設けられ，その先端は円筒形が多数です。

　ところで，平地式住居は擦文文化期にもありますし，アイヌ文化期にも竪穴式住居もあります。ただし擦文文化期の平地式住居は類例がきわめて少なく，柱形態はアイヌ文化期の倉庫に類似しています。アイヌ文化期の竪穴式住居もきわめて少なく，擦文文化期の浅い長方形竪穴に類似し，柱穴形態・柱配置がアイヌ文化期の平地式住居に共通しています。なかでも平面形が長短軸比：1.44以上の長方形で竪穴壁際に先端が尖る柱を配置する構造は，北海道東部の擦文文化に多く，オホーツク文化との類似があります。このことから，アイヌ文化期の平地式住居と北海道東部のオホーツク文化〜擦文文化の長方形竪穴式住居の系統が想定されます。

　民族学的成果によれば，1戸でも集落（アイヌ語で「コタン」）であり，10戸以下が通常の集落にあたり，河川ごとに集落が集まって「村」が形成されます。「村」は生業の協力単位でもあります。「村」は地縁集団の単位ですが，血縁集団の単

▷3　徳井由美「近世北海道を襲った火山噴火」新井房夫編『火山灰考古学』今古書院，1993年。

▷4　陸別町教育委員会『史跡ユクエピラチャシ跡』2007年。

▷5　小林孝二「アイヌ民族の住居（チセ）に関する研究」『北の文化交流史研究事業』北海道開拓記念館，2000年。

▷6　鈴木信「第Ⅱ部会E検討　アイヌ化の開始と東北北部地域に対する見解」『シンポジュウム　蝦夷からアイヌへ』北海道大学総合博物館，2004年。

位として父系祖印（アイヌ語では「シネ・イトクパ」）を同じくする「父系同族集団」があり，同一河川の「父系同族集団」の上位には擬制的同族集団として「川筋集団」があります[7]。発掘調査によって「コタン」は平地式住居（チセ）・倉庫・墓・送り場などの遺構によって構成されていることが明らかにされつつあります。なお，「村」「父系同族集団」「川筋集団」の社会組織についての考古学的検証は今後の課題です。

道跡は，踏み分け道と路面を造作する造り道が検出されています。これらは「ユウフツ越え」とよばれる日本海と太平洋の分水嶺をまたぐ千歳市域の梅川4遺跡（日本海斜面側）・美々8跡（太平洋斜面側）から多数検出されています。美々8遺跡においては近世アイヌ文化期の踏み分け道と造り道が検出され，踏み分け道は船着場へとつながっていましたし，造り道の路面には大八車の轍跡がのこっていました[8]。また運輸にかかわる痕跡として馬蹄跡が検出されることがあり，札幌市S505遺跡・H513遺跡，千歳市ユカンボシC2遺跡・15遺跡において樽前a火山灰の直下から検出されています。

畑跡については，北海道南部11遺跡，北海道中央部1遺跡，北海道北部1遺跡があり，北海道北部の例を除く12例は駒ケ岳d_2・有珠b_2・樽前a火山灰の下から検出され，畝を立てる／溝を掘る，2種類の耕作痕が認められ，伊達市ポンマ遺跡の畑跡においてヒエ・キビが特定されています。そのほか生業に関する遺構にはサケ・マスの遡上止め遺構（アイヌ語で「テシ」）が札幌市K483遺跡から見つかり，擦文文化期にも3例あるのでサケ・マスの遡上を狙って捕獲する漁がアイヌ文化期に継承されたことがわかります。

送り場については，動物遺存体の集積・植物遺存体が灰集積に混じる・人工物の集積，という状態で検出され，宇田川洋の分類ではそれぞれ「動物送り場」「灰または糠送り場」「もの送り場」にほぼ対応しますが[9]，樽前a火山灰の直下から検出された美々8遺跡灰集中10では動植遺存体・人工物がともに送られていました。また，熊送り[10]に関しては羅臼町オタフク岩洞窟遺跡の成果から擦文文化末期におこなわれていたとする見解があり，天野哲也氏は礼文島香深井A遺跡出土のヒグマ骨の死亡年齢・DNAと現棲ヒグマのDNA分布の相違から，6〜7世紀のオホーツク文化人と続縄文文化人との間に仔熊飼育型熊送りのための仔熊交易を推定しています。

墓については，近世アイヌ文化期の墓壙形態・副葬品種・副葬品配置の多くが近代のアイヌ墓制に連なり，特に副葬品と性差の相関は一貫しています[11]。そして，周溝をもつ形態や副葬品の性差原理や埋葬姿勢など墓制の一部は擦文文化期に系譜がたどれる可能性があります。また15世紀後半の上ノ国町夷王山遺跡では和人墓地の中にアイヌ墓が設けられていましたが，和人とアイヌ人はそれぞれの葬法にもとづいて埋葬されていました。墓域を共有しても葬制を共有していたわけではないのです。このようにアイヌ文化の墓制は，擦文文化期か

▷7　Watanabe, Hitoshi "The Ainu Ecosystem" *University of Tokyo Press*, 1972.

▷8　鈴木信「擦文——アイヌ文化期の馬」『北海道立埋蔵文化財センター年報』3，2002年。

▷9　宇田川洋「蝦夷地とアイヌ」『アイヌ考古学研究・序論』北海道出版企画センター，2001年。

▷10　**熊送り**
仔熊を飼育してコタンで送る「仔熊飼育型熊送り」と成獣・亜成獣を狩猟場で送る「狩熊送り」がある。天野哲也『クマ祭りの起源』雄山閣，2003年。佐藤孝雄「熊送りの源流」『北海道の古代3』北海道新聞社，2004年。鈴木信「仔熊飼育型熊送りの成立とその背景」『考古学に学ぶ（Ⅲ）』同志社大学考古学シリーズⅦ，2007年。

▷11　宇田川洋「チャシ跡とアイヌ墓」『北海道の古代3』北海道新聞，2004年。鈴木信「アイヌ文化期の墓制」『日本の中世墓』高志書院，2009年。

ら近代にかけて伝統を保持してきたといえます。

　鉄生産の遺構は、鉄滓・羽口が遺棄された関連遺物集中と開放型の火窪炉があり、17世紀中葉までは原料に銑鉄を用いる小規模な精錬と鍛練がおこなわれています。精錬鍛冶をおこなう場合は鍛練まで一貫しておこない、鉄鍋片を原料とする精錬も想定され、擦文文化期に比べて鉄鍋の再利用が進んでいます。また、鍛練鍛冶では刀子・魚突き鉤銛などの一部を自製しています。しかし17世紀後葉以降に松前藩の政策（17世紀後葉には、長寸の刃物の本州からの禁輸、18世紀後葉には、鉄類の和人地からの輸出統制）によって、近世アイヌ文化の鉄生産は衰退しました。

3　遺物の研究

　アイヌ文化期の遺物は前述した移入品と自製品に大別され、ほかに動物・植物遺存体があげられます。そのうち木製品・漆器・繊維製品は低湿地性遺跡の調査に、植物遺存体は浮遊遺物選別法（フローテーション法：炭化した微細遺物を水に浮かせて回収する）によって新たな研究成果があがっています。

　ガラス玉は材質分析によれば、アイヌ文化期には鉛ガラスが主流で、擦文文化期には無鉛ガラスが主流であったのと様相が一変します。

　漆器は椀・膳・曲桶が移入の主要品目です。塗膜・木胎の分析によれば、中世並行期には本州と同様の品質が、江戸時代前期（18世紀前葉以前）には優品も流通していたようです。

　陶磁器は、12世紀後半～13世紀前半の珠洲窯壺が渡島半島南端の上ノ国町竹内屋敷遺跡・中央部日本海側の余市町大川遺跡・中央部太平洋海側の白老町日の出町遺跡から単独で出土しますが、14世紀後葉以降には組成をなす事例が現れます。供膳具では漆塗椀・瀬戸美濃窯碗・青磁碗・白磁皿が頻出し、調理具の擂鉢と貯蔵具の甕・壺は珠洲窯が、煮炊具は中世並行期には内耳鉄鍋が使用され、近世並行期には吊耳鉄鍋が多く使用されます。食器構成の特徴は供膳具・煮炊具において在地土器が欠落し、大型陶製容器が少ないことです。和人が多数居住する渡島半島南端部を除くと、青磁碗など供膳具が単独で出土する傾向が顕著であり、アイヌ文化における陶磁器のあつかわれ方が和人文化と異なることがわかります。

　銭貨は、渡島半島南端部においては決済手段・副葬品（六道銭）として使用され、その他の地方では装飾品として主に用いられます。渡来銭が装飾品に用いられ始めるのは15世紀後半、盛んになるのは16世紀以降です。また直径が大きな大銭は本州以外に沿海州やアムール川中下流域との交易によってもたらされた可能性があります。

　骨角製銛（アイヌ語で「キテ」）は、年代決定の指標、擦文・オホーツク文化・アイヌ文化との系統についての型式学的研究のほかに、捕獲対象・交易・男性生

▷12　鈴木信「擦文～アイヌ文化期の鉄器・素材生産」『たたら研究』46、たたら研究会、2007年。

▷14　小林幸雄「北海道中世のガラス玉の材質的検討」『北の文化交流史研究事業』北海道開拓記念館、2000年。

▷15　北野信彦「アイヌ社会の漆器が意味するもの」『考古学ジャーナル』489、ニューサイエンス社、2002年。

▷16　越田賢一郎「北海道・東北北部」『国立歴史民俗博物館研究報告』71、国立歴史民俗博物館、1997年。鈴木信「北海道の中世陶磁器」『ユカンボシC15遺跡(4)』北海道埋蔵文化財センター、2001年。

▷17　鈴木信「北海道の中世出土銭貨」『出土銭貨』19、出土銭貨研究会、2003年。

業の象徴性に論及した研究もみられます。[◁18]

　木製品については，千歳市美々8遺跡・オサツ2遺跡・ユカンボシC15遺跡の調査によって，器種分類・樹種同定が格段に飛躍しました。[◁19]なかでも船にかかわる木製品の発見は特筆され，丸木船・板綴り船（舷側板を樹皮などで固定する準構造船）などの部材，櫂（パドルにあたる早櫂，オールにあたる車櫂），閼伽（あか）汲みなどが検出され，準構造船の部材には外洋航海に耐えうる大きさの舳（へさき）・艫（とも）・舷側板（げんそくばん）がみつかっています。また，そのほかの木製品は器種分類・用材が民族例と整合する一方で，遺跡ごとに選択される樹種に差異があり，それは遺跡の性格に関ることが知られるようになりました。

　植物遺存体は前述した資料抽出法によって種同定が進み，コメ・ヒエ・キビのほかにオオムギ・アワ・モロコシ・ソバ・小豆などの穀類・豆類の栽培種子遺存体が確認され，史料には根菜・果菜・葉菜の記載があります。[◁20]

　動物遺存体については，高橋理によって捕獲・解体・遺棄の過程における「動物送り」の構造が示されています。[◁21]分類学的な研究のほかに，DNA分析によるヒグマの分子系統の解明が進み，ヒトとヒグマにおける自然史と文化史の学際的研究も進んでいます。[◁22]

4　アイヌ考古学研究のこれから

　アイヌ文化期の考古事例は，13～17世紀前半にかけて少なく，平地式住居など掘り込まない遺構が多く，金属器・骨角器・木製品などの遺存しにくい遺物が対象となります。その調査面積が大きく，遺物包含層が厚く，その表面が攪乱・削平をうけていない，低湿地性遺跡である，という条件がそろわなければなかなか成果が現われません。近年ようやくチャシ・墓以外の基礎データがそろったところです。そのような中で，特に以下の3点が検討されるべき課題としてあげられます。

○いつからアイヌ文化期か

　これは擦文文化期の終焉がいつなのかという問題と表裏の関係にあります。[◁23]12世紀後葉の擦文土器の消滅をもって擦文文化期の終末としますが，①北海道一円で等しく終わる，②北海道南部が早く終わる，③北海道東部が遅く終わる，の3説が並存しており結論をみていません。13世紀～14世紀前葉において陶磁器がごく少量しか出土しないことも，年代決定を困難にしている一因です。

○考古資料によって「アイヌ」・「和人」の区分は可能か

　通常「○○民族」「○○人」の定義については，文献史学は過去の形質的・風俗的・地理的差異において史料を残した主体者の定義であり，考古学は過去の物質文化の差異について現時点での定義であり，文化人類学は現時点の風俗的差異にもとづく現時点での定義であり，形質人類学の場合は骨格形態の差異における現時点での定義であり，文化的帰属・主体者名に直接帰結しません。東

▷18　種市幸雄「キテをめぐる諸段階（後編）」『時の絆』石附喜三男を偲ぶ本刊行会，1998年。福井淳一「アイヌ文化における銛漁の諸段階」『北方の考古学』野村崇先生還暦記念論集刊行会，1998年。

▷19　『オサツ2遺跡(2)』北海道埋蔵文化財センター，1996年。『美沢川流域の遺跡群ⅩⅩ』北海道埋蔵文化財センター，1997年，『ユカンボシC15遺跡(6)』北海道埋蔵文化財センター，2003年。

▷20　椿坂恭代「フローテーション法の実際と装置」『考古学ジャーナル』355ニューサイエンス社，1992年。山田悟郎「アイヌ文化期の農耕」『北の文化交流史研究事業』北海道開拓記念館，2000年。山本正『近世蝦夷地農作物年表』・『近世蝦夷地農作物地別集成』北海道大学図書刊行会，1996・1998年。

▷21　高橋理「アイヌ文化を考える」『アイヌ文化の成立』北海道出版企画センター，2004年。

▷22　天野哲也『ヒグマ学入門』北海道大学出版会，2006年。

▷23　小野裕子「擦文文化後半期に関する年代諸説の検討」『古代蝦夷からアイヌへ』吉川弘文館，2007年。天野哲也「考古学からみたアイヌ民族史」『アイヌ文化の成立と変容』法政大学国際日本研究所，2007年。

北北部以北の人々は「蝦夷」・「渡島蝦夷」(初出は『日本書紀』斉明四年 (658) 条で,『日本紀略』寛平五年 (893) 閏五月十五日条以降にみえなくなり, 11世紀後葉～12世紀前葉には「蝦夷」が登場し, 15世紀中葉以降に「蝦夷」が「アイヌ」と同義に用いられる)とよばれました。これらは自称ではなく, 形質的・風俗的・地理的差異における律令政権・王朝国家・武家政権側による過去の定義です。「アイヌ」は自称であり, 文献史学・考古学・文化人類学・形質人類学が共有する名称です。

アイヌ考古学によって, 宗教・言語・人種といった民族を規定する条件を直接に検証できませんが, 過去にあった物質文化の研究をとおしてethnic groupとしての「アイヌ」・「和人」の分別は可能で, これは日本歴史・アイヌ史にかかわらず, 歴史の系統的な理解において必要な視点です。今日では, 12世紀後半～14世紀中葉に「和人」が石狩低地帯以西に少数散住し「アイヌ」と混住し始め, 14世紀後葉以降に渡島半島南半に多数の「和人」が移住して,「アイヌ」・「和人」の分別が形成されたと考えられていますが, 14世紀中葉～16世紀後葉にかけて北海道南部において徐々に分別したと考える研究者もいます。ただし前述した, 15世紀後半の上ノ国町夷王山遺跡の「アイヌ」・「和人」の墓制の相違や, 14世紀後葉以降の陶磁器・出土銭貨における組成の相違は前者の説に整合します。

▷24 海保嶺夫「中世蝦夷史料について」『中世蝦夷史料』三一書房, 1983年。

○アイヌ文化の範囲はどこまでか

13世紀中葉以降に樺太に進出したアイヌを「樺太アイヌ」, 同じころ千島に進出したアイヌを「千島アイヌ」といい, 中近世に津軽半島・夏泊半島・下北半島に居住した「アイヌ系領民」を「本州アイヌ」とよびます。近年, 銛頭の分析を通じて「本州アイヌ」の漁労・交易について研究の進展があり, 文献史学の成果もあわせて, これらの人々は北海道アイヌと言語・生業をほぼ同じくする人々と考えられています。また奉酒箸を用いる儀礼があることから宗教的にも類似がみられます。ただし, その起源が北海道・東北北端部のどちらにあるのかは不詳で, 東北北端部に仔熊飼育型熊送りが存在していたかも不明です。アイヌ文化複合体が「本州アイヌ」にも備わっていたかの解明が必要です。

▷25 女鹿潤哉「下北アイヌ社会成立についての一考察」『北海道考古学』42輯, 2006年。山浦清「プロト＝アイヌ期以降における銛頭の変遷とその背景」『北海道考古学』44輯, 2007年。

○アイヌ化とは

考古学における「アイヌ化」とは, 擦文文化人が外部 (本州やオホーツク・トビニタイ文化) との接触により内部構造 (宗教・社会制度・物質文化) を独自のものに漸移的に変容させた, ということです。よって, 言語・人種が交替したとみなしていません。そして, アイヌ化を考える場合, アイヌ文化複合体や水平的階層構造や優先的用益権がともなう生業領域 (アイヌ語で「イウォル」) についての視点をふくむことが特に重要となります。

(鈴木　信)

コラム 13

最北端の島の考古学：利尻島・礼文島の古代

1 高き島と沖の島

　北海道北西部の日本海に浮かぶ利尻島と礼文島の二つの島。利尻島の中央には1721mの利尻山がそびえ立ち，周囲63.3kmの円形の島。礼文島は490mの礼文岳を中央に抱く細長い島で，周囲は72km。アイヌの人たちは利尻島をリイシリ（高き・島），礼文島をレフンシリ（沖の・島）とよんでいました。リイシリは利尻山をあらわしていますが，レフンシリの沖の・島とは，利尻島の約10km離れた北東に位置することから，北海道本島から渡るには利尻島よりも遠かったためにつけられた島のよび方だと考えられます。

2 波のり越えて交流

　2つの島で確認されているのは70遺跡。利尻島は31遺跡，礼文島は39遺跡で，利尻島は鴛泊湾，礼文島は船泊湾の島の北部域を中心に強い風や波浪を防ぐ島の入り江に分布しています。

　2つの島の遺跡発掘調査から日本海，といっても日本列島だけでなくサハリンをふくめて海の道を往き来する人や物の動きが知られるようになってきました。

　1977年4～5月に利尻島の赤稚貝塚が発掘調査されました。出土遺物はオホーツク文化の所産である動物意匠や線刻，ソーメン文が施された土器，土師器の影響をうけたと思われる赤彩された坏形土器，熊や鯨などが彫刻されたトナカイの角製品などでした。10頭の海獣などが線刻された土器とソーメン文が施され

図1　海獣線刻・ソーメン文土器の出土

た土器2点は器高20cmに満たない小型土器です。橙褐色に焼成されていること，2次的な被熱がみられないことから非実用的な土器であったと思われます（図1）。

　トナカイの角製品は，完形土器や焼骨遺構から細かな破片の状態で取り上げられました。復元して2本の別々の物となっていましたが，最近の調査で，彫刻された意匠の連続性などから，1本の角から作られたものであることがわかりました。トナカイの角に彫られている動物は43個体。熊1頭，鯨37頭，トド1頭，鯨か鰭脚類3頭，ラッコと思われる動物1頭です。熊は頭部が写実的に彫刻され，鯨は頭部から胴体にかけて丸みを帯び，背びれがないこと，噴気孔が2個あることなどからセミクジラであることがわかります。セミクジラは体が厚い脂肪で覆われ，体全体の比重が海水より小さく死んでも海面に浮くことからオホーツク人にとって捕獲しやすい鯨だったのでしょう。利尻島と礼文島が対峙する最短部にポロフンベ・フンベという

地名があります。フンベは鯨をさすことから鯨の通り道であったと思われます。

　角に動物意匠が彫刻されているトナカイは，当時において北海道に生息していない動物であること，彫られている熊も利尻島に生息していなかったと思われることから，彫刻されたものはサハリンから利尻島にもち込まれたことも十分に考えられます。しかし，ここに彫られているラッコと思える動物は，現在においてはサハリンよりも道東の北方領土や千島列島などに生息していることから，彫刻角がオホーツク海を北上して利尻島にもたらされたものであることも考えられます。オホーツク文化の動物に対する祭祀を思わせる遺物から，動物線刻やソーメン文の完形土器2点と熊・鯨などが彫刻されているトナカイの角は1979年3月，北海道有形文化財に指定されました。

　利尻島の北東部にある礼文島北部の船泊湾にある船泊遺跡から縄文人のはるかなる海をこえた交流を示す遺構・遺物が確認されました。

　1998年の礼文島船泊遺跡の発掘調査では3800〜3500年前の縄文時代後期の竪穴住居や24基の墓がみつかっています。出土した縄文土器の文様は「磨消し縄文」で，東日本で広く流行していたものです。またこの遺跡から数多く出土するメノウ製のドリル，石製ハンマーや台石から貝玉装飾品がつくられていたことがわかりました。東に顔を向けて四肢を曲げた屈葬姿勢で埋葬された人骨にビノスガイの貝玉ネックレスやブレスレット，足首の飾りなどたくさんの装飾品がつけられていました。

　ここで注目される貝玉が見つかっています。南西諸島以南で採取されるイモガイ製のペンダント，特に小形のタカラガイ装飾品とマクラガイのブレスレットが埋葬されていました。イモガイは日本では奄美諸島以南でしか採れない貝です。さらに男性が身につけていたと思われるヒスイのペンダント。このヒスイの産地は新潟県姫川周辺なので，ここからも北の島まで運ばれたと思われます。日本列島の南から北の島まで海の道を交易品として運ばれた可能性があります。一方でこのような貝玉アクセサリーはさらに北のロシアのバイカル湖あたりからも発見されています。また，礼文島でさかんにおこなわれていたアシカやトドなどの海獣猟に使う銛の先端につける石鏃を接着するのに使われる天然アスファルトがサハリンからもち込まれたものではないかと考えられています。

　日本列島最北端にある2つの島の遺跡からは南・北からの海の道を交易路とする古代の人や物のさまざまな交流が想像できます。さらに人・物があって交流したのではなく，交易するために北の島に渡り，交易品をつくることの古代人の思いがあったのかもしれません。北の島の遺跡，そこから出土する遺物・遺構から，さまざまな歴史の扉を開くことができるのが，北の島の考古学の面白さです。

（西谷榮治）

VIII 北と南の考古学

3 南西諸島の貝文化と海人
種子島広田遺跡を中心に

1 南西諸島の文化圏

　日本列島の南端を構成する南西諸島の島々は，黒潮と亜熱帯気候により発達したサンゴ礁に囲まれていて，その豊かな海によって本土とは色彩の異なる文化が育まれました。その文化は，次の3つの文化圏に分けられています[1]（図1）。
　①北部圏：大隅諸島（種子島・屋久島など）・トカラ列島。
　②中部圏：奄美諸島・沖縄諸島。
　③南部圏：宮古・八重山諸島。
　九州島に最も近い北部圏では，南九州の縄文・弥生文化をほぼそのまま受け容れていました。中部圏では，西南九州の縄文・弥生文化を一部採り入れながらも，独自性のつよい文化が生まれています[2]。一方，先史時代の南部圏では，九州島や中部圏の文化の影響をほとんど受けずに，台湾やフィリピンなどの南方文化の影響をつよく受けていました。
　この中部圏にみられる独自性のつよい文化を，日本本土の文化（中の文化）に対して，「南の文化」とよび，「南の文化」と「中の文化」の境界に位置する北部圏を「ボカシ」の地帯とよんで，時期によって両者の境界が揺れ動く場所で，両者の交渉がおこなわれる場所にもなったとする考え方があります[3]。

2 縄文時代から弥生時代中期の北部圏

　縄文時代の北部圏では，一貫して九州島の縄文文化をほぼそのまま受け容れていて，土器様式も，一部の例外を除いて，九州島のものと同じです。しかし，中部圏との交流がなかったわけではありません。下剝峯遺跡（西之表市）で，中部圏独自の土器様式である室川下層式が出土し，一湊松山遺跡（屋久島町）では，同じく喜念Ⅰ式が出土していて，中部圏から北部圏へ土器が運び込まれていたことがわかっています。
　また，一湊松山遺跡を標式遺跡とする松山式（後期）および一湊式（晩期）が，奄美・沖縄諸島の複数の遺跡から出土していて，特に一湊式は北部圏独特の土器様式ですので，縄文時代において北部圏と中部圏の間にすでに双方向的な交流があったことがわかります。
　このように，北部圏と九州島，北部圏と中部圏の両方に，縄文時代にすでに開かれていた海の道は，弥生時代になると一大転機をむかえます。

▷1　国分直一「史前時代の沖縄」『日本の民族・文化』講談社，1959年。

▷2　この独自性のつよい文化を示す時代区分名称として，「貝塚時代（縄文～平安併行期）」・「グスク時代（平安末～室町併行期）」が用いられている。

▷3　藤本強『もう二つの日本文化――北海道と南島の文化』東京大学出版会，1988年。

弥生時代の初めころに，北部九州の農耕社会で，中部圏で採れるゴホウラやイモガイといった南海産の大型貝類で腕輪をつくる文化が生まれました。彼らは，自らの力を誇示する財物として，南海産の貝を交易品としてもとめたため，北部九州と中部圏をつなぐ交易路が成立したのです。この交易路を「貝の道」とよんでいます。

　この頃の北部圏では，南種子町広田遺跡で北部九州の弥生時代前期の壺が出土し，中種子町阿嶽洞穴では南九州の弥生時代中期前半の甕とともに，ゴホウラ製貝輪（諸岡型）が出土しています。一方で，中部圏から運び込まれた製品は出土していませんので，北部圏は，九州島の弥生文化の強い影響のもとで，「貝の道」の中継地の役割を果たしたと理解されています。

3　弥生時代後期──古墳時代併行期の北部圏

　縄文時代から弥生時代中期までの北部圏は，九州島の文化圏にほぼ取りこまれたかたちで，中部圏との交易をおこなってきましたが，弥生時代後期になると大隅諸島で独自の土器様式が成立し，中種子町鳥ノ峰遺跡にみられる覆石墓◁4など，この地域独特の墓制が生まれます。

　弥生時代終末から古墳時代併行期◁5にかけての北部圏では，弥生終末期の本土の土器様式である中津野式や免田式は運びこまれていますが，古墳時代併行期の成川式や古式土師器については，確かなものは出土していません。

　また，本土の古墳文化を代表する高塚古墳や古墳時代の須恵器なども確認されていません。このころの種子島では，海岸砂丘に墓地を造営するようになり，

▷4　覆石墓
墓坑を埋めたあと，その上に十数〜数十個のサンゴ石，河原石を置き並べ墓標とする，この時期の種子島独特の墓制のこと。

▷5　北部圏では，高塚古墳が未発見であるなど古墳文化がみとめられていないため，本土の古墳時代に相当する時期の名称として，古墳時代併行期を用いている。

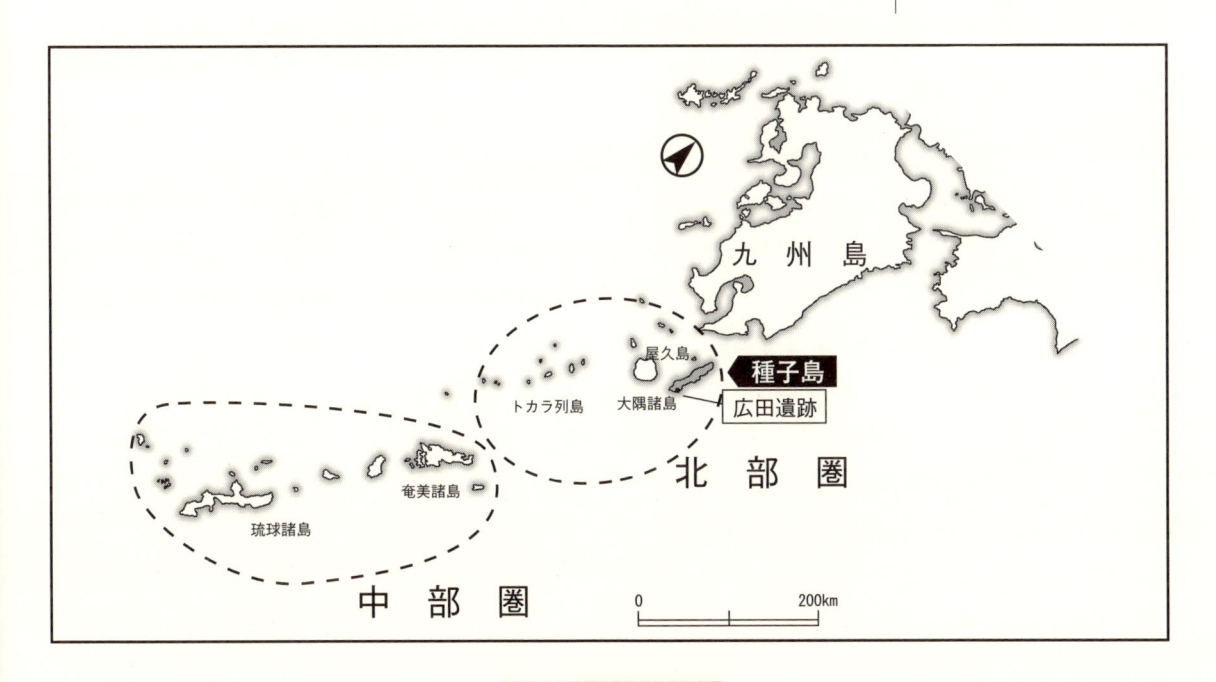

図1　南西諸島の位置

独自の土器様式と墓制，そして貝の文化が育まれます。その代表的な遺跡が，次に紹介する広田遺跡です。

④ 種子島広田遺跡の貝文化

広田遺跡は，種子島の南部，太平洋に面した全長約100mの海岸砂丘上につくられた弥生時代後期後半から7世紀にかけての集団墓地です。

調査は，1957～59年度に国分直一・盛園尚孝らによっておこなわれ，合葬をふくむ90ヵ所の埋葬遺構，157体の人骨，および4万4000点以上の大量の貝製品が出土しました。埋葬遺構は，大きく上層期（古墳時代後期～7世紀）と下層期（弥生時代後期後半～古墳時代中期）に分けられています。

上層期の埋葬人骨は，石囲の中に集骨された二次葬で，貝製品が副葬されていました。一方，下層期の埋葬人骨は一次葬で，貝輪・貝玉類・貝符（下層タイプ）・竜佩形貝製垂飾・2孔板状貝製品・有孔円盤状貝製品とよばれる多量の貝製の装身具を身に付けていました。これらの多彩で多量の貝製装身具にみられる貝文化が，この遺跡の大きな特徴です。人骨の形質学的な研究からは，広田人は平均身長が成人男性で約153cm，女性で約142cmというきわめて低身長の集団で，主に上顎の側切歯を片側のみ抜歯する独特の抜歯風習をもつことがわかりました。また，頭蓋骨を人為的に変形させる習俗をもっていた可能性が指摘されています。これらの特徴は，日本列島の古人骨の中に類例がありません。

このように，列島の先史文化のなかで，広田遺跡の文化は異彩を放っています。この文化の系譜は，従来，貝符に刻まれた独特の文様が古代中国の青銅器に刻まれた文様に類似することなどから，中国江南地方にもとめる意見が主流でした。しかし近年，この遺跡で埋葬遺構にともなって出土した在地の土器様式の編年研究が進み，遺跡の所属時期が新しくなったことによって中国側の資料と年代の著しい離齬が生じ，この説は再検討を迫られています。

ところで，この遺跡から出土した他の遺物に目を向けると，ガラス小玉は九州島から，貝製装身具の原材料となった貝（ゴホウラ・イモガイ）は中部圏からもたらされたものです。また，広田遺跡に関連する貝製品が中部圏の35遺跡で120点出土していることや，広田遺跡の貝輪の変化に連動するように，古墳文化におけるそれも変化することは，中部圏・本土の人々が，広田遺跡の貝文化を取り入れたことによるとみられています。

これらは，広田人が，前時代と同様，九州島と中部圏をつなぐ貝交易の中継地として重要な役割を担い，彼らと交流していたことを示唆します。

2005・06年度に南種子町教育委員会がおこなった発掘調査では，広田砂丘の北側で新たに墓群（北側墓群）がみつかり，この墓群は，覆石墓を中心とすることや土器を供える習俗など，種子島の他の墓地遺跡と共通する特徴をもっていることがわかってきました。

▷6　金関丈夫「種子島広田遺跡の文化」『発掘から推理する』朝日新聞社，1975年，など。

▷7　これまで，弥生時代前期～後期とされていた遺跡の時期が，弥生後期後半～7世紀に修正された。

こうしたことから，広田遺跡の文化は，そのころ，独自の文化をもちはじめていた北部圏の人々が中部圏と本土の文化を取り入れて開花させた文化ではないかとする意見もあります。

こうした問題について，装身具の組み合わせを分析し，その装身習俗から広田遺跡の文化について迫る研究もなされています。それによると，広田遺跡には「**貝輪・大貝玉型**」とよばれる中部圏や九州島の伝統的な貝文化に系譜をもつ装身習俗をもつ集団と，「**貝符・小貝玉型**」とよばれる日本列島に類例がなく，時期差はあるものの現時点では中国にのみ類例のある装身習俗をもつ集団，という2つの集団がいて，それぞれ異なる貝文化をもつようです。この広田遺跡にみられる2つの貝文化を整理してみますと，

①中部圏・九州島の伝統文化を北部圏で取り入れ発展させた貝文化。

②中国起源とされるが，北部圏・中部圏で生まれた可能性もある貝文化。

に分けることができます。

さて，この時期の中部圏は，墓地遺跡がフワガネク遺跡（奄美市）など数例しかなく，時期の決め手となる本土から中部圏への搬入品（土器など）が極端に少なくなる時期にあたるため，土器の編年作業が不十分で，まずはそれが当面の課題とされる状況でした。

こうした中，平成17〜19年度におこなわれた具志川グスク崖下遺跡（沖縄県）の調査成果は，注目を集めました。この遺跡は，沖縄県うるま市の太平洋に面した崖下の岩陰に営まれた弥生時代後期を中心とする時期の墓地遺跡です。崖下に一度遺体を安置し，白骨化した後に集骨して再葬した墓地で，集骨時に火葬された人骨も出土しています。11㎡の調査区から，67体分以上の人骨片とともに，南九州の弥生後期〜終末期の土器片111点（約11個体分），在地の土器片59点，貝製品210点，骨製品9点，ガラス玉2点などが出土しました。抜歯は，下顎の切歯を抜いていて，広田と抜歯タイプは異なります。しかし，出土した貝製品は，オオツタノハ・オオベッコウガサ製の貝輪やマクラガイ玉といった同時期の広田遺跡の「貝輪・大貝玉型」の組み合わせとほぼ共通します。特にこの遺跡のマクラガイ玉の施文や調整は精巧で，広田遺跡のもののほうがより簡略化が進んでいますので，それより古い時期のものである可能性があります。こうした貝製装身具をともなう墓地遺跡から，在地の土器よりも南九州の土器のほうが多量に出土したことは注目されます。

なお，具志川グスク崖下遺跡ではサメ歯模造貝製品なども出土していて，この遺跡が，縄文時代併行期〜弥生時代中期頃までの南西諸島にみられる貝文化の延長上にも位置づけられることをうかがわせます。

このように広田遺跡の貝文化には，中部圏，北部圏，日本本土，それぞれの間をさかんに往き来した海人達の交流によって生まれた側面があるのです。

（石堂和博）

▷8　木下尚子「貝製装身具からみた広田遺跡」『種子島広田遺跡』鹿児島県歴史資料センター黎明館，2003年。

▷9　**貝輪・大貝玉型**
貝輪・2孔板状貝製品・マクラガイ玉などの大きな貝玉類を組み合わせて着装する装身習俗を持つ集団。

▷10　**貝符・小貝玉型**
貝符・竜佩形貝製垂飾・小さな貝玉類を組み合わせて着装する装身習俗をもつ集団。玉を大量に用いて，貝符や竜佩形貝製垂飾といった方形あるいは竜形をした板状の製品と組み合わせる装身習俗をもっていた。

▷11　土肥尚美ほか『具志川グスク崖下地区の発掘調査』平成17〜19年度科学研究費補助金（基盤研究(C)(2)）研究成果報告書，2008年。

コラム14

近世八重山諸島で生産された焼物：パナリ焼

1　パナリ焼とは何か

　九州の南から台湾へと大小の多くの島々が弧状に連なっています。「琉球弧」とよばれています。八重山諸島はその最南端に位置します。20ほどの島々からなり，主島は石垣島と西表島です（図1）。

　パナリ焼はこの八重山諸島で生まれた素焼きの土器です。17世紀初頭から19世紀後半にかけてみられ，八重山諸島の各地で出土しています。名称については諸説あり定かではありません。地元で西表島の東南に位置する新城島（上地島・下地島）をパナリ島とよび，この島で焼成されたとの伝承がありますが，生産遺跡はみつかっておらず，考古学的な決定打はまだありません。税の代納物を記した「八重山嶋諸物代付帳」（19世紀）には「新城焼」の文字がみられ，19世紀に新城島で焼物が生産されていたことは間違いありません。なおパナリとは「離れ」を意味します。八重山諸島では近世を代表する土器（図2）として時期区分に使用され，「パナリ期」と設定されています。この土器の考古学的な検討は始まったばかりで，課題とするところが多くあります。

2　パナリ焼をよみとく

　発掘調査から出土するパナリ焼は細片が多く，分析対象とする良好な資料にはいまだめぐまれていません。したがって土器全体の様相を知るには，現在に残っている完形品から探る必要があります。器種は壺をはじめとして，甕・鉢・香炉・火取等の多種におよびます。日常で使用するものが基本ですが，蔵骨器としても使われています。圧倒的に壺が多くみられます。

　壺はその形状から大まかな変遷過程がみてとれます。年代的な検討については今後の課題です。基本的な成形は粘土紐積み上げによるもので，簡単な回転台の使用はみられますが，土器製作上主体的には使用されていません。形状変化は口縁部と底部に顕著にみられます。口縁部は「く」字状に外反するものから次第に直線的に短く立ち上がるものへと退化し，また底部は丸底から平底へと変化していきます。底部の形態変化は製作技法にともなう省略化と考えられます。体部の最大径は下半部にほぼ位置します。器壁はいずれも厚く，見た目以上に重く重量があります。土器の表面は赤褐色が基本ですが，内面は黒色を呈します。胎土にはやや粗めの石灰岩粒をふくみ，貝やサンゴの砕いたものを混ぜ込んだと考えられています。焼成は野焼きと想定されます。

　現在までに，パナリ焼が首里王府のある沖縄本島で

図1　八重山諸島

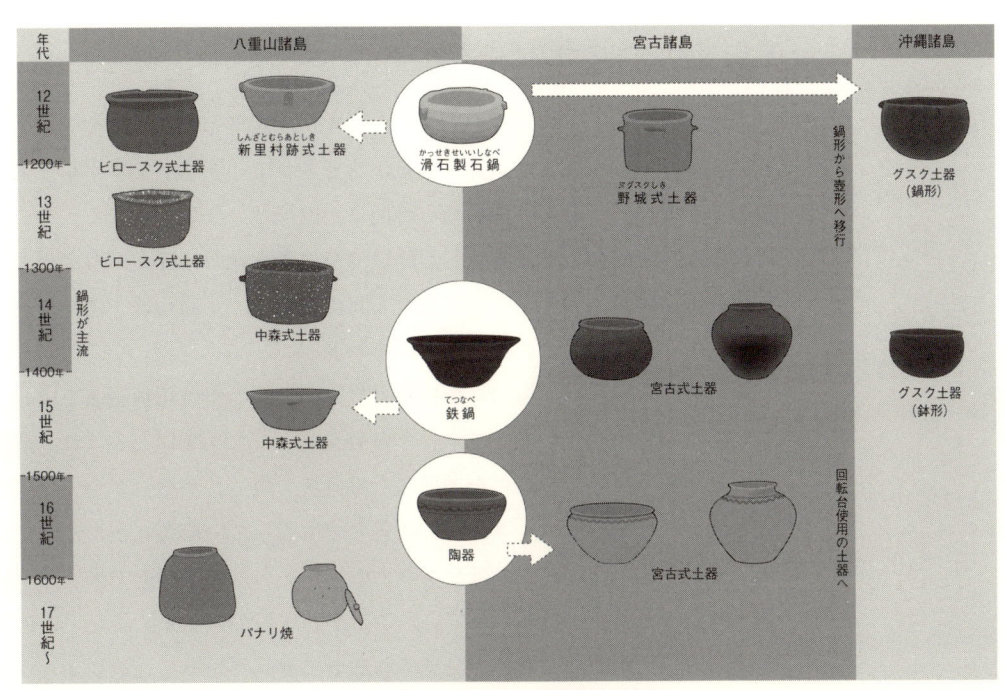

図2 八重山・宮古諸島の土器

（沖縄県立博物館・美術館提供）

出土したという確かな報告はまだ聞いていません。

　八重山に伝わる古謡（パナリ焼キィアヨウ・パナリチィチィヤーミユンタ）の歌詞の中には、この土器の製作過程や流通関係の内容が謡われています。歌詞の内容をそのまま歴史学的に評価すべきか検討の余地がありますが、興味深い資料です。

　朝鮮李朝の記録『李朝実録』成宗10年（1479）条には、金非衣等が漂着した与那国島では数日したら破裂する土器を焼成していたとの記載があります。これは現在の考古学の研究成果でみれば前代の中森式土器と標記され、パナリ焼とは一線を画すものと理解されています。

　現在、パナリ焼を実験的につくる復元作業が八重山でいろいろとおこなわれていますが、なかなか思いどおりにはいかず、難しいと聞いています。

　きれいな海に囲まれた南の島で生まれた素朴で味わいのあるパナリ焼。それはみる人に感動を与えてくれます。筆者もその一人です。

（浜中邦弘）

参考文献
石垣市総務部市史編集課『研究史　八重山考古学のあゆみ』2007年。
島袋綾野「パナリ焼のイメージを考える――考古資料としての検討に向けて」『法政大学沖縄研究所所報』57号、2005年。

IX　周辺地域の考古学

1　国境をこえる考古学の意味

1　近代国家の境界と考古学

　国境とは，国と国の境界を示すものですが，国境という言葉や考え方は，近代に領域国家が生まれて以降に存在するとされています。ですから，人類の歴史のなかでは，ほとんどを占める時間に，国境というものがなく，そこにあるのは人々の実際の生活に根ざした経験的な地理意識だけであったと思われます。現代の国境線をこえておこなわれた人々の営為は，しばしば，遺跡や遺物にあらわれます。いくつかの例をみてみましょう。

　北海道のオホーツク海沿岸を中心として5世紀頃から13世紀頃を中心として展開した独特の文化があります。その名もオホーツク文化とよばれ，遺跡から出土した骨や貝殻とそれらを加工した狩猟具，漁労具から，この文化に生きた人々は魚や貝類，海獣，クジラを捕獲して生活していたことがわかります。オホーツク文化の住居跡からはヒグマの頭骨が並べられた状態で出土し，屋内に祭壇のような場所が設けられていたことがわかっています。また，この文化の遺跡からは，サハリンなどで発見される金属製品と類似した遺物がしばしば出土したり（大川遺跡〈余市町〉，目梨泊遺跡〈枝幸町〉など），赤稚遺跡（北海道利尻町）のようにトナカイ▷1の角が出土した例もあり，大陸との交流があったことを示しています。

　オホーツク文化の遺跡は，その後半は一部は擦文文化という本州の影響をうけた暮らしをする人々と融合していくといわれています。オホーツク文化の存在は，すくなくとも古代の人々が現在の国境をこえた範囲で活動していたことを認識する重要な視点を提示しています。

2　地域間を移動する人々

　弥生時代から古墳時代にかけて，朝鮮半島を中心とした大陸の人々が日本列島に渡って来たとされ，このことは考古学の資料からも裏づけられています。弥生時代を特徴づける稲作農耕も，農作業などに用いられた道具だけでなく，周りに堀を設ける集落の構造などの要素とともに，稲作をおこなう文化として，朝鮮半島からもたらされたと考えられています。それには人の移動や移住をともないます。このような移住の実態を示す遺跡として，諸岡遺跡（福岡市博多区）が古くから知られています。ここでは1つの住居跡から出土した土器の8割が

▷1　トナカイ
シカ科の哺乳類。体長2m前後。雌雄ともに角をもつが，雌の角は小さい。北極を取りまく地域に広く分布し，北ヨーロッパやシベリアでは家畜化もされている。

朝鮮半島の**無文土器**であることから，弥生時代に朝鮮半島から渡り来た人たちの仮寓の跡と考えられています。他には横隈鍋倉遺跡（福岡県小郡市）のように無文土器が50個も出土している遺跡もあります。また無文土器を使っていた人々の子孫がつくることによって，やや変化した「無文土器の二世」といえるような土器が出土する遺跡も多く，朝鮮半島から渡って来た人々が徐々に土地に溶け込んでゆく様子を反映しているといわれています。西新町遺跡（福岡市）の住居跡（第5次調査2号住居址）では，朝鮮半島南部（弁辰およびその後の加耶）で生産された板状の斧の形をした鉄器（板状鉄斧形鉄素材）が出土し，これにともなって朝鮮半島の土器が出土することから，朝鮮半島からやってきた人々によって鉄素材がもたらされたことを示しており，古代の国際的な交易を担った場所と考えられています。

　このように生活に密着した容器である土器の発見は，弥生時代に朝鮮半島と日本列島の間を双方の人々が往き来していた証です。朝鮮半島でも弥生土器や古墳時代の土師器，それらに似た土器が出土します。また滑石という柔らかい石を用いた古墳時代の祭祀遺物に象徴されるように，従来は日本でしか出土しないと思われてきた遺物も出土しており，これらによって直接の人の往き来によって，海をこえて物や文化が動いていたことがわかります。また古墳とは異なり，崖に穴を穿って墓とした横穴という日本独特の墓も韓国で発見されており（忠清南道公州市丹芝里遺跡：6世紀），古墳時代の日本列島から朝鮮半島に移住した人々がいたことを具体的に示しています。

　古墳時代にも，このように朝鮮半島から渡って来た人々や集団の痕跡が知られています。たとえば，焼物でつくられた紡錘車（糸を紡ぐための錘）は，**朝鮮三国時代**の女性の墓から出土することが特色です。これを副葬した墓として，池の上墳墓群と古寺墳墓群（福岡県甘木市）などがあります。これらの墓から出土する土器は朝鮮半島の同時期のものと瓜二つであることからも，ここに葬られた人々が朝鮮半島から渡来してきた一世たちであったと考えられています。

　このように日本列島と朝鮮半島の間の海を渡って往き来した古代人の姿が具体的にわかり始めてきました。

3　古代国家・地域と文物移入の背景

　古代においても国をこえた器物や文化の広がりが考古学的に知られることがあります。現在の国境をこえる考古学的知見としてあげなければならないのが百済・武寧王陵の発掘成果です。1971年に百済の都であった忠清南道公州市（かつての熊津）にある宋山里古墳群のなかの1基が発掘され，出土した墓誌から，ここに葬られた人物が百済第25代の武寧王（462-523）であることがわかりました。この墓は塼（磚）という一種のレンガで構築されていますが，その塼の形態や文様，さらに塼を積んで造った墓の構造などが，中国の南朝の墓ときわめて似てい

▷2　**無文土器**
朝鮮半島の無文土器（青銅器）時代の指標となる土器で，土器の表面に文様がないものが主体をなすことから，その名がある。日本の時代区分では，ほぼ縄文時代末期から弥生時代にあたる。

▷3　**朝鮮三国時代**
朝鮮半島で，4世紀から7世紀にかけて，新羅・高句麗・百済の三国が鼎立した時代で，日本では，ほぼ古墳時代にあたる。

図1　公州・宋山里古墳群（中央の高い部分が武寧王陵）

ます。また墓からは青磁などの中国製品もたくさん出土しており，墓誌が出なければ，中国南朝から百済へやってきた人の墓と考えても不思議ではないほど，墓の構造，出土遺物の両面で中国的な特色をもっています（図1）。

武寧王以前の4世紀代から，百済王は南朝から王号をはじめとした官爵をうけていました。このように中国王朝の皇帝がその周辺諸国の君主と名目的な君臣関係を結ぶことによって形成される中国王朝を中心とした国際秩序を「冊封体制」といいます。百済王は南朝から冊封をうけ，そのためにきわめて南朝的な墓を営んだのですが，冊封を受けた国や集団がすべて百済のようであるとはかぎりません。このような百済と南朝との関係を具体的に示す史料として侯景の乱に関する記録があります。

太清2年（548）に起こった侯景の乱の後，建康（現在の南京）の都を訪れた百済の使節がその荒廃を目にして泣き悲しんだため，反乱の首謀者である侯景の怒りをかって入牢させられたという有名な記述です（『梁書』百済伝，侯景伝）。この記事と武寧王陵に代表される南朝の文物の百済への移入とをあわせて考えてみると，百済では王はもとより有力な階層には南朝文化の強い影響があったことが史書と考古資料の両面から推測されます。このように考古学の資料と文献の記録とによって近代的な領域国家どうしの外交とは異なった古代の国際関係の様相を知ることができます。

現在の国境をこえた考古学的知見のなかでも注目されるのが，韓国で前方後円墳の存在が確認されたことです。前方後円墳は，かつては日本に固有の墳形であるとされていましたが，1980年代から韓国の南西部で発見があいつぎ，現在では全羅北道・全羅南道地域で13基が確認されています。これらは分布する地域が韓国の南西部にかぎられることと，5世紀後半から6世紀前半にかけてのかぎられた時期に築造されることが大きな特色です。

これらを築造した集団や勢力および被葬者に対する解釈としては，在地の有力者であるという説，日本列島から派遣された倭人であるという説，百済に仕えた倭人の官僚であるという説などがあり，議論が続いています。今後，韓国の前方後円墳と関係する集落遺跡などが知られないかぎり，結論はなかなか出ないと思いますが，軽々に結論を出すことよりも，むしろ，日韓の歴史に関して，前方後円墳という考古学資料を通じて，現在の国境をこえた議論がなされるようになったことの意味を重視すべきでしょう。

▷4　侯景の乱
中国南朝梁の末期，東魏からの降将である侯景によって起こされた反乱。太清2年（548），建康城（梁の都，現在の南京）を包囲した翌年3月，建康城を陥落させた侯景は，簡文帝を擁立した。のち天正元年（551）には自ら帝位に就き，国号を漢と定めた。しかし翌年，王僧弁・陳霸先の連合軍によって討滅せられた。

4 海をこえたものと人のひろがり

　話を日本列島にもどすと，古代や中世にも国や地域をこえて，貿易や人の移動がおこなわれた痕跡を，考古学の資料から跡づけることができます。

　琉球諸島では，唐代の銅銭である「開元通宝」が出土することが戦前から知られていました。このことについて，かつては帰国の道半ばで倒れた遣唐使の墓に供えられたものだという説が唱えられていました。しかしながら，その後，琉球諸島で開元通宝が出土した遺跡は30ヵ所をこえ，そのような解釈は成りたちがたくなりました。

　このような開元通宝の意味を考えるときに参考になる事例をあげてみましょう。石垣島の崎枝赤崎遺跡（沖縄県石垣市）では，他の時代の銭が全く混じらず，開元通宝のみが一ヵ所から33枚も出土しました。また西表島の仲間第一貝塚（沖縄県竹富町）（図2）で発見された開元通宝のうちの1枚には，裏面に「福」の字が鋳出されていました。唐代の会昌年間（841-846）には仏教を廃する政策がとられ，仏像や梵鐘などを原材料として開元通宝を鋳造し，特に華南地域の銭不足を補おうとしました。ちょうど唐に渡っていた円仁が，この廃仏に遭遇しています。このときに鋳造された銭は「会昌開元銭」（会昌五年〈845〉から鋳造）とよばれ，背面には鋳造地の漢字を一字とって鋳出されました。仲間第一貝塚の開元通宝に「福」の文字があることは，この銭が会昌開元銭であり，福州（中国福建省）で鋳造されたことを示しています。これらの唐代の銅銭は，出土数量や銭の種類から，東中国海を通じた海上航路によって，中国から，石垣島や西表島にもたらされたと考えてよいでしょう。

　南島地域では，このほかにも与那国島ではトゥグル浜遺跡（先島石器時代後期・1000～2000年前）でシャコガイの貝殻の蝶番の部分でつくった斧が出土しており，インドネシアなどから同様の遺物が出土することから，その影響が想定されています。

　ここでふれたことは，現在の国境をこえた地域間の交渉を示す考古学的知見のごく一部です。交通の不便な時代でも，人々は文化や価値観の異なる地域とかかわりながら暮らしていました。

（門田誠一）

▷5　円仁（794～864）
慈覚大師。平安初期の僧。天台宗山門派の祖。延暦寺第3世座主。承和5～14年（838～847）に遣唐使として唐に渡り，その間10年間の旅行記である『入唐求法巡礼行記』は，同時代史料として重要。

参考文献
森浩一『海から知る考古学入門』角川書店，2004年。
門田誠一『古代東アジア地域相の考古学的研究』学生社，2006年。

図2　仲間第一貝塚（沖縄県竹富町）

コラム15

シルクロードを渡り来た人たちの墓

　近年来，中国の陝西省西安市・山西省太原市・寧夏回族自治区固原市・河南省洛陽市などシルクロード沿いの各地で，北周・隋唐期の外来移民の墳墓がいくつか発見されています。その墓主は，主に昭武九姓のソグド人とその後裔で，比較的重要なものには安伽墓・史君墓・康業墓・安菩墓などがあります。ほかに，墓主の出自は西域なのですが出身国がまだよくわからない虞弘の墓や，カシュミール人の墓があります。考古学的発見からみて，北周時期の外来民の墓は，主に漢代長安城（北周時期はここを都城とする）以東3～5kmに位置しています。それが隋唐時期に至ると各地に分布するようになり，特定の地域に限定されなくなります。シルクロードの繁栄にともない，外来移民もまたしだいに増加していった事実をそこに垣間見ることができます。

　ソグド人は，中国の古代文献では「昭武九姓」と称され，主に現在の中央アジアのアム川・シル川流域で活動し，漢から三国魏の時期にこの地域は「粟弋」あるいは「粟特」と称されました。ソグド人は商売上手として名高く，主にゾロアスター教を信仰し，南北朝時代以後多くの人々が，中国の新疆地域や内地に移住しました。シルクロードを経て中央アジアと中国の間を往来し，国際商業貿易活動を支配し，中国と西方諸国・諸地域との文化の橋渡し・交流に非常に重要な役割を担ったのです。

　ソグド人・カシュミール人などの外来移民の墓の発見は，北周・隋唐時期の中華の地に在住するソグド人たちの社会生活・喪葬習俗およびシルクロードの研究にとって重要な意味をもっているのです。

1　南北朝時期の外来移民墓

○安伽墓

　安伽墓は，西安市未央区大明宮郷炕底寨村の西北約300mに位置し，西方3.5kmには漢代長安城跡があります。墓は南を向いており，全長35mで，斜墓道・天井・過洞・塼築アーチ天井羨道・塼築穹窿頂墓室で構成されます。天井等に描かれた壁画の大部分は剥落していましたが，判別できたものには剣を杖ついた武人の図像や蓮華紋などがあります。

　石門の門額・門楣・門框・門墩の表面には紋様が彫刻されています。門額は半円形で，ゾロアスター教の祭祀図像が雕刻・彩色されていました。図像中央は蓮華三駝座上に載った拝火壇で，駱駝は覆蓮華座上に立ち，背に積んだ仰覆蓮華上に円盤を受け，盤内には薪があり，火焔が立ち昇っています。火壇の左右上方には，左右対称に伎楽飛天が彫られています。頭には花冠をかぶり，裸足で，天衣がたなびき，向かって左側の人物は曲頸琵琶を，右側の者は箜篌を弾奏しています。飛天の下方には，それぞれ一体の人身鷹脚の祭司がいます。巻き髪，奥目で，鼻は高く，もじゃもじゃの髭を生やしていて，マスクをしているようです。脇の下から双翼が生え，長い尾が反りあがっています。両手には神杖をもち，お供え用のテーブルにむかって伸ばしています。テーブルの脚は3本で，黒く塗られ，上に瓶や盤などの器が置かれ，瓶内には蓮花が挿されています。テーブル上に並べられた器物の表面には，

貼金あるいは彩色が施されています。一般に比較的高い瓶には金が貼られ，その他の器は白く塗られ，瓶内の花・葉は金を貼るか緑色に塗られています。蓮華三駝座の左右に各1つある供献テーブルのやや斜め下には，それぞれ人物が1人ひざまずいており，左側の者は髪を束ねず，丸首のピッタリした衣服を身に着け，腰に帯を締め，左手を貼金された香炉の上に置いています。右側の者は，巻髪で帽子を被り，折り襟のピッタリした服を着て，右手を香炉の上に置き，左手には方形の物をもっています。画面の陰刻部分は赤く塗られています。門楣中央には獣頭が，その両側には葡萄唐草が線刻され，貼金「連弧紋」を獣の髭としています。左右の門框には葡萄唐草が線刻され，貼金「連弧紋」で飾っています。左右門墩上には，それぞれ座った獅子像があり，ともに口を開け歯をあらわにしており，頭部には巻毛が彫刻されています。

墓室平面プランは方形に近く，南北長3.5m，東西幅3.7m，天井高3.3mで，中央やや北寄りに，保存状態が完全な，浅浮彫りで貼金・彩色された囲屏石榻が置かれていました。石榻は長さ2.28m，幅1.03m，高さ1.17mで，11枚の青石でつくられています。石製のついたて内面には，貼金浅浮彫りの図像が12幅あり，車馬出行図・狩猟図・野宴図・楽舞図・居家宴飲舞踏図・民族友好交流図・野宴行商図・出行図などの内容が彫刻され描かれています。

羨道内では石製墓誌一合が出土しました。墓誌蓋は一辺の長さが47cmで，「大周同州薩保安君之墓誌記」と篆刻されています。誌石は蓋石と同じ大きさで，上に細線によるマス目が刻まれています。誌文は楷書で，全部で303字です。墓誌記載によると，墓主は「安伽，字は大伽，姑臧（現・甘粛省武威）昌松の人」で，かつて「同州（現・陝西省大荔一帯）薩保・大都督」を務めていました。

○康業墓

康業墓は，中国陝西省西安市大明宮郷炕底寨村に位置し，その北100mくらいに安伽墓があります。墓は南向きで，墓道・羨道・墓室で構成されています。墓道は坂状の長い斜墓道で，幅は1.58mです。羨道は平面がやや台形を呈し，北側が幅広く南側が狭くなっており，長さ2.16m，南側の幅が1.42m，北側の幅が1.5mです。羨道両壁には壁画の痕跡が発見されています。墓室平面は方形に近く，穹窿頂の土洞墓で，1辺の長さは3.3～3.4m，壁高1.6m，墓室前方に墓誌を1つ置き，墓室中央後寄りに囲屏石榻を1つ設置しています。石榻上には1体分の人骨がありました。頭は西向き，仰向けで体を伸ばした状態でした。骨の上には，数層の絹の痕跡があり，腰部では銅製のバックルとベルトの飾りが，手の側で布泉1枚が出土し，口には1枚のローマ金貨をふくんでいました。墓室には石門があり，その表面には線刻図画がありました。画面の一部には貼金が施されていて，その内容としては青龍・白虎・鳳凰・獣面・門番などがありました。

石榻は青石質で，ついたて・榻床板・榻脚で構成されます。榻脚は5本で，すべて獅子形の立体的な彫刻です。ついたて上の線刻図は10幅で，画面の一部表面には貼金が施されています。内容には中国伝統の孝子図もあれば，ソグド人の出行・旅商人の図等もあります。

羨道・墓室の壁面には元来壁画がありました。その描き方は，直接壁面に一層の石灰を塗ってからその上に描いたものです。保存状態が比較的悪く，屏風状画面の境界線，各壁面4幅の画面が識別できただけです。

出土した墓誌は青石質で，誌蓋と誌石からなります。誌蓋は方形で1辺45.5cm，厚さ8.5cm，誌石も方形

で1辺46.5cm，厚さ13cmでした。誌文は，墓主の生涯や属する民族などについて紹介しています。墓主は康居国王の後裔で，名は業，字は元基といい，大天主・羅州使君・車騎大将軍・雍州呼薬などの官職を歴任しました。大周天和6年（571）に亡くなり，甘州刺史を追贈されています。

○史君墓

史君墓は，中国陝西省西安市大明宮郷井上村東に位置し，その西5.7kmに漢代長安城，北2.2kmに安伽墓があります。夫婦を合葬しており，墓は南向きで，型式的には長い斜墓道をもつ土洞墓です。墓道・天井・過洞・羨道・墓室等からなり，全長は47.26mです。墓は石門・石槨と石榻を使用しており，その表面の浮彫りの紋飾は，漢文化・ゾロアスター教・仏教などにかかわっています。浮彫りの表面には彩色上絵・貼金がなされています。出土した副葬品には，金製指輪・金貨・金製飾りなどがあります。

石門には，葡萄唐草・パルメット・伎楽図などが浮き彫りされ，伎楽図像は頭部に頭光を帯び，造形や表情・態度はそれぞれ異なっています。手に持った楽器もそれぞれ異なり，箜篌・曲頸琵琶・横笛・篳篥・
◀13
排簫などがあります。門扉は貼金や彩色図像で飾られていましたが，彩色の大部分は現在すでに剥落しており，わずかに飛天と蓮華紋などが残存していました。

墓室中央では，東西長2.46m，南北幅1.55m，高さ1.58mの石槨が出土しました。入母屋造の屋根をもつ殿堂建築で，その上には垂木・瓦当・斗栱・立柱などが彫刻され，これらの部位はみな貼金が施されています。石槨には宴飲・出行・狩猟等の図が浮き彫りされています。人物の顔と服飾，動物およびその装飾，建築部材，山水樹木などの部位には彩色あるいは貼金がなされています。彫刻内容と風格は，明らかに異国の特色をおびています。墓室の堆積土中からは，1点の長方形の石刻残片が発見されており，その上には漢文とソグド文が別々に記されています。その漢文から，墓主の姓は史であり，北周の涼州薩保で，西域の史国出身であること，その妻の康氏は康国人とみられることなどがわかりました。

墓室内には非常に簡単な壁画が描かれており，絵師は地山の土壁上に泥状石灰を薄く1層塗った後，直接描いています。壁画面積は限定されていて，1幅ごとの画面には枠があり，最大のもので1.7m×0.88mです。保存状況が比較的悪く，描かれた内容の多くはすでにはっきりしません。

○李誕墓

李誕墓は中国陝西省西安市の北の郊外の南康村に位置し，その南約500mに坑底寨北周康業墓，約650mに安伽墓，その東約2000mに北周史君墓があります。

墓は長い斜墓道をもつ単室塼築墓で，葬具には石棺を使用しています。石棺の左右前後と蓋上には，線刻の図像があります。左側には青龍が刻まれ，龍身はすらりと細長く，飛昇しようとしており，周囲は雲気紋で満たされています。右側には白虎が刻まれており，口を開け歯をあらわにし，両目を見開いており，体には細長い斑紋があります。前部には1つの門が刻まれていて，門枠は赤く塗られ，門楣上にはアーチ形の門額が線刻され，その両側に各々1羽の飛翔する朱雀がいます。門柱両側には守護神が覆蓮華座上に相対して立っています。頭の後には円形の頭光があり，巻髪を頭頂で束ね，奥目で鼻が高く，耳が比較的大きく耳飾りをつけ，上唇には八字形の髭，頸部には首飾りをつけています。上半身ははだけ，肩掛け布をはおり両腕に絡め，その末端は蓮華座まで垂らしています。短
◀14   ◀15
い裙をはき，裸足で，右手に戟をもっています。門の

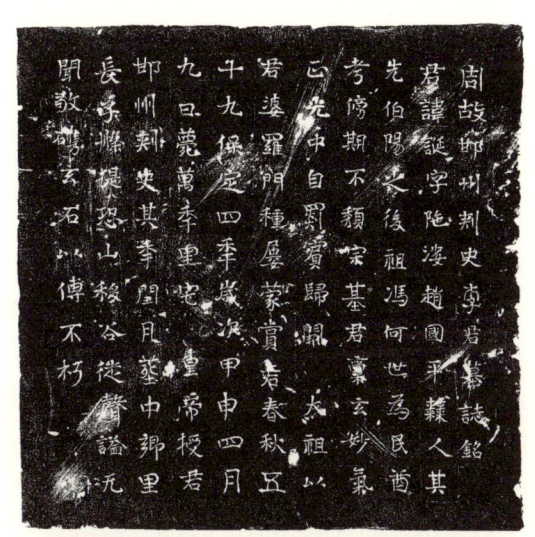

図1　北周李誕墓（陝西省西安市）墓誌拓本

下方の中央は，真ん中が細く絞られた拝火壇で，火壇は3層に分かれ，周壁は三角紋と貼金で飾られています。中間一層の側面には鈴形の飾りが掛けられています。拝火壇上には煙が立ちのぼり，火壇の両側には，上に向かって2本の蓮花が伸びています。後部には玄武が刻まれ，玄武の後には守護神が立っています。その頭の後には円形頭光があり，奥目で鼻が高く大口で，上半身ははだけ，筋肉は発達し勇猛な姿で，右手には長い柄の環頭大刀を握っており，頭の上に挙げています。石棺の蓋上には伏羲女媧図が線刻されており，左側が女媧，右側が伏羲です。ともに人頭蛇身で，その上方には浮雲と星宿が刻まれています。

夫婦合葬で，埋葬方式は仰向けの伸展葬で，中国ではよくみられる方形墓誌を副葬しています。墓誌記載によると，李誕はカシュミール国人で，北魏時期にカシュミール国より中国にやってきました（図1）。この墓は目下，知られている唯一のバラモンであるカシュミール国人の墓です。

2　隋唐時期の外来移民墓

隋唐時期の外来移民墓の多くはソグド人の墓です。主要な発見には，甘粛省天水隋唐墓，寧夏回族自治区固原ソグド人墓地，河南省洛陽安菩墓などがあります。これらの他に，西アジアの魚国出身者の墓があります。これらの外来移民の葬制と葬俗は，中国化の一面をみせるとともに，彼ら自身の基本的な民族特色の一面もとどめており，両者が結合した産物です。墓の多くは，関中地区隋唐墓の型式を採用しており，副葬品中には隋唐墓によくみられる陶磁器と陶俑などがあり，使用された墓誌はその中国化の重要なしるしです。その一方で外来の風格をもつものがあり，葬具のあるものは比較的特殊で，屏風式石棺床や石槨などがあり，その上に彫刻された内容・題材も多く，その生活習慣や宗教信仰を反映しています。

山西省太原市の隋代の虞弘墓は単室塼築墓で，墓は西南を向いています。墓道・羨道・墓門・墓室で構成され，全長は13.65m，墓室平面は胴張り方形です。葬具は，漢白玉製の石槨で，墓室中央に置かれており，全高2.17mです。石槨の上には生活や狩猟の場面などの図が彫刻あるいは描かれ，内容は比較的複雑です。また人物はみな奥目で鼻が高く，あるものには濃い髭があり，異国人の風貌をみせます。棺木の痕跡はみられず，おそらく木棺は用いられていません。人骨は攪乱をうけていて，槨内・墓室等に散見されますが，多くは砕片となっています。鑑定の結果，男性，女性各1名の夫婦合葬です。副葬品は八稜漢白玉製石柱と覆蓮華柱礎のほか，墓主虞弘と夫人の墓誌や，石製人物俑，欠損した陶俑，漢白玉製燈火台，銅銭など全部で80点あまり出土しています。そのなかで，石製俑は16

点で，石材の種類には漢白玉製と砂岩製の2種類があり，侍従俑と伎楽俑と剣を杖ついた俑の3種類があります。墓誌によると，虞弘は西アジアの魚国出身ですが，目下確実に比定できる場所は判明していません。

甘粛省天水隋唐ソグド人墓は，竪穴式墓道をもつ単室塼築墓です。そのなかのついたてのある石榻上に彫刻された紋様・装飾には，主に男楽伎・神獣・狩猟・宴飲・出行・浮舟などの場面や，さらに亭台楼閣，水辺の亭閣・花園などの建築およびいくつかの自然風景があります。男の楽伎がもっている楽器には，笙・鈸・曲頸琵琶・洞簫・腰鼓・竪箜篌があり，彼らはみな髪を束ね，冠をかぶり，丸首のピッタリした袖で左前の緋色の服を着ています。図紋は金色・赤色で装飾され，あるものには貼金が施されています。棺床の前には，さらに石彫りの座った楽伎が置かれ，みな丸首のピッタリした袖で左前の長衣を着て，腰にベルトを締めています。奥目で鼻が高く，手にしている楽器には横笛・排簫・笙・琵琶などがあります。副葬品には黄釉鶏首壺・燭台・金製簪・石製枕・銅鏡・墓誌があります。囲屏石榻上の画面には，ほかにソグド人の習俗の図がありますが，副葬品はすでに一般の唐墓と差がありません。

寧夏回族自治区固原のソグド人墓地は，隋唐時期の規模の大きなソグド人墓地で，そのなかの8基すべてが昭武九姓の史国人で，家族墓地に属します。墓の型式はみな単室墓で，封土・長い斜墓道・天井・過洞・羨道・墓室で構成されています。一部の墓には壁画が描かれ，その一部の壁画は保存状態が比較的良好です。一般に墓道には，刀を持った武人や，笏を手にした文吏が，墓室の内側には各様式の侍女が描かれています。これらの侍女は上半身にピッタリした細袖の衣服を着て，下半身には長い裙をはいていますが，これらは関中地区の唐墓によくみられるものです。副葬品には，陶磁器・陶俑・銅鏡・鎏金銅器・開元通宝・ガラス器などがあります。さらにササン朝ペルシャ鋳造の銀貨や仿製の東ローマ金貨があります。この墓地に埋葬されたソグド人は，すでに中国化がとても進んでいます。

河南省洛陽龍門の唐の安菩夫婦墓は，単室塼築墓で，墓道・墓門・羨道・墓室の4つの部分で構成されます。唐代には三品以上の官吏しか使用できない青石質の墓門を使用しています。墓誌の内容からは，安菩が西域「昭武九姓」国の1つの安国の大首領であり，唐王朝に帰化した後，定遠将軍に封じられたことが知られます。副葬品は非常に豊富で，なかには三彩陶器や単色釉陶器100点余があり，さらにその他の陶器や磁器，銅銭や銅鏡などもあります。東ローマ皇帝フォカス（602～610年）の金貨も1枚出土しています。墓の型式・副葬品等は，すでに洛陽地区の唐墓となんら変わるところがありません。

寧夏回族自治区塩池では，ソグド人墓6基が発見されました。墓は山中の岩をくりぬいて造られ，墓室が方形あるいは長方形を呈します。6基の墓室構造は基本的に一致し，水平の墓道・墓門・墓室・龕などから構成されます。葬法は主に単人葬・2人合葬からなり，2人以上の多人合葬もあります。これらから，ソグド人の家族埋葬の習俗が明らかになります。葬具は，1基の墓からだけ木製棺の痕跡がみつかり，他には発見されませんでした。遺体は，主に石棺床の上あるいは墓室の龕の中にそのまま安置しています。第3号墓からは墓誌が出土しました。墓誌の内容から，埋葬者が昭武九姓の何国人と知られます。副葬品は，盗掘と自然腐蝕等のため，主に木製の鎮墓獣と男女の陶俑などしかのこっていませんでした。最も特徴的なのは，石製門扉の表面にそれぞれ線刻された一対の胡人の舞踊

図2 唐代ソグド人墓（寧夏回族自治区 塩池県）の墓門扉線刻舞踏図

図があります（図2）。彼らの舞踊姿からみると，おそらく文献に記載された「胡旋舞」だと考えられます。

西域出身の中国定住ソグド人は，内部通婚すなわち昭武九姓間での通婚に重きをおいていました。このことは，中国にやってきた昭武九姓のソグド人たちが，多方面ですでに中国化していたといっても，相変わらず婚姻により親戚となる習俗を保っていたことを示しています。同時に，彼らは頑強に故地の宗教・信仰（拝火教）を保持していましたが，時代の推移にしたがい，一部の人々は次第に仏教等の宗教を信仰するようになりました。

（冉万里／江介也訳）

▷1　墓道中のトンネル状部分。
▷2　平面プランが方形の中国式ドーム状天井をそなえた墓室。
▷3　門楣上の部分。
▷4　扉の上の横架部分。
▷5　門枠。
▷6　扉の軸受けをそなえた土台部分。
▷7　蓮弁が下方に反った蓮華座。
▷8　蓮弁が上方に反った蓮華と下方に反った蓮華が上下に重なったもの。
▷9　ハープに類似した楽器。
▷10　ついたてを3面にめぐらせた有脚座具。
▷11　誌文の刻まれた誌石とその蓋石のセット。
▷12　地下式の横穴墓で墓室等の壁は剝き出しの土壁。
▷13　音律順に配列した10～20数本の縦吹きの管からなる楽器。
▷14　スカートのようなもの。
▷15　敵を引っ掛けたり突き刺したりできる武器。
▷16　純白で細粒の大理石の一種。
▷17　地下の埋葬主体部への通路が坂ではなく竪穴のかたちをとるもの。
▷18　銅製のシンバルのような楽器。
▷19　縦にして吹奏する管楽器。
▷20　腰にとりつけてバチで打つ小型の太鼓。

IX 周辺地域の考古学

2 「海東盛国」渤海の考古学

1 渤海の歴史

渤海は698年に樹立されました。その領域は現在の中国東北地方の南部，ロシア沿海地方の南部，北朝鮮の東北部にまたがり（図1），唐から「海東の盛国」とよばれていました。『旧唐書』や『新唐書』によると，668年の高句麗滅亡にともなって高句麗人やその支配下にあった靺鞨人達は営州（遼寧省朝陽市）に幽閉されましたが，契丹人の反乱に乗じて698年に営州を脱出し，大祚栄をリーダーとして震国を樹立しました。震国は713年に唐の冊封をうけ，大祚栄が渤海郡王に叙せられたのを機会に国号を渤海と名乗りました。『新唐書』渤海伝には，「五京十五府六二州」の地方制度が整備されたと記されています。五京とは，中京，東京，西京，南京，上京で，そのうち中京，上京，東京が王都として使用されました。926年に契丹の攻撃をうけて滅亡しています。◁1

2 渤海の遺跡分布

現時点で確認されている渤海時代の遺跡は，中国・ロシア・北朝鮮をふくめて約800ヵ所ほどと推定しています。これまでに中国では534ヵ所の遺跡を確認しており，ロシアは約200ヵ所，北朝鮮は数十ヵ所と推定しています。中国で確認できた渤海遺跡は，吉林省が372ヵ所・黒竜江省が162ヵ所です。遺跡は鴨緑江，第二松花江，図們江，牡丹江，綏芬河などの大河に沿って分布しています。このうち日本海に注ぐ図們江水系が252遺跡で全体の47％を占め，次いで敦化高原に水源を発してアムール河を経てオホーツク海に注ぐ牡丹江水系が169遺跡で全体の32％を占めています。これら2つの水系に分布する遺跡は421ヵ所で全体の79％を占めており，2つの水系が渤海の中枢だったと推定しています。◁2

3 渤海の王都

『新唐書』によると，渤海の最初の王都は旧国

◁1 河上洋「渤海の交通路と五京」『史林』72巻6号，史学研究会，1989年。
渤海の王都から唐や日本へ向かう交通路が整備され，五京はその要衝にある。

◁2 図們江水系では8世紀代から遺跡が多く見られるが，牡丹江水系では9世紀代の遺跡が多い。このことは，渤海が図們江水系を基盤として発祥したことを示している。小嶋芳孝「渤海の遺跡」『北東アジアの中世考古学』アジア遊学107，勉誠出版，2008年。

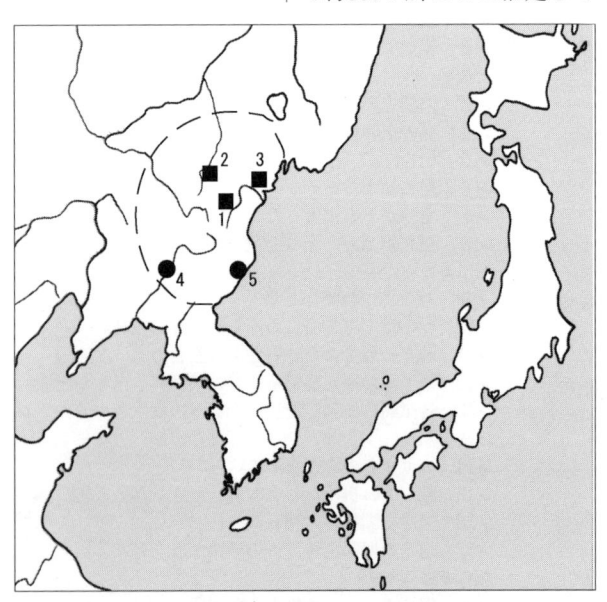

図1 渤海の王都と五京の位置
1中京（西古城） 2上京 3東京（八連城） 4西京（集安） 5南京

とよばれていたようです。近年まで，その場所は吉林省敦化市周辺と推定されてきました。敦化市内に渤海時代と考えられてきた敖東城があり，六頂山墓群から第3代王・大欽茂の2女・貞恵公主の墓が発見されたことなどがその根拠です。ところが，最近の調査で敖東城は金代に造営されたことが確認され，敦化市周辺を「旧国」とする説は再検討が迫られています。

『新唐書』には，天宝年間（742～756年）に渤海3代王の大欽茂が設けた王都が顕州にあったと記されています。この都を中京と考え，西古城（吉林省和竜市）がその遺跡と推定されています。東西約630×南北約730mの外郭城壁があり，その中央北部に東西約187m×南北約309mの城壁で囲んだ宮城が設けられています（図2）。宮城の中央に正殿があり，背後に3棟の建物が東西に並んでいます。これらの建物の床にはカマドの煙を通した溝が検出されています。この遺構は炕とよばれる暖房装置（オンドル）で，この建物が居住に用いられたことを推測できます。この建物群の後方には宮城を東西に仕切る城壁があり，その中央に3間×9間の母屋に四面廂を備えた建物跡が検出されています。

天宝年間の末（756年頃）に，大欽茂は王都を上京へ遷しています。上京跡（黒竜江省牡丹江市）は，牡丹江の中流にあります（図3・4）。東西4500m×南北3400mの外城壁で囲まれた京域の北部中央に東西1000m×南北1300mの皇城があり，その内側に東西620m×南北720mの宮城が置かれています。宮城の南壁中央に門楼があり，その東西に城内にはいる通路があります。通路をはいると広場があり，奥に第一宮殿があります。第一宮殿の背後に第二・第三の宮殿があり，各宮殿を南北に結ぶ通路が検出されています。第三宮殿の北にある第

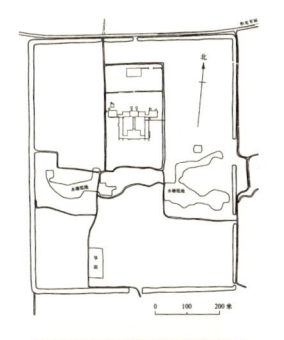

図2 西古城測量図

（註5『西古城』から転載）

▷3 王承礼「敦化六頂山渤海墓清理発掘記」『社会科学戦線』3期，（中国）1979年。

▷4 吉林大学辺疆考古研究中心，吉林省文物考古研究所「吉林敦化市敖東城遺址発掘簡報」『考古』第9期（中国）考古雑誌社，2006年。

▷5 吉林省文物考古研究所，延辺朝鮮族自治州文化局，延辺朝鮮族自治州博物館，和竜市博物館編著『西古城――2000～2005年度渤海国中京顕徳府故址田野考古報告』（中国）文物出版社，2007年。

図3 上京の全体測量図

（註6『六頂山与渤海鎮』から転載）

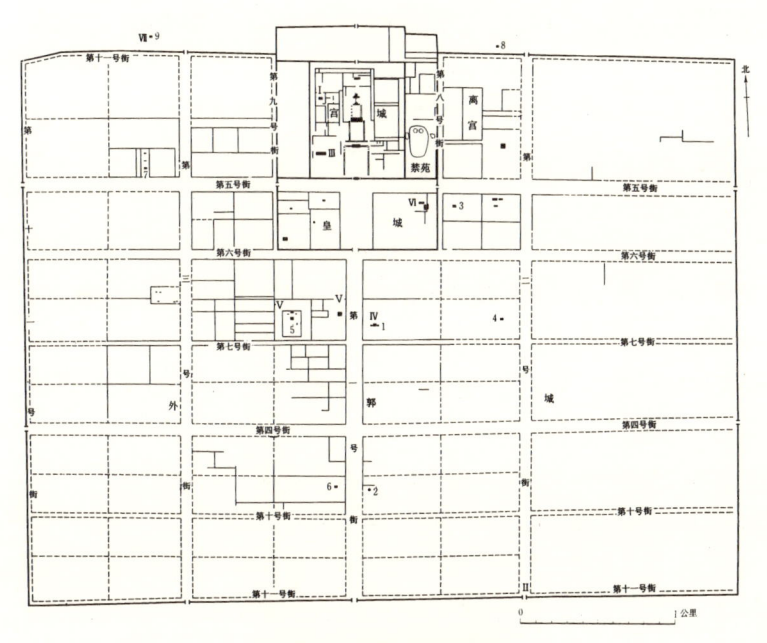

図4 上京の皇城・宮城測量図

（註6『六頂山与渤海鎮』から転載）

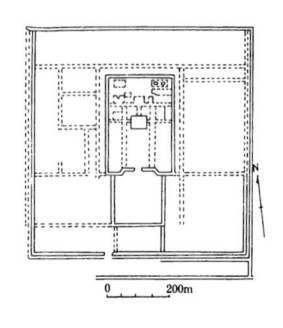

図5　八連城測量図
(註7『間島省の古蹟』から転載)

▷6　東亜考古学会『東京城』1939年。『中国東北地方の遺跡発掘報告』(『중국 동북 지방의 유적 발굴 보고』)(北朝鮮)社会科学院出版社, 1966年。中国社会科学院考古研究所編著『六頂山与渤海鎮』(中国)中国大百科全書出版社, 1997年。黒竜江省文物考古研究所が近年調査した成果は, 以下に全体的な整理がされている。李陳奇・趙虹光「考古学から見た渤海上京城における四つの段階」(「渤海上京城考古的四个阶段」)『北方文物』(中国)第2期, 北方文物雑誌社2004年。黒竜江省文物考古研究所編『渤海上京城』(中国)文物出版社, 2009年。

▷7　鳥山喜一・藤田亮策『間島省の古蹟』満州国古蹟古物調査報告書第三集, 満州国民生部, 1942年（1976年に国書刊行会が復刊）。斎藤優『半拉城と他の史跡』半拉城史刊行会, 1978年。

▷8　田村晃一「上京竜泉府址出土瓦当の蓮花文に関する考察」『東アジアの都城と渤海』東洋文庫, 2006年。

四宮殿では, 西古城の正殿背後の建物群と同じく炕の溝が敷設されています。ちなみに, 1934年に日本の東亜考古学会がこの宮殿跡を発掘した際に和銅開珎が出土したと伝えられています。暖房装置をともなう第四宮殿は王の生活空間で, 第一から第三宮殿は王宮の儀式に使用したと考えられています。第四宮殿の北側では宮城を東西に区切る城壁が築かれ, その背後に3間×9間の母屋に四面廂をともなう総柱の建物（第五宮殿）が置かれています。総柱建物は床張構造なので, 宝蔵と推測されています。

皇城の東区画には, 南北190m×東西110mの池を中心とする庭園跡があります。池の周囲で出土する瓦には緑釉が施されており, 琉璃瓦で飾った建物が園池の周囲に多数建てられていたようです。皇城の南区画では中央に幅約200mの大路・広場が設けられ, その東西から官庁と推定される建物群が発掘されています。皇城の外にひろがる京域は, 皇城の南門から南下する幅110mの大路で東西に区画され, さらに南北の街路で坊が区画されています。城内には9ヵ所の寺院遺構があり, 二号寺址には石仏と高さ6mの石灯籠がのこっています。

上京が王都となった756年頃から契丹の攻撃で滅亡する926年までの約170年間のうち, 785年頃から794年の約10年間は東京に遷都しています。図們江下流にある八連城（吉林省琿春市）が, 渤海の東京と考えられています（図5）。外郭城壁が東西約700m×南北約740mの方形にめぐり, 内側に東西約230m×南北約330mの内郭城壁がめぐっています。内郭の中央には正殿基壇と後殿基壇が南北に並び, 通路で結ばれています。後殿には炕の煙突が2基確認されており, 居住施設だったことがうかがえます。城外に寺院址が3ヵ所あり, 二号寺址から石仏が多量に出土しています。二号寺址から出土した石仏の中に, 二仏并座像があります。この仏像について高句麗的な様相をのこしているという指摘もあり, 8世紀末の東京遷都以前に寺院施設があった可能性があります。

4　渤海の王都と瓦当

上京出土の瓦当はほとんどがハート形蓮花文で, その基本形は7〜6個の蓮弁の間に紡錘形の弁間飾があり, 蓮弁下端と中央突起の外縁に二重の圏線をもち, その間に珠文をおく型式です（1式と2式）。この基本形から, 蓮弁が6個で弁間飾が紡錘形から十字形になり, 圏線が中央突起外縁だけという文様に変化し（3式と4式）, 最後には珠文が消滅して蓮弁下端が直線化する（6式）という変遷をたどったことが明らかです。1式と2式は上京造営期の8世紀後半, 4式が東京から再び上京に遷都した際に使用された瓦と推定されています。

上京で明らかになった瓦当文様の変遷を参考に, 西古城と八連城から出土した瓦当を検討します（図6）。西古城から出土した瓦当は複弁蓮花文や草花文とハート形蓮花文に大別でき, その中でハート形蓮花文が多く出土しています。西古城のハート形蓮花文瓦当は, 蓮弁が6個で弁間飾が紡錘形, 圏線が中央突

起外縁に一重めぐり、珠文が圏線と花文の間におかれている型式（報告書Aa式）が多く出土しています。この型式の瓦当は上京では3a式に該当するものです。また、圏線をともなわない瓦当（報告書Ab式）も多く出土しています。この型式の瓦当は上京から出土していませんが、八連城では最も多い文様です。西古城Ab式の瓦当は、圏線がないことを除けば上京3式の瓦当と文様が共通しています。したがって両型式の瓦当は、ともに上京4式より古く上京2式

瓦当型式	上京	西古城	八連城
草花文		●	●
上京1式	●		
上京3式 西古城Aa式 西古城Ab式	●	● ●	●
上京4式 西古城B式	●	●	

図6　上京・西古城・八連城出土瓦当の型式別分類

より新しい時期に位置づけることができますので、東京（785年頃～794年頃）と併行する時期に使用されたと考えられます。つまり西古城Ab式の瓦当を多く出土する八連城は、渤海東京に比定できる蓋然性が高いということになります。八連城と西古城から出土する瓦当の構成は共通し、2つの遺跡の造営や整備の最盛期が8世紀第Ⅳ四半期にあったと推測できます。このことから、西古城を8世紀中頃の王都だったとする説に疑問が提起されています。

▷9　西古城から出土した瓦当は註5『西古城』を参照し、八連城から出土した瓦当は斎藤優氏の調査資料を参考にした。小嶋芳孝「図們江流域の渤海都城と瓦当――斎藤優氏の調査資料による」『東アジアの都城と渤海』東洋文庫、2006年。

5　五京制と「海東盛国」

　西古城の大規模な整備が東京を王都とした8世紀第Ⅳ四半期だったことは、その背景に五京の設置があったと考えています。渤海の五京制は建国の当初からではなく、上京から東京への遷都を機におかれた可能性があります。西古城を8世紀中頃の王都と断定するにはさらに検討を要しますが、五京設置にともなっておかれた新たな中京には比定してもよいのではないでしょうか。

　大欽茂（だいきんも）は五京制を整備し王国の拡充を図りましたが、東京に遷都して間もなく亡くなっています。彼の死後、王都は上京へ遷都されますが王が立て続けに亡くなって混乱、しかし初代王・大祚栄の弟の血筋につらなる大仁秀（だいじんしゅう）が王位について渤海は安定し、その彊域を拡大します。『新唐書』に「海東盛国」と記されたのは、こうして発展した渤海の姿だったのです。

（小嶋芳孝）

Ⅸ　周辺地域の考古学

3　中国における野外調査
周辺部での文化の道

1　外国における考古踏査

　踏査地域がその国の主権がおよぶ地域ですので，その国の法律にしたがって行動しなければいけません。中国の場合には現在ではほとんどなくなりましたが，まだ外国人の立ち入り禁止の地域があるので，あらかじめ踏査予定の地域について，現地の機関と十分に打ち合わせをする必要があります。

　つぎに踏査で必要な地図ですが，いまのところ中国の詳しい地形図（日本の国土地理院が発行しているような大縮尺地図）は外国人の手に入らないばかりか，みることもできません。最近では県単位ぐらいの地形図まではみられるようになりましたが，方角・縮尺の精度はまだ十分ではありません。そこで私たちは，旧ソ連製の10万分の1の地形図を利用します（岐阜県立図書館に原図が蔵せられているので，それをコピーして利用）。この地図は文化財についての記述が予想以上によいのです。また戦前の日本陸軍参謀本部が作成した地図も，情報としては少し古いが案外役に立ちます。これは大きな公共図書館・大学図書館が原図・コピーをもっているので参考にすればよいでしょう。最近は衛星写真の地図などの使用が可能になっているので，これの利用もおおいに役に立ちます。それからGPSの使用は，最近器具が手軽に手に入るようになったのでよく使用されますが，中国では外国人の単独での使用は禁止されているので注意する必要があります。

　つぎに踏査する地域のこれまでの考古調査・研究と中国の場合では旧石器時代以外では，関係の古典文献にも注意しておく必要があります。こんにちの中国における考古調査は各地での開発にともなって数多くおこなわれており，それにともなう報告書の出版も割合早く出されるようになりました。専門雑誌に簡報という形でいち早く報告される場合があるので，参考になる事柄が多くあります。研究書の出版もさかんですから，これにも気配りをする必要があります。

　以上のように，現地に出発するまでになすべきことが多くあり，かつ外国のことですから十分に資料が手にはいらないこともあります。

2　中国の青海省と四川省でのシルクロード踏査

　西方のローマから東アジアの中国・日本にいたる交通・文化伝播の道を通って，

▷1　中国の行政県は，日本の県とは異なり，省・自治区・直轄市の下に位置する行政単位で，最近では市の下におかれた県もある。

中国の絹織物が西に運ばれたことから，近代になってこの道にシルクロードという名称がつけられました。この道は必ずしも一本の幹道でなく，いくつかのルートがあります。北からいえばステップ（草原）を通る道で，騎馬民族や遊牧民が利用したもので，スキタイ系の騎馬文化が西から東に伝えられた道です。

これより南には，いわゆるシルクロードとしてよく知られる，西はギリシャ，ローマから西アジアの国々を通過し，中央アジアのオアシス国家をたどりながら，パミール高原の東，現在の中国新疆ウィグル自治区のタリム盆地のタクラマカン砂漠の周辺を東西に通ずる道を通り，中国の中心部の長安にいたる，シルクロードの本道があります。このほか，東西に文化が通過した道と思われるものに，パミール高原の南部から，ヒマラヤ山脈の北側のチベット高原を東西に抜けていく道もあります。さらにインドから東南アジアにいたり，中国雲南省に入って北に進む，「西南シルクロード」が知られ，ほかにもインドから海路，東南アジアの沿岸を船でたどる「海のシルクロード」もあり，アジアははるかローマとつながっていました。

私たちが調査した青海・四川への道は，中国甘粛の祁連山脈の北側を通過するシルクロードの表街道がなんらかの事情で通りにくくなったときに利用された，裏街道のような地域にあたります。青海は，北にアルキン山脈・祁連山脈を隔てて甘粛の河西回廊があり，東は甘粛の東部と四川北部に，南は崑崙山脈から西蔵高原がありチベットに，西は新疆にそれぞれ接しています。青海湖から東は，早くから漢王朝に属し，西海郡がおかれていました。青海湖から西，ツァイダム盆地からは中国王朝側の支配があまりおよばない地域ですが，新疆の天山南道東部のミーラン（鄯善？）のあった若羌あたりからロプ湖の南方を通過し，アルティン山脈をこえて，青海に入りツァイダム盆地の砂漠周辺の南辺，青海湖南岸を通過する，われわれが「崑崙道」と名づけた道が考えられ，たぶん漢代の張騫が大月氏国からの帰途通過した道がこれではなかったか，そして青海湖あたりで南下してきた匈奴に捕らえられたのではないかと私はみています。この道がどのようになっていたのかを現地で考えてみると，一番可能性のある道は，中央が塩湖になっているツァイダム盆地のまわりに，南北の山の雪解け水が流れて山裾が扇状地になり，そのさきでいったん地中に吸い込まれ，さらにそのさきで地上に出てきてオアシスをつくり，その周辺が緑の地（扇端緑洲農地）がめぐる，このようなところをつないでいく道が考えられます。たとえば，都蘭県巴隆郷の北約10kmに存在する青銅器時代の塔温他里哈遺跡は，このような地にのこされたもので，面積が約20万m²にもおよび，この中に直径約50mから約100m前後で，高さ7～8mの丘状の砂の高まりが7ヵ所あり，中央の平坦なエリアを囲むような形をしています。この砂の丘の中に土器，石器，麻織物，麻縄，青銅片，ウシやヒツジなどの骨や人骨と思われるものまで多くの遺物が存在していて，この地域の卡約文化から継続して発展した古代羌族

の諾木洪文化に属するもので，このような遺跡の存在は古代における草原とオアシスの道を示すものです。

3 仏教の伝えられた道

　青海地域が文化の道として仏教の伝播にどのような役割を果たしたのかについてみると，注目すべきものに西寧市の北郊湟水の北山の南崖に造られた北禅寺石窟があります。現在は風雨による破壊が激しいのですが，高さ約40～50mの東大仏がみられ，ほかにも紅砂岩の崖面東西約200mの範囲に造られた石窟があり，清代末期には「九窟十八洞」と称されていました。北魏時代の作ではないかとされる壁画もあります。西域から東漸してきた仏教文化の伝播の道の１つに，甘粛の張掖から祁連山脈をこえて西寧を通り，湟水沿いに下り永靖，蘭州へといたる道が存在していたと考えられます。この道は5世紀初頭に法顕が入竺（インド〈天竺〉に入る）したルートと考えられるものです。

　青海地域の唐代関係の考古文物で注目されるのは，吐谷渾か吐蕃かとされる大墓を中心とした大墓群が都蘭県でみられ，出土品では金銀器，木器のほか絹織物が特に注目されます。これには錦，綾，羅，絁，紗，素綾をはじめ多くの種類がみられ，そのほとんどは唐からもたらされたものですが，中央アジア・西アジアのものもふくまれています。もしこの大墓群が吐谷渾王墓であるならば，都が現在の都蘭県付近に存在する可能性も否定できないので，この地域の研究にとって大変重要な問いかけをしていることになります。吐蕃関係では，唐からの「入吐蕃道」がどこを通過していたのかが問題になります。唐の文成公主が唐貞観年間にチベット王のもとに入嫁したときに通った道は，いまのところ西寧から西に進み，日月峠を越えて南西に進み，玉樹（現在，文成公主廟〈大日如来堂〉のあるあたり）から，チベットのラサに通ずる道が考えられますが，これもこれから再検討する必要がありそうです。

　青海省につづいて四川省の西南シルクロードの踏査をおこないました。四川地方を通る文化の道として，「貝の道」があります。殷代の遺跡からタカラガイ（宝貝）が出土し，これは貨幣のように使用されていた（そこから貝偏を部首として経済関係の漢字が多くつくられた）と，一般にいわれています。貨幣として流通した確かな証拠はありませんが，賜りものとして王より賜与されたことは確かです。黄河中下流域の殷周時代の遺跡から出土するタカラガイはキイロタカラガイで，中国東南部海域（澎湖諸島をふくむ中国南部沿岸・台湾）で採れるもので，これが琉球列島や中国東海岸沿いに北上して，東部海域（渤海・黄海・長江以北の東中国海）から山東の地を経て中原の殷中心地に運ばれたと考えられます。いまのところ中原以外でタカラガイが出土するのは，青海省，四川省，雲南省です。青海の新石器時代から青銅器時代の墓から何種類かの貝が出土していて，そのなかには東南部海域産のオオカニノテムシロ，キイロダカラ，ハナビラダカラ，

ナツメモドキと東部海域産のシジミと中原淡水域産のイシガイ類とベンガル湾産のシャンクガイがふくまれています。四川では，殷代後期の三星堆遺跡の1号，2号器物坑から多数の青銅器，金器，玉器，象牙などとともに，キイロダカラが数千個出土しています。雲南では春秋時代末期から前漢時代にかけての遺跡から多く出土するハナビラダカラは，南部海域（海南島，ベトナム中・南部海岸）産です。宋代の火葬墓から出土したキイロダカラはインド洋のモルジブ諸島産のようです。この内陸3省発見の貝は，海岸からどのような道を通ってきたのか。貝の産地からみると，青海省のものには中原の淡水産のイシガイ類がみられることから，複数種の貝がセットで運ばれてきたものとすれば，ここのキイロタカラは中原経由で運ばれてきたとみることができます。四川省では三星堆遺跡の青銅器がどの地域と関係を濃くもっていたかによりますが，タカラガイ類だけでみれば，青海省と同様に中原経由とみてよいでしょう。雲南省にもっとも多いハナビラガイは，どうも南部海岸から直接陸地の道を経由して運ばれてきたようです。問題は青海省で発見されたシャンクガイで，ベンガル産であるとすれば，これがどの道を通ってきたのかが問題になります。ひょっとするとベンガル湾からミャンマーを経由して雲南省に入り，そこから北上する西南シルクロードで運ばれたと考えることもできます。

さて，四川省には，いまのところ中国に残存する仏教造形物で一番古いものがあり，時代は後漢時代後期から蜀漢時代です。崖墓（楽山県麻浩1号墓）の後室門楣上に浮き彫りされた仏像，綿陽，彭山や重慶，陝西関中・城固，貴州清鎮などの墓から出土する「揺銭樹」という青銅器に，中国の神々の像である西王母像などと混じって，ときには西王母像に代わって，仏像の姿がみられます。このほか四川から長江を下った湖北や，江南の地域の孫呉時代のものに，仏像の姿がみられます。このように現在中国でみられる古い仏像は小型のもので，西からきた仏教伝来者が旅のときに礼拝するための小型の仏をもって来たのをうけてつくられたと考えられます。これが伝えられた道は西域から中国甘粛を経て四川に入り，長江を下る文化の道であったと思われます。

4 いろいろなシルクロード

東西をつなぐ道としてシルクロードが有名ですが，これは決して一本道ではなく，自然環境や政治環境によって，また文化を受け容れるところの文化環境によって，さまざまな道が人々によって選択されていたのです。人々が生活をしているかぎり，そこには道が生まれてきます。青海・四川の踏査は現時点で十分な成果を収めているとはいえませんが，そこからは多くの問題や，それを解明するための糸口が見いだされるのです。

（杉本憲司）

参考文献

『中国・青海省におけるシルクロードの研究』シルクロード学研究14，シルクロード学研究センター，2002年。
『四川省における南方シルクロード（南伝仏教の道）の研究』シルクロード学研究24，シルクロード学研究センター，2005年。その他多数。

Ⅸ　周辺地域の考古学

4　シルクロードを渡り来た新羅古墳の文物

① 慶州出土の渡来系文物

　朝鮮半島の西南にあった古代国家の新羅。韓国慶尚北道の慶州市一帯に残された新羅の墓からは，中国製とみられる漆器・陶磁器・象嵌や細金細工を施された金製装飾品のほか，はるか西方からシルクロードを通じてもたらされたとみられる精巧な細工が施されたガラス器や金製品が出土しています。これら西方の文物が新羅に入ってきた時期は，三国時代の4〜5世紀と，律令国家に移行する7〜8世紀に集中しますが，その背景には，流入ルートの違いとともに，流入状況の違いがありそうです。

② 三国時代の新羅の渡来系文物

○ガラス器

　慶州の周辺には大きな墳丘をもつ古墳が多くあります。なかでも巨大な円丘が南北に2つ連なった双円墳の皇南大塚（皇南洞98号墳）は，墳丘をもつ新羅の墓では最も古い時期（4世紀後半から5世紀前半）のものですが，ここからは，多くのガラス器が馬具や中国製漆器とともに出土していて，墓造りが大きく変わる時期に，中国の本土や東北部，さらに中央アジアや西アジアの文物がはいってくる人と物の大きな動きがあったことがうかがえます。

　皇南大塚南墳からはガラスの瓶2点・杯3点，碗2点が出土しました。鳳首瓶（図1①）は青ガラスで装飾された美しいものですが，破損した青ガラスの把手部分が金線で補修してあって，大事にされていた様子がうかがえます。波形に青いガラス紐で装飾がされた杯（図1②）もあり，ガラスの研究家・由水常雄は，口縁部を厚く丸みをもたせて仕上げる制作技法が共通しており，すべて古代の西ローマ帝国の領域であったシリア地方でつくられた後期の**ローマ・ガラス**に相当するものとしています。慶州の金冠塚・瑞鳳塚や月城路カ-13号墳から出土したガラス器にもガラス紐を貼りつけた波形や網目の文様があり，金鈴塚や慶尚南道陜川郡の玉田M6号（伽耶）墳から出土した青い斑点をもつガラス碗（図1③）もふくめて，すべてローマ・ガラスとされています。

　一方，南墳に遅れて築かれた北墳（夫人の墓か）からは，碗2点・杯3点が出土していますが，こちらは形状と技法にバリエーションがみられます。由水は，透明カットガラス碗（図1④）・透明と茶の縞模様の台付杯（図1⑤）は地中海東

▷1　慶州文化財研究所『皇南大塚Ⅱ（南墳）発掘調査報告書』（韓国）文化財管理局文化財研究所，1993年。

▷2　ローマ・ガラス
ローマン・ガラス，ローマン・グラスともいう。ヨーロッパからエジプトやシリアをふくむ広大な古代のローマの領域内でつくられていたガラスをいう。工芸的にはシリア地方の製品が優れていた。

▷3　由水常雄『ローマ文化大国－新羅』新潮社，2001年（改訂版，2005年）。

▷4　慶州文化財研究所『皇南大塚Ⅰ（北墳）発掘調査報告書』（韓国）文化財管理局文化財研究所，1985年。

岸のシリア地方の北部でつくられたローマ・ガラス，気泡を多くふくんだ藍色の丸底杯は新羅で製造されたものとみています。藍色丸底碗と同様のガラス碗は安渓里4号墳からも出土していますが，その後の古墳からは出土していませんので，ガラス碗の製作技術はうまく導入できなかったようです。

○**色ガラスとトンボ玉**

ガラスの玉にも変化がありました。それまでも紺色や青色のガラス玉は東アジアで盛んにつくられていたのですが，皇南大塚北墳からは，黄色や緑色の色ガラスを使った腕輪（図1⑥）が出土しています。

ガラス玉の表面に色ガラスで文様をあらわしたトンボ玉も出現します。皇南洞の味鄒王陵地区[5]の6区C地区4号墳から出土したトンボ玉[6]（図1⑦）は，直径1.8cmの丸玉の表面に白・赤・黄色の3色の色ガラスで水鳥と人面があらわされている精緻なものです。工芸的にも最高クラスのもので，製作地は西アジアからヨーロッパにかけての古代ローマ帝国の領域内と思われます。

出土例の多い2色程度の単純な構成のトンボ玉については，新羅で模倣されたようで，紺色ガラスの大きな丸玉に黄色ガラス小玉を埋め込んだもの（図1⑧）が皇南大塚北墳や天馬塚[7]から出土しています。

○**象嵌金製鞘付短剣**

5～6世紀とみられる鶏林路14号墳からは，象嵌や細金細工で精緻な細工が施された金装短剣（図1⑨・⑩）が出土しています。全体の形状や文様構成がよく似た鞘の破片がカザフスタンのボロウオエ墓から出土していますし，近い形態の短剣は，中国西端のキジル千仏洞やクムトラ石窟寺院やウズベキスタンのサマルカンド市郊外アフラシャブ遺跡の壁画にみられます[8]ので，中央アジアでつくられたものとみていいでしょう。

3 渡来の様相

中国の東北地方，遼寧省北票県でみつかった北燕[9]の王弟で415年に死んだ馮素弗の墓からは北方に展開するシルクロードの草原ルートを経てきたと思われるガラス紐の波形装飾をもつローマ・ガラスの容器が出土していて，新羅への渡来が東北アジアを経由したことがうかがえます。象嵌金装短剣の類例が出土したカザフスタンや壁画があるサマルカンドは，草原ルートとオアシス・ルートが交わるところですので，ガラス器やトンボ玉もこのあたりを経由してから草原ルートに乗って伝わったとみることもできます。

注目したいのは，日本の奈良県橿原市の新沢千塚古墳群の126号墳[11]からローマ・ガラスの藍色の皿と透明のカット碗（図1⑪）やトンボ玉が出土していることです。とくに透明カット碗は同じものが大英博物館の所蔵品にあることから，当時，数多くつくられていたものの1つが遠く日本まで運ばれてきたと考えられます。黄色と紺色の縞模様のトンボ玉は，皇南大塚北墳でも出土しています。

▷5　**味鄒王陵地区**
皇南洞地域で特に大きな古墳が集中する地域をこう呼んでいる。

▷6　嶺南大学校新羅伽耶文化研究所『新羅伽耶文化　第6・7・8輯　皇南洞古墳発掘調査概報』（韓国）嶺南大学校新羅伽耶文化研究所，1975年。

▷7　大韓民国文化公報部文化財管理局『天馬塚――慶州市皇南洞第155号古墳　発掘調査報告書』学生社，1975年。

▷8　穴沢咊光・馬目順一「慶州鶏林路14号墓出土の嵌玉金装短剣をめぐる問題」九州古文化研究会『古文化談叢』第7集，1980年。

▷9　**北燕**
鮮卑族がいた遼寧省西部を中心に漢族の出自の王が立てた国。

▷10　黎揺渤「遼寧北票県西官営子北燕馮素弗墓」（中国）『文物』1972年3期。

▷11　橿原考古学研究所『新沢千塚126号墳』奈良県教育委員会，1977年。

これらは新羅を経由して日本にはいってきたとみてよいでしょう。

4～5世紀にかけての時期は，東北アジアの諸民族の動きが活発になり，最後には騎馬遊牧民である鮮卑族が建国した北魏によって中国北部が統一されます。その動きのなかで，新羅に西方の文物が流入するようになり，ガラス加工技術に影響をあたえることになったのです。その流れの一端は，南の伽耶地域に，さらに海を渡って日本にもおよび，それとともに騎馬技術や新しい金属加工技術が伝えられたのです。

4 統一新羅時代の渡来系文物

新羅が三国の統一にむかう7世紀以降，寺院がさかんにつくられました。慶尚北道漆谷の松林寺（ソンリムサ）の五層磚塔では舎利容器に円環文が付いた緑色のガラス杯（図1⑫）が使われていました。同様の円環文付きガラス器は，日本の正倉院に紺色杯が，中国西安市の何家村（カカソン）出土品に透明碗があります。これらの類品はイラン周辺に多く，技法からもササン朝ペルシャでつくられたササン・ガラスとみられます。シルクロードのうち，唐代になって活性化する，砂漠を行くオアシスルートを通って，西アジアから中国へ，さらに新羅や日本へもたらされたものでしょう。

統一新羅の王陵の前には唐にならって文官と武官の石人が置かれていますが，武官石人の凹凸の大きな顔立ちや被り物には西方の胡人の趣が感じられます（図1⑬）。当時の中国でも，墓前の石人や墓の中に置かれた俑の武官像には西方的ないかつい顔立ちがみられることからその影響も考えられ，実際に西方の人々が新羅の武官に多くいたことを示すわけではなさそうです。ただ，写実的な掛陵（ケヌン）の石人などについては，実際に新羅にいた西方人をモデルにしたと思われます。

大唐帝国の強大化とともに，周辺諸国はそれへの対抗のため，国家体制の整備を急ぎます。この時期の西方の文物の渡来は，そのような国際政治情勢と深く関連したものとみられます。

5 シルクロードのもつ意味

ユーラシアの東から西へ，商人たちが錦織や刺繍，染色で美しく仕上げられた絹織物を運んだのも，西方世界でそれらが非常な高値で取引されたからです。ガラスの器は，ローマ時代に吹きガラス製法が確立されると大量生産できる「商品」となりました。装飾されたガラス器に液体を入れたときの美しさは人々を惹きつけるに十分です。商人たちは，西方から東方へ赴くとき，小さくて軽いのに，東方では珍奇なものとして原価の何十倍・何百倍もの値がつく，特に美しいガラスの器やトンボ玉を荷に選びました。東方世界からみれば，東西をつなぐ道は，「ガラスロード」でもあったのです。

(中村潤子)

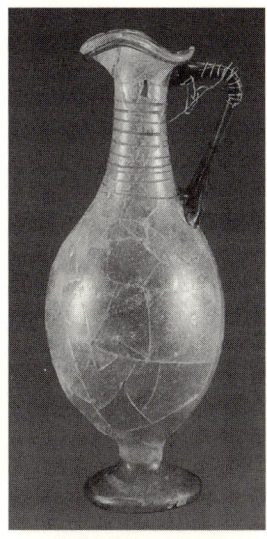

IX-4　シルクロードを渡り来た新羅古墳の文物

① 白透明ガラス鳳首瓶（皇南大塚南墳）
② 白透明ガラス杯（皇南大塚南墳） 
③ 透明斑点文ガラス碗（金鈴塚） 
④ 透明カットガラス碗（皇南大塚北墳） 
⑤ 縞目文台付ガラス碗（皇南大塚北墳） 
⑥ 色ガラス玉腕輪（皇南大塚北墳） 
⑦ 象嵌トンボ玉（人面と鳥）（味鄒王陵6-C地区4号墳） 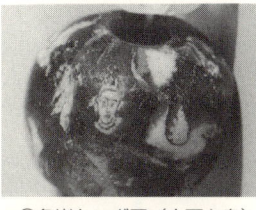
⑧ 色ガラス小玉象嵌トンボ玉（天馬塚） 
⑨ 象嵌金装短剣（鶏林路14号墳） 
⑩ 象嵌金装短剣（部分）（鶏林路14号墳）⑨の部分拡大図。 
⑪ 透明ガラス碗（日本・新沢126号墳） 
⑫ 緑色円環文ガラス杯（松林寺） 
⑬ 武官石人（掛陵） 

図1　出土した渡来系文物

出所：①国立慶州博物館『慶州とシルクロード』（原文はハングル）1991年，②韓国文化財庁ホームページ，③・⑪奈良県立橿原考古学研究所附属博物館『新沢千塚の遺宝とその源流』1992年，④・⑤・⑥国立慶州博物館ホームページ，⑦・⑧・⑨・⑩国立慶州博物館『国立慶州博物館（日本語版）』1998年，⑫国立慶州博物館『特別展　統一新羅』2003年，⑬著者撮影。

IX　周辺地域の考古学

5　東アジアの中の百済王陵

1　石村洞古墳群の積石塚

　朝鮮三国時代に高句麗(コグリョ)や新羅(シルラ)と覇を争った百済(ペクチェ)は，朝鮮半島の西南部に位置します。百済は中国の南朝にしばしば朝貢し，高句麗・新羅や加耶諸国だけではなく，倭とも密接な関係にあったことが知られています。ここでは，王陵の変遷を通して，百済と周辺地域との関係の変化をどのように読み取ることができるのかを概観してみましょう。

　百済最初の王都である漢城は，大韓民国の首都であるソウル附近にあったと考えられます。漢江の南岸に位置する風納土城(プンナトソン)と，その南側の低丘陵上に位置する夢村土城(モンチョントソン)からは，多様な百済土器や中国製陶磁器が発見され，王城か，それに密接な関係をもつ土城であったと考えられています。

　この時期の百済王陵が存在したと考えられているのが，2つの土城の南西に位置する石村洞(ソクチョンドン)古墳群です。ここでは，植民地時代には約90基の古墳が確認されていました。現在では数基の古墳だけがのこり，古墳公園として整備されています。これらの古墳は，葺石封土墳(ふきいしふうどふん)と積石塚(つみいしづか)に分けられます。

　葺石封土墳は，複数の土壙墓・甕棺墓を覆うように盛られた墳丘の表面に石を葺いたものです。出土土器などから，積石塚よりも築造時期が古く，百済最初の王陵であるとみる説もあります。しかし，調査数が少なく，その実態には不明な点が少なくありません。

　積石塚は，石を積んで平面方形の墳丘がつくられた古墳です。墳丘は階段状をなしており，石村洞4号墳では，2段目の各辺に板石が数枚ずつ立てかけられていました。こうした構造は，集安の太王陵や将軍塚に代表される高句麗の積石塚と共通します。規模をみても，東西50.8m，南北48.8mの石村洞3号墳は，集安の大型積石塚と遜色がありません。百済王陵に高句麗と類似した大型積石塚が採用された原因としては，百済王と高句麗王が同族であったとする始祖伝説と結びつけて考えようとする説があります。その一方で，高句麗との対立のなかで，百済王族が政治的な意図をもって高句麗系の墓制を採用したと考える説も提唱されています。

　古墳の破壊がひどく，出土した副葬品は少ないですが，なかでも石村洞3号墳の積石部から出土した中国製陶磁器が注目されます。風納土城や夢村土城からも，数多くの中国製陶磁器が出土しています。また百済土器の器形には，中

◀1　1910年の韓国併合から1945年の敗戦までの間，日本は朝鮮総督府を設置して朝鮮半島を植民地支配した。この間，「古蹟調査事業」とよばれる文化財の調査・保護事業が，日本人研究者により独占的に進められた。

国製陶磁器や青銅容器の形をまねたと思われるものが少なくありません。さらに，当時の地方首長の墓と推定される周辺地域の古墳からも，金銅製装身具，馬具，環頭大刀などとともに中国製陶磁器が出土しています。こうした状況からみて，王族を中心とする百済の中央勢力が中国製陶磁器を独占的に入手し，それを地方首長に分配することにより，その影響力を高めようとしたのではないかと考えられています。

2 宋山里古墳群と武寧王陵

　4，5世紀にかけて，百済は南下してくる高句麗としばしば争いました。371年には百済は平壌城を攻め，高句麗の故国原王を戦死させました。しかし，475年に高句麗の攻撃によって漢城は陥落し，蓋鹵王や王族は殺されてしまいます。残された王族・貴族は，南に逃れて錦江流域の熊津（現在の公州市）を王都とし，百済の再建に努めました。

　新たな王都とされた熊津は，北側に錦江が流れ，残る三方を山に囲まれた小盆地です。錦江に面した盆地の北東側には公山城があり，その内部および周囲に王宮や関連施設が存在したと推定されます。公山城から平地をはさんで西側の丘陵上に位置するのが，この時期の王陵が築造されたと考えられる宋山里古墳群です。

　宋山里古墳群の発掘調査は，植民地時代に日本人の手により何度かおこなわれました。その結果，玄室の平面が正方形で，ドーム状の天井（穹窿状天井）をもち，入口側からみて右側に片寄って羨道がつく，特徴的な横穴式石室（宋山里型石室）が用いられたことが明らかになりました。1933年には，塼を用いてつくられた横穴式塼室で，四壁に四神図が描かれた宋山里6号墳が発見・調査されました。

　1971年，宋山里5，6号墳の北側斜面に排水溝をつくる工事中に，宋山里6号墳と同様の横穴式塼室墳が偶然に発見されました。この古墳は盗掘されておらず，塼室内には，埋葬当時の状態で，さまざまな遺物がのこされていました。玄室には，主軸に平行して2つの木棺があり，そのなかには頭を羨道側に向け，冠・耳飾・沓（履）などを身につけた被葬者が安置されていました。木棺の手前には，儀礼に用いられたと思われ

▷2　塼
粘土を焼き固めたレンガ。中国では，墓だけではなくさまざまな建造物の用材として用いられた。日本には，仏教建築の伝来と共に，建物の基壇装飾や，塼仏として仏堂内の装飾に用いられた例がある。

図1　武寧王陵内部の3D復元図
出所：国立公州博物館『百済斯麻王』2001年。

る，中国製陶磁器や金属製容器がありました。羨道には2枚の誌石が置かれ，その奥側では墓を守る獣形の石像（鎮墓獣）が，手前には中国製陶磁器や金属製容器がみつかりました。

　羨道に置かれていた2枚の誌石に刻まれた文章により，この古墳は百済の武寧王（ムリョンワン）とその王妃の墓であることが明らかになりました（図1）。武寧王は，熊津遷都以後，不安定であった王権を強化するとともに，中国南朝や大和（ヤマト）王権と積極的な外交を展開しつつ，南方への領域拡張を進め，百済を中興した人物です。誌石によると，523年5月に亡くなった武寧王は525年8月に，526年12月に亡くなった王妃は529年2月に古墳に埋葬されており，埋葬されるまでは別の場所に安置されていたことがわかります。宋山里古墳群の位置する丘陵の北端でみつかった艇止山（チョンジサン）遺跡は，掘立柱の瓦葺建物を中心とした数棟の建物が，柵や壕で囲まれた特異な構造をもち，武寧王らの亡骸が安置された場所ではないかと推定されています。

　武寧王陵の塼室は，百済の伝統的な埋葬施設ではなく，その起源は中国南朝の墳墓に求めることができます。やはり塼室墳である宋山里6号墳の入口を閉塞するために用いられた塼に，「梁の官瓦を手本とする」という内容の銘文が刻まれていることから，塼を作るときに，中国から技術者が派遣されたと考えられます。これらの塼を焼いたと考えられる窯跡は，公州から約30km離れた扶餘井洞里（ヨジョンドンリ）にあります。

　武寧王陵と中国南朝との関係は，塼室の構造や陶磁器などの副葬品だけではなく，塼室内に残されたさまざまな葬送儀礼の痕跡を通しても知ることができます。被葬者の生前の事蹟を記した誌石を納めたり，鎮墓獣を置くことなどは，同時期の中国の墳墓で広くおこなわれていた風習です。また，誌石の内容と，その上に置かれていた鉄製五銖銭（ごしゅせん）によって，古墳を造る土地を神から買う風習を，百済の人達が知っていたことがわかります。その一方，金銅製の沓や金製垂飾付耳飾（すいしょくつきみみかざり）の製作技術には，百済特有のものが見いだされます。また，王が身につけた帯金具は，当時の新羅で用いられたものと共通しています。

　武寧王陵のなかで，百済と日本の関係を示すのが，王と王妃を納めた木棺です。樹種分析の結果，木棺に用いられた木材は，現在では日本にのみ自生するコウヤマキであることが明らかになりました。コウヤマキ（高野槇）は丈夫で水に強いことから，木造船や桶の材料として用いられてきました。また，弥生時代から古墳時代にかけての近畿地方では，限定された墳墓の棺にのみコウヤマキが使われていたことが知られています。棺の構造自体は，日本のものとは全く違いますから，武寧王は，日本における最高級の木材を入手して，自らの棺をつくらせたことがわかります。後述する陵山里（ヌンサンニ）古墳群で用いられた木棺も，コウヤマキ製であることが判明しており，百済王族がこの木材を愛用したことがうかがわれます。

3 陵山里古墳群と陵山里廃寺

　武寧王の後に即位した聖王(聖明王)は,538年に熊津から錦江沿いに南西にある泗沘(現在の扶餘邑)に王都を移しました。泗沘は北・西・南側を錦江に囲まれ,東側には羅城がめぐらされていました。王都の北端には扶蘇山城があり,その南側山麓に位置する官北里遺跡からは,東西南北にのびる道路,大型建物,方形蓮池などが発見され,この附近に王宮があったと推定されています。

　扶餘の羅城の東側に位置するのが,この時期の王陵が位置すると考えられている陵山里古墳群です。1910年代に,日本人によって3基ずつ2列に並んでいた6基の古墳が発掘されました。このうち中下塚は,花崗岩の切石を用いてトンネルのような天井を構築した横穴式石室です。この石室は,武寧王陵のような塼室墳の構造をモデルとしたと思われます。東下塚は,花崗岩の板石を用いて箱形の玄室を構築しています。その側壁には四神図が,天井には蓮華文と飛雲文が描かれており,扶餘地域唯一の壁画古墳です。

　それ以外の4古墳の石室は,精巧に加工された板石を垂直に立てた側壁の上に,傾斜した天井と水平の天井を組み合わせた,特徴的な構造をもちます(陵山里型石室)。同様な構造をもつ石室は,扶餘周辺だけではなく,当時の百済の領域内に広く分布します。ただこれらの石室は,陵山里古墳群の石室にくらべて,規模や石材の加工度において違いがあります。また,そうした違いが,被葬者の冠帽につけられた銀製花形冠飾の有無や,木棺の構造の違いが対応することが知られています。このことから,被葬者の官位の違いが,当時の墳墓に反映されているのではないかと考えられています。

　陵山里古墳群の性格を考えるうえで重要な手がかりを提供しているのが,陵山里廃寺です。この寺院は,羅城と陵山里古墳群の間に立地しています。南から北に向かって,中門・塔・金堂・講堂が一直線に並び,これらを囲む回廊が中門と講堂にとりつきます。こうした伽藍配置は百済の寺院では一般的で,日本では四天王寺式伽藍とよばれています。この塔の心礎上でみつかった舎利龕には,「昌王(聖王の後に即位した威徳王)13年に,王女によって舎利が供養された」という内容の銘文が刻まれています。この銘文により,陵山里廃寺は百済王の供養と深い関連をもって建立されたことが明らかになりました。またそのことによって,陵山里古墳群に王陵がふくまれていることが裏づけられました。

　陵山里廃寺の回廊の一部をなす北西側の建物には,金・銀・銅・ガラスなどを用いてさまざまな金工品を製作する工房があったことが発掘により明らかになりました。そこでみつかった坩堝などの道具や,製作過程で残された材料断片の出土状況は,7世紀後半に皇族と深い関係をもって運営された奈良県飛鳥池遺跡の工房出土遺物と類似しており,両者の技術的な関係が注目されます。

(吉井秀夫)

IX 周辺地域の考古学

6 高句麗壁画古墳の国際性

1 世界遺産になった高句麗壁画古墳

　朝鮮三国の1つである高句麗(コグリョ)は，現在のソウル付近から北朝鮮，中国東北部の遼寧省・吉林省を領域とし，同時代の百済(ペクチェ)・新羅(シルラ)・伽耶(カヤ)と比べ，圧倒的に大きな古代国家でした。彼らが残した貴重な歴史遺産に壁画古墳があります。

　高句麗の壁画古墳は111基が知られており，当時の都であった中国吉林省集安市付近と，集安から遷都された北朝鮮平壌市付近やその南に分布します。これらは4～7世紀の間に造られました。当時，西は中国新疆(しんきょう)ウィグル自治区，南は雲南省，北は内蒙古自治区，東は朝鮮半島や日本列島の飛鳥までの広い地域で，モチーフや思想に共通性のある壁画古墳が存在しました。そのなかで，高句麗は壁画古墳の特に集中したところとなっています。高句麗の壁画古墳は，豊富なモチーフや絵画としての優秀さから，歴史・考古学の資料として，また芸術作品として高い評価をうけ，2004年に世界文化遺産に登録されました。

　壁画古墳には，他の考古学などの資料にない情報がのこされています。その1つは当時の風習や制度です。考古学は遺構・遺物の物質資料を扱うので，物としてのこらないものや腐りやすいものは研究対象として苦手ですが，壁画からは，たとえば当時の服装や，考古資料から推測困難な舞踊や曲芸もわかります。2つめは当時の人々の宗教や世界観です。これも物質資料としてのこりにくい領域ですが，壁画古墳は，仏教・道教などの宗教・思想にもとづき，墓室そのものが，埋葬された人々が死後も過ごす世界として入念に設計されています。

2 高句麗壁画古墳の2つのタイプ

　図1は，安岳(アナック)3号墳という壁画古墳の石室の平面図と壁画の展開図です。この古墳は平壌の南南西約65kmに位置し，墓誌から357年に亡くなった冬寿(とうじゅ)という人の墓であることがわかります。冬寿は五胡十六国の1つである前燕の宰相でしたが，高句麗に亡命しました。安岳3号墳の石室は4つの部屋と回廊からなり，木造建物に擬せられています。入口を入った前室の東西各々には側室が付き，奥には棺を安置した後室があり，後室の東と北を回廊がとりまきます。

　壁画はなめらかな表面の花崗岩に直接，赤・黒・緑などの彩色で描かれました。西の側室には墓に葬られた主人と妻の肖像画があります。まわりには彼らに仕える侍女・侍臣たちがおり，部屋の入口には主人を守る門衛がいます。高

▷1 数については諸説あるが，ここでは下記の研究によっている。鄭好燮「高句麗壁画古墳に対する考古学的研究成果と課題」朴雅林ほか『高句麗壁画研究の現況とコンテンツ開発』東北亜歴史財団，2009年。

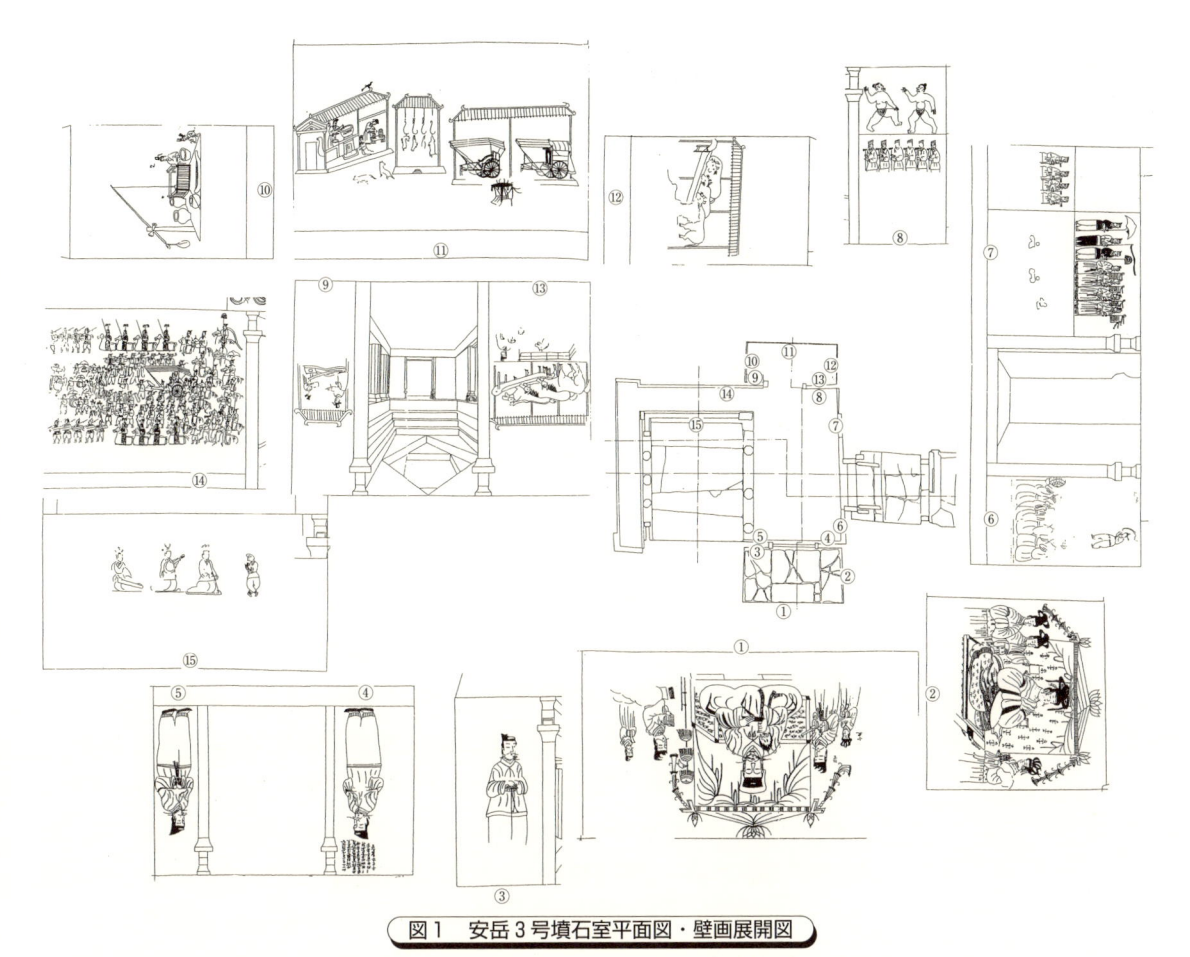

図1　安岳3号墳石室平面図・壁画展開図

出所：朝鮮民主主義人民共和国科学院考古学・民俗学研究所『安岳第3号墳発掘報告』1958年，より作成。

句麗の壁画古墳では被葬者の肖像画はもっとも重要な絵で，西側に描かれ，後になると奥（北）に描かれるという規則性があります。また，他のすべての人物が横向きか斜め向きなのに対して，被葬者の肖像だけが唯一の正面像となっています。古代壁画では重要な人物や地位の高い人物は大きく描かれますが，高句麗の古墳壁画でも主人は大きく，侍女たちは極端に小さく描かれています。

東の側室には，台所で料理をしている場面，井戸，肉の貯蔵庫，臼で穀物を搗く場面，車のガレージ，牛小屋と厠舎など，日常生活に密着した場面が描かれています。圧巻は回廊の行列図で，被葬者の乗る牛車を中心にそれを囲むように臣下や兵士など，250人を超える人物が隊列を組んで奥にむかっています。

安岳3号墳は高句麗の前半期の壁画古墳の典型です。おそらく描かれた各場面は，生前の世界ではなく死後の世界に関係あると思いますが，各種の生活場面が壁画の主題となっています。このような壁画古墳は「人物風俗図墓」というよび方もあります。

これに対し，後半期になると生活場面や肖像は描かれなくなり，朱雀・青龍・玄武・白虎からなる四神のみが壁に大きく描かれるように変化します。これを

図2　江西大墓の青龍
出所：朝鮮画報出版社『高句麗古墳壁画』1985年。

「四神図墓」とよびます。その典型が江西大墓です（図2）。江西大墓は平壌の西35kmに位置し，6世紀後半以降の高句麗王の墓と考えられます。四神図墓では，石室の構造も壁画の主題もシンプルになっています。四神は，被葬者を守護するために描かれたものです。江西大墓の四神は3mにおよぶ大きなもので，絵画技法・構図ともすばらしく，高句麗の壁画芸術の到達点を示しています。

3　各地域とつながる高句麗の壁画古墳

　壁画古墳の研究の最大の目的は，当時の古墳・壁画設計者の考えを解読することにあります。多くの研究者が高句麗の古墳壁画の解読に挑戦してきましたが，そのなかで，高句麗の壁画古墳には多くの他の地域との共通性があることがわかっています。このような共通性が生まれる背景には2つの要因が考えられます。第1に人（民族）と物の移動，つまり移住や交易に拠る場合です。第2に基盤となる思想や宗教，文化（基層文化）に共通性がある場合です。

　前者の例として前述の安岳3号墳があります。被葬者は前燕からの移住者で，より中国的（中原的）な文化的素養をもっていたと推測されます。安岳3号墳の主人が胸の前で持っている麈尾といわれる団扇のようなものは，元来，高句麗にはない中国の士大夫層の持ち物です。高句麗は，現在の中国と北朝鮮の国境を流れる鴨緑江中流の山間より起こり，しだいに西や南へ領土を拡大し，その過程で他の民族や文化を吸収していきました。高句麗領になる前は，現在の中国遼寧省や吉林省の地域は，漢や魏晋の郡県によって治められ，平壌からその南には楽浪・帯方郡が置かれていました。また，当時の東アジアは北方民族が入り乱れた戦乱と民族移動の時代で，高句麗へも多くの人々が移住してきました。前半期の高句麗壁画古墳には，漢代以降の中国東北部の古墳と石室構造が似たものがあり，壁画の題材もそれらや中原の壁画古墳と共通点があります。

　高句麗の古墳壁画には，もっと遠隔地からの人の往き来をうかがわせるものがあります。それは，壁画に登場する西域人，つまり中央・西アジア出身と考えられる人びとです。彼らは高い鼻を持ち，髭をたくわえ，たとえば，安岳3号墳の後室壁画の踊り手が下肢をX字状に交差させているように，ほかにない特殊な姿態や服装をみせることから区別できます。

　次に，基盤となる思想や宗教，文化に共通性がある場合です。図3は，ゴビ砂漠の西の中国甘粛省酒泉にある丁家閘5号墓（5世紀）の壁画です。4つの壁と天井の境に山が連なって一周しますが，壁と天井の画題の違いから，この山々は，人間の住む日常の世界（壁の部分）と天上の非日常の世界（天井の部分）を区切る境界となっていることがわかります。同様の位置と構図で描かれ同じ役割

▶2　門田誠一「高句麗壁画古墳に描かれた麈尾を執る墓主像――魏晋南北朝期の士大夫としての描画」『鷹陵史学』33号，2007年。

を果たしているものに，高句麗では徳興里古墳（5世紀前半）の前室壁画の山岳の絵があります。両者は山や木々の描き方もよく似ています。同様の山の絵が，酒泉の西の敦煌の莫高窟壁画にもあります。これは，同じモチーフが壁画の中に同じ役割で使われている一例です。モチーフに対する共通の理解や共通の世界観がなければ，遠隔地どうしでこのような類似は起こりません。

　高句麗の壁画古墳には，仏教・道教・儒教にもとづく理想の来世に対する願望が込められたと考えられています。その大きな部分を占めるのが，仙界に昇る「昇仙」です。同じ丁家閘5号墓の壁画の中に，ひときわ高い山に座る女性が描かれています。この山は世界の中心の崑崙山で，山に座るのは仙界をつかさどる西王母です。これは，被葬者が現世での生を全うした後，仙界に昇って生き続けるという思想を表していると考えられます。同じ思想に裏打ちされた壁画が高句麗にもあります。図4は平壌の西南約50kmにある龕神塚の壁画の部分です。この壁画は前室西壁の被葬者の肖像画の真上の天井に描かれたものです。山々を越えた台の上に正面向きの女性と思われる人物が，侍女たちをはべらせて座っています。山とT字状の台という違いはありますが，丁家閘5号墓の崑崙山に座っている女性と同じ西王母と推定されます。この絵が，被葬者の肖像の真上に描かれているのは，被葬者が西王母のいる仙界に昇ることを意図した構図と考えられます。また，渦巻きのあるZ字状の部分は，仙界へ続く道，階段のようなものを表現しているのでしょう。2つの遠く離れた場所の古墳壁画の共通性は，背景に同様の来世観がなければ出現しようがありません。

　以上は一例にすぎませんが，高句麗の古墳壁画には相当に複雑な信仰と思想が込められています。それらを理解し共感し，普段から人や物の交流があった地域に類似の壁画古墳が造られたのだと考えられます。その東の端が高句麗でした。

　一方，物を見聞しても意味を十分に理解できず，表現する技術がなければ，それを再現し，民族や文化に合わせて再構成することはできません。朝鮮半島南部の新羅地域にも高句麗壁画を模倣した壁画古墳がわずかにありますが，かなり崩れた様式に変質しています。また，日本列島の福岡県竹原古墳には四神図の一部からとったと考えられる龍が描かれていますが，それは高句麗の古墳壁画とはまったく別のものになっています。

（南　秀雄）

図3　酒泉丁家閘5号墓の前室天井西壁の壁画
出所：文物出版社『酒泉十六国墓壁画』1989年。

図4　龕神塚の前室天井西壁の壁画（壁画模写からの描き起こし）
出所：南秀雄『図像構成からみた高句麗前期の壁画古墳の特性と被葬者の出自の研究』2007年。

IX 周辺地域の考古学

7 イタリア・ポンペイ遺跡

1 ポンペイの歴史とその最後

　南イタリア，ティレニア海に面したカンパニアの町ポンペイは舌状の小高い丘の上に広がり，人口1万人前後のありふれた町にすぎませんでした。現在ではすっかり内陸の町になっておりますが，ローマ時代には海が町の近くにまで迫っておりポンペイは海を通じて世界とつながっていました。その起源は**オスク人**[1]時代にまでさかのぼり，エトルリア人，ギリシア人，サムニウム人と住民を変えてきました。前80年にローマの**植民市**[2]となったポンペイは，正式の名はColonia Cornelia Veneria Pompeianorumとなり[3]，火山噴火で滅亡する後79年までローマ人の支配する町となりました。

　町は紀元前2世紀頃から公共建造物が数多く建てられ，ヘレニズム風の都市として急速に発展しました。町の中心は南西部の一角にあるフォルム（広場）とよばれる場所であり列柱廊によって縁取られていました。フォルムの北側にはユピテル神殿があり，その両脇には凱旋門が2つ立ち並んでいます。西側にはアポロン神殿があります。西の空に向かって手を伸ばすアポロン像は有名ですが，オリジナルはナポリの博物館に収蔵されています。東側には商取引をおこなった広大なエウマキアの公会堂，南西には**バシリカ**[4]が立ち並んでいました。このフォルムを左手に少し下っていくと海の門（Porta Marina）にたどり着きます。その北側には郊外の浴場とよばれる公共浴場が，またかたわらには倉庫群が立ち並んでいました。また市南部の三角広場とよばれる場所周辺にも，劇場をはじめとする数多くの公共建造物が集中しています。市東南の一角にも**円形闘技場**[5]などがありますが，これはローマにコロッセウムが建てられる百数十年も前の建築であり，ローマ世界最古の闘技場とされています。

　倉庫群の跡がポンペイの南西の外側にものこされており，ポンペイが地中海交易網のなかに位置していることを示しています。商人や船乗りたちがフォルムで商談を終えたあと，汗を流したであろう公共浴場がいくつかのこされています。脱衣場には利用客が自分の衣服を納める棚が設けられていました。浴室の天井は丸いドームとなり，中央部には大きな明かり取りが開いていました。天井には溝が付けられ，お風呂の湯気が冷たい水となってしたたり落ちないように工夫されています。一杯やりたい人たちのために立ち飲み屋が，フォルムから北東へと延びるアッボンダンツァ街やそれと交差するスタビア街などに

---

[1] **オスク人**
イタリア土着の古代民族の1つ。鉄器時代（紀元前10〜前6世紀）ころよりポンペイ周辺に居住していた。

[2] **植民市**
ローマの完全市民権をもつ住民が住む都市。ローマ帝国の都市のなかで最も高い格づけをもつ。

[3] ウェヌス女神が嘉するコルネリア氏族のポンペイ人植民市という意味。

[4] **バシリカ**
内部を2列の柱廊で3分割されたローマ独特の建築物。裁判所や公会堂のような役割をもつ。

[5] **円形闘技場**
剣闘士や猛獣の戦いが催された，楕円形をした観客席が中央の舞台を取り囲む形態の建築物。ローマにあるコロッセウムは，付近に皇帝ネロが建てた巨人像（コロッスス）があったことによる通称であり，正式の名は「フラウィウス円形闘技場」とよばれた。

沿って点在しています。客はカウンター越しに酒やつまみとなる料理を注文し，世間話を交わしたようです。のこされている壁の落書きによると店の高価な備品を失敬していく客もいたようです。一杯やって娼婦の館に赴く人もいたようです。さまざまなエロティックな壁画に飾られた娼婦の館がのこされていますが，部屋は狭く小さなベッドがあるだけです。

　ローマ文明の大きな特徴として，水道に代表されるインフラの整備があげられます。ポンペイにもアウグストゥス帝の時代に遠く離れた水源地から水道が引かれるようになり，町中に数ヵ所ある公共浴場に給水されました。水道管には鉛の板を筒状に丸めたものが使用されていましたが，接合部分が完全ではなくあまり高い圧力を掛けられなかったようです。当時はポンプはなく，水道は自然落下の力によってのみ給水されていたので，給水施設は市の北側，最も海抜の高いヴェスヴィオ門付近にあり，そこから全市に給水されていました。個人の住宅にも噴水をあしらった庭園が造られるようになりましたが，直接家に水道を引くことができた家は少数であり，庶民は町の辻々に置かれた公共の水汲み場で水を手に入れていました。それでも水は十分ではなかったようで，雨水を地下の貯水槽に溜める工夫もなされています。これはポンペイに限らず，古代イタリア各地で長年おこなわれてきたことです。

　市内の道は段差のついた歩道と車道に分けられ，人が車道を横切るときに使用する足踏み石が置かれていました。車道は一抱えもある大きな溶岩で，歩道は煉瓦を細かく砕いて漆喰と混ぜたコッチョペストとよばれる舗装材で舗装されていました。市内を走行する車の車軸幅が規格化されていたために車道にはっきりと轍の痕がのこされています。溶岩で舗装された道は実際には歩きづらいように感じられます。

　ポンペイの建物はローマのように高層なものはなく，平屋ないしは二階建ての低層のものが一般的でした。建築構造と建築素材から高層化が不可能でした。二階の床を支える梁が道路側に突き出てアーケードを形成している箇所もあり，道行く人々を強烈な太陽の光から守る工夫もなされていました。

　町の周囲は大小さまざまな別荘（villa）がウェスウィウス火山の中腹まで広がり，葡萄酒はポンペイの名を冠したアンフォラに詰められ遠くガリア（現在のフランス）の地まで輸出されていました。ローマの平和は町を外敵の恐怖から解放し，城壁周辺はゴミ捨て場と化し，かつて兵が詰めて哨戒の任に当たった塔も倉庫に転用されたりしました。街中には畑ものこされており，建物が埋め尽くしていたわけではありません。町の有力者は農園経営者たちでしたが，彼らが住んだアトリウムをともなう邸宅も，この地方を襲った地震（紀元62年2月5日）の後は，社会的に力をつけた商人たちに道路に面した部分を貸し出すようになりました。

　ローマ時代のポンペイが突然の悲劇に見舞われたのは，79年8月24日のこと

▷6　玄関をはいった場所に，天井の一部に開口部のある広間（＝アトリウム）をもつ，ローマの特徴的な住宅建築。この天井から取り入れられた雨水を地下の水槽に貯水し，生活用水としていた。

でした。ポンペイの北西10kmの所にそびえるウェスウィウス火山が千年の眠りから覚めて突然噴火を始めたのです。その有様はさいわいにも小プリニウスが友人のタキトゥスの求めに応じて書きしるした手紙によって現在に伝えられています。爆発は昼食後のけだるい昼下がりに始まりました。ウェスウィウスは笠松状の噴煙を上空に吹き上げながら爆発を繰り返していました。ポンペイの町には大量の火山礫が降り注ぎ、サージとよばれる熱風が繰り返し町を襲いました。噴火は翌日の午前中には収まったものの、ポンペイをふくむ周辺の町や農場は泥流や降下物の下に埋もれ、静かな眠りに就いたのです。

2 ポンペイの発見と日本人による発掘

　ポンペイの町が再び人々の目にふれるようになるのは18世紀に入ってからでした。井戸の底などから発見される古代の彫刻などに人々の関心が集まり、やがて1748年、その当時南イタリア一帯を支配していたナポリ王国国王の主導で、発掘が始まりました。現在市街地区の7割近くが発掘されていますが、のこりの部分は遺跡の保全という観点から、発掘の機会はきわめて限られています。ヨーロッパにおいて考古学は「ギリシア・ローマ人の過去を遺物・遺跡から研究する」学問として誕生したのですが、その研究を進める場としてポンペイ遺跡はまさに理想的な場所でした。ポンペイが埋没した西暦79年前後の時代は、ローマ帝国が最盛期を迎えており、その栄華はポンペイのような地方都市にもうかがえます。またポンペイには優れた美術工芸品がきわめて保存のよい状態でのこされていたので、これまでは、ポンペイへの人々の関心は、壁画や彫刻などの美術品に向けられてきました。それはまた**ヴィンケルマン**などの古典考古学の強い学問的関心があったからでした。しかし近年研究者の関心はポンペイの経済生活や79年以前にさかのぼる町の歴史などにも広がりを見せ、そのような関心のもとに古代学研究所が日本の研究機関としては初めて、そして唯一ポンペイ市内での発掘調査を許可され大きな成果をあげてきました。

　1993年に、イタリア政府の正式の許可を得て、古代学研究所はポンペイを取り囲む周囲3.2kmの城壁北端における発掘調査に着手しました。ここには19世紀初頭におこなわれた発掘により「カプア門」とよばれる城門が存在したとされてきましたが、当時の記録は不完全で混乱しており、城門が存在しているという確証はありませんでした。また最初の発掘後、付近一帯は再び埋め戻されてしまったので、城壁そのものが完全に地表にはみえない状態でした。

　「カプア門」の検証以外に、この発掘にはポンペイ城壁の起源と築造過程を明らかにし、ポンペイ都市の起源と都市形成史を城壁研究により解明するというもう1つの目的がありました。上に述べたように、ポンペイはその最後の日を忠実に復元することに研究の主眼がおかれてきましたので、歴史的な形成過程についての研究は意外と遅れていました。

▷7　小プリニウスおよびタキトゥスは、ともに紀元2世紀初頭に活躍したローマの著述家。小プリニウスは、伯父で博物学者として有名な大プリニウスが、噴火当時ポンペイ付近のミセヌムという所にあったローマ艦隊の司令官をしていた関係で、噴火を望む場所に滞在していた。大プリニウスは、噴火に見舞われたポンペイを救援するための活動中に、火山ガスに巻き込まれ落命した。

▷8　この意味における考古学を、今日では古典考古学とよぶ。一方、有史以前の時代を扱う考古学は、先史考古学とよばれる。

▷9　ヴィンケルマン（Johan Winckelmann, 1717-1768）ドイツの古典考古学者。主著はGeschichte der Kunst des Altertums（1767）。しかし彼はみずからの学問を指してArchaeologieという用語を使わなかった。

▷10　現在は、研究所は閉鎖されている。

考古学的観点からみたポンペイの都市形成史に関して1980年代を通じて関心を集めたのは、「パッパモンテ」とよばれる，軟質の凝灰岩を使用石材とする構築物です。これは主として最古期の建築に使用されており，この石材を使用した城壁がローマ時代のポンペイを取り巻いていたのとほぼ同じ場所でみつかっています。それまでは，ポンペイ都市は南西部にある広場（フォルム）から段階的・漸次的に拡大発展を遂げたという説が有力でしたが，最古期の城壁が最終的に拡大したのとほぼ同じ範囲で市域を取り囲んでいたということが判明したため，ポンペイはその建設当初からかなりの規模の面積（およそ63ha）でもって成立したという説が代わって浮上してきました。

このような研究を背景として，古代学研究所のポンペイ遺跡発掘プロジェクトは断続的に2005年まで続けられました。要約すると以下のとおりです。

(1) 最古期のパッパモンテ城壁が，城壁最北端部でも検出されたことによって，ポンペイ都市はその当初から最終段階とほぼ同じ規模で成立していたという説を論証した。

(2) 数段階にわたる城壁改築の過程を明らかにするとともに，各段階における城壁建設年代についての通説を見直すさまざまな所見をえた。

(3) 19世紀以来，存在が自明視されてきた「カプア門」が実在しないことを突きとめた。これは，おそらくは19世紀の発掘当時地表面に現れていた城壁や塔の一部を城門と見間違えた結果であると考えられる。

3 ポンペイ研究の展望

日本の調査団による活動と時を同じくして，ポンペイ考古学を取り巻く潮流にも大きな変化が現れています。これまでポンペイ考古学研究の主流をなしていた美術考古学的アプローチに代わり，以下にまとめたような新たな動向が生まれています。

(1) 79年の地下を発掘し，ポンペイ形成の過程を考古学的に実証する調査が進展。従来は城壁や神殿等に限られていたが，近年は既発掘の家屋敷地内においても広範囲に発掘が進められている。

(2) 古土壌学，火山学，花粉学，動物考古学等の自然科学的研究の広範かつ組織的な活用。とりわけポンペイ遺跡を監督する考古監督局に自然科学応用研究ラボが設けられ，活発に学際的研究を進めている。

(3) ローマ史学で進展する家族社会学的なアプローチの考古学への適用。ウィトルウィウスをはじめとする古典考古学史料を読み替えつつ，ローマ人の住空間に関する近代的解釈を批判し，考古的知見からその実態に迫ろうとしている。

このように長い歴史のあるポンペイ遺跡の研究も，考古学全体の大きな流れの中で，現在大きく変貌しつつあるといえるでしょう。（中井義明・坂井聰）

参考文献

小プリニウス／国原吉之助訳『プリニウス書簡集』講談社学術文庫，1999年。

浅香正『ポンペイ――古代ローマ都市の蘇生』芸艸堂，1995年。

坂井聰「79年の下に眠る歴史――ポンペイ下層発掘調査の語るもの」『ローマと地中海世界の展開』（増補改訂版）晃洋書房，2003年。

坂井聰「イタリア・ポンペイ遺跡の発掘調査」『大阪商業大学商業史博物館紀要』第5号，2004年。

坂井聰「ポンペイ遺跡――その歴史と魅力」『イタリアーナ』（日本イタリア京都会館誌）31，2008年。

Ⅸ　周辺地域の考古学

8　メソアメリカの考古学成果

1　世界は「四大文明」だけではなかった

　日本社会では，世界の古代文明といえば旧大陸の「四大文明」をさし，アメリカ大陸を除外するという，世界的にみても特異な歴史叙述・教育が一般的です。欧米には同様な「四大文明」中心主義は存在せず，アメリカ大陸の古代文明の調査がさかんにおこなわれてきました。アメリカ大陸を最初に「発見」したのは，いうまでもなくコロンブス一行ではありません。「最初のアメリカ人」は，いまから1万2000年以上前にアジア大陸から進出したモンゴロイドの先住民たちでした。彼らは，旧大陸の諸文明と交流することなく，先スペイン期（16世紀以前）の中米メソアメリカと南米アンデスにおいて独自に一次文明を興隆させました。アメリカ大陸の2つの古代文明は，世界六大文明を形成しました。▷1

　アメリカ大陸の古代文明は，日本人の暮らしと密接なかかわりがあります。アメリカ大陸の「発見」は，世界の食文化に革命をもたらしました。トウモロコシ，トマト，トウガラシ，カボチャ，インゲンマメ，ジャガイモ，サツマイモ，ゴム，タバコ，カカオ，バニラ，アボカド，ピーナッツ，パイナップル，パパイアをはじめ，世界の作物の6割はアメリカ大陸原産です。さらに秋の代名詞コスモス，クリスマスに人気のポインセチア，他にもダリア，マリーゴールドなど，メソアメリカ原産の花は，親しみ深い観葉植物になっています。

▷1　青山和夫『古代メソアメリカ文明　マヤ・テオティワカン・アステカ』講談社，2007年。

　メソアメリカは，アメリカ大陸の中央部，つまりメキシコ北部から中央アメリカ北部（グアテマラ，ベリーズ，エルサルバドル，ホンジュラスの西半分）を範囲とします（図1）。現代メソアメリカ文化に対して，先スペイン期のメソアメリカの諸文明を古代文明と総称しますが，旧大陸の「古代」とは時期が異なります。狩猟採集民が進出した「石期」（前1万～前8000年）に始まり，植物が栽培化された「古期」（前8000～前1800年）が続きました。「先古典期」（前1800～後250年）には土器や農耕定住村落が定着し，神殿ピラミッドが林立する都市文明が一部の地域で

図1　メソアメリカの主要遺跡

成立しました。「古典期」(250〜1000年) には，都市文明が各地で興亡しました。その後16世紀にスペイン人が侵略するまでは「後古典期」とよばれ，植民地時代 (1821年まで) を経て，現在 (独立国家時代) にいたります。

　モンゴロイド独自のメソアメリカ文明が，旧大陸の「四大文明」や西洋文明との交流なしに発展したことは，「文明とは何か」を理解するうえできわめて重要です。このことは，旧大陸の「四大文明」が最初に起こり，以降の文明はこの流れを組むという古い見方を覆すからです。メソアメリカ文明は，「我々人類」の歴史の重要な一部をなします。その末裔である先住諸民族は千数百万人を超え，現在進行形の生きている文化を創造しつづけています。

▷2　青山和夫・米延仁志・坂井正人・高宮広土『マヤ・アンデス・琉球──環境考古学で読み解く「敗者の文明」』朝日選書，2014年。

2　「四大文明」史観を覆す

　メソアメリカ文明は，農業を生業の基盤とし，文字，都市，初期国家，神聖王をはじめ，旧大陸の「四大文明」との共通点が多く認められます。一方，メソアメリカ文明には，旧大陸の「四大文明」とは異なる特徴があり，人類の文明を考えるうえで目を開かせられます。第1に，メソアメリカは政治的に統一されず，多様な文明が共存しました。このことは，人類史上において稀有な現象であり，統一王朝＝文明という見方への反証といえましょう。旧大陸の「四大文明」の諸王朝，クスコやマチュピチュなどの都市を擁したアンデスのインカ国家 (15世紀半ば〜1532年) が統一をなしとげたのとは対照的です。

　第2に，メソアメリカの多様な自然環境は，旧大陸の「四大文明」の乾燥あるいは半乾燥地域の大河流域とは異なります。たとえば，ナイル川流域の砂漠の単調さと比べると，熱帯・亜熱帯地域に属するメソアメリカでは，熱帯雨林，熱帯サバンナ，ステップ，砂漠，針葉樹林などが分布し，最高峰オリサバ山 (海抜5699m) などのメキシコ中央高地の火山は，雪を冠します。

▷3　青山和夫・米延仁志・坂井正人・高宮広土編『文明の盛衰と環境変動──マヤ・アステカ・ナスカ・琉球の新しい歴史像』岩波書店，2014年。

　第3に，メソアメリカ文明は，主に中小河川，湖沼，湧水などを利用した灌漑農業，段々畑，家庭菜園，焼畑農業などの非大河灌漑文明でした。「四大河文明」が，大河流域で大規模な灌漑治水事業を発達させたのと対照的といえましょう。つまり大河川は，メソアメリカ文明の必要条件ではなかったのです。

　第4に，メソアメリカでは，農耕定住村落の確立後 (前1800年以降)，数百年で文明が発達しました。対照的に旧大陸の「四大文明」は，農耕定住村落の確立後，数千年にわたって形成されました。

　第5に，メソアメリカでは，家畜は，イヌと七面鳥くらいでした。ミルクや乳製品を提供したり，農耕地を耕したり，人や重い物を運ぶ大型家畜は皆無でした。牧畜リャマやアルパカのようなラクダ科動物もいなかった点は，アンデス文明と異なります。小型の車輪付き土偶が示すように，車輪の原理は知られていましたが，大型家畜がいなかったので荷車や犂は発達しませんでした。旧大陸の「四大文明」と比べると，メソアメリカ文明における家畜の役割は小さ

IX　周辺地域の考古学

　第6に，メソアメリカ文明は，石器を主要利器とした，きわめて洗練された「石器の都市文明」でした。旧大陸の「四大文明」のように，金属利器が広範に実用化されず，アンデス文明と同様に，鉄は一切使用されませんでした。石器が主要な利器であり，その他の日常生活の道具は，木，骨，角，貝などで製作されました。金，銀，銅，金・銀・銅の合金製装身具・儀式器が頻繁に使用されはじめたのは，9世紀以降でした。石器が主要利器であったことは，メソアメリカ文明が，旧大陸の「四大文明」よりも「遅れていた」ことを必ずしも意味しません。この文明の支配層たちは，旧大陸と交流することなく，アメリカ大陸で唯一，ゼロの概念や文字体系を発達させました。文字の発達は，同じくモンゴロイドの土着文明でありながら，文字のなかったアンデス文明と対照的です。

　メソアメリカの先住民たちは，結果的に，鉄器，荷車，人や重い物を運ぶ大型の家畜を「必要」としませんでした。石器を主要利器として不自由なく生活し，基本的に新石器段階の技術と人力エネルギーで，巨大な神殿ピラミッドが林立する都市文明を築き上げたのです。したがってメソアメリカに石器時代，青銅器時代，鉄器時代の順に発展した旧大陸の3時代区分法を適用できません。すなわち，「鉄器文明＝先進文明」という図式は，必ずしも成り立たないのです。科学文明の現代人が，石器を主要利器とした手作業の技術と人力エネルギーだけで都市を築き上げることは不可能といえるでしょう。メソアメリカ文明は，人類史において最も洗練された「石器の都市文明」だったのです。

▷4　青山和夫『マヤ文明――密林に栄えた石器文化』岩波新書，2012年。

3　メソアメリカの石器

　石器は，大きく打製石器と磨製石器に二分されます。打製石器の石材としては，黒曜岩とチャート（珪岩）が主流です。先スペイン期メソアメリカで代表的な黒曜岩製石器は，石刃核から連続して押圧剥離された石刃でした。主に実用品であった石刃は文明が発達した前1200年頃から16世紀まで大量生産されました。その他の黒曜岩製石器やチャート製石器としては，スクレイパー（掻器・削器），石錐，抉入石器，鋸歯縁石器，両面調整尖頭器や石刃鏃などがありました。黒曜岩やチャートを，人物，サソリ，蛇，月などの形に精巧に加工したエクセントリック石器は，供物や副葬品として埋納されました（図2）。

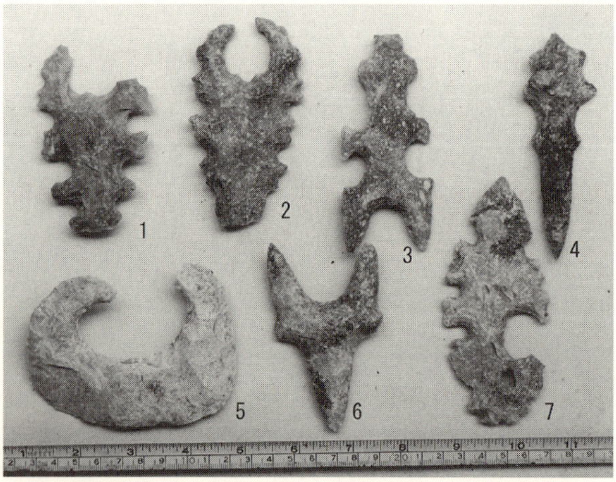

　磨製石器としては，製粉用石盤メタテと石棒マノ，磨製石斧，バークビーター（樹皮紙を製作

図2　マヤ文明のアグアテカ遺跡「神殿L8-5」（グアテマラ）出土のチャート製エクセントリック石器（8世紀前半）
1・2：サソリ，3：人物，4：トカゲ，5：三日月，6：三叉の三日月，7：抉入両面調整尖頭器（著者撮影）

するための叩石），紡錘車，石皿，磨石，砥石，翡翠製装身具（腕飾，耳飾，胸飾，指輪，足首飾，足の指輪，モザイク仮面），黄鉄鉱製モザイク鏡，アラバスター製容器などがありました。

④ 共存した多様な文明

　上述のように，先スペイン期のメソアメリカは，政治的に統一されず，多様な文明が共存しました。地方色豊かな諸文明が，遠距離交換網を通して多くの文化要素を共有したために，ひとつの文明複合としてくくれるのです。共有文化要素としては，神殿ピラミッド，都市，国家，神聖王，王墓，戦争，文字，天文学，20進法の数字体系，複雑な暦，絵文書，石彫や彩色土器などの洗練された美術様式，宗教体系，翡翠やケツァル鳥の羽根などの威信財，球技場でおこなわれた球技と球技具・防具，トウモロコシ，マメ類，カボチャ，トウガラシなどを栽培する農業，家畜のイヌと七面鳥，黒曜岩製石刃などがあります。

　メキシコ湾岸低地南部のサン・ロレンソやラ・ベンタでは，メソアメリカ最初のオルメカ文明（前1200～前400年）が，日本人には生活が不向きと思われる，熱帯雨林の高温多湿の気候下で発達しました。オルメカ文明は，巨石人頭像，**半人半ジャガー像**◁5（図3）など，メソアメリカで最初に石造記念碑を創造した文明で，大規模な土製神殿ピラミッドでも名高いです。サン・ロレンソ遺跡の近くにある，カスカハル遺跡では，前10世紀にアメリカ大陸最古の文字が蛇紋岩塊に刻まれました。メキシコ湾岸低地中央部では，石製球技具が特徴的な古典期ベラクルス文明が栄えました。大都市エル・タヒンは，17ヵ所の球技場を誇り，石彫には王の名前の文字や球技者の図像が彫刻されています。

　ユカタン半島では，マヤ文明（前1000年～16世紀）が名高いでしょう。マヤ地域は，針葉樹林が広がり湿潤なマヤ高地，大部分が熱帯雨林のマヤ低地南部，半乾燥地域の熱帯サバンナやステップのマヤ低地北部に，大きく三分されます。文化的にも大きな地域差がありましたが，支配層は，先スペイン期のアメリカ大陸で，文字，暦，算術，天文学を最も発達させ，旧大陸のインダス文明と並び，人類史上でゼロの概念を独自に発明しました。カミナルフユは，マヤ高地で先古典期・古典期最大の都市として栄えました。先古典期後期（前400～後250年）最大の都市エル・ミラドールでは，高さ72m，底辺620m×310mを誇る，メソアメリカ最大の神殿ピラミッドをはじめ巨大な建物群がそびえ立ちました。同じくマヤ低地南部では，ティカル，カラクムル，カラコル，パレンケ，アグアテカ，マヤ低地北部では，チチェン・イツァ，ウシュマル，コパーなどの諸都市が繁栄しました（図4）。マヤ文明は盛衰を繰り返しながら，スペイン人の侵略まで発展し続けたのです。

　チアパス・グアテマラ太平洋岸低地の気候は高温多湿であり，熱帯サバンナの

図3　サン・ロレンソ遺跡（メキシコ）の半人半ジャガー像（前1200～前900年）
（著者撮影）

▷5　**半人半ジャガー像**
人間と最強の猛獣ジャガーの超自然的な産物で，王権や戦争に関連。

▷6　青山和夫『古代マヤ——石器の都市文明　増補版』京都大学学術出版会，2013年。

Ⅸ 周辺地域の考古学

海岸線はマングローブの森に覆われています。イサパやエル・バウルでは，イサパ文明という，先古典期後期の浅浮き彫りの石彫様式や文字に代表される独自の文明が発達しました。古典期後期・終末期（600～1000年）には，独特の石彫様式と文字を有するコツマルワパ文明が栄えました。エル・バウルを含む大都市「コツマルワパ中核部」は10km²以上にひろがり，舗装堤道や橋で結ばれていました。石碑には，日付や個人の名の文字，球技や人身犠牲の図像が多くみられますが，王と貴族，あるいは神々との交流のような歴史的・神話的な場面もあります。

メキシコ南部高地のオアハカ盆地は，半乾燥地域ですが，多くの中小河川が流れています。山上都市モンテ・アルバンを首都として，サポテカ文明（前500～後750年）が栄華を誇りました。サポテカ文明の支配層は，マヤ文明に次いで複雑な文字体系を築き上げました。サポテカ文字の碑文には，マヤ文字の碑文と同様に，王の即位や戦争などの王朝史が記録されました。後古典期には，オアハカ州北西部の山間部から太平洋沿岸地域にかけて，ミシュテカ文明（900～1522年）が花開きました。ミシュテカ人は，精巧な金製装飾品やトルコ石製モザイク細工をはじめ，後古典期のメソアメリカを代表する優れた工芸・芸術で名高いです。

メキシコ中央高地では，古典期のメソアメリカ最大の都市テオティワカンを中心にテオティワカン文明（前100～後600年）が栄華を誇りました。半乾燥地域ですが，大河はありません。最盛期の200～550年には，23.5km²の碁盤目状の計画都市に約12万～20万人の大人口が集住しました。マヤ文字は4万～5万を数えるのに対して，テオティワカンでは，現在までに，地名，神の名前，暦など120くらいしか文字が確認されていません。旧大陸の「四大文明」では伝統的に文字が文明の条件として重視されますが，テオティワカン人は，旧大陸の「四大文明」やマヤ文明とは異なり，複雑な文字体系の恩恵なしに，当時のアメリカ大陸で最大かつ，ローマに匹敵する世界的な大都市を発展させたのです。

メキシコ中央高地では，その後屈指の国際都市トゥーラを首都としたトルテカ文明（900～1150年）が，遠距離交換を通じて広範な地域と交流し，最後にアステカ文明（1350～1521年）が，20万km²におよぶメソアメリカ最大の王国を築き上げました。メキシコ盆地にある首都テノチティトランとトラテロルコは，盆地中央部のテスココ湖の14km²ほどの島の上に隣接して建設されました。それは，20万～30万人の人口を擁する，人口の規模では先スペイン期のアメリカ大陸で最大の都市であり，都市人口は同時期のロンドンの5倍に相当しました。

アステカ王国は，無敵ではなく，未征服地が多く残されました。最大のライバルは，メキシコ西部の大国タラスコ王国（1350～1522年）でした。タラスコ人の戦士は勇猛で名高く，1478年には2万4000人ものアステカ王国の遠征軍が，タラスコ軍に壊滅的な大敗を喫しました。首都ツィンツンツァンは，公用語の

図4 マヤ文明の世界遺産ティカル遺跡「神殿1」（グアテマラ）（8世紀前半）
（著者撮影）

プレペチャ語で「ハチドリの地」という意味で，7 km²の範囲に3万人ほどが居住していました。

5 メソアメリカの考古学成果の今日的意義

メソアメリカ考古学は，民族学の調査や人間の一生では観察不可能な長い時間枠の中で，いつ，どこで，なぜ，どのように，文明，都市，王権や初期国家が盛衰したのかという，通時的変化を明らかにできます。メソアメリカ考古学を学ぶことは，紀元前からスペイン人の侵略までのメソアメリカに関する知識をえるだけでなく，現代メソアメリカの先住諸民族の豊かな歴史・文化伝統や中米諸国の文化・社会・歴史を理解するうえでも重要です。さらにメソアメリカをはじめとするアメリカ大陸原産の栽培植物はコロンブス以降の世界の食文化に革命をもたらし，現代世界の食生活において重要な位置を占めています。

現代社会とメソアメリカの諸文明の環境，農業，政治，経済を比較研究し，その歴史的教訓を学ぶことも重要です。なぜならば，現代地球社会の諸問題（地球規模の環境破壊，都市化と農業人口の減少，環境破壊にくわえて地球人口の増加にともなう食糧難・水不足，戦争・テロなど）を解決する糸口を見いだし，持続可能な発展及び大惨事回避の鍵となりうるからです。旧大陸世界との交流なしに独自に発展したメソアメリカ文明の考古学は，文明とは何か，人類とは何か，人間の社会や文化の共通性と多様性について，旧大陸の「四大文明」あるいは西洋文明と接触後の社会の研究だけからはえられない，新たな視点や知見を人類史に提供できるのです。

6 「古代アメリカの教科書問題」と「真の世界史」

たいへん残念ながら，古代アメリカで盛衰した諸文明は，日本ではまだあまりよく知られていません。「謎・神秘の古代文明」として紹介されることが多く，いまなお学術研究と一般社会のもつ知識の乖離は大きいのです。テレビ番組の視聴率や一般書・雑誌の売り上げを稼ぐために，謎・不思議・神秘性をおもしろおかしく強調した，古代アメリカの諸文明観が捏造・再生産され，消費されつづけています。

最大の原因は，世界史の教科書でスペイン人侵略以前のアメリカ大陸の文明や歴史に関する記述が質量ともにきわめて貧弱なためです。アメリカ大陸の多様な諸文明を同一視・混同する「インカ・マヤ・アステカ」シンドロームは，西洋中心主義的な世界史の教科書によって形成・助長されてきました。人類史を正しく再構成するためには，旧大陸の「四大文明」とアメリカ大陸の古代文明を世界の一次文明として対等に位置づけなければなりません。世界六大文明を構成した，メソアメリカ文明とアンデス文明の適切かつ十分な記述を抜きにして，よりグローバルな「真の世界史」とはいえないのです。　　　（青山和夫）

＊本稿は，平成21-25年度科学研究費補助金新学術領域研究「環太平洋の環境文明史」（代表青山和夫）と平成21-25年度科学研究費補助金基盤研究B「マヤ文明の政治経済組織の通時的変化に関する基礎的研究」（代表青山和夫）の成果の一部である。

X 考古学と社会

1 地域社会と考古学

1 考古学の力

　文化財は，わが国の歴史と文化を理解するうえで欠くことのできない国民共有の財産であるとともに，地域の歴史や文化の成り立ちを明らかにすることのできる貴重な地域資産です。少子高齢化や地域再編などにより，生活様式や価値観が多様化するなかで，文化財や伝統的な文化への関心が高まっており，文化財を活かした個性あふれる地域づくり・ひとづくりがもとめられるようになっています。

　国では，一定の関連性をもちながら集まった文化財の総体としての保護や，社会全体で文化財を継承していくための方策を示しています。また埋蔵文化財についても，行政としてあるべき姿を総体として示した報告も出されています。▶1

　文化庁は，2006・07年の2カ年，世界遺産暫定一覧表記載資産に関して，これまでの国主導の手法に代えて，都道府県および市町村からの共同提案をうけつける方針を出しました。その結果，28道府県168市町村から，32件の提案がなされました。これによって，すでに世界遺産登録された文化資産に暫定一覧表の記載資産をくわえると，ほとんどの都道府県が世界遺産を視野に入れたことになります。

　世界遺産の審査基準には，構成資産の顕著な普遍的価値，真実性・完全性の証明，国内法による万全の保護措置等の高いハードルがありますが，提案の背景には，それぞれの地域が宝をもっているという認識に立ち，歴史遺産の活用が社会的課題に有効であるとの行政判断がはたらいたことは間違いありません。

　世界遺産の構成資産は土地にともなう文化財が対象であるため，考古学がその価値の証明の有効な手法になる事例も多く，2007年に世界遺産登録された「石見銀山遺跡とその文化的景観」では，石見銀山遺跡の価値づけに発掘調査が大きな力となりました。▶2

　文化財保護法に規定する埋蔵文化財（遺跡とほぼ同義）は，土地に埋蔵されている文化財の総称で，埋蔵文化財包蔵地は全国で44万ヵ所といわれています。埋蔵文化財は時代・種別はさまざまですが，全国各地にのこり，文字史料のみでは限りのある歴史や人々の生活・生業を明らかにすることのできる特性を有しています。身近にある埋蔵文化財の調査研究により，地域の再評価や地域イメージの刷新を可能にする考古学は，地域づくりにも重要な役割を担っています。

▶1　『文化審議会文化財分科会企画調査会報告書』文化審議会文化財分科会企画調査会，2007年10月30日。
『埋蔵文化財の保存と活用（報告）――地域づくり・ひとづくりを目指す埋蔵文化財保護行政』埋蔵文化財発掘調査体制等の整備充実に関する調査研究委員会，文化庁，2007年2月1日。

▶2　毛利和夫『世界遺産と地域再生――問われるまちづくり』新泉社，2008年。

2 アイデンティティとしての考古学的資産

　埋蔵文化財は発掘調査を経て，価値が定まるという特性を有しており，その重要度により，史跡として指定され，整備・活用されます。記録保存の調査から始まった三内丸山遺跡（青森県）や吉野ケ里遺跡（佐賀県）などはその典型であり，地域のシンボルとして多くの人々を誘い，地域に誇りをあたえる資産になっています。ここでは発掘調査が有効な史跡および遺跡・遺構・出土遺物を包括して，「考古学的資産」とよぶことにします。

　筆者が居住する徳島県（阿波）は史跡数が8件で全国最下位，史跡の整備率は10％に満たず，他地域に大きく遅れてきました。埋蔵文化財包蔵地も約3000ヵ所で，遺跡の分布密度もさほどではありません。しかし，銅鐸は出雲地域に次ぐ出土数であり，阿波国府に関連する観音寺遺跡からは大量の木簡が出土するなど，全国的に注目される発掘成果がえられています。

　近年の調査研究では，ホケノ山古墳（奈良県）の石囲い木槨の始原的構造をもつ萩原1・2号墓（鳴門市）の積石木槨（弥生時代後期末〜終末期）や，それからの発展とみられる西山谷2号墳（鳴門市）・宮谷古墳（徳島市）の竪穴式石室構造からは，阿波地域において独自に板石小口積み竪穴式石室が成立した可能性が出てきています。また闘鶏山古墳（大阪府）など，摂津・淀川水系を中心に点在する結晶片岩を用いた竪穴式石室には，阿波地域からの結晶片岩の搬出，石室構築技術の提供などが想定されるようになってきました。▷3

　阿波地域が列島史のなかで重要な位置を占めた事例として，地域のアイデンティティを構築する要素となりうるものですが，地域住民がそうした歴史的背景や資産を大切に思い，地域の誇りと感じるものでなければアイデンティティの創出にはつながりません。1990年，イコモス（ICOMOS，国際記念物遺跡会議）総会において採択された「考古学的遺産の管理・運営に関する国際憲章」では，考古学遺産は地域の人々の生きている伝統の一部を形成しているため，その保護には「地域の文化的集団が参加することが，その保護及び保存にとって極めて重要である」と規定していますが，留意すべき視点です。▷4

　ところで，史跡や遺跡は単独で存在するのではなく，自然的要因や歴史的・文化的背景，また周辺の遺跡と相互に関連しながら存在しています。そうした遺産を保全し，アイデンティティの確立につなげるためには，調査研究にもとづく情報発信とともに，単体ではなく一定空間に分布する関連文化財の脈絡を地形や景観などとあわせて明らかにし，そこに暮らす人々が親しみをもち，共有できるシステムづくりが必要でしょう。

3 考古学的資産の総合活用戦略

　徳島県では現在6件の史跡で整備が始まっており，史跡指定をめざした取り

▷3　菅原康夫「阿波の集落と初期古墳」『ふたかみ邪馬台国シンポジウム6　邪馬台国時代の阿波・讃岐・播磨と大和』香芝市教育委員会・香芝市二上山博物館，2006年。森田克行「闘鶏山古墳の竪穴式石槨の系譜」『闘鶏山古墳石槨画像・環境調査報告』高槻市教育委員会，2007年。

▷4　「考古学的遺産の管理・運営に関する国際憲章」1990年イコモス採択（日本イコモス国内委員会訳）史跡等整備の在り方に関する調査研究会編『史跡整備の手引き――保存と活用のために』文化庁記念物課，2004年，所収。

X 考古学と社会

組みも進められています。史跡整備の最終的な目的は史跡を保存し、それを活かした地域づくりにあるといえますが、これらが個別に進められた場合、県域全体での活用効果を視野に入れた整備は難しく、小規模で自己完結的な事業に終始する可能性が高いと判断されました。

そのため、県では史跡を核として、周辺の考古学的資産をベースに、関連する他類型の文化財を夢のあるストーリーをもつ群として位置づけ、埋蔵文化財センターや博物館・資料館と結び、活用価値を高め、文化財を活かした地域振興に寄与することを目的に、2006年度に「いにしえ夢街道推進事業」を立ち上げました[5]。

県域に時代の異なる4つの活用ゾーンを設定し、(1)総合的な保存活用計画・ゾーン内の活用ルート・活用プログラムの策定、(2)資産にかかわる情報の発信、(3)企画展示・シンポジウムやイベント等による交流促進、(4)資産の保存活用にかかわる多様な人材の育成、の4分野の事業を実施しています（図1）。県・市町・関係施設が連携し、住民の参加・協働にもとづいた文化財活用のネットワークを構築し、新しい文化資源の創出と徳島の魅力を内外に発信することによって、県域の活性化をめざしています。

図1 考古学的資産の総合活用計画例

4 地域づくりへの考古学手法の拡大

発掘調査で検出される噴砂や地層のズレ等の被災情報と文字史料とのクロスチェックによる地震の周期予測[6]、防災計画の策定にも考古学の適用範囲はひろがっていますが、地域づくりへの考古学的手法の適用事例を2つあげます。
(1)三好市東祖谷山村落合は、山の急斜面に沿ってひろがる山村集落で、急斜面を切り盛りして前後に石垣を築いて敷地を造成する、祖谷地域独特の山村景観を形成しています。江戸中期から明治期の54棟の建造物や石垣・里道・社叢などが2005年に国の重要伝統的建造物群保存地区に選定されています[7]。

市では保存地区内の公開施設として、明治34年（1904）の棟札の写しがのこる茅葺きの選定家屋を建造当初の姿にする修復事業を2007年よりおこなっています。この家屋の現況は祖谷地域を中心に剣山地に広くみられる、家屋の前面縁先中央に設置される前便所[8]がなかったため、建造当初の有無を確認するための発掘調査をおこなっています。過去にも隣接集落にあった国の重要文化財

▶5 徳島県教育委員会『いにしえ夢街道基本計画』2008年6月、『いにしえ夢街道実施計画』2011年3月。http://awakouko.info.

▶6 寒川旭『地震考古学』中央公論社、1992年。

▶7 増井正哉編『東祖谷落合 伝統的建造物群保存対策調査報告書』徳島県三好郡東祖谷山村教育委員会、2003年。

▶8 前便所
ユドノともよばれる小便溜で、かつては防火用水としても用いられたといわれる。

242

「小采家住宅」の移築にともない、土間の発掘調査を実施し「イモアナ」・「前便所」の位置と形状を確認していますが、古民家の修復に有効な成果を提供することが可能です。

(2)第1次世界大戦が勃発した大正3年（1914）、日本国は日英同盟にもとづき、連合国の一員としてドイツ租借地の中国青島を攻略しました。その結果、4700名のドイツ兵が俘虜となって日本に移送され、各地の収容所に収容されました。鳴門市にあった板東俘虜収容所跡は全国16ヵ所の収容所（後7ヵ所に統合）の1つで、1028名が収容され、小さなドイツ街を形成していました。この収容所ではハーグ条約にもとづいた人道的な管理がおこなわれ、地元住民との交流のなかでドイツ文化が伝えられました。ベートベンの第9交響曲のわが国における初演の地としても知られています。

鳴門市では収容所跡の国の史跡指定に向け、収容所の施設配置図と遺構を検証するための発掘調査をおこなっており、兵舎棟と俘虜の食事を賄った製パン所の石窯の煉瓦積み基礎構造を明らかにしています（図2、3）。兵舎棟基礎の煉瓦は刻印から香川県観音寺市の讃岐煉瓦の製品であることが判明しており、陸軍営繕工事における資材調達の一端がうかがえる重要な成果がえられています。

収容所跡周辺には、国の登録有形文化財となっているバラッケ（旧兵舎）3棟、俘虜が構築した「ドイツ橋」・「ドイツ兵の慰霊碑」（1919年完成・県史跡）、収容所内で印刷された新聞「ディ・バラッケ」やコンサート・演劇会の多色刷プログラム（県有形文化財）等を展示した「鳴門市ドイツ館」があります。これらの資産・施設を総合的に位置づけ、市民による利活用を視野に入れた整備をおこなうことにより文化的観光資源の創出や地域の活性化につながることが期待されます。

文化財保護は息の長い取り組みが必要であり、具体的な成果が出るまでには時間を要しますが、考古学的資産と関連文化財の群としての保存・活用は、地域特性の理解に有効であり、適用範囲が広い、新たな方向性を示すものと考えています。また土地の履歴を明らかにするうえで、発掘調査は時代を問わず適用可能です。そうした点においても、地域固有の資産にオンリーワンの価値を見いだすことのできる考古学の役割には、未知数の可能性があるといえるでしょう。

(菅原康夫)

▷9　菅原康夫「徳島県東祖谷山村小采家住宅の発掘」『日本民俗文化体系月報4』小学館、1983年。

▷10　C.バーディック、U.メースナー、林啓介『板東ドイツ人捕虜物語』海鳴社、1982年。
林啓介『望郷のシンフォニー――「第九」日本初演事情』長征社、1986年。
富田弘『板東俘虜収容所――日独戦争と在日ドイツ俘虜』法政大学出版局、1991年。
田村一郎編『どこにいようとそこがドイツだ』鳴門市ドイツ館、2000年。

▷11　下田知隆「板東俘虜収容所遺構の発掘」『ルーエ　鳴門市ドイツ館館報』19、2008年。下田知隆・森清治『鳴門市内遺跡調査事業に伴う埋蔵文化財発掘調査概要報告書　3』鳴門市教育委員会、2008年。

図2　検出されたパン窯基礎
(鳴門市教育委員会提供)

図3　製パン所のパン窯
(鳴門市ドイツ館提供)

X 考古学と社会

2 遺跡の保存と活用

1 消えゆく遺跡たち

　考古学の講座や講演会，発掘現場の説明会は，多くの市民でにぎわっています。遺跡や博物館を支える市民のボランティア活動も増えています。考古学に対する市民の関心は高いといえるでしょうが，それだけ遺跡の価値や意義が社会的に認知されているかといえば，残念ながら厳しい現実があります。

　現在わが国では，約44万ヵ所の遺跡が確認されており，近年は年間8000件前後の発掘調査がおこなわれています。世界的にも傑出した多さです。しかし，その発掘調査の9割以上は，開発事業で遺跡を壊すためにおこなわれる緊急発掘です。バブル期の発掘件数は年間1万2000件にも及びました。遺跡を所管する自治体は，遺跡保護のために開発側と事前に協議をしますが，その協議が不首尾に終わると，遺跡を記録として残すための発掘がおこなわれ，調査終了後，遺跡は破壊されます。営利を目的とする開発事業の場合の発掘調査は，国民共有の財産である遺跡を営利のために破壊する代償として，開発側が費用を負担する「原因者負担」によっておこなわれます。原因者負担による発掘調査では，調査の過程で予想以上に重要な遺跡であることが明らかになっても，遺跡保存のための費用負担や事業の計画変更に行政側が対応しきれず，毎年数多くの貴重な遺跡が姿を消しているのが現状です。

　とりわけ近年，厳しい行財政改革と不景気により，どこの自治体も深刻な財政難に直面しています。経済効果や目にみえる形での成果が優先され，文化事業は不要不急なものとして切り捨てられる危険にさらされています。2008年，大阪府立弥生文化博物館に売却案がつきつけられたのは，その象徴的な出来事でした。経費削減のため，全国各地で博物館への指定管理者制度導入や発掘調査への民間会社の参入が進んでいます。行政のスリム化にともない，考古専門職員の補充は停滞しています。遺跡保存どころか，考古学の未来が危うくなっているのです。

　こういう時代だからこそ，遺跡の価値や魅力を理解してくれる市民をひとりでも増やすことに，いままで以上に真剣に取り組まなければなりません。そのためには，個々の遺跡の学問的な価値や意義にくわえて，地域社会における遺跡の文化的・社会的価値を，どれほど説得力をもって語り，実践例で示すことができるか，だと思います。

▷1　岡村道雄によれば，平成3年までの17年間に約8万ヵ所の遺跡が発掘され，事業の計画変更によって一部でも保存された遺跡は約290ヵ所，わずか0.3％である（第1期むきばんだやよい塾（2001年2月）の講義「遺跡活用における行政の役割，市民の役割」より）。

▷2　売却案は撤回されたが，予算は大幅に削減された。

2 遺跡の社会的有用性について——まちづくりの資源として

　大阪府のように財政危機を理由に文化や歴史を切り捨てようとする自治体が現れる一方で，島根県のように，文化や歴史を地域の魅力増進や活性化の基盤として掲げる自治体が増えているのも事実です。従来，歴史遺産の保護・継承の取り組みが低調だった大都市やその周辺諸都市も，まちの文化や歴史に投資してまちの魅力や都市格を高めることにより，激しい人口流動を抑えて財政基盤を確保しようとしています。過疎化や高齢化に悩む自治体では，地域に残る歴史や伝統文化，自然環境など，都市部で失われつつあるものを資源として，地域に吸引力をもたせようとしています。文化インフラへの投資とその充実は，地域経済活性化のための重要な活路でもあるのです。

　国もまた，文化・歴史を核とするまちづくりを重視するようになりました。96年には文化庁による「文化のまちづくり事業」が始まり，08年には農林省・国交省・文科省による「歴史まちづくり法」が制定されました。文化や歴史がまちづくりの核となるならば，遺跡もまたまちづくりの有効な資源であるはずです。その有効性として，(1)地域史検証の場，(2)まちの個性，アイデンティティの根源，(3)新たな地域像の創出，(4)まちのシンボル，(5)情報発信源，(6)観光資源，(7)アメニティの向上，(8)体験学習の場，(9)市民活動の場，(10)まちの品格・文化度の向上などがあげられます。

　こうした価値を付加することで，遺跡は，研究者のためだけのものでなく，地域社会にとって貴重な文化資源になるのです。

3 遺跡を支える人づくり

○遺跡サポーターの育成

　開発事業による経済効果は永続するとはかぎりませんが，遺跡は時を経るほどに価値を増す資源です。ただし，資源は「そこにある」だけでは何も生み出しません。そこに人がかかわり，活用されることで，資源は資産となります。遺跡も，整備・活用することによって，地域固有の「文化資産」になるのです。

　資源を資産に磨きあげるのは，「ひと」です。遺跡の保存・整備（ハードウェア）は，その遺跡をどう活用したいか（ソフトウェア）によって方針が決まります。遺跡活用の理念や実践のしかたは，人的資源（ヒューマンウェア）に左右されます。言い換えれば，優れた人材の確保と育成が遺跡の保存・活用の第一歩なのです。

　この人的資源には行政職員・研究者・市民の3者があります。ここでいう市民は，たんに遺跡を訪れたり，講座やイベントなどの事業に参加する「参加型市民」ではなく，行政・学界のパートナーとして遺跡の活用事業に参画する「活動型市民」，いわゆる遺跡サポーターのことです。冒頭に述べたように，考

▷3　島根県立古代出雲博物館の経済効果は28億円とも50億円ともいわれている。

▷4　文献資料の乏しい地域でも，たいていの場合，遺跡は存在する。先人たちの暮らしぶりは，地域の魅力・可能性の再発見をもたらし，地域への誇りと愛着を増幅する。

▷5　まちの歴史と自然環境は，世界に2つとない，そのまち固有の資源である。

▷6　市町村合併にともない，新しい自治体・住民の一体感・連帯感を築くために，市町村境のなかった古代の地域像に学ぼうという取り組みが各地でおこなわれている。

▷7　人目をひくような遺跡の復元をすることではない。遺跡の存在そのものがシンボルの意味をもつということ。

▷8　緑地保全・環境保全・景観保全，憩い・癒しの場，無秩序な都市化の抑制など。

▷9　遺跡は，身近に触れることのできる本物の歴史教材であり，過去を追体験できる場として，生涯学習や学校教育の補完に活用できる。

▷10　ガイドや草刈などのボランティア活動，コンサートや祭などのイベント開催，自然観察，写真撮影，スケッチなどの場として。

▷11　遺跡の保存・整備・活用のあり方は，歴史を大切にするまちであるかどうかのバロメーターとなる。

古学を学ぶことには熱心でも，その学習が自己完結・自己充足にとどまる参加型市民は，必ずしも遺跡の保存活用の推進力に直結しません。もちろん，こうした参加型市民も遺跡の理解者として大切な存在であり，そういう市民を増やすために遺跡の整備・活用がおこなわれているわけですが，遺跡活用に継続的な活力をあたえ，地域に根差した遺跡活用を実現させるためには，地域住民の参画と協働が欠かせません。

遺跡サポーターは，行政・学界と市民との橋渡しをしてくれます。遺跡の活用事業に市民がかかわることで，事業に市民感覚がくわわり，市民への共感を得やすくなります。遺跡サポーターの存在や活動そのものが，遺跡の情報発信源にもなります。活動型市民は，遺跡のみならず，地域活性化の推進力にもなりえます。遺跡は，そういう市民を育成する場であることによっても，地域の貴重な資源といえるでしょう。遺跡サポーターの確保と育成は，これからの考古学の大きな課題です。実際，最近は多くの自治体が，ボランティアガイド養成や市民参画のイベントに取り組むようになりました。

◯「参画と協働」のあり方

近年どこの自治体でも，さまざまな分野で市民の「参画と協働」が掲げられています。この「参画と協働」とは，予算や人手の不足を補うために市民を手足代わりに使うことではなく，企画段階からともに汗を流し，ともに責任を負うことです。上意下達は「参画」ではなく，アリバイづくり的な市民参加や下請け的な市民協力は「協働」ではありません。遺跡にかかわる官・学・民は，立場は異なりますが，遺跡の保存活用という同じ目的をめざす"同志"です。行政は行政にしかできないこと，研究者は研究者にしかできないことをやり，そして市民は市民にしかできないことをするのであって，市民でもできることをするのではありません。そうしてお互いにたりない部分を補いあい，支えあうパートナーとして，円滑かつ友好的な信頼関係を構築してほしいものです。

遺跡でおこなわれる市民の自主的活動に関しては，行政はアームス・レングスの原則にのっとり，遺跡保護と事故防止の許容範囲のなかで，市民の自主性・主体性をできるだけ尊重し，市民の活動力を養うことが肝要です。行政による過剰な支援や干渉，無関心は，市民の主体性や活動意欲を萎えさせます。また，市民の遺跡サポート活動が持続・安定しておこなわれるような条件整備，仕組みづくりも必要です。

④ 遺跡を活かす市民の活動——山陰の事例から

◯学習から活動へ

市民団体「むきばんだ応援団」は，ゴルフ場建設のために破壊の危機に直面していた鳥取県妻木晩田遺跡（鳥取県）の保存を求めて，1999年2月に発足しました。遺跡の全面保存が決定した後も，遺跡の普及・活用のために「むきば

▷12 行政と市民との距離を腕の長さにたとえ，「（腕の長さだけの）支援はするが，（腕の長さ以上に）干渉しない」という意味。市民活動の自立性・主体性を尊重するために行政がとるべきスタンスとされ，「自立と支援の法則」とも訳される。過剰な支援をしないという意味もふくむ。

▷13 大山町と米子市（旧・淀江町）にまたがる156haにおよぶ弥生後期の大規模遺跡。日本海を望む丘陵上に，大規模な集落と山陰特有の四隅突出墓をふくむ墳墓群が営まれている。ゴルフ場建設にともなう発掘調査で見つかり，1997年より市民中心の保存運動が展開され，99年に全面保存が実現。国史跡。

▷14 筆者は，むきばんだ応援団の副団長。

んだやよい塾」[15]、「むきばんだこども塾」[16]、「むきばんだを歩く会」[17]や随時の講演会、遺跡コンサート、国内各地や韓国の遺跡見学ツアー、関連書籍の出版など、さまざまな事業を展開しています。2001年には、「やよい塾」の塾生有志が中心となり「妻木晩田遺跡ボランティアガイドの会」を立ち上げ、冬季を除き毎日ガイド活動をおこなっています。

　「歩く会」もやよい塾の塾生が中心となり、妻木晩田の弥生人たちがどのような自然環境の中で暮らしていたかを学ぶために、遺跡周辺の植物観察を始めました。この会では、観察した植物を写真撮影し、毎月「花だより」を発行して情報を発信しています。手づくりの樹木の解説板設置、植物マップの作成・無料配布などのほか、里山として利用された妻木晩田を検証するために、周辺に住む高齢者の聞き取り調査もおこなっています。参加型市民から活動型市民になった人たちのパワーが、妻木晩田遺跡に活気をあたえてくれているのです。

　また、植物への関心から「歩く会」に入会して遺跡に興味をもち、「やよい塾」の塾生となったり、さらに「ガイドの会」に入って遺跡ガイドをしている人もいます。遺跡にそなわる条件・可能性を最大限に活用し、考古学に関心のない市民との接点をできるだけ多くつくることも大切です。

○ 活動から交流へ

　2000年に発足した「山陰遺跡ネットワーク会議」は、島根・鳥取両県で遺跡のサポート活動（ガイド活動、学習会など）をおこなう13の市民団体が、それぞれの活動を充実させるために、またそれぞれがかかわる遺跡の理解を深めるために、県境・市町村境をこえて協力・連携しようという組織です[18]。この会議は、日ごろの情報交換や随時の協力・連携のほか、毎年1回各団体がもちまわりで大会を開催し、交流を深めています。ふだんは行政の庇護下にある団体も、ここでは行政から自立して発言・行動することになります。

　市民レベルの交流で、それぞれの活動における悩みや課題などを話しあい、学びあうことで、さらなる学習意欲、活動意欲を高めることができます。「他者」を知ることによって、「自己」の個性や普遍性を知ることができます。偏狭な「お国自慢」的自家中毒やマンネリズムに陥ることも防げます。

　学習→活動→交流→さらなる学習→活動…というサイクルは、市民活動を持続・発展させるためにきわめて有効だと、参加者のひとりとして実感しています。遺跡サポーター同士の交流は、今後各地で展開させて欲しい活動です。

　「過去とのつながりを絶っている現在には乾きしかなく、現在と切り離された過去には重苦しさしかない。過去の雰囲気がいまも生きて漂い、そのことが現在のわれわれの心や生活とつながっていることを自然に意識できるような空間づくりこそが大切なのである」[19]。遺跡の保存活用は、まさにそういう空間づくりであり、その空間づくりを可能にする人づくり、仕組みづくりなのです。

（佐古和枝）

▷15　毎月1回の考古学の市民講座。本科と夜間部がある。1999年10月に開講。

▷16　毎月1回。自然観察と考古学体験学習。2000年度のみ。

▷17　毎月1回。遺跡周辺の自然観察会。2006年4月から活動開始。

▷18　加入団体がかかわる遺跡は、島根県の西谷墳墓群（出雲市）、荒神谷遺跡（斐川町）、加茂岩倉遺跡（雲南市）、田和山遺跡（松江市）、鳥取県の妻木晩田遺跡（米子市・大山町）、青谷上寺地遺跡（鳥取市）、智頭枕田遺跡（智頭町）など。

▷19　中川幾郎『分権時代の自治体文化政策』勁草書房、2001年。

コラム 16
大学における遺跡の保存と活用

1 キャンパスと遺跡

　全国の大学の中には校内に遺跡をかかえる大学が少なくありません。たとえば，京都市内の大学，とりわけ市街地にある多数の大学キャンパスのほとんどが，古代の平安京もしくは中・近世の京の都市遺跡の上にあります。したがって校舎などを建設する際には，必ず地中にのこる遺構が破壊されることになり，事前の発掘調査が不可欠です。この状況は，京都だけでなく江戸城下にあたる東京都心部，各地の城下町においても同様で，全国の多くの大学が同じ環境下にあります。もちろん，それ以外の先史～歴史時代にかかわる遺跡を抱える大学も多くみられます。近年，郊外にキャンパスを新たに開発する場合にも，その予定地に遺跡の存在が確認される例は少なくありません。大学が広大な敷地を有するという性格上，避けがたいことといえるでしょう。

　校内に遺跡をかかえる大学では，さまざまな方法で遺跡の保存や調査をおこなっています。理想的なのは，遺跡が所在するところにはなるべく建物を建てず，広場やグラウンドとして利用し，遺跡破壊を最小限におさえることです。しかし，中・近世遺跡の上にある現代都市に所在するキャンパスでは，すべての遺構を避けて建設をおこなうことは簡単ではありません。このような場合，どのように建設にともなう調査をおこなうか，重要な遺構の破壊をいかに少なくするかが，問題となります。また調査成果をどのように大学キャンパスの環境づくりや文化財をめぐる教育・啓発に活かしていくかという点も大きな課題です。学術機関という性格上，社会に開かれた遺跡の保存や活用を進める責任もあると思います。

2 調査と保存

　調査をめぐる状況はさまざまです。恒常的な調査の必要性に備えて，埋蔵文化財調査機関を設置している大学も少なくありません。管見によると，全国の約15の大学で，「埋蔵文化財調査室」「埋蔵文化財センター」といった調査研究機関が設置されています。山口大学や同志社大学などのように大学附属の博物館施設が校内遺跡の調査機関を兼ねている場合もあります。教員や内部の研究者が埋蔵文化財の調査能力をもつ場合は，学術機関としての主体性を堅持する立場から，自ら調査研究のための常設機関を置くことが多いのです。

　こういった調査機関をもつ大学の中には，学術的に貴重な活動をしている機関が多くみられます。たとえば，1970年代には同志社大学校地学術調査委員会が，その当時行政的な調査の対象とされていなかった中世遺跡の発掘に先鞭をつけました。また，東京大学埋蔵文化財調査室が，近世都市遺跡の調査報告のための遺物分類の指針と実践を示すなど，その後の学術的な方向性を示す調査研究活動がおこなわれてきました。考古学に限らず，自然科学系の研究者と連動して学際的な調査・分析が進められた報告が多いことも特徴です。これらは，開発に伴う調査とはいえ，学術機関だからこそ取り組めた例です。もちろん，常設調査機関のない大学の場合には，調査の必要性が発生した際に遺跡調査会を臨時に設けて調査にあたる場合や，調査を行政自治体の教育委員会などに委託することもあります。後者の場合，大学が主体性をもった独自調査というのは難しいようです。

3 遺跡を見せる

　どのような発掘調査体制をとるにしても，大学がどのように調査成果を公開し，活用するかが重要です。調査データを公開する発掘調査報告書の刊行は当然のこととして，検出された遺構・遺物をどのように現代社会に「活かすか」が問題なのです。保存できた遺構には，地表からその遺構の一部がみえるような施設をつくり，説明板をその傍らにつくることが必要になるでしょう。実際，一部の大学では，そのような方針にもとづいて，保存遺構や復原遺構を校内で野外展示している例（図1）もあります。遺構展示ができなくても，さまざまな説明板などを設置して遺跡の存在を広報することもおこなわれています。

　また学内の展示施設で出土遺物を展示することも必要となります。これについては，埋蔵文化財調査機関をもつ大学では何らかの形で実施されている例は少なくありません。このような展示施設は，学外の人々にも公開して利用されている場合が多く，大学の調査研究成果を地域社会に還元する役割も担っています。

　しかし，調査機関・博物館施設をもたない大学の場合，こういった展示があまりおこなわれていないことも事実です。もちろん，地域のなかに遺跡の情報をわかりやすく公開する場所をもとめる立場から，自治体の博物館が成果公開の主体的役割を果たすほうがよいという考え方もあるでしょう。

　しかし，大学は元来，地域の文化・学術活動の重要な拠点でもあるはずです。特に地方の旧国立大などはそういった機能が期待されています。また遺構や遺物は，それらが出土した現地で公開されることが望ましいのです。大学は一定面積の敷地をもち，そういった施設をつくる余裕があるはずです。できるだけ遺跡の存在とその歴史的価値を学内外に周知する努力が必要でしょう。こうした取り組みに積極的な大学もありますが，大学の間で取り組みに大きな差があることは問題でしょう。学術機関として，独自の調査が認められている例が多いぶんだけ，大学は積極的に役割を果たす必要があります。「大学は埋蔵文化財に対してどのような責任をもつのか」——さらに問い続けられなければならない課題です。

（若林邦彦）

図1　花御所（室町幕府）跡の遺構展示（同志社大学）

図2　同志社大学良心館ロビーの移築遺構（中世相国寺の柱跡）

X　考古学と社会

3 考古学と博物館

1 行財政改革の荒波

◯博物館がなくなる＝大阪府の事例

　2008年6月，考古学の学会としては世界最大規模を有する世界考古学会議第6回大会がダブリン（アイルランド）で開催され，74ヵ国から約1800名が参加しました。総会では，大阪府の府立博物館の閉鎖あるいは大幅な予算削減を憂慮する声明が決議されました。

　ところで，大阪府の財政再建を公約に掲げ当選した知事は「図書館以外は不要」と83の府立施設のうち，81施設を廃止，売却を検討すると公言しました。これをうけ，3月6日には「大阪府の博物館を支援する会」発起人および地元5学術団体が，さらに日本考古学協会なども博物館存続要望書を提出しました。6月5日に発表された大阪府の「財政再建プログラム（案）」では，(1)弥生博物館と近つ飛鳥博物館は地元との連携を強化し存続，(2)泉北考古資料館は府の施設としては廃止し，堺市への移管協議，(3)狭山池博物館は狭山市との共同運営という方向性が提示されました。こうした動きにあわせて，先の世界考古学会議は決議にいたったといえます。

◯博物館は地域総合学習センター

　2008年2月，中央教育審議会の答申は，「博物館においては，各館の特色・目的を明確にしたうえで，地域の歴史や自然，文化あるいは産業等に関連した博物館活動を地域住民の参画を得ながら積極的に展開したり，地元出身の偉人を顕彰する記念館や地域のシンボルである文化財や自然環境等を活用した博物館等を核として，地域住民が地元に対する誇りや愛着を得られるようなまちづくりを実施すること等が望まれる」と言及しています。

　また小学校や中学校の学習指導要領解説では，博物館の活用を奨励しています。なかでも「中学校学習指導要領解説」第2章第2節社会「歴史的分野」には，「民俗学や考古学などの成果の活用や博物館・郷土資料館などの施設を見学，調査をしたりするなど具体的に学ぶことができるようにすること」と明記されています。

　弥生博物館をはじめ，大阪府の博物館はそれぞれ明確な特徴をもち，これまで学校や地域との連携プログラムも数多く構築してきました。それを廃止・統合という方向性は国の動きに逆行すると考えられます。

▷1　『読売新聞』2008年2月5日。

▷2　以下，各団体の詳しい活動はそれぞれのHPを参照されたい。

▷3　「新しい時代を切り拓く生涯学習の振興方策について（答申）」，文部科学大臣は時々の教育課題について諮問し，審議会から答申をうける。

▷4　「小学校学習指導要領解説」第4章社会編には「博物館や郷土資料館等の施設の活用を図るとともに，身近な地域及び国土の遺跡や文化財などの観察や調査を取り入れるようにすること」とある。

◯官から民へ＝神奈川県の事例

また神奈川県では，1993年，「かながわ考古学財団」の設立にともない，「県立埋蔵文化財センター」（以下，センターという）の発掘調査部門が財団法人化され，1999年には普及・啓発をおこなっていたセンターの組織が廃止されました。そして2006年には，センターの「公の施設」（県民利用施設）という位置づけを廃止し，2010年度末には，県の公益法人としての「かながわ考古学財団」を廃止することが公表されました。[5]

存続を要望する市民は，「神奈川の文化財の未来を考える会」を発足させ，勉強会を開催し，発掘調査現場見学会や学会などでこれまで2万8000名を超える署名を集め，県知事に提出しています。

▷5 「今後のあり方を踏まえた県主導第三セクターの見直しについて」記者発表資料，2005年11月22日付。

◯文化財保護の基本理念

日本考古学協会は2006年10月，「埋蔵文化財の保護は調査・保管・活用が三位一体の基本理念で各自治体の責任で取り組むべきもの。今回の方針にはこうしたことが堅持されるとは明示されておらず，保護行政が処理行政に転落する危険をはらんでいる」と声明を出し，「かながわ考古学財団」の存続を要望しました。

文化財保護法総則では，「地方公共団体は文化財が歴史・文化等の正しい理解のため欠くことのできないものであり，将来の文化の向上発展の基礎をなすものであることを認識し，その保存が適切におこなわれるように，周到の注意をもってこの法律の趣旨の徹底に努めなければならない」としています。

埋蔵文化財の保護は，本来保護のための調整，調査研究，資料管理，活用普及から成り立っていますが，神奈川県では，発掘調査，報告書刊行について民間組織に委ねることになります。

◯体制整備と監理

高度経済成長期に大規模開発事業が進み，発掘調査が激増したのに合わせて埋蔵文化財の専門職員は大幅に増え，2000年がそのピークで7111人を数え，埋蔵文化財保護行政の体制を整備させました。しかしその後，大規模開発事業の減少や大量に採用された職員＝団塊世代が定年を迎えていること，さらに市町村における平成大合併が重なり，2007年時点で6305人にまで減少しました。

文化庁は1996年10月1日付の文化庁次長通知で，地方公共団体の監理のもとでの，限定的な民間組織の導入指針を示していますが[6]，2000年の地方分権一括法施行後は，文化財保護に関わる権限が国から都道府県へ大幅に委譲され，地方自治体，特に都道府県の果たす役割は非常に重要になっていることからも，こうした神奈川県の動きが全国に波及していかないかと懸念されています。

▷6 「埋蔵文化財保護と発掘調査の円滑化等について」。

◯考古学と資格

上記のような経緯も踏まえ，文化庁に設置された「埋蔵文化財発掘調査体制等の整備充実に関する調査研究委員会」[7]は，民間組織導入を前提とした埋蔵文

▷7 1994年10月に設置され，これまでも埋蔵文化財行政の諸課題について検討し，報告，提言をおこなっている。

化財発掘調査の課題について，2008年3月の報告で改めてその導入にあたっては監理する行政組織における専門職員の充実，資質向上を強調し，また国民共有財産である埋蔵文化財の保護に携わることができる資質・能力を示す指標としての資格問題を今後の検討事項にしています。

この資格問題については，日本考古学協会でも論議されています。というのも，早稲田大学の「考古調査士」，日本文化財保護協会の「埋蔵文化財調査士」という民間資格がすでにできているためです。

しかし，こうした行財政改革による荒波は，私たちが生きている地域の歴史を解明していく埋蔵文化財調査やそこに働く考古学専攻の調査員のありかた，そして解明された歴史を継承していく生涯学習の場である社会教育施設やそこに働く学芸員などのありかたについて，「大阪府の博物館を支援する会」や「神奈川の文化財の未来を考える会」にみられるような市民が主体的に考古学や博物館関係者と共創していく機会にもなる好機と考えることができます。

2 市民と共創する博物館

○博物館の現状

文部科学省が実施した2005年度の社会教育調査では，全国に5614館（美術館・動物園・植物園・水族館などもふくむ）があると報告されています。特に注目したいのは，考古展示，歴史展示を有する総合博物館418館と3300館の歴史博物館（歴史民俗資料館・郷土資料館などをふくむ）を合わせると3718館，全体の66.2%を占めるということです。全国には2395（2005年4月時点）の市町村がありますから，じつに1市町村に1館以上の歴史博物館が存在する計算になります。このように，歴史博物館は，規模の大小はあるものの，市民にとって地域の歴史文化を学ぶ最も身近な社会教育施設なのです。

○指定管理者制度

ところで，「官から民へ」という流れに，博物館の指定管理者制度導入があげられます。この制度は，「多様化する住民ニーズに対して，より効果的，効率的に対応するために民間の能力を活用する」ことを目的に創設されました。しかし，制度導入から日が浅いため，いまだそれを総括できませんが，1回の指定管理の期間を3～5年にすることが多いです。博物館の展覧会のように，地域の文化財を地道に調査研究し，その成果を公開していく仕事の場合，事業評価により管理者が短期間で変更する可能性がある制度は，来館者サービスのために不可欠な継続調査による専門性の確保や人材育成，地域密着の面から配慮を欠いたものと考えられます。実際，文化庁が2007年調査した公立博物館550館では，わずか1.6%しか導入していないことがわかっています。

○地域に生きる博物館

2008年6月，約50年ぶりに改正された「博物館法」では，新たに第3条2で

▷8 「今後の埋蔵文化財調査保護体制のあり方について（報告）」。

▷9 2005年4月に発足した民間発掘組織が加入する任意団体。2008年7月時点，全国で正会員88，賛助会員6の団体が加入する。

▷10 2008年度，全国の192大学に考古学講座が開設されている。

▷11 文部科学省は博物館や図書館などをふくめ社会教育行政の基本事項について，ほぼ3年に1度調査をおこなう。

▷12 地方自治法の一部改正（2003年6月13日公布，同年9月2日施行），博物館や図書館，保育園，公園など，地方自治体が設置する『公の施設』の管理運営を，民間組織やNPOなど「民」の団体にひろく委任する制度である。

▷13 文化庁は2006年度から「美術館・博物館支援方策策定事業～まちに活きるミュージアム～」として美術館・歴史博物館の組織・運営状況に関する調査をおこなっている。

「社会教育における学習の機会を利用して行った学習の成果を活用して行う教育活動その他の活動の機会を提供し，及びその提供を奨励すること」とし，博物館活動への市民参画を促しています。

「滋賀県文化振興事業団」は，琵琶湖を取り囲むようにある博物館，美術館をふくむ7つの社会教育施設を拠点に，さまざまな展覧会事業等を開催しています。なかでも「子どもアート体験教室」は，子どもたちが本物の文化芸術にふれる機会となるよう，吹奏楽，演劇，美術等，さまざまな体験事業を市民と博物館等が連携・協働しながら実施しています。

「船橋市飛ノ台史跡公園博物館」は縄文の遺物からインスピレーションを得た現代アート作家たちの展覧会「縄文コンテンポラリーアート展」を2008年夏に開催しました。本物の縄文土器を現代アート作品に取り入れ，過去と現在，考古学と美術が融合する，これまでにないユニークな展示手法を学芸員とアーティストが創出しました。

○学芸員養成・研修の充実

博物館法では，第7条で新たに「学芸員の資質向上のため必要な研修を行うように努めるものとする」としています。また，今後の学芸員にもとめられる専門性として，(1)資料に関する能力，(2)コミュニケーション能力・教育に関する能力，(3)マネージメントに関する能力等が指摘されています。◁14

さらに，学芸員養成課程における養成科目の改善・充実を図るため，「博物館資料保存論」「博物館展示論」「博物館教育論」が新設されます。2012年4月の施行に向け，大学間連携の取り組みも模索されています。◁17

○共創型博物館をめざして

学芸員と市民がともに歩む地域博物館として知られる平塚市博物館は，2008年度の夏期特別展「こだわりの100選」を開催しました。考古，民俗，歴史，天文，地質，生物などの専門学芸員が地域の環境，歴史文化にこだわって地道に研究してきた成果を展示しています。挨拶文では，「博物館の大事な役割のひとつは，資料を集め，後世に残すことです。そしてそれを折に触れて眺めることが，展示にあたります。それはちょうど，家の大切な写真アルバムに似ています。よその家のものでは置き換えられません」と書いています。

いままさに，「よその博物館のものでは置き換えられない」特色ある博物館づくりを進めていくためにも，市民との共創なくしては，なしえない状況です。地域総合学習センターたる博物館の活用を期待します。

（緒方　泉）

▷14 2007年3月，文部科学省に設置された「これからの博物館の在り方に関する検討協力者会議」がまとめた「新しい時代の博物館制度の在り方について（中間報告）」のなかに指摘される。

▷15 学芸員養成課程を有する大学が組織する全国大学博物館学講座協議会には2008年度，186大学が加入している。

▷16 2009年2月，「これからの博物館の在り方に関する検討協力者会議」がまとめた「学芸員養成の充実方策について（第2次報告書）」で，学芸員養成科目の改善方策が提言された。それを受けて，文部科学省は同年4月30日「博物館法施行規則の一部を改正する省令」を公布し，現行12単位から19単位に変更した。

▷17 九州大学，西南学院大学，九州産業大学が有する大学博物館・美術館が連携して，博物館合同実習を計画する。

人名索引

あ
- 赤木清　37
- 足利義晴　156
- 天野哲也　188
- 網野善彦　164
- 石野了　148
- 井上光貞　145
- 円仁　203
- 大西信武　5
- 太安万侶　113, 135
- 小笠原忠政　180
- 尾形乾山　171, 173
- 尾形光琳　172
- 織田信長　178

か
- 賀川光夫　47
- 香取忠彦　148
- 賈麦明　136
- 観勒　147
- 喜田貞吉　37
- 木内石亭　10, 11
- 金元龍（キムウォルリョン）　34
- 九条道家　171
- 九条良実　171
- 栗原朋信　145
- 黒田龍二　104
- 甲野勇　37
- 後藤守一　98
- 小林行雄　108

さ
- 斎藤道三　178
- 佐伯有清　145

- 酒詰仲男　12, 13
- 佐原真　36, 65
- 持統天皇　134
- 鈴木勉　106, 108
- 西王母　217, 229

た
- 大欽茂　213
- 大仁秀　213
- 大祚栄　210
- 泰澄　158
- 平清盛　163
- 高橋理　190
- 高橋健自　98
- 辰巳和弘　104
- チャイルド, G　7
- 張騫　215
- 天武天皇　132
- 冬寿　226
- 道昭　134
- 東野治之　139
- 戸津圭之介　148
- 豊臣秀吉　170

な
- 西嶋定生　84
- 二条家　170, 171
- 二条綱平　172, 173

は
- 八条院暲子　163
- 濱田耕作　6
- 林田明　34
- 卑弥呼　112

- 馮素弗　219
- 藤岡謙二郎　48
- 藤本強　185, 186
- 藤森栄一　46
- 武寧王　201, 224
- フロイス, ルイス　178
- 文成公主　216
- 裵基同（ペギドン）　34
- 法顕　216

ま
- 松藤和人　34
- 松本彦七郎　37
- 水野正好　115
- モース, E・S　12, 36, 37
- 森浩一　80, 144
- モンテリウス, O　8
- 文武天皇　134

や
- 八幡一郎　37
- 山内清男　37, 38, 183
- 山崎純男　47
- 東漢氏　118
- 吉岡康暢　164
- 米村喜男衛　5

ら・わ
- ルロワ=グーラン, アンドレ　21
- 渡辺仁　186
- 渡辺誠　47
- 藁科哲男　26

事項索引

あ

アイヌ
　　——考古学　186
　　——文化期　184, 186
　　——文化複合体　186
姶良Tn火山灰　16, 33
閼伽汲み　190
明石焼　181
朝霧焼　181
アステカ文明　238
アワ　44, 60, 61, 66
アンフォラ　231
鋳型　162, 163
碇　161
碇石　161
倚座　99
石囲炉　22, 53, 54
石切場跡　175
石匙　42
石皿　43
石畳道　158
石積　167
石庖丁　69
遺跡の保存と活用　244-249
遺跡破壊　151, 248
板状鉄斧　71
イチイガシ　48
一湊式　194
イヌ　66, 140
稲　61
イノシシ　49, 50, 66
井真成墓誌　136
イモガイ　2, 3, 193, 195, 196
鋳物師　162, 163
鋳所　149
岩陰　53
石見型盾　90
ヴィーナス像　20, 24
「上杉本洛中洛外図屏風」　156, 157
ウシ　141
畝状空堀群　168
ウマ　141
馬出　169
ウメ　61
埋甕　53

ウリ　66
『雲根志』　10, 11
AMS炭素年代法　65
AT（姶良丹沢火山灰）　20
エゴマ　45, 48, 61
エノコログサ　44
蝦夷　191
円形闘技場　230
押圧剝離　18
大壁建物　105
大坂夏の陣　175
オオムギ　66
オスク人　230
落し穴　24
鬼瓦　172
帯金具　106
オホーツク文化　3, 5, 184, 187, 200
オルメカ文明　237
遠賀川式土器　65

か

崖穴墓　84
開元通宝　203
会昌開元銭　203
『廻船式目』　4
貝玉　196
開地遺跡（オープンサイト）　23
貝塚　44, 52
海底遺跡　160
貝符・小貝玉型　197
海洋酸素同位体比編年　15
貝類　48
貝輪　196, 197
貝輪・大貝玉型　197
鏡板　106
仮器　90
搔揚城　168
鍵層　8
火山灰　186
火葬　134
火葬墓　134, 135
合葬　112
カット碗　219
河姆渡文化　61
竈　95

カマド塚　134, 135
カムイ焼　3
家紋瓦　176
K-Ar年代測定　34
灌漑技術　68
岩偶　58
管軍総把印　160
環濠集落　67, 79
環濠都市　153
環状集落　56
環状ブロック　16, 22
環状列石　57
貫頭衣　94
冠　106
刻骨　143
技術形態学　21
『魏志』倭人伝　74, 112, 113, 143
機能形態学　21
キビ　60, 61
旧石器遺跡発掘捏造事件　7, 30
旧石器時代　18
杏葉　106
曲刃鎌　95, 97
拠点集落　67
金印　85
禁中並公家諸法度　170
空間構造　155
公家町　170
櫛目文土器　61
グスク（城）群　3, 153
履（くつ）　106
クッキー状炭化物　45
屈葬　57
『旧唐書』　210
熊送り　188
鞍　106
くらわんか碗　172
曲輪（くるわ）　167, 168
群集墳　112
形式　9
型式組列　8
型式学的方法　6, 8
玦状耳飾　62
乾山焼　172, 173

事項索引

遣唐使　136
国府型ナイフ形石器　19, 26
侯景の乱　202
『考古学辞典』　13
交差年代法　65
国府石器群　28
厚葬　111
豪族居館　105
高地性集落　4, 79, 80
高度経済成長　150
コウヤマキ　146
興隆窪文化　62
虎口　168, 169, 178
国土座標　117
黒曜岩（黒曜石）　41
黒曜岩採掘坑　41
柿葺き　176
胡座　99
古式土師器　195
弧帯文　102
骨蔵器　115, 134
古墳　86
ゴホウラ貝　3, 195, 196
胡籙（ころく）　91

さ
採掘坑　23
細石刃　32
　──技術　32
削片系細石刃核　32
冊封体制　202
殺牛殺馬　144
殺馬　145
擦文文化　200
擦文文化期　184, 187
サヌカイト　33, 41
山岳寺院　158
算木積　175
産業遺跡　153
3時代区分法　236
三波川帯　70
C_3植物　46, 47, 75
C_4植物　46, 47, 75
シェーン・オペラトワール（動作連鎖）　21
塩　73, 94, 95, 97
シカ　66
敷葉工法　147
屍床　128
紫宸殿　125

耳栓　58
実験使用痕分析　43
指定管理者制度　252
四天王寺　128
遮光器土偶　58, 59
舎利荘厳具　128
宗教遺跡　153
終末期古墳　133
重要伝統的建造物群保存地区　242
^{14}C年代測定　20
集落遺跡　154
準構造船　93
殉葬　112
城郭　166-169
城下町　153, 180, 181
松菊里式住居　76
条坊制　120
縄文海進　36
縄文土器　41
縄文のヴィーナス　58, 59
縄文農耕論　46
条里制　123
条里村落　154
初期寺院　129
職人　162
植民市　230
食物残滓　172
シルクロード　204, 214-221
シロザ　48
伸展葬　57, 207
寝殿造　126
神殿ピラミッド　236
『新唐書』　210, 211
刃部磨製石斧　31
水琴窟　177
垂飾付耳飾　106, 222
水成層　8
水中考古学　160
水田　66
隋唐墓　207
須恵器　92
陶邑古窯跡群　92
朱雀門　124
珠洲焼　164
スッポン　49, 50, 66
磨石　43
製塩土器　95, 97
整層積　175
青銅器工房　67

青銅祭器　67
井楼櫓　167
世界遺産　240
赤色顔料　20, 21, 25
石人　220
石刃技法　14, 33
石錘　42
釈奠　145
石斧
　　柱状片刃──　69
　　太形蛤石刃──　69
　　扁平片刃──　69
石棒　58
セタシジミ　48, 49
瀬戸内技法　19, 26
塼（せん）　201, 223
線刻礫　20
先史考古学　6
磚室墓　84
銑鉄　189
鮮卑族　220
前方後円墳　86-89, 110, 111, 202
　　──体制　87, 89
層位学的方法　6, 8
造営尺　117
相関年代決定法　9
装飾付耳飾　224
喪葬令　135
造東大寺司　149
続縄文式　183
ソグド人　204, 205, 207-209

た
大規模集落遺跡　78
大極殿院　124
高塚　86
高塚古墳　183
高殿　104
高床建物　76, 77
タカラガイ　2, 216
太政官院　124
打製石斧　42
打製石器　18, 68, 236
館（たて）　154, 167
竪穴住居　76, 77, 193
竪穴墓　84
縦斧　69
立物　90
築堤技術　147
治水灌漑施設　146

257

中期石器時代　20
「中宮白山平泉寺境内絵図」　158
中世村落　155
中世都市　155
鋳造　162, 163
朝堂院　124
『通論考古学』　6
付札木簡　131
翼状剥片　19
積石塚　5, 222
釣針　43
　　結合式——　43
　　単式——　43
低湿地遺跡　43
テオティワカン文明　238
鉄滓　71, 189
鉄製錬　91
鉄鏃　71
鉄鋌　91
デポ　23
天皇陵　110, 114
同位体食性分析　45
洞穴　53
銅剣　67
唐尺　132
東大寺大仏　148
銅鐸　67
動物考古学　140
銅矛　67
土偶　58
独立棟持柱建物　77
都市　151
都市遺跡　152
トチノキ　48, 50
独鈷石　58
突帯文土器　65
留蓋瓦　172
渡来人　140
土塁　167
トンボ玉　219

な
ナイフ形石器　16
ナウマンゾウ　17
直柄　70
中津野式　195
長屋王家木簡　122
成川式　195
鳴鏑　145
縄張り図　174

南島文化　39
『日本貝塚地名表』　13
ニホンジカ　49
『日本城郭史』　166
『日本縄文石器時代食糧総説』　13
二里頭文化　62
ニワトリ　141
ネコ　141
粘土採掘坑群　40
狼煙台　79

は
ハート形土偶　58, 59
薄葬　111
薄葬令　111, 132, 135, 143, 144
羽口　189
博物館法　252
剥片尖頭器　31
土師器　65
土師器皿　163-165
バシリカ　230
パナリ焼　198, 199
埴輪　90
　　家形——　99
　　形象——　90
　　人物——　90, 99
蛤御門の変　171
パン状炭化物　45
ヒエ　66
日吉神人　164, 165
低塚　86
膝柄　70
ヒシ　61
ヒスイ（硬玉）　2, 193
肥前系陶磁器　153, 177
肥前磁器　172
ひだびと論争　37
碑伝　164
人形　145
火処　53, 54
ヒトの祖先　14
標準型式　9
ヒョウタン　48, 61, 66
檜皮葺き　176
ＦＴ年代測定　34
風成層　8
葺石封土墳　222
覆石墓　195, 196
武家屋敷　156, 180
伏見人形　172

ブタ　74, 140, 141
仏舎利　128
豊楽院　125
プラント・オパール　45, 47, 61, 73
文化財保護法　240, 251
墳丘墓　86
糞石　45
平地式住居　187
壁画古墳　225-229
篦状垂飾　62
ヘレニズム　230
貿易陶磁器　150
方形墓誌　207
母岩別資料　22
墨書人面土器　145
墨書土器　116
火窪炉　189
墓誌　113
墓誌蓋　137
墓誌銘　137
卜骨　66, 143
掘立柱建物　76, 105, 162
ホモ・サピエンス　15
堀切　167, 168

ま
埋蔵文化財　240, 241
勾玉　101
『勾玉考』　10
纒向大溝　102
馬鍬　95, 97
磨製石斧　42
磨製石器　18, 69, 236
　　大陸型——　69
松山式　194
マメ　66
マメ類　48
マヤ文明　237
ミネルヴァ論争　37
無文土器　201
ムラ　52, 53
免田式　195
木簡　116, 148
モモ　61, 66
鏃頭　43
モンゴロイド　234

や
矢柄　68
ヤコウガイ　3
山形土偶　59

事項索引

山城　166-169
ヤマト王権　102
鉇（やりがんな）　71
槍先形尖頭器　27
湧別技法　32
靫（ゆき）　91
溶解炉　149
様式　9
養老律令　135
横穴式石室　112
横口式石槨　132
横口式石槨墳　134
四大文明　234

ら

乱層積　175
理化学的年代測定法　9
『李朝実録』　199
離頭銛　43
　　回転式――　43
隆起線文土器　60
龍尾壇　124
陵墓　135

リョクトウ　61
ルヴァロア概念　19
ルヴァロア技法　14
歴史考古学　6
歴史的景観復原　154
レス・古土壌　34, 35
炉　53
弄石　10
ローマ・ガラス　218
ローマ文明　231

259

地名・遺跡・建造物索引

あ
青谷上寺地遺跡　3, 4
明石　176, 180, 181
明石城　180, 181
阿方貝塚　74
阿久遺跡　55
朝日遺跡　77, 79, 141
飛鳥池遺跡　118, 225
飛鳥浄御原宮　118, 119
飛鳥寺（法興寺）　128
熱田貝塚　143
安土城　167, 178
安岳（アナック）3号墳　226-228
アフラシャブ遺跡　219
有田　181
粟津湖底遺跡　48-51
安伽墓　204, 206
安渓里（アンゲリ）　219
行灯山古墳　102
安菩墓　204
夷王山遺跡　191
斑鳩寺　128
池上曽根遺跡　65, 77, 79
池の上墳墓群　201
石神遺跡　118
石山貝塚　50
板付遺跡　79
伊丹　177
一乗谷朝倉氏遺跡　152, 155
一湊松山遺跡　194
糸魚川　2
居徳遺跡　141, 142
威奈大村墓　134
猪野口南幅遺跡　29
伊万里　153
石見銀山遺跡　153
殷墟　113
ウェスウィウス火山　231, 232
月城路（ウォルソンロ）カ13号墳　218
梅川4遺跡　188
瓜生堂遺跡　77
雲晴寺　181
熊川（ウンチョン）貝塚　143
越中山遺跡　28
延暦寺　164

か
江戸加賀藩上屋敷跡　177
青海川　2
大石遺跡　44
大川遺跡　189, 200
大作第31号墳　144
大楯遺跡　164
大塚遺跡　77
大野寺　130
　　　——土塔　130
大室古墳群　5
大森貝塚　36, 37
大藪古墳　112
「おおやまと」古墳群　102
陸平貝塚　37
岡山城　175
玉田（オクジョン）M6号　218
オタフク岩洞窟遺跡　188
小田原早川石丁場群　175
尾上イラウネ遺跡　25
オサツ2遺跡　188
恩原遺跡　16

何家村　220
鍛治屋敷遺跡　148
柏台Ⅰ遺跡　25
勝連城　152
金山　41
金取遺跡　30, 33
河姆渡遺跡　62, 72
鎌倉　152
上京　156
甕神（ガムシン）塚　229
亀井遺跡　77, 141
賀茂川　171
伽耶　226
カラカミ遺跡　141
唐古・鍵遺跡　77, 79, 143
唐津　153
カリンバ遺跡群　187
江西大墓（カンソテミョ）　228
観音寺遺跡　241
観音寺山遺跡　79-81
キジル千仏洞　219
北黄金貝塚　46

北村遺跡　46
キトラ古墳　133
岐阜城　178, 179
京都　151
官北里（クァンボクリ）遺跡　225
虞弘墓　207
草戸千軒町遺跡　72, 152, 163
具志川グスク崖下遺跡　197
九頭竜川　159
百済大寺　129, 131
恭仁宮　121
金冠塚（クムグァンチョン）　218
クムトラ石窟寺院　219
金鈴塚（クムネョンチョン）　218
黒塚古墳　112
郡家今城遺跡　29
鶏林路（ケリムニ）14号墳　219
牽牛塚古墳　133
康業墓　204, 205
荒神山遺跡　44
神津島　32
敷東城　211
国分寺　131
国分尼寺　131
極楽寺ヒビキ遺跡　104
高句麗（コグリョ）　222, 226
腰岳　41
古寺墳墓群　201
公山城（コンサンソン）　223

さ
堺　153
査海遺跡　62
佐賀遺跡　43
崎枝赤崎遺跡　203
篠山城跡　174
座散乱木遺跡　30
ササン朝ペルシャ　220
札幌市K483遺跡　188
札幌市S505遺跡・H513遺跡　188
里浜貝塚　37
泗沘（サビ）　225
佐味田宝塚古墳　104
狭山池　146, 147
沙流川流域遺跡群　187

地名・遺跡・建造物索引

三星堆遺跡　217
三内丸山遺跡　43, 55, 241
山王遺跡　42
志賀島　85
紫香楽宮　121, 148
史君墓　204, 206
磁山遺跡　60, 61
七条町　163
四天王寺　128
磯長谷　133
渋谷向山古墳　102
下京　156
下剝峯遺跡　194
下触牛伏遺跡　22
ジャネーガマ　5
寿能遺跡　43
首里城　152
上京跡　211
相国寺　156
城頭山遺跡　61
城山遺跡　143
新羅（シルラ）　218, 222, 226
隋唐墓　207
須玖岡本遺跡　77
砂川遺跡　22
砂原遺跡　31, 33
巣山古墳　93
垂楊介遺跡　31
石寨山遺跡　85
仙台城　175
仙人洞遺跡　60
草鞋山遺跡　61
石村洞（ソクチョンドン）古墳群　222
瑞鳳塚（ソボンチョン）　218
宋山里（ソンサンニ）古墳群　201, 202, 223
松林寺（ソンリムサ）　220

た

大安寺　131
大官大寺　131
大仙古墳（仁徳天皇陵）　87, 89, 110
塔温他里哈遺跡　215
鷹島町　160
高松塚古墳　133
鷹山遺跡群　41
竹内屋敷遺跡　189
立切遺跡　20
竜野向イ１・２号墳　134
立美遺跡　26, 27

棚畑遺跡　58
狸谷遺跡　19, 24
珠城山３号墳　108, 109
多摩ニュータウンNo.248遺跡　40
長安城　204, 206
吊桶環遺跡　60
全谷里（チョンゴクリ）遺跡　34, 35
艇止山（チョンジサン）遺跡　224
天馬塚（チョンマチョン）　101, 219
束明神古墳　133
闘鶏山古墳　241
椿井大塚山古墳　112
丁家閘５号墳　228
寺口忍海古墳群　91
田螺山遺跡　72
トゥグル浜遺跡　203
垰山牧場遺跡　17
東大寺　131
徳島　176
常呂遺跡群　5
十三湊遺跡　4
徳興里（トックンリ）古墳　229
土洞墓　205
豊浦寺　128
鳥ノ峰遺跡　195
鳥浜貝塚　43, 45, 61

な

長岡京　116
中尾山古墳　133
長登銅山　148
仲原遺跡　4
名柄・南郷遺跡群　102-104, 120
茄子作遺跡　95
夏島貝塚　140
難波宮　121
七日市遺跡　20
鳴滝遺跡　105
南郷大東遺跡　91
南庄頭遺跡　60
南蛮寺跡　153
新沢千塚古墳群　219
西古城　211-213
西新町遺跡　201
西殿塚古墳　102
西山谷２号墳　241
二上山　41
仁田尾遺跡　24
陵山里（ヌンサンニ）古墳群　224, 225

根来寺　152
野口王墓古墳　115, 133
野尻湖立が鼻遺跡　20

は

博多　152
萩原１・２号墳　241
莫高窟壁画　229
白山　158
白山宮　164
白山神社　158
はさみ山遺跡　23
箸墓古墳　102
八条院町　163
八連城　212, 213
原の辻遺跡　73
漢灘江（ハンタンガン）　34
板東俘虜収容所跡　243
日吉社　164
東名遺跡　43
東六甲採石場　175
日置荘遺跡　154
肥前　181
ヒチンジョ池西古墳　132
日向林Ｂ遺跡　20
日の出町遺跡　189
美々８遺跡　188, 190
姫川　2
姫路城　175
姫島　41
百済寺　4
平泉　164
広田遺跡　195-197
皇南大塚（ファンナムテチョン）　101, 218, 219
富士下遺跡　17
藤ノ木古墳　107-109
藤原京　119-121
藤原宮　120, 121
扶蘇山城（プソサンソン）　225
船泊遺跡　2, 193
武寧王陵　101, 201, 202, 222
文忌寸祢麻呂墓　134
扶餘井洞里（プヨジョンドンリ）　224
布留遺跡　102
フワガネク遺跡　3, 197
風納土城（プンナトソン）　222
平安京　72, 117, 124-127
平城京　72, 121, 123
平泉寺　158, 159

261

百済（ペクチェ） 222, 226	水落遺跡 118	ユカンボシC15遺跡 188
法円坂遺跡 105	味鄒王陵（ミチュクンヌン）地区 219	ユカンボシ遺跡群 187
北燕 219	三ッ寺I遺跡 103, 104	ユクエピラチャシ 187
北魏 220	御淵上遺跡 28	遊佐町 164
北禅寺石窟 216	宮前山古墳 132	湯の里4遺跡 17, 25
ホケノ山古墳 241	宮谷古墳 241	横隈鍋倉遺跡 201
星糞峠 41	宮前川遺跡群 74	横峯C遺跡 24
星塚2号墳 91	向原4遺跡 23	依網池 147
渤海 210-213	妻木晩田遺跡群 77, 246, 247	吉野ヶ里遺跡 77, 79, 241
ポンペイ 230-233	室宮山古墳 104	与楽6号墳 134
ポンマ遺跡 188	メソアメリカ 234-239	龍山洞（ヨンサンドン）遺跡 31
	目梨泊遺跡 200	龍湖洞（ヨンホドン）遺跡 31
ま 馬王堆漢墓 84	モヨロ貝塚 5	
纒向石塚墳丘墓 87	諸岡遺跡 200	**ら** 李誕墓 206
纒向遺跡 87, 102, 120	夢村土城（モンチョントソン） 222	利尻島 192, 193
亦稚遺跡 2, 192, 200		礼文島 2, 192, 193
松井塚古墳 132	**や** 八重山諸島 198, 199	礼文島香深井A遺跡 188
松ヶ崎遺跡 72	八尾南遺跡 76	ローマ帝国 232
松原遺跡 77	柳本古墳群 102	
マリタ遺跡 19	山鹿貝塚 39	**わ** 和田峠 27
真脇遺跡 57	山田遺跡 33	和銅開珎 212
三国湊 159	山の神遺跡 54	和爾遺跡群 102
三崎山遺跡 62	ユカンボシC2遺跡 188	

執筆者紹介 (氏名／よみがな／生年／現職／主著／考古学を学ぶ読者へのメッセージ)   ＊執筆担当は本文末に明記

松藤和人（まつふじ・かずと／1947年生まれ）
同志社大学文学部教授
『西日本後期旧石器文化の研究』(学生社, 1998年)／『日本と東アジアの旧石器考古学』(雄山閣, 2010年)
考古学は遺構や遺物の観察から出発し, 合理的な説明・解釈がもとめられる学問です。そのためには既成の解釈に縛られない自由な発想と柔軟な思考が欠かせません。広い知識と素養を身につけることが大切です。

門田誠一（もんた・せいいち／1959年生まれ）
佛教大学歴史学部教授
『古代東アジア地域相の考古学的研究』(学生社, 2006年)／『文学のなかの考古学』(思文閣出版, 2008年)
考古学は人間がより良く生きるにはどうしたらよいかを考える学問です。物質的に豊かになればなるほど, 先人に学ぶことは, さらに多くなると思います。

青柳泰介（あおやぎ・たいすけ／1968年生まれ）
奈良県立橿原考古学研究所主任研究員
『南郷遺跡群Ⅲ』(編著, 奈良県立橿原考古学研究所, 2003年)／『ヤマト王権と渡来人』(共著, サンライズ出版, 2005年)
考古学にはわからないことがたくさんあります。特定の分野のみ脚光を浴びますが, スポットライトの当たらないところにも目を向ける力を養ってください。

青山和夫（あおやま・かずお／1962年生まれ）
茨城大学人文学部教授
『古代マヤ――石器の都市文明　増補版』(京都大学学術出版会, 2013年)／『古代メソアメリカ文明――マヤ・テオティワカン・アステカ』(講談社, 2007年)
私は小学校2年生の時から, いわゆる考古ボーイでした。ホンジュラスで結婚し長女が生まれ, マヤ文明は「妻と娘が生まれた国の古代文明」になりました。

網　伸也（あみ・のぶや／1963年生まれ）
近畿大学文芸学部教授
『平安京提要』(共著, 角川書店, 1994年)／『都城――古代日本のシンボリズム』(共著, 青木書店, 2007年)
考古学はフィールドと観察の学問です。定説にとらわれず, 自由な発想で考古資料に立ち向かってください。

石堂和博（いしどう・たかひろ／1977年生まれ）
鹿児島県南種子町教育委員会
『2004-2006年度広田遺跡発掘調査概要報告書』(南種子町教育委員会, 2008年)／『南種子町埋蔵文化財発掘調査報告書(15)　広田遺跡』(共著, 南種子町教育委員会, 2007年)
南島と本土の境界に位置する「種子島」の先史時代史を紐解くと, 日本列島に多様な文化が存在したことがよくわかります。

石原　渉（いしはら・わたる／1954年生まれ）
書道文化と世界を学ぶ博物館「観峰館」副館長
「日本における水底遺跡研究と水中考古学」『駿台史学』57号 (1982年)／「深湖底発見の縄文土器」(共著, 『探訪縄文の遺跡』西日本編, 有斐閣, 1985年)
元寇の謎に挑戦する水中考古学の成果をご覧ください。

稲原昭嘉（いなはら・あきたか／1962年生まれ）
明石市文化振興課文化財担当課長
「明石市西脇遺跡出土の石器について」『旧石器考古学』52号 (旧石器文化談話会, 1996年)／「明石城武家屋敷跡における17・18世紀の器種構成」『関西近世考古学研究Ⅴ』(関西近世考古学研究会, 1997年)
明石の市街地には, 近世城下町の面影がいたるところに残されています。ぜひそれらを探索しに訪れてください。

今尾文昭（いまお・ふみあき／1955年生まれ）
奈良県立橿原考古学研究所調査課長　博士(文学)
『律令期陵墓の成立と都城』(青木書店, 2008年)／『古墳文化の成立と社会』(青木書店, 2009年)
興味が湧いた遺跡には, 必ず行く。知らない遺物は, 博物館へ見に行く。いくら調べてもわからないときは「先生」に聞く。持続する志を大切にする。

上峯篤史（うえみね・あつし／1983年生まれ）
京都大学白眉センター／人文科学研究所特定助教　博士(文化史学)
『縄文・弥生時代石器研究の技術論的転回』(雄山閣, 2014年)／「斑晶観察法による「前期旧石器」の再検討――島根県出雲市砂原遺跡における事例研究」『旧石器考古学』79号 (旧石器文化談話会, 2014年)
考古学の研究は, 物の観察がすべてです。物がとどめるわずかな情報を逃さずキャッチし, 工夫をこらして読み解いていくことで, 次第に過去の世界が見えてきます。

執筆者紹介 （氏名／よみがな／生年／現職／主著／考古学を学ぶ読者へのメッセージ）　　＊執筆担当は本文末に明記

王　維坤（おう・いこん／1952年生まれ）
元西北大学文博学院教授
『中日の古代都城と文物交流の研究』（朋友書店，1997年）／『中日文化交流的考古学研究』（陝西人民出版社，2002年）
考古学とは，未知の世界に挑戦する学問であり，非常に魅力のある学問です。

小島孝修（こじま・たかのぶ／1971年生まれ）
公益財団法人滋賀県文化財保護協会主任
「縄文中期土偶の地域性」『土偶研究の地平4』（勉誠出版，2000年）
縄文人の精神文化は，見えにくいためにかえって興味のわく分野です。土偶の用途・祭祀を，非科学的で主観的な論調にならずに復元するのはとても難しいことですが。

大道和人（おおみち・かずひと／1966年生まれ）
滋賀県立安土城考古学博物館主任
『鍛冶屋敷遺跡』（共編著，滋賀県教育委員会，2006年）／「半地下式竪形炉の系譜」『考古学に学ぶ（Ⅱ）』（同志社大学考古学シリーズⅧ，2003年）
本書をお読みいただいて，鋳造遺跡をはじめとする生産遺跡に関心をもっていただければ幸いです。

小嶋芳孝（こじま・よしたか／1949年生まれ）
金沢学院大学美術文化学部教授
『日本海域歴史大系』第一巻古代編Ⅰ（共著，清文堂，2005年）／『東アジアの都城と渤海』（共著，東洋文庫，2006年）
渤海の考古学を考える手がかりとして，王都と瓦の関係を整理しました。日本史とも関係が深い渤海に関心をもっていただければ幸いです。

緒方　泉（おがた・いずみ／1957年生まれ）
九州産業大学美術館教授　博士（文学）
『博物館展示論』（共著，講談社，2014年）／『新時代の博物館学』（共著，芙蓉書房出版，2012年）
現場主義！　フィールドに出かけよう。見るだけではなく，触ったり，匂ったり，味わったり，聴いたりと，五感をフル動員して，考古学，博物館を楽しみましょう。

小山田宏一（こやまだ・こういち／1955年生まれ）
大阪府立狭山池博物館学芸員
「古代の開発と治水」『狭山池　論考編』（狭山池調査事務所，1999年）／「碧骨堤の太宗15年の改修とそれ以前」『大阪府立狭山池博物館研究報告5』（2008年）
狭山池の北堤には，狭山池で発見されたコウヤマキ製の樋管や現地から切り出し移築した堤などの土木遺産を展示する狭山池博物館があります。きっと感動的な出会いとなるでしょう。

川崎　保（かわさき・たもつ／1965年生まれ）
長野県埋蔵文化財センター調査第三課長
『縄文「ムラ」の考古学』（編著，雄山閣，2006年）／『文化としての縄文土器型式』（雄山閣，2009年）
一見なんでもない身近な資料でも，五感を駆使し，研究を深めることによって遠い古代や広い世界を探ることができるのが，考古学の醍醐味です。

坂井　聰（さかい・さとし／1956年生まれ）
同志社大学非常勤講師
「門・城壁・塔──ポンペイ都市形成史に関する覚書」『古代世界の諸相』（晃洋書房，1993年）／「79年の下に眠る歴史──ポンペイ下層発掘調査の語るもの」『ローマと地中海世界の展開』（晃洋書房，2003年）
日本人による海外の遺跡発掘調査は近年さかんにおこなわれていますが，イタリアでは例はわずかです。その一端をご紹介いたします。

河森一浩（かわもり・かずひろ／1974年生まれ）
宮津市教育委員会社会教育係
「試論　中日文化交流的黎明期」『考古与文物　増刊』（『考古与文物』，2002年）／「中国「城址」の規模と格差」『考古学に学ぶ（Ⅱ）』（同志社大学考古学シリーズⅧ，2003年）
日本の周辺地域の動向にも目を配って考える視野を，同時に養ってもらいたいと思います。

佐古和枝（さこ・かずえ／1957年生まれ）
関西外国語大学教授
『ようこそ考古学の世界へ』（中央公論新社，2001年）／『妻木晩田遺跡をどう活かすか』（むぎばんだ応援団，2003年）
考古学は，いまを生きる私たちを映す鏡のようなもの。何千年も離れたところから現代社会を眺めれば，いろんなことが見えてくると思います。

執筆者紹介 （氏名／よみがな／生年／現職／主著／考古学を学ぶ読者へのメッセージ）　＊執筆担当は本文末に明記

佐藤良二（さとう・りょうじ／1956年生まれ）
香芝市教育委員会副主幹
『鶴峯荘第1地点遺跡』（共編著，香芝市教育委員会，2004年）／『旧石器考古学辞典（三訂版）』（共著，学生社，2007年）
埋蔵文化財行政への視線が厳しい昨今，ひとりでも多くの方が考古学に関心をもっていただきたいと希望します。

鈴木重治（すずき・しげはる／1933年生まれ）
文化財保存全国協議会常任委員，京都美術工芸大学非常勤講師
『日本の古代遺跡25　宮崎』（保育社，1985年）／『戦国城郭の考古学』（共編著，ミネルヴァ書房，2006年）
考古学は，平和な学問です。「誰のための学問か？」を考えてください。遺跡の現地に立って，自分で考えてください。

菅　榮太郎（すが・えいたろう／1962年生まれ）
武庫川女子大学研究活性支援課長
「石鏃資料の型式および製作技法の編年的検討」『長原・瓜破遺跡発掘調査報告Ⅷ』（財団法人大阪市文化財協会，1995年）／「弥生時代の集落景観と集団関係」『考古学に学ぶ（Ⅲ）』（同志社大学考古学シリーズⅨ，2007年）
考古学は一生をかけて取り組む価値のある学問分野です。やればやるほど興味がわき，のめりこんでいくと思いますので，ぜひアプローチしてみてください。

鈴木　信（すずき・まこと／1960年生まれ）
北海道埋蔵文化財センター調査部課長
「アイヌ文化の成立過程」『古代蝦夷からアイヌへ』（吉川弘文館，2007年）／「古代北日本の交易システム」『アイヌ文化の成立』（北海道出版企画センター，2004年）
アイヌ考古学には学際的研究が欠かせません。奥の深い領域です。他の時代における研究の参考にもなるはずです。

菅原康夫（すがはら・やすお／1953年生まれ）
公益財団法人徳島県埋蔵文化財センター専務理事
『日本の古代遺跡37　徳島』（保育社，1988年）／『弥生土器の様式と編年　四国編』（編著，木耳社，2000年）
考古学は，最も地域に根ざした学問だと考えています。

冉　万里（ぜん・ばんり／1967年生まれ）
西北大学文博学院教授
『唐代金銀器文様の考古学研究』（雄山閣，2007年）
考古学の勉強は，自分の目で見て，自分の手で触れて，心でよく考えておこなうことが，一番大切です。

鋤柄俊夫（すきがら・としお／1958年生まれ）
同志社大学文化情報学部教授
『中世村落と地域性の考古学的研究』（大巧社，1999年）／『中世京都の軌跡』（雄山閣，2008年）
考古学は歴史系諸分野の核となる総合学です。遺跡から地形や地名や道や川をマクロ的な視野でとらえ，遺物から作り方や使い方をミクロ的な視点でとらえ，文献や絵画，石造品や寺社などの歴史文化情報をあわせて，地域に生きた人々の姿を甦らせましょう。

髙橋方紀（たかはし・まさのり／1974年生まれ）
岐阜市教育委員会社会教育課
『岐阜城跡──織田信長居館伝承地の確認調査および岐阜城跡の遺構分布調査』（岐阜市教育委員会，2009年）／「ルイス・フロイス「4種の記録」からみた岐阜城の構造」『岐阜市歴史博物館研究紀要』22号（2015年）
考古学はそこに住む人々に誇りをあたえることができる学問だと思います。

杉本憲司（すぎもと・けんじ／1931年生まれ）
佛教大学名誉教授
『中国古代を掘る──城郭都市の発展』（中公新書，1986年）／『中国の古代都市文明』（佛教大学鷹陵文化叢書，佛教大学通信教育部，2002年）
考古学の基本資料である遺跡・遺構・遺物をよく観察し，その特長・特質を確認すること。

竹居明男（たけい・あきお／1950年生まれ）
同志社大学文学部教授
『藤原貞幹　追悼号』（共著，藤原貞幹友の会，1996年）／『日本古代仏教の文化史』（吉川弘文館，1998年）
「考古学の先覚者」のひとり木内石亭の生涯を根底で支えていたのは，少年時代から絶えることのなかった「石」への愛着と「好古」の趣味でした。

執筆者紹介 (氏名／よみがな／生年／現職／主著／考古学を学ぶ読者へのメッセージ)　　　＊執筆担当は本文末に明記

竹原伸仁（たけはら・しんじ／1967年生まれ）
枚方市教育委員会文化財課主任
「南山城の古代寺院に関する一考察――軒平瓦に見る雨仕舞と装飾について」『考古学と生活文化』（同志社大学考古学シリーズⅤ，1992年）／「考古学からみた「交野離宮」」『考古学に学ぶ（Ⅲ）』（同志社大学考古学シリーズⅨ，2007年）
古代仏教考古学は，あつかう分野や時間の幅が広い領域ですが，わかりやすく伝えていけたらと思っています。

中川和哉（なかがわ・かずや／1960年生まれ）
財団法人京都府埋蔵文化財調査研究センター調査係長
「旧石器人の登場・縄文時代の乙訓」井ヶ田良治・都出比呂志・松山宏監修『京都乙訓の歴史を歩く』（かもがわ出版，2006年）／「レス-古土壌編年による東アジア旧石器編年の再構築（Ⅱ）　韓国」松藤和人編『東アジアのレス古土壌と旧石器編年』（雄山閣，2008年）
旧石器時代にも，石器だけではない彩りや人の精神生活があったことを知ってもらいたいです。

千賀　久（ちが・ひさし／1950年生まれ）
葛城市歴史博物館館長
『ヤマトの王墓　桜井茶臼山古墳・メスリ山古墳』（新泉社，2008年）／『はにわの動物園』（保育社，1994年）
古代の名もなき職人の技に接することで，彼らのメッセージが聞き取れる，そんな気がします。

中村潤子（なかむら・じゅんこ／1957年生まれ）
同志社大学・京都精華大学非常勤講師
『鏡の力　鏡の想い』（大巧社，1999年）／「騎馬民族説の考古学」森浩一編『考古学　その見方と解釈』（筑摩書房，1991年）
新羅の古墳の出土品は，東と西を結んだシルクロードがガラスの来た道であったことを教えてくれました。

塚田良道（つかだ・よしみち／1961年生まれ）
大正大学文学部教授
『人物埴輪の文化史的研究』（雄山閣，2007年）／『埴輪の風景』（共著，六一書房，2008年）
文化は無意識のうちにわれわれの姿を規定しています。さまざまな資料から古代の人々の姿をビビッドに復元したいものです。

西谷榮治（にしや・えいじ／1954年生まれ）
利尻島在住
『亦稚貝塚』（共著，利尻町教育委員会，1978年）／『利尻町史』資料編・通史編（共編著，1989年・2000年）
北の島からの遺物は，北の海の島を往き来する人や物の多様な生活・文化・交流のあり方を思い起こせさてくれます。

中井　均（なかい・ひとし／1955年生まれ）
滋賀県立大学人間学部教授
『近江の城――城が語る湖国の戦国史』（サンライズ出版，1997年）／『カラー版　徹底図解　日本の城』（新星出版社，2009年）
戦国時代の考古学が注目されています。城郭はその主役となる遺跡です。「土から成る」城は魅力一杯です。

西脇対名夫（にしわき・つなお／1962年生まれ）
北海道教育委員会事務職員
『縄文時代の考古学』ⅩⅠ（共著，同成社，2007年）／『総覧縄文土器』（共著，アム・プロモーション，2008年）
考古学は人間の意識よりも，無意識について多くを語ります。

中井義明（なかい・よしあき／1948年生まれ）
同志社大学文学部教授
『古代ギリシア史における帝国と都市』（ミネルヴァ書房，2005年）／『ローマと地中海世界の展開』（共編著，晃洋書房，2003年）
歴史の舞台にほとんど登場することもないイタリアの一地方都市ポンペイをめぐる考古学の一端に触れていただければ幸いです。

浜中邦弘（はまなか・くにひろ／1970年生まれ）
同志社大学歴史資料館准教授
「宇治の都市的景観成立と平等院」吉井敏幸・白瀬正恒編『中世の都市と寺院』（高志書院，2005年）／「宇治白川金色院跡の調査――平安後期創立から中近世への展開」『日本歴史』672号（吉川弘文館，2004年）
考古学という学問にひたり，そして自らフィールドに立って，歴史を感じ取っていただきたいです。

執筆者紹介（氏名／よみがな／生年／現職／主著／考古学を学ぶ読者へのメッセージ）　　＊執筆担当は本文末に明記

坂　靖（ばん・やすし／1961年生まれ）
奈良県立橿原考古学研究所総括研究員
『古墳時代の遺跡学――ヤマト王権の支配構造と埴輪文化』（雄山閣、2009年）／「奈良盆地における古墳時代集落と居館」『考古学研究』第55巻第3号（考古学研究会、2008年）
発掘調査で出た遺構・遺物の究明を通じて、歴史への探求をおこなうのが考古学の醍醐味です。「発見」を出発点として、いろいろ考えてみてください。

麻柄一志（まがら・ひとし／1955年生まれ）
富山県魚津市立図書館長・魚津市史編纂室長
『縄文時代の渡来文化』（共著、雄山閣、2002年）／『日本海沿岸地域における旧石器時代の研究』（雄山閣、2006年）
考古学はフィールドの学問です。書物から学ぶ知識も大切ですが、遺跡の発掘調査の経験が一人ひとりの考古学の基礎となるでしょう。

廣瀬時習（ひろせ・ゆきしげ／1967年生まれ）
大阪府立近つ飛鳥博物館総括学芸員
「玉生産と流通」『弥生時代の考古学』第6巻（同成社、2009年）
本書を通して考古学の考え方に親しんでください。考古学は幅広く、懐の深い学問です。

松井　章（まつい・あきら／1952年生まれ）
奈良文化財研究所埋蔵文化財センター名誉研究員／立命館大学非常勤講師
『環境考古学への招待』（岩波新書、2005年）／『動物考古学』（京都大学学術出版会、2008年）
考古学は発掘から推理し、さまざまな方法でその推理を実証する学問です。いつも遺物を手にしながら、背後の人間の姿を追い求めています。

藤田三郎（ふじた・さぶろう／1957年生まれ）
奈良県田原本町教育委員会文化財保存課長
「絵画土器の見方小考」『原始絵画の研究』（六一書房、2004年）／「青銅器とガラス製品の生産―以東」『考古資料大観10　弥生・古墳時代　遺跡・遺構』（小学館、2004年）
歴史の追体験は、過去の人たちが残した遺跡や遺物に触れ観察するところから始まります。そして広い視野と深い観察眼から新しい歴史像をつくることが可能になります。

松田　度（まつだ・わたる／1974年生まれ）
奈良県大淀町教育委員会（文化財技師）
「茅渟県陶邑再考」『文化史学』第60号（同志社大学文化史学会、2004年）／「造り出しにみる埴輪配置の構造――松阪市宝塚1号墳の事例から」『考古学に学ぶ（Ⅲ）』（同志社大学考古学シリーズⅨ、2007年）
文献史料ではわからない歴史の実態を知るもっともよい手がかり。それが考古学です。本書がその入口になればよいと思っています。

宝珍伸一郎（ほうちん・しんいちろう／1964年生まれ）
福井県勝山市教育委員会学芸員
「白山信仰の拠点寺院平泉寺における中世都市形成の要素」『中世都市研究7　都市の求心力』（新人物往来社、2000年）／「寺院から城郭へ」『考古学に学ぶ（Ⅱ）』（同志社大学考古学シリーズⅧ、2003年）
近年、中世山岳寺院が想像以上に広い範囲に影響力をもっていたことがわかってきました。お近くの山寺周辺にも、意外と中世遺構が残っているかもしれません。

水ノ江和同（みずのえ・かずとも／1962年生まれ）
文化庁文化財部記念物課・文化財調査官
『九州縄文文化の研究――九州からみた縄文文化の枠組み』（雄山閣、2012年）／「南島文化と縄文文化」『縄文時代の考古学Ⅰ　縄文文化の輪郭――比較文化論による相対比』（同成社、2010年）
縄文時代研究に興味をもつきっかけになれば幸いです。

前園実知雄（まえぞの・みちお／1946年生まれ）
奈良芸術短期大学教授
『奈良・大和の古代遺跡を掘る』（学生社、2004年）／『藤ノ木古墳――斑鳩に眠る二人の貴公子』（新泉社、2006年）
墓とはいったい何か、と問いかけることによって、古墳のもつ意味、さらには古墳時代の実態が浮かびあがってくるのでは、と考えています。

南　秀雄（みなみ・ひでお／1959年生まれ）
公益財団法人大阪市博物館協会大阪文化財研究所所長
『図像構成からみた高句麗前期の壁画古墳の特性と被葬者の出自の研究』（科学研究費報告書、2007年）／「日本の高句麗壁画研究の現況と展望」朴雅林ほか『高句麗壁画研究の現況とコンテンツ開発』（東北亜歴史財団、2009年）
考古学は国境や民族をあっさりと越えます。考古学者は国家と民族に関する思想を深め、国際交流の実践者となることができます。

執筆者紹介 （氏名／よみがな／生年／現職／主著／考古学を学ぶ読者へのメッセージ）　　＊執筆担当は本文末に明記

山下史朗（やました・しろう／1959年生まれ）
兵庫県立考古博物館企画広報課長
「古代山陽道とその駅家」『風土記の考古学2　播磨国風土記の巻』（同成社，1994年）／「竪穴住居から見た播磨弥生社会の動態」『同志社大学考古学研究会創立50周年記念論集』（同志社大学考古学研究会創立50周年記念論集刊行会，2010年）
考古学の成果は過去を現代によみがえらせます。そこには，生きるためのヒントが隠されています。考古学を学んで厳しい社会を生き抜いていく力を養ってください。

山田邦和（やまだ・くにかず／1959年生まれ）
同志社女子大学教授
『須恵器生産の研究』（学生社，1998年）／『京都都市史の研究』（吉川弘文館，2009年）
考古学の基本は遺跡です。一つでも多くの遺跡を歩き，そこに立って耳を澄ませてみてください。過去の人々の語りかけが聞こえてくるはずです。

吉井秀夫（よしい・ひでお／1964年生まれ）
京都大学大学院文学研究科教授
「朝鮮半島西南部における古代国家形成過程の諸問題」『国家形成の比較研究』（学生社，2005年）／「考古学から見た百済の国家形成とアイデンティティ」『東アジア古代国家論——プロセス・モデル・アイデンティティ』（すいれん舎，2006年）
日本考古学を理解するためにも，朝鮮考古学を学ぶ必要があることを，少しでも多くの方に理解してもらえればと思います。

若林邦彦（わかばやし・くにひこ／1967年生まれ）
同志社大学歴史資料館准教授
「弥生時代大規模集落の評価」『日本考古学』第12号（2001年）／「集落分布パターンの変遷からみた弥生社会」『国立歴史民俗博物館研究報告』149号（2009年）
考古学は，物言わぬモノに人が歴史を語らせる学問です。資料を扱う人の考え方・方法によって歴史の結論が左右されます。それが面白いと思う人は，ぜひ発掘や遺物の研究に取り組んでください。

やわらかアカデミズム・〈わかる〉シリーズ
よくわかる考古学

| 2010年5月20日 | 初版第1刷発行 | 〈検印省略〉 |
| 2015年4月30日 | 初版第2刷発行 | |

定価はカバーに
表示しています

編著者	松藤 和人
	門田 誠一
発行者	杉田 啓三
印刷者	藤森 英夫

発行所 株式会社 ミネルヴァ書房
607-8494 京都市山科区日ノ岡堤谷町1
電話代表 (075)581-5191番
振替口座 01020-0-8076番

©松藤和人・門田誠一ほか, 2010　亜細亜印刷・新生製本

ISBN978-4-623-05563-0

Printed in Japan

やわらかアカデミズム・〈わかる〉シリーズ

よくわかる考古学	松藤和人・門田誠一編著	本体	3000円
よくわかる社会学	宇都宮京子編	本体	2500円
よくわかる都市社会学	中筋直哉・五十嵐泰正編著	本体	2800円
よくわかる教育社会学	酒井朗・多賀太・中村高康編著	本体	2600円
よくわかる環境社会学	鳥越皓之・帯谷博明編著	本体	2600円
よくわかる国際社会学	樽本英樹著	本体	2800円
よくわかる宗教社会学	櫻井義秀・三木英編著	本体	2400円
よくわかる医療社会学	中川輝彦・黒田浩一郎編著	本体	2500円
よくわかる産業社会学	上林千恵子編著	本体	2600円
よくわかる観光社会学	安村克己・堀野正人・遠藤英樹・寺岡伸悟編著	本体	2600円
よくわかる社会学史	早川洋行編著	本体	2800円
よくわかる現代家族	神原文子・杉井潤子・竹田美知編著	本体	2500円
よくわかるスポーツ文化論	井上俊・菊幸一編著	本体	2500円
よくわかるメディア・スタディーズ	伊藤守編著	本体	2500円
よくわかるコミュニケーション学	板場良久・池田理知子編著	本体	2500円
よくわかる異文化コミュニケーション	池田理知子編著	本体	2500円
よくわかる質的社会調査 技法編	谷富夫・芦田徹郎編	本体	2500円
よくわかる質的社会調査 プロセス編	谷富夫・山本努編著	本体	2500円
よくわかる統計学 Ⅰ 基礎編	金子治平・上藤一郎編	本体	2600円
よくわかる統計学 Ⅱ 経済統計編	御園謙吉・良永康平編	本体	2600円
よくわかる都市地理学	藤井正・神谷浩夫編著	本体	2600円
よくわかる心理学	無藤隆・森敏昭・池上知子・福丸由佳編	本体	3000円
よくわかる社会心理学	山田一成・北村英哉・結城雅樹編著	本体	2500円
よくわかる学びの技法	田中共子編	本体	2200円
よくわかる卒論の書き方	白井利明・高橋一郎著	本体	2500円

―― ミネルヴァ書房 ――